Boris Warnecke

Uni Taschenbücher 1321

UTB FÜR WISSEN SCHAFT

Eine Arbeitsgemeinschaft der Verlage

Wilhelm Fink Verlag München
Gustav Fischer Verlag Jena und Stuttgart
Francke Verlag Tübingen und Basel
Paul Haupt Verlag Bern · Stuttgart · Wien
Hüthig Verlagsgemeinschaft
Decker & Müller GmbH Heidelberg
Leske Verlag + Budrich GmbH Opladen
J. C. B. Mohr (Paul Siebeck) Tübingen
Quelle & Meyer Heidelberg · Wiesbaden
Ernst Reinhardt Verlag München und Basel
F. K. Schattauer Verlag Stuttgart · New York
Ferdinand Schöningh Verlag Paderborn · München · Wien · Zürich
Eugen Ulmer Verlag Stuttgart
Vandenhoeck & Ruprecht in Göttingen und Zürich

Joachim Hentze
Peter Brose
Andreas Kammel

Unternehmungsplanung

Eine Einführung

2. Auflage

Verlag Paul Haupt Bern · Stuttgart · Wien

JOACHIM HENTZE, geb. 1940. 20 Monate Praktikum bei der Preussag in Hannover. Ab 1961 Studium der BWL und Wirtschaftspädagogik an der TU Hannover und den Universitäten Innsbruck und Göttingen. Nach dem Examen wissenschaftlicher Angestellter, Akad. Rat/O. Rat am Betriebswirtschaftlichen Seminar der Technischen Universität Hannover. 1969 Promotion, 1970/71 Rektorassistent, 1972/73 Dekan der Fakultät für Geistes- und Staatswissenschaften der TU Hannover, 1974 Ernennung zum Professor an der TU Braunschweig für das Fachgebiet Betriebswirtschaftslehre. Lehrtätigkeit in Allgemeiner Betriebswirtschaftslehre, Unternehmensführung und Personalwirtschaftslehre auch in der außeruniversitären Erwachsenenbildung.

Dr. Peter Brose war nach dem Studium der Betriebswirtschaftslehre in Göttingen von 1977 bis 1982 wiss. Mitarbeiter am Lehrstuhl für Betriebswirtschaftslehre der TU Braunschweig und Lehrbeauftragter. Seit 1983 ist er in der Wirtschaft tätig.

Dr. Andreas Kammel hat in Hannover Wirtschaftswissenschaften studiert und ist seit 1985 wiss. Mitarbeiter am Institut für Wirtschaftswissenschaften der TU Braunschweig, unterbrochen von Forschungsaufenthalten an der University of Nebraska, Lincoln.

Die Deutsche Bibliothek – CIP-Einheitsaufnahme

Hentze, Joachim:
Unternehmungsplanung : eine Einführung /
Joachim Hentze ; Peter Brose ; Andreas Kammel. –
2. Aufl. – Bern ; Stuttgart ; Wien : Haupt, 1993
(UTB für Wissenschaft : Uni-Taschenbücher ; 1321)
ISBN 3-258-04695-6 (Haupt)
ISBN 3-8252-1321-8 (UTB)
NE: Brose, Peter:; Kammel, Andreas:;
UTB für Wissenschaft / Uni-Taschenbücher

ISBN 3-8252-1321-8 (UTB-Bestellnummer)

Vorwort

Die zweite Auflage wurde inhaltlich von Grund auf neu bearbeitet ohne die Konzeption des Lehrbuches völlig zu verändern. Die Neuauflage soll mehr als zuvor dazu dienen, dem Studenten im Fach Unternehmungsführung das selbständige Studium zu erleichtern. Besonderen Wert haben wir diesmal auf einschlägige Literaturempfehlungen gelegt. Nach jedem größeren Abschnitt werden wichtige Veröffentlichungen genannt, die bei Bedarf zum besseren Verständnis und/oder zur Vertiefung des Lehrstoffes der Unternehmungsplanung herangezogen werden sollten.

Bei den umfangreichen inhaltlichen Veränderungen, Überarbeitungen und Aktualisierungen war die Vertiefung der theoretischen Analyse gegen die Intention abzuwägen, den Charakter eines einführenden Lehrbuches noch stärker herauszuarbeiten. Der eingeschlagene Mittelweg hat dazu geführt, vor allem die in ihrer Bedeutung zentrale und unternehmensübergreifende strategische Planung in ihren variantenreichen Facetten noch stärker in den Vordergrund zu rücken. Strategische Früherkennung und strategische Erfolgsfaktoren erhielten einen breiteren Raum, dafür wurde auf die detaillierte Beschreibung der kaum mehr überschaubaren Instrumente der Planung verzichtet und versucht, nur wichtige Verfahren im Überblick komprimiert darzustellen.

Der Grundaufbau des Buches wurde insofern bewahrt, als das zunächst allgemeine Grundlagen der Planung behandelt und anschließend die einzelnen Elemente des Planungssystems vorgestellt werden. Danach rücken die zentralen Fragestellungen der strategischen Planung in den Mittelpunkt der Erörterungen, die nur auf Basis einer zweckmäßigen zukunftsbezogenen Informationsgrundlage, der strategischen Früherkennung, zieladäquat umgesetzt werden kann. Einen Überblick über die Planungen in den betrieblichen Funktionsbereichen und die Einbindung der Unternehmungsplanung in das strategische Management beschließen das Lehrbuch.

Alles in allem wurde auf eine größere Überschaubarkeit Wert gelegt und darauf, daß die verschiedenen Unzulänglichkeiten der ersten Auflage diesmal vermieden wurden. Dem Studenten und interessierten Praktiker soll es mit dem Lehrbuch ermöglicht werden, trotz oft knapp bemessener Zeit möglichst schnell einen fundierten Überblick über die weitgefächerte Thematik unternehmerischer Planung zu erhalten.

Frau Renate Bennhardt danken wir herzlich für die professionelle Bearbeitung des Manuskriptes und Frau Dr. Birgit Lehne für ihre vielfältigen Anregungen und Verbesserungsvorschläge zum Aufbau und für ihre konstruktiv-kritischen Anmerkungen zur Neufassung des Lehrbuches.

Braunschweig, im Mai 1992

Joachim Hentze
Peter Brose
Andreas Kammel

Inhaltsverzeichnis

Abkürzungsverzeichnis

AMR	Academy of Management Review
ASQ	Administrative Science Quarterly
ASW	Absatzwirtschaft
BFuP	Betriebswirtschaftliche Forschung und Praxis
CMR	California Management Review
DB	Der Betrieb
DBW	Die Betriebswirtschaft
DU	Die Unternehmung
FB/IE	Fortschrittliche Betriebsführung und Industrial Engineering
HBR	Harvard Business Review
HM	Harvard Manager
HWB	Handwörterbuch der Betriebswirtschaft
HWF	Handwörterbuch der Finanzwirtschaft
HWFü	Handwörterbuch der Führung
HWInt	Handwörterbuch Export und Internationale Unternehmung
HWO	Handwörterbuch der Organisation
HWP	Handwörterbuch des Personalwesens
HWPlan	Handwörterbuch der Planung
HWProd	Handwörterbuch der Produktion
IO	Industrielle Organisation
JBS	Journal of Business Strategy
LRP	Long Range Planning
MIR	Management International Review
MittAB	Mitteilungen aus der Arbeitsmarkt- und Berufsforschung
PIMS	Profit Impact on Market Strategy
PuK	Planungs- und Kontrollrechnung
SMJ	Strategic Management Journal
WiSt	Wirtschaftswissenschaftliches Studium

WISU	Das Wirtschaftsstudium
ZfB	Zeitschrift für Betriebswirtschaft
ZfbF	Zeitschrift für betriebswirtschaftliche Forschung
ZFO	Zeitschrift Führung und Organisation
ZfP	Zeitschrift für Personalforschung
ZP	Zeitschrift für Planung
ZWF/CIM	Zeitschrift für wirtschaftliche Fertigung und Automatisierung

1. Grundlagen der Planung

1.1 Problematik der Planung

Die Planung findet im Schrifttum zur Unternehmungsführung starke Beachtung. Es mehren sich die Stimmen, die auf erhöhte Unsicherheit, Diskontinuität und Turbulenz der Umwelt hinweisen. Zwangsläufig resultiert daraus eine wachsende Anzahl an Problemfeldern für die Unternehmung, die vor gewaltigen Herausforderungen im **internationalen Wettbewerb** steht. Stichwortartig lassen sich aufführen:

- wechselhafte Wettbewerbspositionen und kürzer werdende Produktlebenszyklen auf einerseits stagnierenden oder sogar schrumpfenden Märkten und andererseits auf sich neu herausbildenden Märkten,
- Innovationsdruck aufgrund des technischen Fortschritts,
- höherer Aufwand in der Forschung und Entwicklung (F&E) mit Zwang zur zeitlichen Straffung von F&E-Prozessen,
- wachsender Preis- und Kostendruck,
- Nachfragedifferenzierung mit dem Wunsch größerer Typenvielfalt und höherer Qualität,
- wachsende Unternehmungsgrößen und sinkende Überschaubarkeit der Unternehmungsinnenwelten,
- steigende Unternehmungsbestands- und Arbeitsplatzrisiken,
- wechselnde, nur teilweise vorhersehbare Länderrisiken (vor allem von Entwicklungsländern), aber auch Chancen auf bisher nicht nutzbaren Märkten (z.B. Osteuropa),
- ständige Wechselkurs- und Zinsschwankungen,
- Wertewandel in der Gesellschaft, verbunden mit einer kritischen Aufmerksamkeit von Öffentlichkeit, Kunden und Mitarbeitern gegenüber der Unternehmung,
- problematische soziodemographische Entwicklungen.

Die skizzierten Problemfelder zeigen auf, daß sehr vielfältige Rahmenbedingungen herrschen und fortlaufende Veränderungen und Anpassungserfordernisse notwendig sind.
Einerseits stellen sich die Rahmenbedingungen für die Entscheidungsträger in den Unternehmungen komplex dar, d.h. die Einflußfaktoren erscheinen in Umfang und Art im Hinblick auf ihre Wirkungszusammenhänge schwer durchdringbar. Andererseits bringt die Dynamik in ihren Entwicklungen (Intensität, Diskontinuitäten) **Ungewißheit** mit sich, d.h. sie erweisen sich bezüglich zukünftiger Ereignisse als überraschungsträchtig.
Verspätete Anpassungen der Unternehmungen an diese und andere Entwicklungen bedeuten erhebliche Gefahren im Kampf um das Überleben der Unternehmungen besonders auf wettbewerbsintensiven Weltmärkten. Sich bietende Chancen müssen mehr denn je konsequent genutzt, Risiken frühzeitig identifiziert und soweit wie möglich reduziert werden. Eine systematische, wohldurchdachte Unternehmungsplanung stellt einen wesentlichen **Erfolgsfaktor** für die Bestandssicherung der Unternehmung dar.
Die genannten Einflußgrößen wirken in vielfältiger und interdependenter Weise auf die zu treffenden Entscheidungen. Sie lassen sich aber nicht eindeutig bestimmten unternehmerischen Entscheidungen zuordnen. Auch wirken die Einflußgrößen unternehmungsspezifisch verschieden. Die Aussagen zu den Auswirkungen auf das Unternehmungsgeschehen besitzen zunächst nur spekulativen Charakter. Die Herausforderung für die Planung liegt daher in einer Präzisierung und Analyse, bevor gestaltende Maßnahmen ergriffen werden können.
Die Planung ist eine **Funktion der Unternehmungsführung**. Sie gilt als erste Phase des Führungsprozesses und stellt die Kernfunktion des Management-Prozesses dar. Etwa Anfang der 70er Jahre hat eine noch heute anhaltende "Planungseurophorie" eingesetzt, die sich in einem quasi inflationären Gebrauch des Planungsbegriffes zeigt. Daher muß eine präzise Begriffsbestimmung am Anfang aller Aussagen über Planung stehen, bevor funktionale, instrumentelle und institutionelle Aspekte behandelt

werden. Die Konzeption dieses Lehrbuches ist der Abbildung 1.1 zu entnehmen.

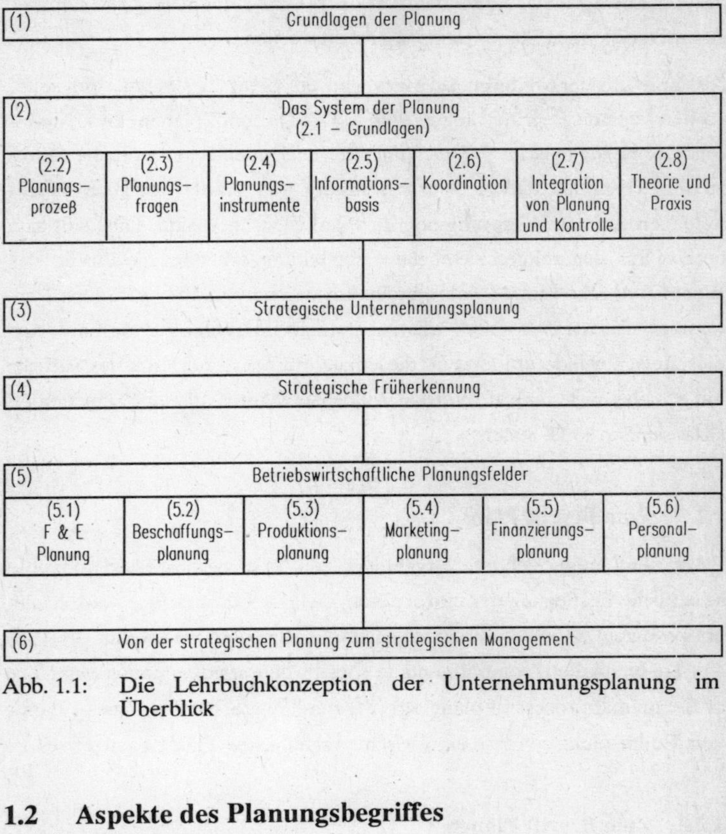

Abb. 1.1: Die Lehrbuchkonzeption der Unternehmungsplanung im Überblick

1.2 Aspekte des Planungsbegriffes

1.2.1 Überblick

Angesichts der vielfältigen Forschungsinteressen im Bereich der Planung ist die Entscheidung mancher Autoren, auf einen umfassenden, einheitlichen Planungsbegriff zu verzichten, durchaus richtig. Das bedeutet jedoch nicht, daß im einzelnen auf die Auswahl und Definition eines präzisen Planungsbegriffs verzichtet werden kann (Zahn 1979, S. 44). Ein möglichst genau definierter Planungsbegriff ist als Arbeitsgrundlage unerläßlich. Dabei geht es nicht um den "richtigen" Planungsbegriff, sondern lediglich darum, Aussagen zu finden, die dem intendierten Forschungsziel und der zu untersuchenden Planungspraxis gerecht werden.

Als Vorstufe der weiteren Erörterungen erscheint es sinnvoll, die heute vorherrschende Begriffstrilogie 'Planung', 'Plan' und 'planen' zu analysieren. Die etymologische Erforschung der (hoch-)deutschen Sprache führte zu der Erkenntnis, daß die Worte '**Planung**' und '**planen**' lediglich als Ableitungen aus dem Ursprungsbegriff 'Plan' anzusehen sind. Dies läßt sich bereits aus der zeitgeschichtlichen Entstehung erkennen. Während das Wort 'Plan' schon im 18. Jahrhundert im deutschen Sprachgebrauch Verwendung fand, trat das Verb 'planen' erstmals im 19. Jahrhundert auf. Aus diesem ist - wiederum erst in diesem Jahrhundert mit Hilfe des Suffixes '-ung' - das hier zentral interessierende Substantiv 'Planung' entstanden (Klaussmann 1983, S. 28f.).

1.2.2 Zum Begriff Plan

Pläne sind aufgezeichnete Ergebnisse von Planungsprozessen, d.h. die schriftliche Festlegung der erarbeiteten Ziele und der für ihre Ausführung notwendigen Aktionen, Programme und Tätigkeiten (Gälweiler 1974, S. 43). Sie beinhalten "commitments to specific courses of action growing out of the mental process of planning" (Steiner 1969, S. 8). Ein Plan ist damit kein Endprodukt, sondern ein Zwischenergebnis des Planungsprozesses.

1.2.3 Zum Begriff Planen

Planen heißt, sich zu überlegen, was in einer bestimmten Lage getan werden könnte, und festzulegen, was getan werden soll, wobei man eine möglichst klare Vorstellung über die Wirkungen der möglichen Maßnahmen zu gewinnen versucht. Planen bedeutet damit systematisches Durchdenken und Festlegen von **Zielen**, **Verhaltensweisen** und **Maßnahmen** für die Zukunft (Wittmann 1958, S. 500; Hill 1966, S. 7; Reuter 1979, S. 61), d.h. das

Entwerfen einer bestimmten Ordnung, nach der sich bestimmte Vorgänge vollziehen sollen.

Als konstitutives Merkmal jeder planerischen Tätigkeit kann also festgehalten werden, daß sie jeweils eine ganz bestimmte Art des Denkens und Handelns verkörpert und daß sie sich auf irgendeine Weise mit der Zukunft auseinandersetzt. Durch die Antizipation möglicher Entwicklungen wird eine Basis für die rechtzeitige Einleitung von Maßnahmen zur Erreichung der angestrebten Ziele geschaffen. Es gilt zu überlegen, was in der Gegenwart zu tun ist, um zu erreichen, daß die gewünschten Ereignisse in der **unsicheren Zukunft** auch wirklich eintreten.

1.2.4 Zum Begriff Planung

Die Bestimmung des Begriffs Planung wird teilweise als "eine wahrscheinlich unfruchtbare Diskussion" (Lange 1981, S. 10) abklassifiziert. Für eine wissenschaftlich fundierte, empiriegeleitete Forschung ist es jedoch unerläßlich, auf einem möglichst präzisen Planungsbegriff aufzubauen, vor allem deshalb, weil wechselhaft verwendete Begriffe und unklare Formulierungen die vermeidbare Ursache für eine Vielzahl von Mißverständnissen bilden (Hadaschik 1979, S. 10f.). Die Sichtung der Planungsliteratur erweist sich zwar als ein außerordentlich zeitaufwendiges Unterfangen, jedoch kann festgehalten werden, daß einerseits bestimmte typische Wesensmerkmale in den meisten Definitionsversuchen mehr oder weniger deutlich auftauchen, und daß andererseits der Planungsbegriff in unterschiedlicher Weite gefaßt werden kann.

Folgende **Merkmale des Planungsbegriffs** finden in der Literatur häufig Verwendung (vgl. Töpfer 1976, S. 24; Maune 1980, S. 29ff.; Wild 1981, S. 13; Rüth 1989, S. 122ff.; Mag 1990, S. 5):

(1) **Zukunftsbezogenheit**:
Die Handlungsaktivitäten der Planung erfolgen zwar in der Gegenwart, ihr Bezug bzw. Tätigkeitsinhalt liegt jedoch in der Zukunft.

Durch diese zeitliche Diskrepanz ergibt sich das Problem von Ungewißheit bzw. unvollkommener Information.

(2) **Abstraktion und Rationalität**:
Planung vollzieht sich abstrakt und zielgerichtet als sachlogische, systematisch-methodische Aufeinanderfolge bestimmter Denkschritte.

(3) **Prozeßcharakter**:
Der mehrstufige Planungsprozeß besteht aus einer Abfolge von Phasen, die je nach Weite des Planungsbegriffs von der Zielbildung/Problemanalyse bis zur Entscheidung reichen.

(4) **Gestaltungscharakter**:
Hierbei werden die erkannten Probleme und Veränderungsnotwendigkeiten in eine zielgerichtete, aktive Gestaltung zukünftiger Entwicklungen umgesetzt.

(5) **Informationscharakter**:
Wesentliche Aufgabe der Planung ist die Versorgung der Entscheidungsträger mit Informationen im Sinne entscheidungsorientierten Wissens durch Gewinnung, Aufnahme, Speicherung, Verarbeitung und Übertragung von Informationen. Informationen gelten als "Aktionsgegenstände betrieblicher Steuerungsprozesse" (Berthel 1975, S. 20). Im Rahmen von Planung und Entscheidung werden sozusagen Informationen in Aktionen umgewandelt. Die Gesamtheit der im Planungs- und Entscheidungsprozeß zu verwertenden Informationen, d.h. des "zweckorientierten Wissens" (Wittmann 1959, S. 14), beinhaltet eine Menge von Teilinformationen. Die für das Erkennen und Klarstellen des Problems erforderlichen Anregungsinformationen stehen mit den Alternativ- und Ziel-, Anweisungs- und Kontrollinformationen in enger Beziehung (vgl. Heinen 1966, S. 24).

1.2.5 Zum Begriff Unternehmungsplanung

Die Planung findet in allen Bereichen des menschlichen Lebens Anwendung. Im Hinblick auf die **Unternehmungsplanung** wird der zu analysierende Objektbereich auf die Planung von Handlungsabläufen in Unternehmungen begrenzt. Dabei dient die Unternehmungsplanung der konkreten Festlegung zukünftiger Ziele und der Generierung derjenigen Handlungsalternativen, die im Hinblick auf das Unternehmungsziel optimal sind.

Auf Ulrich (1970) läßt sich die **systemtheoretische Sichtweise** des Erkenntnisobjektes "Unternehmung" zurückführen. In diesem betriebswirtschaftlichen Ansatz wird die Unternehmung als "**produktives soziales System**" charakterisiert. "Unter einem System verstehen wir eine geordnete Gesamtheit von Elementen, zwischen denen irgendwelche Beziehungen bestehen oder hergestellt werden können" (Ulrich 1970, S. 105). Elemente stellen dabei Bestandteile einer Gesamtheit dar, die nicht weiter zerlegt werden können oder zerlegt werden sollen. Beziehungen bezeichnen insbesondere Kommunikations-, Weisungs-, Aufgaben- und Interessenrelationen.

Die interdisziplinäre, systemorientierte Sichtweise erscheint geeignet, den Blick auf den Ganzheitscharakter von Organisationen und das Phänomen der Wechselwirkungen zwischen einzelnen Teilbereichen zu lenken. Systemarten sind das betriebliche **(In-)System** mit seinen **Subsystemen** und das betriebliche **Umsystem**. Planung kann deshalb als **institutionelles (Sub-)System** aufgefaßt werden.

Eine Definition der Planung im institutionellen Sinne umfaßt als Oberbegriff die beiden Begriffe Planen und Pläne und stellt insbesondere den institutionellen Aspekt von Planen in Handlungssystemen heraus (Lau 1975, S. 61). Planung kann als ein organisatorisches Subsystem der Unternehmung bezeichnet werden, das als Struktur- und Regelungsgefüge bestimmte Funktionen der Unternehmung erfüllt. Zum Teil werden unter einem **Planungssystem** nur die planenden Personen eines Sozialsystems, zumeist aber auch die gesamten institutionellen Aspekte und Regelungsmechanismen, verstanden. Der Systembegriff ist dabei in erster Linie nur eine Sprachhilfe (Keppler 1975, S. 1ff.).

Obgleich Planungstechniken, Planungssysteme und Aufbau- und Ablaufstrukturen der Planung Gegenstand organisatorischer Regelungen sind, werden sie nur selten als zusammenhängendes Gestaltungsproblem behandelt. Auch die empirische Forschung beschränkt sich zumeist nur auf die Aufbauorganisation der Planung und einige weitere institutionelle Aspekte von Planungssystemen, z.B. deren Umfang, Reichweite und Formalisierung.

1.2.6 Abgrenzung von Planung und Entscheidung

Unterschiedlich wird in der Literatur die Frage beantwortet, ob Planung auch die Entscheidung umfaßt oder sich lediglich auf die Vorbereitung von Entscheidungen beschränkt. Planung kann zur Entscheidung in vier unterschiedlichen Relationen stehen (vgl. Braun 1977, S. 62ff.; Neuert 1987, S. 34f.):

(1) **Planung und Entscheidung sind gleichbedeutend**:
Hierbei wird in erster Linie von einer prinzipiellen Strukturgleichheit hinsichtlich des Aufbaus und des Ablaufs von Planungs- und Entscheidungsprozessen ausgegangen.

(2) **Planung und Entscheidung sind strikt voneinander zu trennen**:
Diese Begriffsabgrenzung orientiert sich primär an einer strengen Phasendifferenzierbarkeit im Rahmen betrieblicher Steuerungsprozesse. Sie grenzt dezidiert die Phasen "Planung", "Entscheidung", "Realisation" und "Kontrolle" gegeneinander ab.

(3) **Planung ist Teilmenge der Entscheidung**:
In diesem Sinne übernimmt die Planung lediglich "Service-Aufgaben" - in erster Linie Informationssammlung - für die Entscheidungsabwicklung. Die übergeordnete Entscheidungsfindung gibt allem Handeln Anstoß und Richtung. Führungsfunktionen, wie die Planung, leisten lediglich Hilfsdienste.

(4) **Entscheidung ist Teilmenge der Planung**:

Entscheidung wird hier sinngemäß aufgefaßt als abschließender Prozeß eines gedanklich isolierten und in sich geschlossenen übergreifenden Planungsvorganges. Planung umfaßt so gesehen Vorgänge der Entscheidungsvorbereitung und der Entscheidung.

Die Entscheidung stellt also nicht in jedem Falle eine Teilmenge der Planung dar, da auch zielgerichtete Entscheidungen ohne systematische Planung und improvisierte Entscheidungen möglich sind. In aller Regel werden sich die Stufen des Planungs- und Entscheidungsbereiches überlappen, so daß diese Aussagen nur tendenziell (typisierend) gemacht werden können.

Uns erscheint es zweckmäßig, den **Entscheidungsakt** in den Planungsprozeß mit einzubeziehen, weil nicht nur bei der Auswahl der bestmöglichen Handlungsweise eine Entscheidung ansteht, sondern jede Teilstufe des Planungsprozesses mit Entscheidungen verbunden ist, d.h. daß Entscheidungen schon vor der eigentlichen Entscheidungsphase anfallen (Vor-Entscheidungen).

1.2.7 Abgrenzung der Planung zu verwandten Begriffen

1.2.7.1 Improvisation

Als **Improvisation** wird meist ein Reagieren bzw. ein Anpassen an eine bereits eingetretene, unvorhergesehene Situation bezeichnet. Vielfach handelt es sich bei der Improvisation um eine Regelung von Details, die sich im voraus gar nicht fixieren lassen oder um ein Anpassen an Tatbestände, über die im voraus keine Informationen zur Verfügung stehen. Während sich die Planung auf die zukünftige Gestaltung der Unternehmung bezieht, bedeutet Improvisation die bloße Reaktion auf eingetretene Umstände. Der Unterschied liegt also im Dispositionszeitpunkt. Zwar bietet die Improvisation den Vorteil hoher Reaktionsgeschwindigkeit hinsichtlich wechselnder Datenkonstellationen. Sie hat jedoch den Nachteil, daß unter Zeitdruck gehandelt werden muß. Der Entscheider ist nicht mehr in der

Lage, vorteilhafte Verhaltensweisen und zielentsprechende Mittel zu wählen. Das bedeutet häufig eine Qualitätsminderung der Entscheidung.

Es ist nicht zweckmäßig, sämtliche betrieblichen Maßnahmen im vorhinein zu planen. Dies verbietet sich aus folgenden drei Gründen:

(1) Viele Faktoren, die auf die Ergebnisse der Entscheidung Einfluß nehmen, sind nicht erfaßbar bzw. abschätzbar (Ungewißheitsproblem).

(2) Eine lückenlose Planung ist aus ökonomischen Gesichtspunkten nicht erstrebenswert, weil die Ergebnisse in keinem Verhältnis zu den Kosten stehen.

(3) Zeitmangel verhindert häufig eine an sich zweckmäßige, umfassende und systematische Planung.

In der Unternehmung vollzieht sich ein Zusammenspiel von Planung und Improvisation. Das quantitative Verhältnis zwischen beiden wird sowohl durch objektive Gegebenheiten, wie den Grad der Ungewißheit, die Qualität und Quantität des Datenanfalls, die Schnelligkeit der Datenänderung oder die Komplexität der Situation, als auch durch die Persönlichkeitsstruktur der Führungskräfte, wie die Kreativität, die Emotionalität oder die Risikoeinstellung, bestimmt.

Praktiker und Autoren praxisbezogener Veröffentlichungen betonen den hohen Stellenwert von **Intuition** im Falle rascher Entscheidungsnotwendigkeiten, bei denen eine systematische Planungsarbeit zu zeitintensiv wäre (vgl. z.B. Agor 1989). Intuitive Entscheidungen beruhen nicht auf der Zuhilfenahme von Schlußfolgerungen, Verstand oder Logik, sondern werden gefühlsgemäß, quasi "instinktiv" und ad hoc gefällt. Intuition läßt sich begrifflich kaum fassen; sie umfaßt ein Konglomerat aus Erfahrung, Gefühl, Wissen, Kreativität sowie in Unternehmen speziell ein Gespür für Markttrends, Kundenpräferenzen, marktgängige Produktentwicklungen und -designs etc. Ihre Bedeutung liegt darin, daß Menschen an sich eher emotional handeln und rationale Entscheidungen wegen der erforderlichen gewaltigen Informationsmengen oft gar nicht möglich sind.

1.2.7.2 Prognose

Unter einer Prognose werden möglichst objektive systematische und logisch begründete Aussagen über wahrscheinliche zukünftige Entwicklungen, Ereignisse, Tatbestände, Zustände sowie Verhaltensweisen verstanden. Diese Aussagen basieren auf einem zum Zeitpunkt der Prognoseerstellung vorhandenen Informationsstand, der aus vergangenen und/oder gegenwärtigen Entwicklungen und Tatbeständen gewonnen wurde. Hinzu kommen Fingerspitzengefühl und Erfahrung der Prognosesteller. Für die Unternehmungsplanung auf mittlere oder längerfristige Sicht stellt die Prognose eine wesentliche Grundlage dar.

Im Informationswesen einer Unternehmung erfüllen Prognosen den Zweck, die für die Unternehmungsplanung zur Verfügung stehenden Daten im Hinblick auf die Zukunft zu ergänzen. Zudem können sie selbst dazu beitragen, die Planung zu verbessern. Sie sind also ein wichtiges, quasi unentbehrliches Hilfsmittel für Planungs- und Entscheidungsprozesse in der Unternehmung. Eine Prognose wird teilweise auch als Teilschritt des Planungsprozesses betrachtet (z.B. die Umweltprognose). Auf dei Basis der so ermittelten Zustände und Entwicklungen setzt dann die eigentliche Planung an, indem sie die Handlungen in der prognostizierten Situation bestimmen will.

Die Prognose konzentriert sich also auf die Fragestellung: "Was wird sein?", während sich die Planung entscheidungsbezogen mit der Frage: "Was soll sein?" bzw. "Was ist zu tun?" beschäftigt (vgl. Reiß 1989, Sp. 1631).

1.2.7.3 Projektion, Voraussage, Vorausschau, -schätzung, -bestimmung und -berechnung

Unter einer **Projektion** wird das Feststellen, Untersuchen und Analysieren der vermuteten **Folgen** einer Handlung bzw. von ergriffenen Maßnahmen oder von Strategien verstanden.

Während die Begriffe **Voraussage** und **Vorausschau** Assoziationen zur Wahrsagerei und Prophetie hervorrufen, deuten die Begriffe **Vorausbestimmung** und **Vorausberechnung** auf eine solidere und sorgfältigere Analyse der Zukunft hin und sind am ehesten mit einer Prognose zu vergleichen. **Vorausschätzung** bewegt sich zwischen diesen beiden Extremen. Letztlich handelt es sich lediglich um Nuancen hinsichtlich der den Aussagen zugrundeliegenden Informationen (Berechnungen, Analysen).

1.3 Planung und Management

Allgemein lassen sich in der Managementliteratur zwei Bedeutungsvarianten zum Managementbegriff unterscheiden (vgl. Ulrich/Fluri 1988, S. 36f.; Staehle 1990, S. 65; Steinmann/Schreyögg 1991, S. 5f.):
Als **Institution** umfaßt das Management (Unternehmungsführung) alle leitenden Instanzen, d.h. alle Personen in der Unternehmung, die Entscheidungs- und Weisungskompetenzen besitzen. Manager sind demnach alle Unternehmungsmitglieder, die Führungsaufgaben wahrnehmen.

Als **Funktion** beinhaltet Management alle zur Steuerung einer Unternehmung notwendigen Aufgabenkomplexe, d.h. alle Tätigkeiten, die nicht allein ausführenden Charakter besitzen. Unter Ausführung wird die Gesamtheit jener Aufgaben verstanden, bei denen die wesentlichen Entscheidungen in bezug auf Ziele, Maßnahmen und Mittel bereits getroffen wurden und vorgegeben sind. Als **Hauptfunktionen des Managements** gelten Planung, Kontrolle und Organisation.

Planung und **Kontrolle** sind untrennbar miteinander verzahnt. Kontrolle im engeren Sinne beinhaltet in erster Linie die Aufdeckung von Abweichungen durch eine Gegenüberstellung von Plan- und Realitätsgrößen sowie die Analyse der Ursachen der auf diese Weise aufgedeckten Abweichungen. Pläne geben die Kontrollstandards vor.

Organisation bezieht sich auf die Strukturierung vornehmlich von repetitiven Daueraufgaben. Die entstehende Organisationsstruktur stellt die Gesamtheit der formalen Regelungen dar, die den organisatorischen Aufbau und Ablauf des Arbeitsprozesses steuern. In der Aufbauorganisation sind die Art und der Umfang der Arbeitsteilung (Spezialisierung) sowie die organisatorische Zuordnung (Zentralisation/Dezentralisation) der arbeitsteilig zu erbringenden Leistungen festgeschrieben. Durch die Ablauforganisation wird der Prozeß der betrieblichen Leistungserstellung in personaler, räumlicher und zeitlicher Hinsicht koordiniert (vgl. hierzu im einzelnen z.B. Grochla 1982; Kieser/Kubicek 1983; Frese 1988).

Aufgabe der **Planungsorganisation** sollte es sein, Aussagen darüber zu treffen, wer, wo, für wen, in wessen Auftrag, permanent, periodisch oder fallweise, wie mit welcher Kompetenz und welchen Auswirkungen für die Betroffenen plant. Konkret geht es z.B. um folgende Fragen:

- Soll die Planung dezentral und/oder zentral durchgeführt werden?
- Soll die Planung der Unternehmungsleitung dem Linienmanagement zugeordnet werden oder von Planungsstäben übernommen werden?
- Welche Planungstechniken sind anzuwenden?

In der Praxis geht es darum, die Vor- und Nachteile der Strukturierungsalternativen gegeneinander abzuwägen. Die **Organisationsplanung** befaßt sich demgegenüber mit der Ermittlung von Bedingungen, Abläufen, Zielrichtungen und Handlungsmöglichkeiten für organisatorische Aktivitäten.

Das funktionale Managementkonzept versteht Management als eine Art Querschnittsfunktion, die den Einsatz der Ressourcen und die Koordination der betrieblichen Funktionen steuert. Managementfunktionen fallen in jedem Bereich der Unternehmung an, gleichgültig, ob es sich nun um die Beschaffung, den Absatz, die Finanzierung oder einen sonstigen betrieblichen Bereich handelt. Diese Aufgaben sind auf jeder Hierarchiestufe zu erfüllen, wenn auch unterschiedlich nach Art und Umfang (Steinmann/Schreyögg 1991, S. 6f.).

Als weitere Managementfunktion wird in der Literatur die **Personalführung** genannt (vgl. Koontz/Weihrich 1988, S. 15ff.; Steinmann/Schreyögg 1991, S. 9f.). Personalführung wird im Sinne einer unmittelbaren, absichtlichen und ziel- bzw. zweckorientierten Einflußausübung von Personen auf das Verhalten von anderen verstanden (Hentze/Brose 1990, S. 25). Personalführung dient als Voraussetzung dafür, daß Management- und betriebliche Funktionen zieladäquat durch Führungskräfte und Mitarbeiter im Unternehmen umgesetzt werden. Führungsstile und -techniken, Kommunikation, Arbeitsmotivation und -zufriedenheit, Macht und Konflikte stellen Gestaltungsfelder der Personalführung dar.

Koontz/Weihrich (1988, S. 17) betonen die besondere Bedeutung einer angemessenen personellen Ausstattung der Organisation zur zweckmäßigen Aufgabenerfüllung, indem sie "Staffing" als Managementfunktion hervorheben: "Staffing involves filling, and keeping filled, the positions in the organization structure" (Koontz/Weihrich 1988, S. 17). Damit verbunden sind Aktivitäten der Personalbeschaffung, der Personalentwicklung, des Personaleinsatzes und der Entlohnung.

1.4 Hauptprobleme der Planung

Der Planung steht eine Reihe von prinzipiellen Hindernissen im Wege. Wichtige Probleme sind:

(1) **Das Ungewißheitsproblem**

Planen und Entscheiden sind dann einfach, wenn alle Einflußfaktoren gegeben sind und das Resultat einer Handlungsweise eindeutig vorbestimmbar ist. Im allgemeinen sind die entscheidenden Einflußfaktoren jedoch ungewiß, d.h. der Entscheidungsträger hat keine sichere Kenntnis darüber, wie sich die für seine Planung notwendigen Daten in Zukunft entwickeln und ändern werden. Die Folge ist eine generelle Unsicherheit über die Beziehungen zwischen Handlungsweise und Handlungsresultat. Bei ein und derselben Handlungsalternative sind mehrere Konsequenzen zugleich möglich.

(2) **Das Informationsproblem**

Eng mit dem Problem der Ungewißheit hängt das Informationsproblem zusammen, denn die **Ursache der Ungewißheit** ist entweder die mangelnde

Information über die Entscheidungssituation oder eine nicht mehr beherrschbare Informationsüberlastung. Nur über Informationen, die gezielt in Abhängigkeit von der speziellen Entscheidungssituation gesammelt werden, läßt sich die Ungewißheit verringern.

Die wesentlichen informatorischen Probleme des Managements lassen sich wie folgt kennzeichnen (vgl. Koreimann 1973, S. 51f.; Diller 1975, S. 9ff.):

- Das **Mengenproblem** betrifft die Frage nach dem notwendigen Umfang an Informationen. Erforderlich ist die Filterung, Verdichtung und Kanalisation möglichst aussagefähiger Informationen.

  Als nicht realisierbar erweist sich, den Informationsumfang nach Maßgabe des Informationswertes zu bestimmen. Als Informationswert wird der Zielbeitrag der Information angesehen. Dabei entsteht das Dilemma, daß dieser Zielbeitrag nur in Kenntnis der erst noch zu beschaffenden Information bestimmbar ist. Dies führt zu einem logischen Zirkel: Um den Wert einer Information in angemessener Weise beurteilen zu können, müßte sie bereits vor der Beschaffung bekannt sein. Wäre sie bereits bekannt, so brauchte man sie nicht zu generieren, denn die Frage erschiene nicht mehr opportun (vgl. Wild 1971, S. 333). Die Praxis hilft sich dadurch, daß sie die Informationssuche bei Erreichen eines bestimmten Informationsumfanges abbricht.

- Das **Zeitproblem** ergibt sich aus der Umweltdynamik. Da sich reale Sachverhalte dynamisch verändern, entsteht eine Informationslücke (Distanz) zwischen realem Sachverhalt und beschreibender Information. Aktuelle und damit aussagekräftige Informationen sind besonders in kurzen Planungszyklen unbedingt notwendig.
- Das **Qualitätsproblem** betrifft die Entscheidungs- und Zielrelevanz ausgewiesener Informationen. Probleme bereitet hierbei die Operationalisierung der Zweckeignung von Informationen.
- Das **Kommunikationsproblem** behandelt die Frage nach der Kanalisation des Informationsflusses, da Informationen häufig nicht dort entstehen, wo sie benötigt werden.

(3) **Das Interdependenzproblem**

Die betrieblichen Funktionsbereiche Absatz, Produktion, Beschaffung, Finanzierung usw. zeichnen sich dadurch aus, daß intensive sachliche und

zeitliche Querverbindungen (Interdependenzen) zwischen ihnen bestehen. Diese Interdependenzen haben zur Folge, daß die Aktionsvariablen nicht isoliert fixiert werden können. Vielmehr müssen sie bei ihrer Festlegung aufeinander bezogen werden. Die Fülle der Interdependenzen bedeutet eine außerordentliche Erschwerung der betrieblichen Planungsarbeit, weil diese nur durch **simultane Planung**, d.h. durch einen Planungsakt, der alle Variablen gleichzeitig festlegen würde, zu berücksichtigen sind.
Die einzige Alternative zur bisher kaum realisierbaren Simultanplanung ist die **Sukzessivplanung**, bei der nacheinander Teilplanungen aufgestellt und auf die zuvor vernachlässigten Interdependenzen abgestimmt (koordiniert) werden. Die dabei auftretenden Fehler und Abstimmungsmängel können z.T. beträchtlich sein, zumal auch der Koordinierungsaufwand in der Regel sehr hoch ist.

(4) **Das Komplexitätsproblem**

Die Aufgaben des Unternehmens beinhalten manchmal einfache, häufig aber komplexe Problemsituationen, die in Abbildung 1.2 anhand verschiedener Merkmale gegeneinander abgegrenzt werden.

	Einfache Situation	Komplexe Situation
Charakteristik	Wenige, gleichartige Elemente Geringe Vernetztheit Wenige Verhaltensmöglichkeiten der Elemente Determinierte, stabile Wirkungsverläufe	Viele, verschiedene Elemente Starke Vernetztheit Viele verschiedene Verhaltensmöglichkeiten der Elemente Viele veränderliche Wirkungsverläufe
Erfaßbarkeit	Vollständig analysierbar Quantifizierbar Verhalten prognostizierbar =analytisch erklärbar =Sicherheit erreichbar	Beschränkt analysierbar Beschränkt quantifizierbar Verhalten erkennbar =synthetisch verstehbar =Unsicherheit reduzierbar
Geeigneter Modellierungsansatz	Vorbild: "Maschine" Systemtyp: Triviales System	Vorbild: "Ökosystem" Systemtyp: Nicht-triviales System
Geeignete Denkweise	Kausalanalytisches Denken	Ganzheitliches Denken
Geeignete Problemlösungsmethode	"Exakte, quantitative Methode" Algorithmen	"Unexakte, qualitative Methode" Heuristiken
Faktische Beeinflußbarkeit	Konstruierbar Beherrschbar mit "Restrisiko"	Beschränkt gestaltbar Beschränkt lenkbar, "kultivierbar"

Abb. 1.2: Einfache und komplexe Problemsituationen im Überblick (Ulrich/Probst 1988, S. 110)

Zunehmende Komplexität in größer und differenzierter werdenden Unternehmungen betrifft nicht nur die innerbetrieblichen Vorgänge, sondern auch das Außenverhältnis der Unternehmung mit seinem relevanten Umsystem (vgl. Hentze 1991, S. 113ff.). Durch sich verstärkende interne und externe Einflüsse kommt es häufig zu Überforderungen der Planungs- und Entscheidungsträger im Unternehmen. Die Folge sind leistungsmindernde Ablauf- und Entscheidungsverzögerungen sowie entsprechende Kostenbelastungen im Wertschöpfungsprozeß.

Nach Vester (1990, S. 168) kann das Verhalten eines Systems, sobald es den Zustand eines komplexen, ineinandergreifenden Wirkungsgefüges erreicht hat, nicht mehr aus den Einzelkomponenten abgeleitet werden. Die einzelnen Komponenten mögen perfekt sein, das Ganze kann trotzdem in ein Chaos führen.

Die Bedeutung der Komplexität für die Unternehmungsplanung und -führung liegt "in der Erkenntnis, daß wir ein System immer nur insoweit unter Kontrolle haben, als es uns gelingt, es daran zu hindern, sich in Zustände zu bewegen, zu denen es grundsätzlich in der Lage ist, die uns aber nicht wünschenswert erscheinen. Systeme, '**die machen, was sie wollen**', haben wir offensichtlich nicht unter Kontrolle" (Malik 1989, S. 191). Mit Maßnahmen der Unternehmungsplanung kann ein Beitrag dazu geleistet werden, Komplexität transparenter zu machen, zu strukturieren, zu segmentieren und somit möglichst weitgehend zu beherrschen und zu reduzieren. Eine zu starke Komplexität verhindert eine dringend erforderliche Flexibilität, da komplexe Systeme zu schwerfällig sind und vor allem raschen Anpassungserfordernissen oft nicht gerecht werden können.

(5) **Das Flexibilitätsproblem**

Der Begriff "Flexibilität" ist in der Betriebswirtschaft mehr und mehr zum "Modewort mit vielschillerndem Inhalt" (Meffert 1985, S. 121) geworden. Unter Flexibilität wird allgemein eine **Anpassungsfähigkeit** an verschiedene mögliche Bedingungskonstellationen verstanden (Mössner 1982, S. 31). Bei allen Planungsaktivitäten stellt sich die Frage, wie es ermöglicht werden kann, daß eventuell nachträglich eingehende Informationen, die zu einer Revision der (Erst-)Entscheidung führen können oder sogar müssen, bereits beim Treffen dieser Entscheidung berücksichtigt werden können (vgl. Dinkelbach 1989). Es ist also darauf zu achten, daß die Planungsaktivitäten entsprechende Freiheitsgrade in bezug auf rechtzeitige, problemlose Anpassungsmaßnahmen an sich im Zeitablauf ändernde externe und interne Bedingungen aufweisen und somit der Erreichung der sich ebenfalls wandelnden Zielvorgaben dienlich sind.

Flexibilität ergibt sich nicht selten aus einem Trend zur **Über-Planung**, wenn Planer zur Perfektion neigen. Das würde bedeuten, jede denkbare Handlung und Handlungsfolge wird planerisch erfaßt und Planung erhält somit die Rigidität von Regeln und Programmen. Unwiderrufliche Pläne, Planungen, Strategien und Entscheidungen engen den Handlungsspielraum und die Reaktionsfähigkeit ein und stellen ein (zu) starres Korsett dar, was in den seltensten Fällen zweckmäßig erscheint, da - wie beschrieben - die zukünftige Entwicklung ungewiß ist.

(6) **Das Implementationsproblem**

Die Realisierung der Ziele, Strategien, Konzeptionen und Handlungsprogramme der Planung hängt nicht zuletzt von einer erfolgreichen Implementierung (praktischen Durchführung) der geplanten Maßnahmen ab. Latenter Widerstand gegen Einzelaktivitäten und Maßnahmenkataloge kann aber die Zielrealisierung gefährden. **Akzeptanzprobleme** und **Widerstände** können sich unter anderem ergeben aus und verstärken durch (vgl. Hentze 1987, S. 23ff.):

- grundlegende Informationsdefizite;
- Nichtanerkennung der Notwendigkeit bestimmter Aktivitäten;
- mangelnde Untestützung durch Mitarbeiter, Vorgesetzte und Stäbe;
- Kompetenzstreitigkeiten;
- falsche oder bruchstückhafte Umsetzung bestimmter Konzepte durch partielle oder totale Fehlinterpretation bzw. unzureichende Kenntnis des Konzeptes;

- Ausschluß der Betroffenen von der Entwicklung und Implementierung von Maßnahmen; Nichtberücksichtigung individueller Interessen, Wünsche und Bedürfnisse;
- zu hohe Geschwindigkeit bei Einführung oder Neukonzeption von Aktivitäten;
- mangelnde persönliche Eignung und Qualifikation der Aktoren: Planung verlangt die Fähigkeit, analytisch und systematisch zu denken, darüber hinaus ein hohes Maß an Imagination, Kreativität sowie umfangreiche Fach- und Unternehmungskenntnisse.

Da viele der genannten Probleme gleichzeitig auftreten können, kommt bei der Implementation nur ein systematisches Vorgehen in Frage, das auf die jeweilige Situation Rücksicht nimmt und mögliche Barrieren bei der Umsetzung weitestgehend antizipativ in einem zu entwickelnden Planungskonzept für die Praxis angemessen berücksichtigt. Pläne geraten zur Makulatur, wenn sie sich als undurchführbar erweisen, weil die Unternehmungsmitglieder ihre Unterstützung verweigern.

In der Unternehmungspraxis sind unter anderem die folgenden **Schwachstellen** bzw. **Entwicklungslücken** in bezug auf die Unternehmungsplanung erkennbar:

- Ausgereifte und funktionsfähige strategische Planungssysteme sind vielfach nicht vorhanden.
- Pläne stellen oft nur globale Ziele dar. Die Ziel- und Maßnahmenkonkretisierung fehlt.
- Zum Teil liegt ein "verkürzter Planungsansatz" vor, d.h. es wird frühzeitig eine Alternative festgelegt.
- Die Informationsbasis für die Planung ist schlecht. Statt systematisch gewonnener Prognosen fließen lediglich grobe, unfundierte Abschätzungen in den Planungsprozeß mit ein.
- Die Integration der Planung in das Führungssystem ist nicht ausreichend.
- Plankontrollen und -anpassungen fehlen nicht selten völlig.

- Eine angemessene EDV-Unterstützung/-infrastruktur fehlt weitgehend.

(7) **Theoriedefizite**

Eine maximalen Anforderungen genügende Theorie der Planung müßte als ein System empirisch gehaltvoller Hypothesen im wesentlichen Aussagen über Entwicklungsdeterminanten, Ziele, Prozesse, Teilsysteme, Methoden, Anwendungsvoraussetzungen, Randbedingungen und sonstige Teilaspekte der Planung in der Unternehmung formulieren. Dem pragmatischen Wissenschaftsziel wird Rechnung getragen, indem aus dem theoretischen Aussagensystem möglichst konkrete praxeologische Handlungsalternativen abgeleitet werden.

Theoriedefizite sind in der Betriebswirtschaftslehre keine Seltenheit. In der Regel existiert lediglich die Vorform einer ausgereiften, wohlformulierten Theorie, ein **theoretischer Bezugsrahmen**.

Das generelle Ziel von Bezugsrahmen, die als Denkmodelle oder Orientierungsschemata charakterisiert werden können, stellt die Gewinnung eines (vorläufigen) Verständnisses über die interessierenden Zusammenhänge durch Erklärungsskizzen dar (vgl. Grochla 1978, S. 62ff.).

Bezugsrahmen können eine erste Hilfestellung bei der Strukturierung und Gestaltung komplexer betrieblicher Tatbestände liefern.

Eine konkrete Handlungsanleitung für alle Fälle stellen dieses Lehrbuch sowie die gesamte Literatur zur Unternehmungsplanung keineswegs dar. Vielmehr bilden Bezugsrahmen die Basis für eine Entwicklung detaillierter, anwendungsbezogener Planungskonzepte, die den jeweiligen vielfältigen spezifischen Kontextfaktoren des konkreten Einzelfalles angepaßt sind.

Dabei ist zu beachten, daß Wissenschaft und Praxis nicht selten von zwei verschiedenen Realitäten ausgehen. Die Orientierung an oder gar **Implementation von Forschungsergebnissen** hängt häufig von der Einstellung zur Forschung und des offensichtlichen Zusammenhanges zu der Erfahrung und zu den Kenntnissen der betreffenen Person ab. Theoretische Konstrukte müssen, um nicht irrelevant für die Managementpraxis zu erscheinen, in terminologischer und konzeptioneller Hinsicht so angepaßt werden, daß sie vom Praktiker verstanden werden (vgl. hierzu auch McGuire 1986, S. 15f.).

Auch in den Unternehmen führen gleichartige Problemstellungen keinesfalls zu einheitlichen Lösungsansätzen. Die Einflußgrößen werden von den Planern unterschiedlich wahrgenommen.

Die **empirische Planungsforschung** konzentriert sich auf die Planungsorganisation, den Planungsprozeß und Erfolgsstrategien im Zusammenhang mit der Frage, wie die Unternehmungspraxis durch externe und interne Einflußfaktoren erklärbar ist (vgl. hierzu den Überblick bei Welge 1985, S. 120ff.). Ein wesentliches Problem besteht darin, daß sich die Forschung auf vergangenheitsbezogene Erkenntnisse der Ausprägungen von Planungssystemen in Unternehmungen stützt. Auch der Forschungsprozeß nimmt eine gewisse Zeit in Anspruch, so daß die gewonnenen und ausgewerteten Daten nicht immer den allerneuesten Stand aufweisen. Das Aktualitätsproblem gewinnt weiter an Bedeutung, da Unternehmen und Rahmenbedingungen einem dynamischen Wandel ausgesetzt sind. Es stellt sich oftmals die Frage: Sind die in der Vergangenheit erfolgreichen Planungsansätze auch für die Zukunft brauchbar?

Die Wissenschaft muß ihre Anstrengungen im Bereich der Planungsforschung intensivieren. Dies gilt um so mehr, als besonders im deutschsprachigen Raum nur wenige einschlägige Untersuchungen vorliegen, und die sind, da sie in der Regel über 10 Jahre alt sind, nicht mehr aktuell. Aber nur durch fundierte Planungsforschungsaktivitäten können Theoriedefizite behoben und auf der Basis konkreter Ergebnisse brauchbare Gestaltungsempfehlungen gegeben werden.

1.5 Funktionen der Planung

1.5.1 Überblick

Es ist nicht das Ziel der Planung, Unvorhersehbares vorhersehbar zu machen, sondern das Vorhersehbare so gut wie möglich sichtbar werden zu lassen und es in beherrschbaren Kategorien zu überprüfen (Gälweiler 1974, S. 29). Deshalb dient die Planung auch einer besseren Durchdringung der ungewissen Zukunft, weil genügend Zeit verfügbar ist, die mutmaßlichen Konsequenzen einer jeden möglichen Handlungsweise vor deren Realisierung zu analysieren. Planung verbessert also die Transparenz der Entscheidungssituation, reduziert jedoch nicht die Ungewißheit schlechthin.

Die Planung dient einer Erhöhung der **Effizienz der Unternehmungsführung**, indem Entscheidungen nicht dem Zufall und den jeweiligen Situationen überlassen werden, sondern indem durch zielbewußtes Handeln die Zukunft aktiv mitgestaltet wird ("agieren statt reagieren"). Es soll mit Hilfe der Planung versucht werden, die Aktivitäten, das Denken und Handeln aller Mitarbeiter auf die Ziele der Unternehmung auszurichten. Effizienz bedeutet hier allgemein die Erreichung eines Zieles bzw. die Lösung einer Aufgabe mit möglichst geringem Aufwand. In jedem Fall ist der "Nutzen der Planung" nur schwer zu konkretisieren, da nicht ein direkter Geldnutzen feststellbar ist und der Nutzen sich nicht durch einen direkten Vorher-Nachher-Vergleich ermitteln läßt.

In der Literatur wird der Planung eine Reihe unterschiedlicher **Funktionen** zugeordnet (vgl. hierzu den Überblick bei Rüth 1989, S. 128). Sie lassen sich zusammenfassend gliedern in:

- die Optimierungs- und Sicherungsfunktion,
- die Koordinations- und Integrationsfunktion,
- die Anpassungs- und Flexibilitätsfunktion,
- die Innovations- und Kreativitätsfunktion,
- die Leistungs- und Motivationsfunktion.

Die einzelnen Funktionen der Planung sind nicht unabhängig voneinander zu sehen, sondern weisen zahlreiche Interdependenzen auf. Durch ihren Wirkungsverbund ist eine vollkommene Isolierung von Wirkungen auf die Gesamtzielerreichung kaum möglich. Es ist stets der komplementäre Charakter der einzelnen Zielsetzungen zueinander zu beachten. Auch ist nicht davon auszugehen, daß sich bei der isolierten Verfolgung des Maximums der Einzelzielsetzungen kumulativ automatisch ein Gesamtoptimum bei der Gesamtzielrealisierung einstellt. Eine Betonung bestimmter Einzelziele in diesem Wirkungsverbund bedeutet aber in jedem Fall eine entsprechende Verschiebung der Anforderungen an die Ausgestaltung der Planung (vgl. Welge 1988, S. 45; Rüth 1989, S. 166).

1.5.2 Die Sicherungs- und Optimierungsfunktion

Die Sicherungs- und Optimierungsfunktion stellen die allgemeinen Grundfunktionen der Planung dar. Durch **Optimierung** der Planung wird eine bestmögliche Zielerreichung angestrebt (z.B. durch die Wahl optimaler Standorte, optimale Kapazitätsauslastungen, optimale Lagerhaltung, optimalen Personaleinsatz). Die Bewertungs- und Beurteilungskriterien für die Optimalität werden durch die postulierten Ziele vorgegeben, die möglichst operational formuliert werden sollten (vgl. 2.2.2).

Die **Sicherungsfunktion** der Planung soll dazu beitragen, Risiken rechtzeitig zu erkennen, auszuschalten, abzudecken und auszugleichen. Planung soll die bestmögliche Allokation (Verteilung) knapper Ressourcen (Mittelvorräte) ermöglichen. Längere Zeiträume zwischen Planung und Realisation gestatten letztlich das Überdenken einer größeren Zahl von Handlungsalternativen. Die Planung verbessert die Einsicht in die Entscheidungssituation erheblich. Ohne Planung besteht z.B. die Gefahr, daß mit zu hohen Kosten Produkte hergestellt werden, die keine Nachfrage finden, daß Anpassungsprozesse zu spät eingeleitet werden, anstatt das Kapital gezielt für Rationalisierung und Wachstum einzusetzen und daß Risiken nicht rechtzeitig beherrschbar werden. Es muß Aufgabe der Planung sein, insbesondere den wirtschaftlichen Erfolg (z.B. gemessen an der Eigenkapitalrendite) auch in Zukunft möglichst zu verbessern, zumindest aber sicherzustellen. Dies kann durch eine Verringerung von Fehlentscheidungen, durch das Erkennen **strategischer Erfolgspotentiale** sowie durch eine explizite **Optimierung des Ressourceneinsatzes** geschehen (vgl. Rühli 1989).

1.5.3 Die Koordinations- und Integrationsfunktion

Das Erfordernis von **Koordination** und **Integration** ergibt sich unter anderem dann,

- wenn an einer Entscheidung mehrere Personen beteiligt sind (mehrdimensionaler Planungs- und Entscheidungsprozeß),
- wenn umfangreiche und verschiedenartige Interdependenzen, d.h. Vernetzungen zwischen den betrieblichen Teilbereichen herrschen.

Ganz allgemein geht es bei Koordinationsbestrebungen um die harmonisierende Abstimmung von Strukturen, Prozessen, Terminen, Strategien, Zielen, Maßnahmen, Ressourcen, Regelungen, Interessenlagen usw. untereinander unter Berücksichtigung von Umsystemkonstellationen. Koordination gilt als ein umfassendes Phänomen. Es existiert kaum ein betrieblicher Vorgang, der keine Koordinationsprobleme aufwirft (vgl. Frese 1975, Sp. 2263). Koontz/Weihrich (1988, S. 18) sprechen gar von Koordination als der "Essence of Managership".

Häufig werden die Begriffe "Koordination" und "Integration" synonym verwendet. Beide bewirken die "Harmonisation zielorientierter arbeitsteiliger sozialer Systeme" (Bleicher/Meyer 1976, S. 50). Unter **Integration** wird die Verknüpfung von Elementen zum Ganzen eines Systems verstanden. Mit anderen Worten handelt es sich hierbei um eine antizipative, systembildende Harmonisierung. Dagegen wird Koordination (in einem engeren Sinne) definiert als "Abstimmung von Einzelaktivitäten im Hinblick auf ein übergeordnetes Ziel" (Frese 1975, Sp. 2263), d.h. es wird auf die situative (ad hoc) Harmonisation innerhalb gegebener Systemkomplexe abgestellt (vgl. zur Abgrenzung der Begriffe z.B. Lehmann 1969, Sp. 769; Kirsch 1975, S. 113f.; Kosiol 1976, S. 171; Bleicher/Meyer 1976, S. 50f.; Vieweg 1987, S. 12ff.). Planung führt nicht zwingend zu Integration und Koordination, vielmehr muß im Rahmen der Planung aktiv für eine Harmonisierung Sorge getragen werden.

Als koordinative und integrative Funktion soll die - auch längerfristige - Aufgabe einer Abstimmung aller Unternehmungsaktivitäten, Unternehmungsbereiche und Einzelstrategien bezeichnet werden, wobei auch die Ableitung und Operationalisierung von Unterzielen sowie die Aufteilung der zur Zielerreichung notwendigen Unternehmungsressourcen eingeschlossen werden soll. Hierbei müssen Koordinations- und Integrationsinstrumente zum Einsatz kommen, die auf diese Abstimmung abzielen und eine wünschenswerte Ausrichtung der Aktivitäten einzelner Teileinheiten auf das Unternehmungsgesamtziel zum Gegenstand haben (vgl. Grochla 1978, S. 36; Hoffmann 1980, S. 316; Kieser/Kubicek 1983, S. 103). Insbesondere die Integration begünstigt die Ausnutzung von Synergieeffekten. Nach Hampden-Turner (1970, S. 190) ist **Synergie** "the optimal integration of that which was formerly differentiated." Insofern kann Integration helfen, die Zielerreichungsaktivitäten verschiedener organisatorischer Einheiten im Unternehmen so zusammenzuführen, daß als Ergebnis eine höhere Leistung erbracht wird als es die Addition der Einzelbeiträge erwarten läßt (vgl. v. Kutzschenbach/Hirzel 1987, S. 10ff.). Allerdings nehmen Synergievorteile in dem Maße ab wie der Differenzierungsgrad der Aufgabe steigt und die dadurch erforderlichen, mit Kosten verbundenen Integrations- und Koordinationsaktivitäten anwachsen. Auch ist eine detaillierte quantitative Erfassung von Synergiewirkungen nicht möglich (Welge 1976).

1.5.4 Die Anpassungs- und Flexibilitätsfunktion

Von der Planung wird Flexibilität gefordert, soll sie den Herausforderungen, denen das Unternehmen gegenübersteht, gerecht werden. Häufig werden Planung und Flexibilität als unvereinbare Gegensätze angesehen, weil die Planung den für die Flexibilität erforderlichen Entscheidungsspielraum einschränkt und dies tendenziell zu einer Starrheit der Planung führt. Durch eine flexiblere Ausgestaltung der Planung (flexible Planung) soll das unternehmerische Anpassungsvermögen an Veränderungen gefördert werden. Das Streben nach einer **informatorischen Umweltkopplung** charakterisiert grob die Zielrichtung der Flexibilitätsfunktion (Mössner 1982, S. 47f.). Demnach gilt es, Informationen über die wesentlichen Umweltentwicklungen (Prognosen), über die vermuteten Auswirkungen der unternehmerischen Maßnahmen (Projektionen) und über den gegenwärtig wie zukünftig gewünschten Systemzustand einzuholen.

Flexibilität wird häufig als wenig aussagekräftiges Schlagwort benutzt. Daher ist zunächst eine betriebswirtschaftliche Begriffsexplikation notwendig. Die Flexibilitäts-Diskussion wird bestimmt durch die Forderung nach mehr individuellen und organisationalen bzw. institutionellen Freiheitsgraden und größeren Handlungsspielräumen sowie durch die Betonung des Erfordernisses der permanenten Fähigkeit betriebswirtschaftlich relevanter Parameter zur rasch reagierenden und antizipierenden Bewältigung von Störungen in bezug auf die Zielrealisierung in Organisationen und deren Teilbereichen. Dabei besitzt die Flexibilität rein instrumentellen Charakter, d.h. in engem Zusammenhang mit dem Zielsystem stellt sie keineswegs einen Selbstzweck dar, sondern hat im Hinblick auf die Zielerreichung lediglich unterstützende Funktion. Sie sollte dem situativen Kontext angepaßt sein.

Inzwischen ist unbestritten, daß Flexibilitätsüberlegungen neben Maßnahmen der längerfristigen Risikovorsorge (zur Unterstützung der Sicherungsfunktion) auch die Schaffung und Etablierung von Handlungsspielräumen zur aktiven Wahrnehmung von Chancen beinhalten sollten.

Flexibilität ist im wesentlichen durch drei Komponenten gekennzeichnet (Mössner 1982, S. 39ff.; Meffert 1985, S. 126ff.; Hillmer 1987, S. 29ff.):

(1) **Handlungsspielraum**
Der Handlungsspielraum ergibt sich aus der Veränderbarkeit der Parameter und somit aus der Möglichkeit, auf Wandlungen der In- und Umweltbedingungen reaktiv oder proaktiv einzuwirken. Flexibilität ist somit bestimmt durch die Menge der bei der Entscheidung zur Verfügung stehenden Freiheitsgrade. Eingeengt wird diese Varietät durch mannigfaltig wirkende interne und externe Einflußfaktoren. Insbesondere sind Art und Ausmaß von Flexibilität abhängig von Organisationszielen und -strategien sowie situativen Faktoren (Meffert 1985).

(2) **Handlungsschnelligkeit**
Erfolgreiche Anpassungen und Veränderungen bedingen eine ausreichende Handlungsschnelligkeit mit einer gezielten Verkürzung zeitlicher Verzögerungen vom (rechtzeitigen) Erkennen relevanter Veränderungen bis zur Maßnahmenimplementierung.

Eine Erhöhung der Handlungsschnelligkeit kann bei der
- **Beobachtungszeit**, d.h. beim Zeitraum zwischen dem Erkennbarwerden bzw. Auftreten und dem Erkennen eines Ereignisses,
- **Entscheidungszeit**, d.h. beim erforderlichen Zeitraum für die Auswahl und Planung einer Anpassungsmaßnahme,
- **Aktionszeit**, d.h. bei dem Zeitbedarf für die Vorbereitung und Durchführung der ausgewählten Anpassungsmaßnahme,
- **Wirkzeit**, d.h. beim Zeitraum zwischen Durchführung und Wirksamwerden einer Anpassungsmaßnahme

ansetzen.

(3) **Handlungsbereitschaft**
Um die Bandbreite der Handlungsspielräume und ausreichenden Handlungsschnelligkeit nutzen zu können, sind informationelle und organisatorische Voraussetzungen zu erfüllen. Außerdem sind Akzeptanzbedingungen zu prüfen und Interessen zu berücksichtigen. Hierbei geht es letztlich um die Fähigkeit und Bereitschaft des Managements, Flexibilität der unternehmerischen Entscheidungen zuzulassen.

Da Wandlungen nicht zwangsläufig ganz bestimmte Systemveränderungen auslösen, hat eine zweckentsprechende Selektion zu erfolgen, d.h. die zweckmäßige Auswahl einer der Umweltveränderung entsprechenden Handlungsalternative (Mössner 1982, S. 43). Die Planung gilt dann als anpassungs- und entwicklungsfähig, wenn die Möglichkeit besteht, die Pläne bei Eintritt bestimmter Entwicklungen zu ändern bzw. zu ersetzten (vgl. Hahn 1985, S. 58). Einzelne Teilphasen des Planungsprozesses sollten erneut durchlaufen werden können und dabei Modifikationsmöglichkeiten gegeben sein.

1.5.5 Die Innovations- und Kreativitätsfunktion

Innovativ und kreativ zu sein kennzeichnet die Intention der Unternehmung, durch ihre Leistungen und Neuerungen Märkte und Umsysteme aktiv zu gestalten. Die Unternehmungsplanung soll die Entwicklung neuer Ideen, Konzepte und Lösungsmuster in den häufig festzustellenden schlechtstrukturierten Problemsituationen erleichern (vgl. Lange 1981, S. 20). Oft wird gefordert, Innovationen müßten integraler Bestandteil von Unternehmungsstrategien sein (vgl. Albach 1989). Im Sinne von Drucker bedeutet Innovation, das Gestrige abzubauen und systematisch das Neuartige zu suchen - bezogen auf Technologie, Produkte, Prozesse, Märkte, Managementsysteme, Wissensvorsprünge usw. Die Umsetzung von Innovationen muß sich aber an den Marktgegebenheiten orientieren (vgl. Drucker 1985).

Der **Innovationsbegriff** umfaßte ursprünglich im engeren Sinne die objektiv erstmalige Einführung eines neuen Produktes am Markt oder die Verwirklichung neuer Produktionsprozesse. Wenn sich auch der Innovationsbegriff durch die Verfolgung unterschiedlicher Interessenschwerpunkte in den verschiedenen Wissenschaftsdisziplinen hinsichtlich seiner inhaltlichen Ausgestaltung in der Literatur recht vielfältig darstellt (vgl. z.B. Böhnisch 1979, S. 9ff.; Thom 1980, S. 23ff.; Marr 1980, Sp. 948ff.; Brose 1982, S. 9ff.), so herrscht inzwischen weitgehende Einigkeit darüber, daß es nicht unbedingt auf die objektive Neuartigkeit ankommt: "An Innovation is an idea, practice or object that is perceived as new by an individual or other unit of adoption" (Rogers 1983, S. 11). Das Kriterium der objektiven Erstmaligkeit wird aufgehoben und durch die subjektive Neuartigkeit ersetzt, von der gesprochen wird, wenn eine Neuerung von einem Individuum oder einer Organisation (Unternehmung) als neu empfunden wird, unabhängig davon, ob und inwieweit diese bereits von anderen erkannt wurde.

Die Definition von Rogers zeigt implizit auch eine Erweiterung des Objektbereiches auf alle Bereiche unternehmerischen Handelns auf. Der Terminus "Innovation" wird heute in der Betriebswirtschaftslehre universell verwandt. Grundsätzlich wird in der betriebswirtschaftlichen Literatur nach objektbezogenen Merkmalen in Anlehnung an Thom (1980, S. 22ff.) und Marr (1980) zwischen technologischen und sozialen Innovationen unterschieden. Während als **technologische Innovationen** Neuerungen im Produktbereich (Produktinnovationen) bzw. Erneuerungen in den betrieblichen Leistungserstellungsprozessen (Verfahrens- und Prozeßinnovation) bezeichnet werden, beziehen sich **Sozialinnovationen** auf "geplante Änderungen im Humanbereich von sozio-technischen Systemen" (Thom 1980, S. 37). Durch Sozialinnovationen soll die individuelle Leistungsfähigkeit und Leistungsbereitschaft im Betrieb verbessert werden.

Mit **Kreativität** soll ermöglicht werden, ungewohnte Wege der Zielerreichung zu gehen. **Kreatives Denken** kann durch folgende Merkmale charakterisiert werden (vgl. Schlicksupp 1982, S. 42):

- Vielseitigkeit der Betrachtung (ganzheitliche und partielle Sicht) von Problemen, Beachtung verschiedender Standpunkte zur Gewinnung neuer Einsichten,
- gedankliche Zerlegung komplexer Phänomene in Einzelbestandteile,
- Problemerkennung und Infragestellung von Bestehendem,
- Transfer von Wissen von einem Erfahrungsbereich auf andere und Überwindung fachlicher Grenzen,
- Suchen nach Vergleichbarem, das Problemlösungsmuster liefern kann,
- Verbindung von Wissensbausteinen zu Neugestaltungen und Neukonzeptionen,
- Umstrukturierung von Gegebenem,
- Finden originärer Lösungen,
- "flüssiges" Denken: Ideenreichtum bis zur endgültigen Lösung von Problemen statt Verharrung an fertigen Gedankenmustern.

Dabei kann es nicht darum gehen, alles Althergebrachte zu verändern und durch eine Fülle von Innovationen zu ersetzen. Erst das Zusammenspiel von Althergebrachtem und Bewährtem einerseits und Kreativität und Umsetzung von Innovationen andererseits kann zu einer Verbesserung der Zielerreichung führen. Was echte oder vermeintliche Verbesserungen wert sind, zeigt sich erst im Zeitverlauf und im Vergleich mit dem Konventionellen. Insofern besteht ein gewisses Risiko, wenn unter Umständen kostspielige vermeintliche Innovationen die Bewährungsprobe nicht bestehen.

Eine Befragung von Hauser (1991) unter Topmanagern aus verschiedenen Unternehmungen mit unterschiedlicher Ausbildung hat ergeben, daß Innovationsentscheidungen weitgehend intuitiv getroffen werden. Nur wenige führen die Ideengenerierung von Innovationspotentialen auf analytische Verfahren oder systematische Vorgehensweisen zurück. Erst in späteren Phasen des Innovationsprozesses, mit Blick auf die Einführung des fertigen Produktes am Markt, gewinnt die Planung an Bedeutung. Planung kann somit die Innovation unterstützen. In der Praxis zählen aber ganz wesentlich Phantasie, Kreativität und Intuition, die auf Spontaneität beruhen und nicht "planbar" sind.

1.5.6 Die Leistungs- und Motivationsfunktion

Durch Planung soll ein zieladäquates Verhalten der Unternehmungsmitglieder induziert werden (vgl. Welge 1985, S. 79ff.). Dazu muß das Verhalten von Individuen bzw. Gruppen in einer Organisation so beeinflußt und gesteuert werden, daß es zur Erreichung der vorgegebenen Ziele beiträgt. Je stärker die gesetzten unternehmerischen Ziele mit denen der Mitarbeiter übereinstimmen und je mehr motivierende Wirkungen von diesen ausgehen, desto eher erfüllt die Planung eine Leistungs- und Motivationsfunktion. Die Pläne und die immanenten Zielvorgaben sollen sich motivierend auf die Planerfüllungsträger auswirken, so daß sie zu einer Leistungssteigerung führen können. Die Zielvorgaben sollten deshalb eine Herausforderung bzw. einen Leistungsanreiz darstellen.

Es ist davon auszugehen, daß die Planungskonzepte dann schwer oder überhaupt nicht durchsetzbar sind, wenn ihnen die Individualziele der Beteiligten und Betroffenen (Realisationsträger, Mitarbeiter im Betrieb, Top-Management) entgegenstehen. So können z.B. Überforderungen oder Kompetenz-Neuverteilungen zu Widerständen und unerwünschtem Verhalten führen.

Im Zusammenhang mit Verhaltenszielsetzungen läßt sich die Sicherung des Rationalverhaltens der Entscheidungsträger in Unternehmungen hervorheben. Dabei handelt es sich um die Durchsetzung einer weitgehend objektiven, substantiellen Rationalität von zielbezogener Unternehmungssteuerung im Hinblick auf eine optimale Zielrealisierung. Objektive Rationalität meint hierbei die Einbeziehung sämtlichen objektiv verfügbaren Wissens als Basis für zielbezogene Aktivitäten (vgl. Schmidt 1986, S. 61f.). Die Bedeutung von Planung läßt sich damit begründen, daß das Entscheidungsverhalten von Führungskräften nicht realistisch und teilweise zu risikofreudig sei, so daß die Planung ein notwendiges Gegengewicht im Rahmen von Entscheidungsprozessen schaffen könne, ohne das notwendige innovative oder intuitive Handeln der Entscheidungsträger zu behindern.

Um Dysfunktionalitäten bei der Implementierung von Planung im Unternehmen zu vermeiden, muß **Akzeptanz** gesichert und gegebenenfalls verstärkt werden. Deshalb sollte es sich bei der konzeptionellen Erarbeitung von Plänen neben einer funktionsgerechten auch um eine anwendungsgerechte Gestaltung handeln.

Eine umfassende, auf fundierte verhaltenswissenschaftliche Erkenntnisse gestützte Orientierung bei der praktischen Gestaltung und Umsetzung von Planung, die sich auf ein konsistentes Erklärungsmodell menschlichen Verhaltens stützen kann, ist wegen der außerordentlichen Komplexität der Kernbereiche menschlicher Bedürfnisse, Erwartungen, Werte, Normen, Motive etc. unter Berücksichtigung der konkreten Situation nicht zu leisten. Auch sind die Verhaltenswirkungen von Planung und Plänen bisher nur unzureichend erforscht.

1.6 Planungsgegenstände, Planungsinhalte und Planungsaufgaben

Planungsgegenstände können außerhalb und innerhalb des Systems Unternehmung lokalisiert sein. Extern finden **Umsystemsegmente** Beachtung, intern beschäftigt sich die Planung mit Aspekten des **Führungs-** und **Basissystems** (siehe Abbildung 1.3). Als **Planungsinhalte** lassen sich grob die Ziel-, die Maßnahmen- und die Ressourcenplanung differenzieren (vgl. Töpfer 1976, S. 129; Welge 1985, S. 163ff.; Rüth 1989, S. 263ff.).

Ziele müssen systematisch geplant werden. Hierzu gehören die **Formal-** und **Sachziele**. Bei der **Zielplanung** müssen die grundlegenden Rahmenbedingungen beachtet werden. Zielbildungsprozesse sind als permanente und umfassende Verhandlungsprozesse zu verstehen, an denen zahlreiche Interessengruppen mit unterschiedlichen Machtpotentialen beteiligt sind. Die zwischen den Bezugsgruppen auftretenden Spannungsfelder müssen identifiziert und ursächlich analysiert werden, wenn man sie handhaben will und es zur intendierten Zielbildung auch tatsächlich kommen soll.

Planvoll wird ein Zielbildungsprozeß erst, wenn er als systematische Abfolge betrieben wird. Die Zielplanung ist zumeist Ausgangspunkt des Planungsprozesses. Sie umfaßt die Ermittlung und Festlegung gewünschter Sollzustände im Unternehmen. Damit Ziele als Maßstäbe dienen können, an denen zukünftiges Handeln gemessen werden kann, sind im Rahmen der Zielplanung konkrete Aussagen zu treffen.

Aspekt: Führungssystem der Unternehmung

Aspekt: Hilfssysteme der Unternehmensführung
- Informationssysteme
- Kommunikationssysteme
- Anreizsysteme

Aspekte: Führungsfunktionen
- Planung
- Organisation
- Kontrolle (Controlling)
- Personalführung

Inhaltliche Aspekte:
- Unternehmungsleitsätze (Merkmale, Normen, Philosophie)
- generelle Ziele
- generelle Richtlinien
- Strategien

Aspekt: Basissystem der Unternehmung

Genetische Aspekte:
- Gründungsphase
- Anlaufphase
- Wachstumsphase
- Reifephase
- Schrumpfungsphase
- Liquidationsphase

Räumliche Aspekte:
- Lokale Orientierung
- Regionale Orientierung
- Internationale Orientierung
- Multinationale Orientierung
- Globale Orientierung

Faktorielle Aspekte:
- Personal
- Material
- Anlagen
- Kapital

Monetäre Aspekte:
- Liquidität
- Erfolg
- Gewinn
- Bilanz

Aspekt: Geltungsbereich
- Teilbereich
- Projekte
- Perioden
- Regionen

Aspekt: Funktionsbereich
- Beschaffung/ Materialwirtschaft
- Produktion
- Absatz/Marketing
- Finanzierung
- Personalwirtschaft
- Forschung und Entwicklung

Aspekt: Leistungsbereich
- Produkt
- Produktgruppe
- Produktlinie

Abb. 1.3: Aspekte des Objektbereichs der Unternehmungsplanung (vgl. Szyperski/Winand 1980, S. 44)

Ohne Zielsetzungen wären beispielsweise Planungsprobleme nicht wahrnehmbar, erkennbar und beschreibbar. Sie sind Grundvoraussetzungen für das Treffen von Entscheidungen im Planungsprozeß und für die Kontrolle der Zielerreichung. Außer einer Steuerungsfunktion für einzelne Managementprozesse ermöglichen präzise Ziele dem einzelnen Mitarbeiter bzw. Verantwortlichen eine Verhaltensorientierung.

Besondere Bedeutung innerhalb der Zielplanung erhält die Potentialplanung. Eine **Potentialplanung** bedeutet eine Ausrichtung der Unternehmungsplanung auf Erfolgspotentiale. Für die Bestimmung der Potentiale ist eine Analyse erforderlich, die die Grundlage für die in der Zukunft verwertbaren Möglichkeiten bzw. Chancen darstellt. Die Potentialplanung befaßt sich dann mit der Erhaltung und Entwicklung von (insbesondere strategischen) Potentialen.

Die **Maßnahmenplanung** beinhaltet die Festlegung der grundsätzlichen Vorgehensweisen der Gesamtunternehmung und relevanter Teilbereiche sowie die Festlegung jener Aktionen und Instrumente, die zur Durchführung der Maßnahmen notwendig sind. Im Zentrum steht die Planung der Strategien, aus denen dann detaillierte Einzelmaßnahmen abzuleiten sind, um ihre Realisierung zu gewährleisten (vgl. Aurich/Schröder 1977, S. 238; Kreikebaum 1991, S. 56).

Eng verbunden mit der Maßnahmenplanung ist die **Ressourcenplanung**. Als Ressourcen gelten alle zur Verwirklichung geplanter Maßnahmen einsetzbaren Mittel, z.B. Sachmittel, Personen, Finanzen, Informationen, Rechtsgüter (vgl. Wild 1981, S. 14). Allgemein kann die Planung der **sachlichen**, **personellen** und **finanziellen Ressourcen** unterschieden werden.

Eine Differenzierung der **Planungsaufgaben** kann nach den aus der Organisationslehre bekannten Kriterien erfolgen (vgl. Kosiol 1972, S. 74ff.; Hill/Fehlbaum/Ulrich 1981, S. 123f.; Hentze/Brose 1985, S. 26):

(1) **Nach den Verrichtungen**: Hier erfolgt die Gliederung der Gesamtaufgabe in einzelne sog. Verrichtungsaufgaben. Auf der ersten Stufe ließe sich die Unternehmungsaufgabe z.B. nach den Funktionen, wie Beschaffungs-, Produktions-, Absatz-, Finanz-, Personal- und Informationswirtschaft untergliedern.

(2) **Nach den Objekten**: Die Gesamtaufgabe wird für die in ihr enthaltenen Verrichtungsvorgänge auf einzelne Objekte aufgeteilt, die in bezug auf die Tätigkeit in Ausgangsobjekte (z.B. Rohstoffe, Werkstoffe, Vor- und Zwischenerzeugnisse) und Endobjekte (wie Produkte, Produktgruppen, Dienstleistungen) oder auch nach Personen, Absatzbezirken, Kreditarten usw. gegliedert werden können.

(3) **Nach den Phasen des Entscheidungsprozesses**: Der Gesamtaufgabenkomplex wird hiernach (mindestens) in die drei Phasen Planung, Realisation und Kontrolle untergliedert, d.h. die Aufgabe wird derjenigen Phase zugeordnet, in die sie fällt.

(4) **Nach der Zweckbeziehung**: Die Analyse nach Zweckbeziehungen läuft auf eine Unterscheidung der Gesamtaufgabe in primäre und sekundäre Aufgaben hinaus. Dabei dienen primäre Aufgaben der Erbringung der eigentlichen Betriebsleistung, während sekundäre Aufgaben (Verwaltungsaufgaben) die Erfüllung der ersteren sichern sollen.

(5) **Nach dem Ort**: Die Aufgaben können nach dem Ort, an dem sie erfüllt werden, gegliedert werden, wobei zwischen gesamtbetrieblichen Orten (z.B. Absatzgebiete, Produktionsstandorte) und innerbetrieblichen Standorten zu unterscheiden ist.

(6) **Nach der Häufigkeit**: Zu trennen sind hier Aufgaben, die regelmäßig wiederkehren, und einmalige Aufgaben, die innovativen Charakter besitzen.

(7) **Nach Leitungs- und Ausführungsaufgaben (Rang)**: Die Analyse der Gesamtaufgabenkomplexe nach Leitungs- und Ausführungsaufgaben leitet sich aus der Trennung von Entscheidung und Ausführung ab. Während Leitungsaufgaben originären Charakter besitzen, sind auszuführende Aufgaben derivativer Art.

(8) Nach den **Anforderungen**, der **Arbeitsbelastung** sowie der **zeitlichen Verteilung** der für die Erfüllung der Aufgaben erforderlichen Aktivitäten: Jede Aufgabe ist durch ein bestimmtes Anforderungsprofil gekennzeichnet. Die zeitliche Arbeitsbelastung, die die Erfüllung der Aufgabe determiniert, kann sehr unterschiedlich sein. Die zeitliche Verteilung der Aufgabenerfüllung richtet sich nach dem Arbeitsanfall. So gibt es Aufgaben, die ständig zu erfüllen sind und andere, die z.B. nur periodisch wiederkehren.

Szyperski/Müller-Böling (1984, S. 125ff.) unterteilen Planungsaufgaben in **verrichtungsorientierte Aufgabengruppen**, wobei die Merkmale Rang, Phase und Zweckbeziehung für die weitere Differenzierung konstituierend sind. Danach existieren:

- im Sinne der **Planerfunktion**: Aufgaben der inhaltlichen, materiellen Planung zur Problemerkennung und gedanklichen Problemlösung,
- im Sinne der **Planungsmanagementfunktion**: Aufgaben der Planung, Organisation und Kontrolle bzw. Steuerung des Planungsprozesses,
- im Sinne der "**Planungstechnikerfunktion**": Aufgaben der Erarbeitung von Planungstechniken und Bereitstellung von Computerunterstützung.

Die **Planerfunktion** ist auf das Kriterium der Phasenunterteilung bezogen und beinhaltet Aktivitäten des Planungsprozesses. Die **Planungsmanagementfunktion** wird nach dem Gliederungsmerkmal Rang differenziert. Im

Rahmen der **Metaplanung** ("Planung der Planung") sind insbesondere Vorgehensweisen für die Planerstellung festzulegen, die dann in Regelungen fixiert werden können (Organisation der Planung).

Zur Planungsmanagementfunktion gehören beispielsweise:
- Aufzeigen von Zielprioritäten und Zielkonflikten,
- Normierung von Subzielvorgaben,
- Abschätzung von Zeit- und Kostenaufwand einzelner Planungsprobleme,
- Abgrenzung des Planinhaltes,
- Terminierung (einschließlich Terminüberwachung) von Planungsarbeiten,
- Sammlung und Kommentierung von Planungsentwürfen,
- Ermittlung von Handlungsalternativen und deren problemspezifische Aufarbeitung/Formulierung,
- Koordinierung und Integration von Teilplänen,
- Abschätzen und Aufzeigen von finanziellen Auswirkungen von Planalternativen,
- formelle Prüfung der Pläne (insbesondere Konsistenz- und Kompatibilitätsprüfungen),
- Motivieren und Anregen zum Planen,
- Überwachung und Kontrolle der Planerstellung und -realisierung.

Zu den Hilfs- und Serviceaufgaben der **Planungstechnikerfunktion** zählen neben der Computerunterstützung der Planung einschließlich der Pflege und Wartung betriebswirtschaftlicher und volkswirtschaftlicher Datenbanken unter anderem die Erarbeitung von Planungsmethoden (-techniken, -modellen, -verfahren), die Anpassung der Methoden an spezifische Problemstellungen, die Erläuterung der Methodenanwendung im Einzelfall und die Ermittlung von Entscheidungsregeln.

1.7 Grundlegende Ansätze und Klassifikationen der Planung

1.7.1 Zeitlicher Horizont der Planung

Eine traditionelle Klassifizierung der Planung nach dem zeitlichen Horizont ergibt die Differenzierung von:

(1) kurzfristiger Planung,

(2) mittelfristiger Planung und

(3) langfristiger Planung.

Ganz grob läßt sich dazu sagen, daß der Zeitraum bis zu einem Jahr als **kurzfristig**, 1 bis 4 (teilweise auch 5) Jahre als **mittelfristig** und alles darüber als **langfristig** angesehen wird. Die langfristige Planung ist grundsätzlich eine Grobplanung.

Insbesondere die Probleme bei der Koordinierung der verschiedenen Pläne sowie Probleme bei der Verknüpfung aufeinanderfolgender Planungsperioden machen deutlich, daß die Einteilung nach zeitlichen Gesichtspunkten den Planungsvorgang nicht erleichtert. Auch erweist es sich als schwierig, eine allgemeingültige Abgrenzung von kurz-, mittel- und langfristiger Planung zu finden. So kann z.B. ein dreijähriger Planungshorizont für eine Unternehmung identisch mit kurzfristiger Planung sein. Der Planungszeitraum, also der **Planungshorizont** der einzelnen Planungsphasen, wird bestimmt von der Produktlebensdauer und/oder von der Lebensdauer der wesentlichen kapazitätsbestimmenden Investitionen. Planungsfristen sind damit abhängige Variablen und somit als Strukturierungskriterium nur bedingt geeignet. Die Zeit ist kein unmittelbar konstitutives Element für die Organisation der Planung, sondern ein Element, das den jeweils zielrelevanten und zielspezifischen Vorgängen, Voraussetzungen und Maßnahmen inhärent ist. Sie zählt nur mittelbar über die Ziele, Aktivitäten und Leistungspotentiale der Unternehmung zu den (weiteren) Planungsbestandteilen.

Pläne lassen sich nach der Planperiode differenzieren. Folgende **Methoden** bieten sich an:

(1) die rollende Planung

Planungsjahr	Planungshorizont
1993	94 -> 95 -> 96 -> 97 -> 98
1994	95 -> 96 -> 97 -> 98 -> 99
1995	96 -> 97 -> 98 -> 99 -> 00

(2) die Blockplanung

Planungsjahr	Planungshorizont
1993	94 -> 95 -> 96
1996	97 -> 98 -> 99
1999	00 -> 01 -> 02

(3) das gemischte Planungssystem

Planungsjahr	Planungshorizont
1993	94 -> 95 -> 96
1995	96-> 97 -> 98 -> 99 -> 00
1998	99 -> 00 -> 01 -> 02

Die Planung ist möglichst als **rollende (revolvierende) Planung** durchzuführen. Die ersten beiden Perioden werden im Detail geplant, die folgenden auf wichtige Schlüsselfaktoren beschränkt. Während bei der rollenden Planung eine jährliche Fortschreibung der Planungshorizonte erfolgt, werden bei der **Blockplanung** relativ abgegrenzte Zeithorizonte in mittelfristige Etappen abgesteckt. Das **gemischte Planungssystem** verkörpert eine Integration von rollender Planung und Blockplanung.

1.7.2 Detailliertheit der Planung

Als **Formen der Planung** lassen sich **Umriß- oder Grobplanung** einerseits und **Detail- oder Feinplanung** andererseits unterscheiden. Umrißplanung bedeutet, daß den einzelnen Abteilungen oder Instanzen nur ein gewisser Planungsrahmen vorgegeben wird, daß also die Gestaltung der Einzelheiten des Betriebsprozesses der Erfahrung und Sachkenntnis der verantwortlichen Stellen überlassen und überantwortet bleibt. Detail- oder Feinplanung bedeutet, daß alles bis in die letzten Einzelheiten geplant wird. Je unsicherer die Erwartungen über die zukünftigen Entwicklungen sind, die der Planung zugrunde liegen, desto größerer Wert kommt einer elastisch gehaltenen Planung zu, weil sich dadurch die Anpassungsfähigkeit an unvorhergesehene Situationen erhöht. Bei der Umrißplanung ist im allgemeinen eine größere Entscheidungsfreiheit der betreffenden Instanzen gegeben.

Eine weitverbreitete Auffassung zur Planung stellt die 'vertikale Interdependenz' (Hanssmann 1982, S. 398) dar und differenziert zwischen

(1) **'top-down'-Planung**, d.h. einer abstrakten, stark aggregierten Planung, die sukzessiv disaggregiert wird, und

(2) **'bottom-up'-Planung**, d.h. einer konkretisierten, stark disaggregierten Planung, die darauf aufbauend eine Aggregation erfährt.

Zweifelsohne erscheinen die Spielräume der 'bottom-up'-Planung von vornherein begrenzt, so daß die 'top-down'-Planung eindeutige Vorzüge besitzt: Da sie von Führungskräften oberer Führungsebenen initiiert wird, bestehen nachhaltigere Aussichten auf die Umsetzung und Realisierung der Planziele. Durch Rückkopplungen ('feed-backs'), Planrevisionen und endgültige Planfestlegungen ist sie für eine strategische Planung unerläßlich. Eine Mischform stellt das **Gegenstromverfahren** (**'down-up'-Ansatz**) dar, das mit der Setzung und Vorgabe von Oberzielen für die nächste Ebene beginnt. Diese leitet konkretere Subziele und gegebenenfalls taktische Maßnahmenpläne ab. Nach Erreichen aller in die Planung einzubeziehenden Ebenen bei sukzessiver Konkretisierung setzt ein progressiver Rücklauf ein, der alle nachgeordneten Ebenen stufenweise integriert.

Im Zusammenhang mit dem Detailliertheitsgrad der Planung kann auch zwischen Total- und Partialplanung unterschieden werden. Die **Totalplanung** beinhaltet ein Planungsproblem in seiner umfassenden Form. Sämtliche Entscheidungsparameter und Einflußgrößen werden zugleich berücksichtigt. Um bei komplexen Planungsaufgaben eine Bearbeitung überhaupt zu ermöglichen, muß der Planungsträger jenen Detailliertheitsgrad bestimmen, bei dem sich unter Hinzuziehung technischer Möglichkeiten (EDV) das Problem äußerstenfalls noch als abbildbar und handhabbar erweist (vgl. Schüler 1989). Die **Partialplanung** hat hingegen lediglich Teilaspekte der Totalplanung zum Gegenstand. Dabei können detaillierte Informationen Berücksichtigung finden. Allerdings entsteht aufgrund der vielfältigen Interdependenzen zwischen einzelnen Teilplänen ein höherer Integrations- und Koordiniationsbedarf.

1.7.3 Synoptische versus inkrementale Planung

Die **synoptische Planung** geht von einer Identifikation der angestrebten Unternehmungsziele, deren Operationalisierung und ihrer zusammenfassenden Strukturierung in einem widerspruchsfreien Zielsystem aus. Komplexe Probleme sollen mit Hilfe eines ganzheitlichen Ansatzes systematisch und umfassend gelöst werden.

Bei der **inkrementalen Planung** wird demgegenüber auf ein vorgegebenes Zielsystem verzichtet; es wird vielmehr auf ein bewußt reaktives Planungsverhalten abgestellt. Das Planungs- und Entscheidungsverhalten gleicht einem "Durchwursteln" ("**Muddling Through**" - vgl. Lindblom 1969) und die Alternativenauswahl erfolgt eher intuitiv. Die wichtigen Unterscheidungsmerkmale zwischen synoptischer und inkrementaler Planung zeigt Abbildung 1.4.

Charakterisierung	Synoptische Planung	Inkrementale Planung
Entscheidungs- und Planungsverhalten	stärker antizipativ und zielorientiert	eher reaktiv auf drängende Problemaspekte
Zielorientierung	spezifiziert, dominant, eher Extremierung	unbestimmt, nachrangig, eher Satisfizierung
zeitlicher und sachlicher Problemhorizont	eher längerfristig umfassend	eher kurzfristig, auf aktuelle Teilprobleme begrenzt
Alternativenzahl	mehrere Alternativen	nur eine Alternative
Bewertungsprozeß von Alternativen	eher analytisch, umfassend	eher intuitiv, politischer Prozeß
Kontinuität der Planung	integrierte, kontinuierliche Schritte	serielle, unverbundene Schritte
Flexibilität der Planung	begrenzt	adaptiv

Abb. 1.4: Merkmale der synoptischen und inkrementalen Planung (Picot/Lange 1979, S. 573)

Das inkrementale Vorgehen wird eher Praktikern zugeordnet. Dem synoptischen Planungsansatz wird zumeist von seinen Kritikern eine theoretische Überlegenheit attestiert (vgl. Zahn 1979, S. 118). Die Ursache des häufigen praktischen Scheiterns des synoptischen Ansatzes liegt in der immanenten Diskrepanz zwischen seiner idealisierten Darstellungsform und der vorherrschenden Planungsrealität (vgl. Lindblom 1969, S. 42; Romer 1988, S. 31f.):

(1) In der Realität herrscht das Bild einer Unternehmung vor, die den Mittelpunkt eines komplexen Geflechtes und Spannungsfeldes von Beziehungen und Interaktionen darstellt. Die Ziel- und Maßnahmenfestlegungen sind nicht mehr das Ergebnis eines rationalen Entscheidungsprozesses, sondern werden durch die Interessenkonflikte und politischen Vorgehensweisen der beteiligten Gruppen und Aktoren determiniert.

(2) Die Prognosefähigkeit und damit auch die Möglichkeit der Festlegung integrativer Strategien wird stark durch die Zunahme der Umweltturbulenzen beeinträchtigt.

(3) Die begrenzte menschliche Informationsverarbeitungskapazität und die eingeschränkte Leistungsfähigkeit der heute verfügbaren Entscheidungsinstrumente hat zur Folge, daß nicht alle denkbaren Alternativen geprüft werden können und deshalb der Lösungsraum unvollständig bleiben muß.

(4) Durch ausschließliche Plangestaltung auf höherer, zentraler Unternehmungsebene können aufgrund mangelnder Entscheidungspartizipation Motivationsschwierigkeiten bei den von einer Beteiligung ausgeschlossenen Organisationsmitgliedern mit entsprechenden negativen Konsequenzen für die Leistungsfähigkeit der Planung auftreten.

Der **Vorteil der inkrementalen Planung** liegt in der Beschränkung auf explizit definierte Teilprobleme. Der kurze Zeithorizont der Planung, die oftmals zu beobachtende Ausgrenzung von Interdependenzen und die meist kleine Anzahl von wirkungsvollen Handlungsalternativen vereinfachen den Entscheidungsprozeß in hohem Maße. Der **große Nachteil der inkrementalen Planung** liegt darin, daß grundlegenden Umsystemänderungen nicht frühzeitig aktiv begegnet wird. Orientiert am status quo reagiert der Planer lediglich in kleinen Schritten.

Empirische Untersuchungen haben gezeigt, daß

- die inkrementale Planung der synoptischen generell überlegen ist,

- die inkrementale Planung zu höherer Übereinstimmung unter den Planern über Ziele und Strategien führt,
- die synoptische Planung aber zu einer größeren Anzahl von Alternativen und kreativeren Lösungen führt (vgl. Staehle 1990, S. 514).

1.7.4 Strategische, taktische und operative Planung

Eine große Rolle spielt in der Unternehmungsplanung die Unterscheidung von **Planungsebenen**. Besonders die strategische Planung wird die weiteren Ausführungen dieses Lehrbuches wesentlich bestimmen; an dieser Stelle erfolgt nur eine überblicksartige Abgrenzung zwischen **strategischer, taktischer** und **operativer Unternehmungsplanung** (vgl. Töpfer 1976, S. 97ff.; Pfohl 1981, S. 122ff.; Wild 1981, S. 166ff.; Adam 1983, S. 35ff.).

Strategische Planung läßt sich allgemein charakterisieren als eine von den oberen Hierarchieebenen im Unternehmen durchgeführte längerfristige Planung mit Leit- und Lenkungsfunktions-Charakter (vgl. ausführlich 3.). Die **taktische Planung** kann demgegenüber allgemein als mittelfristig orientierte Umsetzung von Unternehmensstrategien auf konkrete Problem- und Handlungskomplexe verstanden werden (Programmplanung). Die **operative Planung** schließlich ist als kurzfristige, ablauforientierte Planung primär handlungsbezogen auf Einzelziele ausgerichtet. Hierdurch wird eine gewisse Rangordnung der Entscheidungsprobleme erreicht.

Präziser charakterisieren lassen sich die Ebenen der Planung anhand der in Abbildung 1.5 aufgezeigten Merkmale, wobei es sich bei dem Schema lediglich um eine Differenzierungs- und Unterscheidungshilfe handeln kann. Eine trennscharfe Abgrenzung zwischen den einzelnen Ausrichtungen ist nicht auszumachen.

Merkmale von Planungsproblemen / Planungsebenen	strategisch	taktisch	operativ
Fristigkeit bzw. Zeithorizont	langfristig	⟷	kurzfristig
Organisatorisch-hierarchische Einbindung im Unternehmen (überwiegend)	obere Hierarchieebene (Gesamtplanung)	⟷	untere Hierarchieebene
Aggregation/Differenziertheit (Aufgabengliederung in Teilprobleme)	wenig differenziert (Gesamtplanung)	⟷	stark differenziert (viele Teilpläne)
Detailliertheit (Erfassung von Einzelheiten)	globale Größen	⟷	detaillierte Größen
Präzision/Bestimmtheit (Information über die zu erfassenden Größen)	grobe Informationen	⟷	präzise Informationen
Relevanz des Handlungsobjektes (in bezug auf wesentliche Erfolgspotentiale im Unternehmen)	sehr groß	⟷	klein
Problemstruktur (Abgrenzung des Suchraumes für zulässige Lösungen)	schlecht definierte Probleme	⟷	wohldefinierte Probleme
Bedeutung von Normen (Verhältnis von normativen zu empirischen Informationen)	relativ große Bedeutung	⟷	relativ geringe Bedeutung
Vereinfachung in der Planungsmethode (Komplexitätsreduktion)	ja	⟷	nein
Vorbereitung und Durchführung von proaktivem Handeln (Chancen-Risiken-Orientierung auf Basis von Stärken-/Schwächen-Analysen)	viel (schwerpunktmäßig)	⟷	wenig
Umorientierung	stark	⟷	gering

Abb. 1.5: Grundsätzliche Charakterisierung strategischer, taktischer und operativer Planungsebenen (vgl. auch Pfohl 1981, S. 23; Scholz 1987, S. 6)

Gemäß dem Arbeitskreis "langfristige Unternehmungsplanung der Schmalenbach-Gesellschaft" (1977) wird der strategischen Planung eine **generelle Zielplanung** vorangestellt. Sie umfaßt die qualitativ und quantitativ formulierten Leitlinien für die angestrebte Entwicklung der Unternehmung, d.h. die generellen Umsatz-, Gewinn- und sonstigen Wertziele, die generellen Leistungs- und Marktziele sowie die generellen Sozialziele.

Die konkreten Problem- und Handlungsbereiche der **taktischen Planung** lassen sich nach Planungsfeldern in Gestalt von **betrieblichen Funktionen** differenzieren.

Beispielsweise beinhalten die Aufgaben der **taktischen Produktionsplanung** die Konkretisierung von Innovations- und Produktionsstrategien, wobei vor allem Entscheidungen über die Leistungsfelder (Output), die anzuschaffenden Produktionspotentiale (Input) sowie über die Produktionsorganisation (Throughput) zu fällen sind (vgl. Zäpfel 1989, S. 2). Im Bereich des **taktischen Personalmanagements** werden z.B. weiterführende Überlegungen zur Personalbeschaffung, Personalentwicklung und Personalfreistellung vorgenommen. Für die Personalbeschaffung beziehen sich diese unter anderem auf eine Verbreiterung der informatorischen Basis (Arbeitsmarkt- und Personalforschung etc.) und auf eine Vergrößerung des Flexibilitätspotentials, die entsprechende mittelfristige Konzeptionen für alternative Beschaffungswege und -instrumente (z.B. Personalleasing) einschließen. Die Personalentwicklung benötigt generelle Entwicklungsrichtlinien und Programmschwerpunkte für die Verbesserung des Leistungspotentials der einzelnen Zielgruppen im Unternehmen. Schließlich muß bei der Personalfreistellung die einzelfallbezogene Freistellung durch kollektive Maßnahmeregelungen mit all ihren rechtlichen und sozialen Problemen ergänzt werden, z.B. mit Hilfe von Outplacement-Programmen für Führungskräfte und Sozialplänen (vgl. Scholz 1991, S. 191).

In divisional organisierten Unternehmungen planen die Instanzen der einzelnen Geschäftsbereiche in taktischer Hinsicht objekt- bzw. produkt (-gruppen)bezogen (z.B. Diversifikationen von Produktlinien, Marketing-Mix-Programme, Festlegungen der Fertigungsziele, investitionsbedingte Kapazitätsbedarfe und mittelfristige Personaleinsatzerfordernisse).

Die **operative Planung** konkretisiert die durch taktische und strategische Pläne festgelegten Vorgaben für das bevorstehende Geschäftsjahr. Auf diese Weise werden unmittelbar realisierbare Einzelziele und Aktionen für die Planadressaten generiert. Die Basis bilden die Informationskategorien des Rechnungswesens und eine weitreichende Zerlegung der Unternehmung in überschaubare Teilbereiche, die aufgrund von Realisationsnähe und Detailliertheit auch gut zu kontrollieren sind. Operative Ziele werden deshalb unter Berücksichtigung kurzfristiger Änderungen des Insystems und unter Einbeziehung der Teilbereichsleiter und Funktionsmanager aufgestellt und durch Maßnahmen der Stabilisierung realisert. Prinzipiell erfolgt die operative Planung nach dem top-down-Ansatz. Bottom-up-Feed-backs ergeben sich vorwiegend für die strategischen und taktischen Planungen, z.B. durch Realisationsprobleme mit Auswirkungen und eventuellen Änderungsnotwendigkeiten im Hinblick auf das gesamte Zielsystem.

Der **operativen Finanzplanung** kommt herausragende Bedeutung zu, weil sie die Sicherungsfunktion des Unternehmungsbestandes bildet und für die Aufrechterhaltung der Liquidität zu sorgen hat. Zur Abschätzung der künftigen Liquiditätsposition einer Unternehmung ist neben der Erfassung der aktuellen Bestände an liquiden Mitteln eine möglichst genaue Prognose der Ein- und Auszahlungen notwendig (vgl. Westphal 1984, S. 96f.). Derartige kurzfristig orientierte **Liquiditätsprognosen** bilden die Basis für **Liquiditätsdispositionen**, die als sehr kurzfristige Finanzplanungen Geld- und Kreditströme steuern sollen, wobei Herkunft und Verwendung der finanziellen Ströme in transparenter Weise, d.h. in systematischer und nachvollziehbarer Form festzulegen sind. Im **Krisenfall** müssen mittels operativer Planungsaktivitäten innerhalb kürzester Zeit Lösungsmöglichkeiten analysiert und erarbeitet werden. Erst nach einer Stabilisierung dominieren wieder strategische und taktische Überlegungen mit dem Ziel, künftige Risiken und Gefahren frühzeitig zu identifizieren und ihnen rechtzeitig aktiv entgegenzuwirken.

Die Einbeziehung kurzfristiger operativer Pläne in langfristige strategische Planungen erweist sich häufig als schwierig. Sie ist aber unbedingt erforderlich, um die Nachteile eines allzu inkrementalen Vorgehens zu vermeiden. In diesem Zusammenhang erhält die **Planungsmanagementfunktion** eine besondere Bedeutung.

Im Rahmen des Planungsmanagements sind unter anderem folgende Fragen zu klären (vgl. Zahn 1989, Sp. 1914; Hoffmann 1989, Sp. 766):

Aktionsprogramme
- Welche einzelnen Schritte, Programme und Projekte sind erforderlich, um Strategien in Aktionen umzusetzen?

Ressourcenallokation
- Wie muß der Mittelfluß zur Unterstützung einer neuen Strategie gemeistert werden, und welche Hindernisse sind dabei auszuräumen?

Organisationsstruktur
- Welche Organisationsform unterstützt die Strategieausführung am besten?

Verhaltensmuster/Akzeptanz
- Welche Grundsätze und Gewohnheiten implizieren Implementierungswiderstände und müssen deshalb verändert werden?

Anreizsystem

- Welche Belohnungen sollen als Verstärker für die Realisierung strategischer und operativer Ziele beitragen?

Pragmatismus

- Wie kann gewährleistet werden, daß auf operativer Ebene keine Überforderung entsteht und nur das voraussichtlich in der jeweiligen Periode Machbare bei der Durchsetzung strategischer Planung vorgegeben wird?

Fähigkeiten

- Wie können die Fähigkeiten der Führungskräfte mit den strategischen Erfordernissen in Einklang gebracht werden?

Dieser Fragenkatalog zeigt, daß die Pläne und Aufgabenstellungen auf der taktischen und operativen Ebene nicht "'quasimechanistisch' aus dem strategisch Gewollten abgeleitet werden können. Es bedarf im Gegenteil eines äußerst kreativen Prozesses des Generierens operativer Maßnahmen aus den strategischen Vorgaben" (vgl. Hügler 1988, S. 100).

Abbildung 1.6 zeigt abschließend den Zusammenhang von Planungsebenen, Planungsinhalten und Planungsgegenständen (gegliedert nach betrieblichen Funktionen) als hierarchische, mehrdimensionale Struktur zusammenfassend auf.

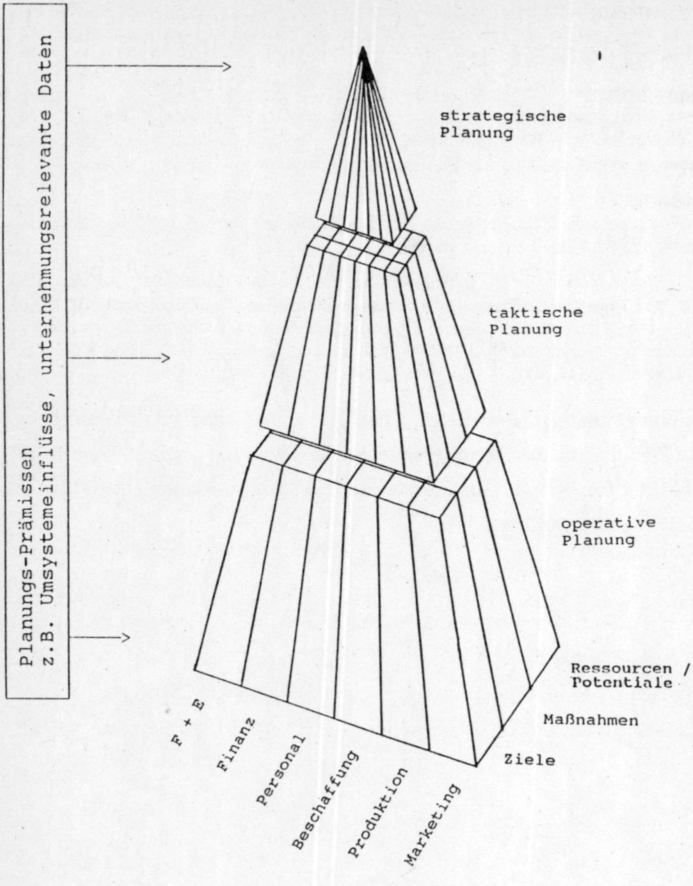

Abb. 1.6: Hierarchisch-mehrdimensionale Struktur der Unternehmungsplanung

Literaturempfehlungen: Lehrbücher, Übersichtsartikel und Nachschlagewerke zu Unternehmungsplanung und Management):

Adam, D.: Kurzlehrbuch Planung, 2. Aufl., Wiesbaden 1983

Frese, E.: Unternehmensführung, Landsberg am Lech 1986

Hammer, R.M.: Unternehmungsplanung, 4. Aufl., München/Wien 1991

Hussey, D.E.: Corporate Planning. Theory and Practice, 2. Aufl., Oxford u.a. 1982

Koontz, H./Weihrich, H.: Management, 8. Aufl., New York u.a. 1988

Mag, W.: Planung, in: Vahlens Kompendium der Betriebswirtschaftslehre, Band 2, 2. Aufl., München 1990, S. 1-56

Staehle, W.H.: Management, 5. Aufl., München 1990

Steinmann, H./Schreyögg, G.: Management. Grundlagen der Unternehmensführung, 2. Aufl., Wiesbaden 1991

Szyperski, N./Winand, U.: Grundbegriffe der Unternehmungsplanung, Wiesbaden 1980

Szyperski, N./Winand, U. (Hrsg.): Handwörterbuch der Planung, Stuttgart 1989

Ulrich, P./Fluri, E.: Management. Eine konzentrierte Einführung, 5. Aufl., Bern/Stuttgart 1988

Welge, M.K.: Unternehmungsführung, Band 1: Planung, Stuttgart 1985

Wild, J.: Grundlagen der Unternehmungsplanung, 3. Aufl., Opladen 1981

2. Das System der Planung

2.1 Grundlagen

2.1.1 Der Begriff "Planungssystem"

Unter einem **Planungssystem** läßt sich eine geordnete und integrierte Gesamtheit verschiedener Teilplanungen (Pläne) und anderer Planungselemente sowie ihrer Beziehungen verstehen, die zwecks Erfüllung bestimmter Funktionen nach einheitlichen Prinzipien aufgebaut und miteinander verknüpft sind (vgl. Wild 1981, S. 153).

Die Gestaltung von Planungssystemen erfolgt durch die **Metaplanung** ("Planung der Planung"). Aufgabe der Metaplanung ist es, sämtliche Vorkehrungen für einen reibungslosen Ablauf der "eigentlichen" Planung zu treffen, d.h. die Metaplanung hat

(1) das Planungssystem zu konzipieren,

(2) festzulegen, wie die Einführung in die Unternehmung zu erfolgen hat,

(3) zu untersuchen, welche Maßnahmen zur Aufrechterhaltung der Funktionstüchtigkeit zu treffen sind und

(4) zu bestimmen, wie das System an neue Anforderungen angepaßt werden kann.

Während in der Literatur über den Bedeutungsgehalt eines Planungssystems weitgehende Einigkeit besteht, herrscht Uneinigkeit bezüglich der Teilplanungskomplexe, der Bestandteile und der Struktur, die die einzelnen Planungslemente in unterschiedlicher Art und Weise miteinander verknüpft.

Grundsätzlich ist bei der Entwicklung eines Planungssystems folgende "paradigmatische Frage" zu beantworten (die betreffenden Planungselemente werden hier direkt zugeordnet - vgl. ähnlich Hoffmann 1980, S. 368ff.; Naumann 1982, S. 99ff.; Hügler 1988, S. 88ff.):

Wer produziert, koordiniert und steuert mit welcher Beteiligung	(Planungsträger)
für wen	(Planadressaten),
welche Pläne	(Pläne/Plandokumente),
wie	(Planungsprozeß),
für welche Zeit	(Geltungsdauer, Bezugszeit, Planungshorizont),
auf welcher Ebene	(Planungsebenen-operativ/ taktisch/strategisch),
mit welchen Inhalten	(Planungsfelder),
unter welchen Bedingungen und Annahmen	(Planungsprämissen),
mit welchen Informationen	(Informationsbasis),
mit welchen Methoden	(Planungsmethoden) und
mit welchen Mitteln	(Ressourcen/Budget)?

Dabei ist darauf zu achten, daß ein Ausgleich zwischen einer funktionsgerechten Gestaltung (Wirtschaftlichkeit, Formalisierung, Standardisierung, Dokumentation, Integration), einer unternehmungsgerechten Gestaltung (Branche, Organisationsstruktur, Unternehmungsumwelt, Führungsstil, Unternehmungskultur) und einer benutzergerechten Gestaltung gefunden wird (Ax/Börsig 1979, S. 894; Hügler 1988, S. 88).

Hauptresultat einer systematischen Metaplanung ist die **Planungskonzeption**, deren Aufgabe es per definitionem ist, sämtliche Vorkehrungen für einen möglichst reibungslosen Ablauf der Planung zu treffen. In einer Planungskonzeption werden die verschiedenen Teilpläne der diversen Unternehmungsbereiche aufeinander abgestimmt und zu einem Ganzen integriert. Die Planungskonzeption legt im Einzelfall die charakteristische Struktur des Planungssystems fest, indem die Planungselemente und ihre Beziehungen untereinander möglichst vollständig beschrieben werden. Außerdem werden Formalisierungen und Standardisierungen festgelegt.

2.1.2 Anforderungen an Planungssystem und -konzeption

Eine Planungskonzeption hat eine Reihe von **Anforderungen** zu erfüllen. Diese lassen sich aus den Aufgaben ableiten, die mit einem solchen Instrumentarium zu bewältigen sind. Dabei kann zwischen

(1) generellen Anforderungen, die unabhängig sind von der Art und Weise der Unternehmung, und

(2) speziellen Anforderungen, die abhängig sind von den konkreten Eigenheiten einer Unternehmung,

unterschieden werden (Bircher 1976, S. 279ff.; Haas 1976, S. 80ff.).

Die **generellen Anforderungen** lassen sich untergliedern in Verhaltensanforderungen, wie

- Zielbezogenheit,
- Akzeptanz und Motivierung sowie
- Verläßlichkeit und die

Strukturanforderungen, z.B.

- Einfachheit,
- Strukturiertheit,
- Vollständigkeit,
- Formalisierung,
- Anpassungsfähigkeit und
- Lernfähigkeit.

Planungskonzeptionen unterscheiden sich funktions- und situationsbezogen durch Merkmale wie Funktionsbreite, -tiefe, Mehrstufigkeit, Fristigkeit, Geltungsbereich etc.

Die Gestaltung von Planungssystemen darf insgesamt kein allzu schematischer Vorgang sein, sie muß vielmehr "politische" Planung sein (Kirsch 1973, S. 31f.; 1975). Unter "politischen" Entscheidungen sind dabei jene schlecht-strukturierten innovativen Entscheidungen in der Organisation zu verstehen, für die es keine verbindlichen, d.h. autorisierten Wertprämissen gibt und die durch die individuellen Werte und Präferenzen derjenigen geprägt werden, die entsprechende Macht in der Organisation besitzen (Kirsch 1973, S. 24). Konkret bedeutet das für die Gestaltung realer Systeme durch die Planung:

(1) Der Systementwurf muß berücksichtigen, daß Ziele und Kriterien noch nicht feststehen. Planung bedeutet immer auch Zielplanung.

(2) Es ist davon auszugehen, daß die Informationsverarbeitungskapazität eines Planungssystems nicht ausreicht, um Planung wirkungsvoll zu betreiben: Unterstützungssysteme werden notwendig.

(3) Die Planung hat die Implementierung und laufende Überwachung der Planrealisierung durchzusetzen.

(4) Es sind von vornherein Konsensbildung und Konflikthandhabung einzubeziehen.

(5) Die Anpassungsbereitschaft und -fähigkeit von Planungssystemen und Plänen muß zu jeder Zeit gewährleistet sein.

(6) Es muß eine kontinuierliche Qualifizierung von Planungsträgern erfolgen.

2.2 Der prozessuale Aspekt: Die Planungsphasen

2.2.1 Überblick

Die verrichtungsorientierte Differenzierung der Planungsaufgabe (Planerfunktion) läßt sich anhand des Planungsprozesses in einzelne, sachlogisch abgrenzbare Teilphasen oder Stufen gliedern. Der **idealtypische Planungsprozeß** beinhaltet das gesamte sachbedingte und zeitbedingte Gefüge mehrerer Planungsschritte, die zur vollständigen Lösung eines (zumeist schlecht strukturierten) Planungsproblems systematisch zu erarbeiten sind (vgl. Gälweiler 1974, S. 171). Die Fülle der in der Planungsliteratur vorgeschlagenen Systematisierungen der einzelnen Phasen ist kaum noch zu überblicken (vgl. z.B. Pfohl 1977, S. 24; Fandel 1983, S. 481ff.).

Hier wird von folgenden Teilphasen des Planungsprozesses ausgegangen:

(1) Zielbildung,

(2) Problemanalyse,

(3) Alternativensuche,

(4) Bewertung und

(5) Entscheidung.

Die geschlossene Reihenfolge der Phasen im Planungsprozeß besitzt mehr didaktischen Charakter als empirische Relevanz. In praxi laufen die Stufen nicht selten parallel ab. Es finden oft Rückkopplungen zu früheren Phasen statt, bestimmte Phasen werden bei gewissen routinierten Planungen einfach übersprungen, andere mehrmals durchlaufen. Insofern stellt das Phasenschema lediglich eine idealtypische Denk- und Strukturierungshilfe für ein komplexes und heuristisch zu lösendes Phänomen dar. Darüber hinaus sind zur Integration und Koordination der Planungsphasen vertikale Prozeßstrukturen über einzelne Planungsebenen hinweg notwendig, die der Verwirklichung bzw. Kombination von top-down- und bottom-up-Planungsansätzen dienen.

Schließlich geht es in zeitlicher Hinsicht bei der Gestaltung des Planungsprozesses um die Bestimmung der konkreten zeitlichen Abfolge (Anfangs-/Endtermine) und der Periodizität, d.h. des Zeitraumes, in dem ein Planungsprozeß bzw. -zyklus wiederholt wird.

Aus dem Umsystem des Unternehmens resultieren Einflußgrößen, die den Planungsprozeß determinieren. Weitere unternehmungsrelevante Datenkonstellationen ergeben sich aus den Unternehmungsinteressen und den Wertvorstellungen der einzelnen Gruppen, die am Willensbildungsprozeß der Unternehmung beteiligt sind (z.B. Kapitaleigner, Führungskräfte, Betriebsrat).

Die im Planungsprozeß einsetzbaren Methoden, Verfahren und Instrumente werden zunächst nur angedeutet und später ausführlich behandelt.

2.2.2 Zielbildung

Ziele sind Orientierungsmarken der Unternehmung. Sie stellen zentrale Größen des unternehmerischen Steuerungsprozesses dar. Ziele dienen dazu (Szyperski 1971, S. 650f.):

- Probleme zu erkennen,
- Lösungen dieser Probleme zu erarbeiten,

- Lösungen bzw. Handlungsalternativen im Hinblick auf ihren Zielbeitrag zu bewerten,
- Aktivitäten zu koordinieren,
- Zielkonflikte bei Unterzielen zu erkennen und rational zu lösen,
- Entscheidungen zwischen mehreren Lösungs- bzw. Handlungsalternativen zu fällen,
- Mitarbeitern eine eindeutige Orientierungshilfe und Motivation für Handlungen bzw. Entscheidungen zu geben und
- gegebenenfalls die Möglichkeiten zur Lenkung wirtschaftlich selbständiger Untereinheiten der Unternehmung zu bilden.

Die Suche nach Zielen ist ein kreativer Prozeß, dessen Hauptproblem darin besteht, aus der Fülle der möglichen Ziele die aufeinander abgestimmten Sach- und Formalziele zu finden (Kosiol 1972, S. 223f.). Während im Rahmen der Festlegung der **Sachziele** der Unternehmung determiniert wird, was erreicht werden soll (insbesondere die Art, Menge und der Zeitpunkt der am Markt abzusetzenden Produkte), geht es bei der Bestimmung von **Formalzielen** um das "Wie" der Zielerreichung, d.h. um die Auswahl und Beurteilung von sachzieldienlichen Handlungsalternativen. Formalziele sind mit anderen Worten geeignete Maßstäbe zur Beurteilung betriebswirtschaftlicher Entscheidungen und deren Realisierung (Heinen 1983, S. 26).

Bei der Zielbildung werden Ziele konkretisiert. Auch vor der Planung existieren schon sogenannte Ausgangsziele. Hierdurch entsteht das Dilemma eines "logischen Zirkels" (Wild 1981, S. 41):
Einerseits sind Ziele **Voraussetzungen der Planung**, da ohne Ziele keine Probleme erkannt, keine geeigneten Handlungsalternativen oder Maßnahmen gefunden, keine Ressourcen zugeordnet und keine Bewertungen vorgenommen werden können. Andererseits sind die endgültig ausgewählten und als realisierbar befundenen Ziele erst **Ergebnis der Planung**. Denn die Feststellung des Mittelbedarfs und der notwendigen Maßnahmen sowie die Prüfung auf Erfüllbarkeit der zur Zielerreichung erforderlichen Voraussetzungen setzen zumindest eine grobe Maßnahmenplanung voraus. Werden dazu noch alternative Ziele betrachtet bzw. sind Prioritäten zu setzen, kann man diese nicht bereits vor der Planung schon definitiv festlegen. Die Ausgangsziele können sich also durchaus im Zuge der Planung ändern, wobei es unter Umständen relativ unwichtig ist, von welchen Zielen ursprünglich ausgegangen wird.

Die konkrete Zielsetzung im einzelnen ist stark von situativen Gegebenheiten abhängig. Die operationale Festlegung von Zielinhalten, -ausmaßen und zeitlichen Bezügen wird von zahlreichen interdependenten Einflußgrößen determiniert. Ein Ziel gilt dann als **operational**, wenn der Zielrealisierungsgrad quantifizierbar ist, d.h. gemessen werden kann. Mangelnde Operationalität erschwert nicht nur die Zielrealisierung, sondern beeinträchtigt auch die Kontrolle der Zielerreichung. Ein Großteil der unternehmungspolitischen Zielartikulationen genügt nicht den Operationalitätsansprüchen. Sie sind zu vage gehalten oder "philosophisch angehaucht". Lediglich in den Grenzfällen, in denen nur eine einzige Realisierungsmöglichkeit besteht oder sämtliche Möglichkeiten von vornherein gleichrangig sind, ist eine inhaltliche Konkretisierung durch Zielkriterien nicht erforderlich. In der Regel muß aber eine Meßvorschrift vorliegen, mit deren Hilfe einerseits die Folgen von Handlungsmöglichkeiten beurteilt und andererseits die Zielrealisierungen kontrolliert werden können.

Zur generellen Kennzeichnung der **Operationalitätsbedingungen** läßt sich der Ansatz der Zielelementarisierung von Hauschildt (1970, S. 545ff.) heranziehen, der auf dem Konzept der Zieldimensionen von Heinen (1962, S. 9ff.) aufbaut. Die Elementarisierung der Ziele führt zur Charakterisierung derjenigen Zielbestandteile, die so zu präzisieren sind, daß sie als eindeutige handlungssteuernde und damit kontrollfähige Vorgaben dienen können. Die Zieldifferenzierung umfaßt (vgl. Hamel 1989; Szyperski 1971, S. 661ff.):

(1) **Die Zielinhaltsbestimmung**
Sie kennzeichnet den angestrebten künftigen Zustand und muß Zielobjekt und Zielausprägung festlegen. Das **Zielobjekt** bestimmt denjenigen Ausschnitt der zukünftigen Realität, auf den sich Zielrealisierungsbestrebungen richten. Die **Zielausprägung** stellt eine Menge von Attributen dar, die der Zielplaner dem angestrebten Zustand beimißt; diese Zahl ist grundsätzlich beliebig, fällt in der Regel aber sehr klein aus. Zu präzisierende Teilelemente der Zielausprägung betreffen:

a) die Zieleigenschaft (Definitionsbedingung operationaler Zielformulierungen): Sie bestimmt die angestrebte Ausprägung des Zielobjektes und stellt Vorschriften dar, welche Kriterien im einzelnen für die Bewertung alternativer Handlungsmöglichkeiten zu berücksichtigen sind.
b) die Fixierung der Zielmaßstäbe (Maßbedingung operationaler Zielformulierungen): Der Zieleigenschaft muß ein Maß zugeordnet werden, mit dem der Zielerreichungsgrad feststellbar ist.
c) die Bestimmung der Zielfunktion bzw. des Zielkriteriums (Toleranzbedingung): Hierbei geht es um das Ausmaß der Erfüllung bestimmter Eigenschaften ein-

schließlich der Festlegung von Ober- und Untergrenzen (Bandbreite des geforderten Zielerreichungsgrades).

(2) **Die Zielzeitbestimmung**
Die Bestimmung der Zielzeit beinhaltet die operationalisierende Konkretisierung der Periode, innerhalb derer der angestrebte Zustand erreicht sein soll (zeitliche Operationalisierung). Nur dann sind Ziele überhaupt erreichbar und ihre Erreichung kontrollierbar (vgl. auch Berthel 1973, S. 45ff.).

(3) **Die Zielraumbestimmung**
Die Determinierung lokaler oder geographischer Abgrenzung weist darauf hin, daß jegliche betriebswirtschaftlichen Aktivitäten raumgebunden sind (räumliche Operationalisierung).

(4) **Die Artikulations- und Kommunikationsbedingungen**
Ausgehend von demjenigen in der Unternehmung, der die Ziele bzw. das Zielsystem erarbeitet (dem "Zielartikulanten"), ist sicherzustellen, daß die erarbeitete Zielaussage in eine sprachliche Form transportiert wird, die Sender und Empfänger ("Zieladressaten") inhaltlich verstehen. Hierin liegt eine wesentliche Bedeutung für die Zieloperationalisierungsaufgabe. Es ist nämlich zu berücksichtigen, daß in die Artikulation individuelle Besonderheiten einfließen, die den semantischen und pragmatischen Gehalt strukturieren und damit die aktionssteuernde Wirkung des Ziels leiten (Hamel 1989, Sp. 2305f.; vgl. im einzelnen bei Hauschildt 1970, S. 549ff.).

(5) **Die Praktikabilitätsbedingung**
Ziele können nur dann als operational definiert angesehen werden, wenn ihre Erreichbarkeit grundsätzlich gewährleistet werden kann, d.h. es müssen mögliche Aktivitäten der Zielrealisierung existieren und die verfügbaren Mittel sollten unter den gegebenen Bedingungen eine Verwirklichung der verfolgten Ziele ermöglichen (vgl. zum Kriterium der Verfolgbarkeit im einzelnen bei Berthel 1973, S. 24ff.). Außerdem müssen die Ziele an die Reichweite (Ebene, Kompetenz) des Zieladressaten bzw. Verantwortungsträgers angepaßt sein.

(6) **Die Präferenzbedingung**
Liegen im Rahmen eines Zielsystems mehrere (insbesondere) konkurrierende Ziele vor, sollte eine Prioritätsordnung festgelegt werden. Die Beziehung der Ziele untereinander sowie ihre unterschiedliche Gewichtung sollte klar festgelegt sein.

Zielsysteme haben neben der Operationalität einer Reihe weiterer Nebenbedingungen bzw. Anforderungen zu genügen (vgl. Schmidt-Sudhoff 1967, S. 111ff.; Berthel 1973, S. 124f.; Wild 1981, S. 53ff.):

(1) **Rahmensetzung** für die zu entwickelnden Maßnahmen: Operationale Ziele sollten zugleich auch Anforderungen an das Zielerreichungssystem stellen, d.h. Orientierungen für geeignete Maßnahmen aufzeigen.

(2) **Konsistenz**: Das Zielsystem sollte widerspruchsfrei und hinsichtlich der Einzelziele aufeinander abgestimmt sein.

(3) **Aktualität**: Die Ziele sollten nicht überholt sein.

(4) **Vollständigkeit**: Das Zielsystem sollte alle wichtigen Ziele tatsächlich enthalten.

(5) **Durchsetzbarkeit**: Ziele sollten Durchsetzungserfordernisse erfüllen, also so beschaffen sein, daß sie von den Entscheidungsträgern akzeptiert werden und motivierend wirken.

(6) **Organisationskongruenz**: Das Zielsystem sollte grundsätzlich durch Aufgabenträger (Organisationseinheiten) abgedeckt sein, denen einzelne Ziele hinreichend eindeutig zugeordnet werden können und nicht gegen organisatorische Gegebenheiten verstoßen.

(7) **Transparenz** und **Überprüfbarkeit**: Übersichtlichkeit, Verständlichkeit und Überprüfung sind wesentlich von einer schriftlichen Dokumentation des Zielsystems abhängig.

(8) **Beeinflußbarkeit**: Das Ziel muß an die Reichweite des Betreffenden angepaßt sein (Gewinnmaximierung kann beispielsweise kein operationales Ziel für eine Verwaltungskraft darstellen).

Oftmals werden Zielhierarchien und -prioritäten festgelegt. Dazu ist es erforderlich, **Zielbeziehungen** innerhalb des Zielsystems zu analysieren.

Zielkonflikte und **Zielkomplementaritäten** als wichtigste Beziehungsmuster drücken aus, ob bestimmte Maßnahmen zur Erreichung eines Zieles unterstützende (positive) oder einschränkende (negative) Wirkungen auf andere Ziele besitzen. Diese gilt es, frühzeitig im Zielbildungsprozeß aufzudecken und zu lösen.

Ferner ist eine (vorläufige) Prüfung auf Realisierbarkeit vorzunehmen. Dazu gehört die Analyse des motivationalen Charakters der Einzelziele als Leistungsansporn ebenso wie die Beantwortung von Fragestellungen, inwieweit erforderliche zieladäquate Maßnahmen im Rahmen der verfügbaren Ressourcen unter Berücksichtigung von Restriktionen innerhalb der geplanten Zeiträume realisierbar sind und ob das Leistungspotential und die organisatorische Kompetenz der Entscheidungsträger hierfür ausreichen. Nicht immer kann eine "optimale" Lösung des Entscheidungsproblems anvisiert werden; häufig wird sich der Entscheidungsträger statt dessen mit einem **befriedigenden Anspruchsniveau** begnügen müssen (vgl. Pfohl 1977, S. 48).

In der betriebswirtschaftlichen Literatur wird oft von der Existenz eines **mehrstufigen, hierarchisch gegliederten Zielsystems** als Regelfall ausgegangen, in dem zwischen **Ober-** und **Unterzielen** (Subziele, Zwischenziele) vertikale **Ziel-Mittelbeziehungen** existieren (vgl. Bidlingmaier 1973, S. 76ff.; Scheibler 1974, S. 95ff.; Heinen 1976, S. 102ff.; Schneider 1978, S. 9ff.; Kupsch 1979, S. 80ff.). Allgemein erfordert hierbei die Erreichung von Oberzielen die Erfüllung einer Reihe bestimmter Unterziele. Letztere stellen Mittel in bezug auf hierarchisch übergeordnete Ziele dar. Im Rahmen der **Ziel-Mittel-Hierarchie** besitzen sie jedoch Zielcharakter in Relation zu ihren wiederum untergeordneten Zielen. In diesem Zusammenhang wird erneut die Bedeutung der Zieloperationalisierung als unabdingbare Planungsaktivität im Rahmen der Zielbildung deutlich.

Von einer quasi-"automatischen" Erfüllung der Ziele kann nicht ausgegangen werden, da die Zielvorgaben häufig unklar und wenig präzise formuliert werden (vgl. Hauschildt 1981). Unbeabsichtigte Fehlentscheidungen bei der Ableitung von Subzielen, eine zu weite Ausnutzung von Interpretations- und Handlungsspielräumen und absichtliches rollenabweichendes Verhalten kann Subzielabweichungen und damit Oberzielverfehlungen hervorrufen.

Die **Zielentscheidung** erfolgt durch Auswahl der im Hinblick auf das Oberziel der Unternehmung bestmöglichen Zielalternative, die so zu einer festen Vorgabe mit bindender Wirkung für alle Planungsträger avanciert. Die Ergebnisse der Zieloperationalisierung und -entscheidung sind zu dokumentieren, d.h. zu konservieren und dabei so zu systematisieren und standardisieren, daß dem Entscheidungsträger jederzeit das gesamte Zielsystem der Unternehmung überblicksweise vermittelt werden kann und bei Bedarf die abgeleiteten Einzelaufgaben im Detail dargelegt werden können.

In der Realität verändern sich die Umweltbedingungen, die Mittelausstattung und andere Elemente von Entscheidungsituationen ständig. Das kann Zielüberprüfungen, Zielergänzungen oder Zieländerungen erforderlich machen. Auch Gewichtsverlagerungen im Zielbündel durch Macht- und Autoritätsverschiebungen der zielbestimmenden Einfluß- und Interessengruppen können Zielkorrekturen bedingen. Die festgelegten Ziele sind also unter Umständen durch eine hohe Variabilität gekennzeichnet (vgl. Hamel 1974, S. 13ff.). Der Realisierungsprozeß, d.h. das Umsetzen des Plans in die Wirklichkeit, zeigt häufig Abweichungen der Ergebnisse von den Planwerten. Auch hier ist eine Überprüfung der (Plan-)Ziele angebracht.

2.2.3 Problemanalyse

Wenn sich ein bestimmtes Planungsproblem nicht von vornherein wohlstrukturiert darstellt, wird im Planungsprozeß eine Problemstrukturierung und -feststellung erforderlich. Dies dient dem Erkennen des Problems, der Anregung zu einem planerischen Tätigwerden und der Vorbereitung für eine spätere Lösung.

Ein **Problem** läßt sich allgemein als eine Abweichung der angestrebten Sollzustände (Planziele) von der gegenwärtigen oder zukünftigen Realität beschreiben. Vergangenheits- oder Gegenwartsinformationen können durch eine **Lagediagnose** über die Unternehmung und über das Umsystem gewonnen werden (vgl. u.a. Bircher 1976, S. 319ff.). Es erfolgt eine Zustandsbeschreibung und -analyse der **Stärken und Schwächen** der Unternehmung einerseits, und eine Identifikation und nähere Untersuchung der **unternehmungsrelevanten Einflußgrößen** andererseits. Bezogen auf Planungsebenen stehen operativ interne Informationen im Mittelpunkt. Als wichtige Quellen können Ergebnis-, Planfortschritts- und Prämissenkontrollen angesehen werden (vgl. 2.6). Umsysteminformationen spielen dagegen bei strategischer Planung die entscheidende Rolle. Die **Lageprognose** dient zur Aufdeckung zukünftiger Schwierigkeiten bzw. Gefahren und Risiken aber auch sich bietender Chancen.

Die **Problemerkenntnis** erfolgt durch Gegenüberstellung von Zielsystem und Prognoseergebnissen, wobei mögliche **Ziellücken** aufgedeckt werden. Mit sogenannten **Gap-Analysen** können zwei verschiedene Zukunftsprojektionen vorgenommen werden:

(1) die Zielprojektion, die die angestrebten bzw. gewünschten zukünftigen Ergebnisse beinhaltet, und (2) die Projektion der zu erwartenden Ergebnisse, wenn keine Änderung der Unternehmungsaktivitäten initiiert wird (Brose 1982a, S. 148; vgl. Abbildung 2.1).

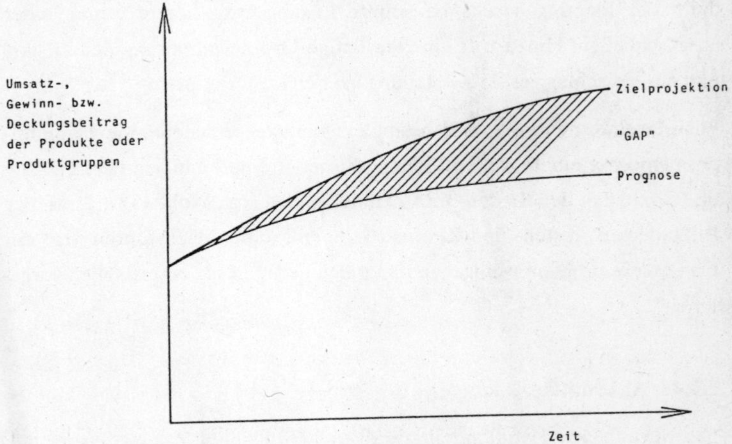

Abb. 2.1: Ziellücken- bzw. Gap-Analyse

Durch derartige Vergleiche können die sich andeutenden Probleme zumeist nur umrißartig gekennzeichnet werden. Um einzelne Ursachen und Zusammenhänge genauer beschreiben zu können, erfolgt eine Zerlegung und Strukturierung des Gesamtproblems in einzelne zweckmäßige Teilprobleme (**Dekompositionsprinzip**). Häufig kann nur auf diese Weise eine **Ursachenanalyse** durchgeführt werden, die außerdem durch **Wirkungsanalysen** zu ergänzen ist.

Wird die Abweichung erst für die Zukunft angenommen, so läßt sie sich entweder durch die Schätzung von zukünftigen, nicht beeinflußbaren Größen (Ursachenprognose) und/oder durch Prognosen über eigene Aktionsparameter (Wirkungsprognosen) aufdecken. In jedem Fall müssen Ziele vorliegen, um Abweichungen erkennen und Probleme analysieren zu können.

Abschließend muß der Vollständigkeit halber die Frage beantwortet werden: "Worin besteht die Lösung des Problems?" (Pfohl 1989, Sp. 1581). Durch eine möglichst exakte **Problemformulierung** soll aufgezeigt werden, was zur Lösung des Problems erreicht werden muß, ohne in diesem Stadium der Planung bereits bestimmte Lösungswege vorzuzeichnen oder auszuschließen. Hinzu tritt eine vorläufige Grobterminierung der Lösung und ein Vorschlag zur Arbeitsteilung bei der Lösungsfindung.

Für einzelne, neuartige und besonders komplex erscheinende Planungsprobleme mit einem weiten Planungshorizont empfiehlt sich eine frühzeitige Schätzung des **Kosten- und Zeitaufwandes** (vgl. Pfohl 1977, S. 144ff.). Aufgedeckte Kosten- und Zeitrestriktionen können dazu führen, daß der Planer sein Problem weniger umfangreich definiert als ursprünglich vorgesehen.

2.2.4 Alternativensuche

Die Suche nach Handlungsalternativen verfolgt den Zweck, Problemlösungen bzw. alternative Handlungsmöglichkeiten zur Problemlösung auszuarbeiten. Dabei gilt es, eine möglichst große Zahl von Lösungsmöglichkeiten zu erarbeiten, da während des Lösungsprozesses die Qualität dieser Möglichkeiten durch weitere neue kreative Ideen steigen kann. Erst in der

Phase der Bewertung wird dann eine Rangfolge unter den Lösungsvorschlägen bzw. Handlungsalternativen gebildet.

Kann die präferierte Lösung nicht implementiert werden, weil unvorhergesehene Ereignisse eingetreten sind oder aufgrund von Zeitverzögerungen neue Planungsprämissen gelten, steht aufgrund einer systematischen Alternativensuche eine ausbaufähige Basis von Lösungsmöglichkeiten zur Verfügung.

Die Suche nach Lösungsvorschlägen basiert auf einer möglichst präzise formulierten Problemfeststellung und umfaßt die Sammlung von potentiellen Lösungen sowie die Systematisierung und Zusammenfassung der Einzelvorschläge zu alternativen Problemlösungskonzepten.

Bei wohldefinierten Problemen ist der **Suchraum** und damit die Anzahl der Alternativen prinzipiell vorgegeben. Schwierig gestaltet sich dagegen die Alternativensuche bei schlecht strukturierten Planungsproblemen, bei denen der Suchraum unbekannt oder allenfalls in Umrissen erkennbar und die Lösungssuche stark zufallsabhängig ist. Da in der Planungspraxis häufig schlecht strukturierte Probleme vorliegen, wird zunächst nach einer möglichst großen Anzahl zulässiger Lösungen gesucht, um sich anschliessend mit Hilfe von Entscheidungskriterien die bestmögliche auszuwählen. Dies erfährt allerdings eine Einschränkung durch die in der Problemdefinition enthaltenen Restriktionen einschließlich der festgelegten Anspruchsniveaus (vgl. Pfohl 1981, S. 68f.).

In der praktischen Planungsarbeit helfen bei der Alternativensuche Erfahrungen aus bereits realisierten und/oder erörterten Problemlösungen sowie der Einsatz von Kreativitätstechniken zur Förderung der Ideenfindung und innovativer Lösungsmuster.

Prinzipiell ist von vornherein darauf zu achten, daß die gefundenen Handlungsalternativen nicht die Mittel des zur Verfügung stehenden Budgets überschreiten. Es muß außerdem gesichert sein, daß sich die Alternativen zum Zeitpunkt der Durchführung tatsächlich noch realisieren lassen.

Mit einer **Wirkungsprognose** als zentralem Teilschritt der Alternativensuche können die zielbezogenen Konsequenzen der Alternativen unter bestimmten Konstellationen prognostiziert werden, d.h. erwünschte Effekte und mögliche unerwünschte Nebenwirkungen der Maßnahmen werden identifiziert. Gesamtwirkungsfunktionen von Konzepten bzw. Maßnahmebündeln lassen sich wegen der Vielfalt von Wirkungsrichtungen und wechselseitiger Beeinflussungen nicht bestimmen, so daß in der Praxis vor allem subjektive Schätzungen weiterhelfen können.

Schließlich müssen die alternativen Lösungsvorschläge für die sich anschließende Phase der Bewertung konkretisiert und möglichst schriftlich fixiert werden. Eine zeitliche und sachliche (umfangbezogene) Begrenzung der Lösungssuche ist vor allem dann nötig, wenn die Auswahl der bestmöglichen Handlungsweise zügig betrieben werden muß, weil ein rascher Handlungsbedarf besteht.

2.2.5 Bewertung und Entscheidung

Im Rahmen von Planungs- und Entscheidungsvorgängen können Aktivitäten der **Wertbestimmung** bzw. der **Bewertung** (Evaluierung) zu den zentralen Problemkreisen gezählt werden. "Wo immer Entscheidungen getroffen und durch Planung vorbereitet werden, stößt man auf Bewertungsvorgänge und Werte, ohne die eine rationale, bewußte Auswahl über Alternativen nicht möglich ist" (Wild 1981, S. 101). Bewertungen sind jedoch nicht erst als eigenständige Phase am Schluß des Prozesses angebracht, vielmehr müssen sie parallel zum Prozeß permanent bestehen und angewendet werden.

Ein **Wert** bezeichnet allgemein den "Grad der Brauchbarkeit eines Mittels zur Erfüllung eines Zwecks" (Stützel 1976, Sp. 4404), d.h. eine Maßgröße für die Zielerreichung oder Zielwirksamkeit. Die Begriffe Wert und Nutzen werden überwiegend synonym verwendet. Das Feststellen und Zuordnen eines Wertes zu einer Aktion bildet den Schwerpunkt von Bewertungstätigkeiten. Ein Wert ist dabei keine absolute Größe, die einem Ge-

genstand inhärent ist. Er stellt eine relative Beziehung zwischen Zielen und Zielobjekten her, indem er ein (Wert-)Urteil über die Wirksamkeit von **Ziel-Objekt-Relationen** ermöglicht, d.h. er wird subjektiv nach Maßgabe der Zielwirksamkeit zugeordnet. Aufgabe der Bewertung ist es daher, durch einen Vergleich der Handlungsalternativen anhand ihrer relativen Vor- und Nachteile diejenige Vorgehensweise zu finden, die den **höchsten Zielbeitrag** verspricht.
Die Vor- und Nachteile werden dabei durch Wirkungsprognosen, d.h. durch die Konsequenzen für den Fall der Realisierung ausgedrückt. Bewertung umfaßt nicht nur das Ermitteln und Zuordnen von Zielwirksamkeitsgrößen, sondern auch das Herstellen einer Rang- oder Präferenzordnung der Bewertungsobjekte in bezug auf die Ziele.

Die Bewertung stützt sich auf einen aus den Planzielen abgeleiteten **Kriterienkatalog**. Durch ein abgestuftes Vorgehen anhand von **Kriteriengewichten** kann graduell eine genauere Abschätzung der Bedeutung von Kriterien und eine überschaubare wertmäßige Zusammenfassung des Kriteriensektors zu einer Gesamt(Nutzen-)Größe erreicht werden. Die so generierten Zielbeiträge einzelner Alternativen lassen sich quantifizierbar miteinander vergleichen.

Im Falle monetärer Größen (Gewinn, Kosten, Erlös, Cash-Flow-Beitrag usw.) lassen sich leicht Bewertungen durch Gegenüberstellung von Sollwert und wertmäßigem Zielbeitrag des Bewertungsobjektes vornehmen. Oftmals können sich Bewertungskriterien (wie bei einer Investition) nicht nur als Geldgrößen ausdrücken lassen, sondern es werden in unterschiedlichen (nichtmonetären) Einheiten gemessene Zielwirkungen bzw. Wirksamkeiten gegenübergestellt, wobei allerdings die Möglichkeit der Zieloperationalisierung vorausgesetzt wird.

Als Beispiel für nichtmonetäre Bewertungskriterien lassen sich **Produkt- und Produktionsprozeßteilqualitäten** aufführen, wie:
- Gebrauchstauglichkeit/Bedienungsfreundlichkeit
- Funktionstüchtigkeit/Leistung
- Zuverlässigkeit
- Haltbarkeit
- Wartungs-/Instandhaltungsfreundlichkeit

- Sicherheit
- Wirtschaftlichkeit
- Design (Form/Farbe)
- Rationalisierungspotential
- Umweltfreundlichkeit.

Anforderungen und Eignungen lassen sich durch subjektive Einschätzungen (z.B. des Kunden) in einem Bewertungsprofil gegenüberstellen.

Um sämtliche situationsrelevanten Bestandteile eines unternehmerischen Zielsystems zu berücksichtigen und deren relative Bedeutungsinhalte in das Entscheidungskalkül einzubeziehen, werden mehrdimensionale Bewertungsverfahren bzw. Multikriterienverfahren eingesetzt. Nach Präzisierung der Bewertungsziele und -objekte werden die einzelnen Bewertungskriterien, die Kriteriengewichte sowie die Maßstäbe und Skalenniveaus festgelegt und strukturiert. Anschließend erfolgt eine **Wertsynthese**, die eine Aufsummierung der jeweiligen Einzelwerte bzw. -wirksamkeiten beinhaltet.

Ein Instrument zur mehrdimensionalen Bewertung von Handlungsalternativen stellt die **Nutzwertanalyse** dar.
Sie sollte eine Analyse der finanziellen Konsequenzen einer Entscheidung ergänzen, nicht aber völlig ersetzen.
Leist definiert die Nutzwertanalyse als "ein Bewertungsverfahren in Planungsabläufen, mit dem bei einer vorgegebenen Zielsetzung mehrere - bis zu einer Vielzahl - gegebene oder zu entwickelnde Handlungsalternativen in einem komplexen Feld von Bewertungskriterien bezüglich der Zielerreichung zu ordnen sind." (Leist 1989, Sp. 1260; vgl. zu den theoretischen Grundlagen Zangemeister 1976).

Sie weist folgende wesentliche Teilphasen auf (vgl. Blohm/Lüder 1991, S. 175ff.):

1) Zielkriterienbestimmung: operationale Formulierung eines Zielkriterienkatalogs (was soll im einzelnen mit der Nutzwertanalyse erreicht werden?)

2) Zielkriteriengewichtung

3) Teilnutzenbestimmung: Bestimmung der Nutzen einer Handlungsalternative in bezug auf ein Zielkriterium.

4) Nutzwertermittlung: Aggregation der n (n = Anzahl der Zielkriterien) eindimensionalen Präferenzordnungen (Zusammenfassung der Bewertung nach Einzelkriterien)

5) Beurteilung der Vorteilhaftigkeit: Vergleich des ermittelten Nutzwertes mit dem Anspruchsniveau des Entscheidungsträgers.

Nutzwertanalysen erlauben eine nachvollziehbare, allerdings auf subjektiven Einzelurteilen beruhende Bewertung von Handlungsalternativen. Dabei muß auf die Einbeziehung und Bewertung von Kostenkriterien einzelner Handlungsalternativen keinesfalls verzichtet werden.

Sofern sich aus dem Bewertungsprozeß eine eindeutige Rangfolge der alternativen Lösungsmöglichkeiten ergibt, bereitet die Auswahl der bestmöglichen Handlungsalternative keine Probleme. Mit der definitiven Auswahl der entsprechenden Handlungsweise wird die **Entscheidung** getroffen, die vollzugsverbindlich durchzuführen ist. Folgende Feinstufen der **Auswahl** lassen sich differenzieren (vgl. Kuhn 1990, S. 54):

- Aufstellen eines Entscheidungsmodells bzw. Heranziehen von Entscheidungsregeln (entfällt bei einfachen Prozessen);
- Festlegungen der Entscheidungskriterien;
- Bestimmung der optimalen Handlungsweise;
- Kontrolle der Konsistenz mit früheren Entscheidungen;
- Prüfen der Verträglichkeit mit Restriktionen;
- Bestimmung der/des Durchführungsträger(s) und Ausarbeitung von Durchführungsanweisungen.

Mit dem Treffen der Entscheidung ist die Planung abgeschlossen. Auf die Kontrolle der Durchführung der Pläne kann allerdings nicht verzichtet werden (vgl. 2.7).

2.3 Der institutionelle Aspekt: Die Planungsträger

2.3.1 Begriff und Gliederungskriterien

Als **Planungsträger** gelten alle Personen und organisatorischen Einheiten, die bei der Aufstellung und Verabschiedung der Unternehmungspläne mit bestimmten Funktionen betraut sind. Planungsträger bzw. Planungsorgane lassen sich nach vielfältigen Gliederungskriterien unterscheiden, z.B.:

(1) Nach der **Dauer ihres Bestehens**
  - dauernde (festgeschaffene Einrichtungen) und
  - fallweise initiiert für eine begrenzte Dauer.

(2) Nach der **Häufigkeit ihres Aktivwerdens**

- permanent,
- periodisch,
- fallweise.

(3) Nach der **Zugehörigkeit zur Unternehmung**
- unternehmungsinterne Mitarbeit bzw. Stellen/Abteilungen,
- Mischform (teils eigene Mitarbeiter - teils externe Berater) und
- externe Berater.

(4) Nach der **Einordnung in die Unternehmungsorganisation**, z.B.
- zentrale Planungsabteilung der Unternehmungsleitung (Stab-/ Linienorgan),
- dezentrale Planung in den einzelnen Organisationsbereichen.

(5) Nach dem **Grad der Partizipation**, d.h. Mitwirkung an der Metaplanung, der Planaufstellung, -verabschiedung und -durchführung.

(6) Nach der **Art und dem Ausmaß der Funktionen**, d.h. der Aufgabe und Kompetenzzuordnung in bezug auf die Planung im Einzelfall.

(7) Nach der **Art der Zusammensetzung**
- Anzahl der Planungsträger,
- erforderliche spezielle Qualifikationen,
- grundlegende Eigenschaften des Planungspersonals,
- ständige Mitglieder und fallweise hinzuzuziehende Experten,
- Mitglieder aus der Gesamtunternehmung/Teilbereichen.

(8) Nach **Schwerpunkten der zu bearbeitenden Planungsfelder**
- Forschung und Entwicklung,
- Beschaffung (Materialwirtschaft),
- Produktion,
- Absatz/Marketing,
- Personal,
- Finanzierung.

2.3.2 Charakterisierung möglicher Träger der Unternehmungsplanung

Wichtige Planungsträger sind:

(1) Die **Unternehmungsleitung** (Top-Management):

Der obersten Führungsebene in der Unternehmung werden vor allem folgende Planungsaufgaben zugeordnet (vgl. Steiner 1971, S. 148):

- Sie muß die Unternehmungsplanung unterstützen, sie in sehr grundlegenden Fragen (ausgehend von der Strategieformulierung) selbst vollziehen und verantwortlich leiten.
- Sie sollte eine adäquate Organisation der Planung schaffen, so daß ein geregelter, systematischer Ablauf gewährleistet ist und improvisatorische Ad-hoc-Entscheidungen auf ein Minimum beschränkt werden.
- Es obliegt ihr außerdem, teilweise aktiv an der Planentwicklung beteiligt zu sein. Dabei gilt es, alle unternehmungspolitischen Entscheidungen auf der Basis zugrunde gelegter Pläne zu treffen.

Ganz wesentlich ist die **Vorgabe der obersten Unternehmungsziele** für die Planung sowie die Schaffung eines adäquaten "**Planungsklimas**". Das Erfordernis der Planung muß derart kommuniziert und die Durchführung durch Anreize unterstützt werden, daß in der Gesamtunternehmung eine hohe Motivation zur Planung herrscht. Auch wenn untergeordnete Instanzen an der strategischen Planung mitwirken, bleibt die Kernfunktion und wesentliche Entscheidungskompetenz bei der Unternehmungsleitung.

(2) das **Linienmanagement** (Instanzen):

Linieninstanzen sind Leitungsstellen, die in einem bestimmten organisatorischen Bereich die eigentlichen Führungsaufgaben wahrnehmen und mit Entscheidungs- und Weisungsbefugnissen ausgestattet werden. Das Linienmanagement trägt vor allem Verantwortung für die inhaltliche Planung und deren Implementation in den ihm jeweils unterstellten Bereich. Besonders die Erstellung und Durchsetzung taktischer und operativer Pläne wird den Linieninstanzen zugeordnet.

(3) **Planungsstäbe und Planungsabteilungen**

Stäbe (Stabstellen/-abteilungen) sind Leitungshilfsstellen, die die Unternehmensleitung unterstützen und entlasten (vgl. Hentze/Brose 1985, S. 38). Planungsabteilungen nehmen in aller Regel Stabsfunktionen wahr, sind aber in die Linienorganisation eingebunden (vgl. Fürtjes 1989, Sp. 1466). **Zentrale Planungsstäbe** sind zumeist der Unternehmungsleitung unmittelbar zugeordnet. **Dezentrale Planungsstäbe** unterstützen die Linieninstanzen auch bei der inhaltlichen Planung, besitzen aber keine Entscheidungs- und kaum Weisungsbefugnisse. Planungsstäbe und -abteilungen konzentrieren sich auf die Planungsmanagement- und die Planungstechnikerfunktion, wobei die **Koordination** der Planungsprozesse eine besondere Rolle spielt.

(4) **Temporäre Planungsorgane**:
Hierzu zählen unter anderem **Planungskollegien** (**Planungsausschüsse**) und **Task-Force-Gruppen**, die zeitlich befristete Planungsaufgaben zu erfüllen haben. Sie sind in der Regel interdisziplinär zusammengesetzt.

Kollegien sind organisatorische Einheiten, die zur Erfüllung von Sonderaufgaben gebildet werden und nur eine diskontinuierliche und zeitlich befristete Tätigkeit realisieren (Kosiol 1962, Sp. 1013; Bleicher 1975, Sp. 2158; Redel 1982). **Planungskollegien** setzen sich in der Regel aus Mitarbeitern verschiedener Fachbereiche und hierarchischer Ebenen zusammen, die nur periodisch oder fallweise zusammentreffen, um spezielle Planungsprobleme zu lösen, ansonsten aber schwerpunktmäßig andere dauerhafte Aufgaben in der Unternehmung wahrnehmen. Vorteile ergeben sich vor allem durch ein hohes Maß an Entscheidungsdelegation, -dezentralisation und -partizipation. Allerdings erscheint die immanente Koordinationsproblematik noch weitgehend ungelöst (Brose/Corsten 1983, S. 80), denn der von einem Kollegium erwartete Koordinationseffekt bedingt, daß die Notwendigkeit zur Abstimmung von Teilbereichsentscheidungen und damit zur Einberufung des Kollegiums bereits vor Beginn von Realisierungsmaßnahmen erkannt wird.

Die zentrale Aussage des **Task-Force-Ansatzes** lautet: "Entschlüsse sollen dort fallen, wo das Informationsniveau optimal ist" (Irle 1971, S. 218). Derjenige, der ein Problem entdeckt, hat die Aufgabe, alle relevanten Organisationsbereiche über das Problem in Kenntnis zu setzen und ein vorläufiges Problemlösungsteam zu berufen. Der wesentliche Unterschied zu den Kollegien ist in der Form der Gruppenbildung zu sehen. Während bei der Task-Force der Problementdecker eine vorläufige Problemlösungsgruppe zusammenstellt, wird ein Kollegium durch eine hierarchisch übergeordnete Stelle eingesetzt.

Als **positive Ergebnisse** des Task-Force-Ansatzes für Organisationen erwarten Wunderer/Grunwald (1980, S. 504):

- die Sensibilisierung relevanter und kompetenter Gruppen,
- die Stärkung der Reaktionsfähigkeit der Organisation und
- den Abbau von Kommunikationsbarrieren.

Die Forderung, daß die Entschlüsse dort zu fällen sind, wo ein optimales Informationsniveau herrscht, kann jedoch kaum als eine operationale Handlungsanweisung aufgefaßt werden. Es besteht nämlich sonst die **Gefahr**, daß durch die Vorgehensweise eine Unternehmung mit Problemen überschwemmt wird, die zwar aus individueller Sicht eines Mitarbeiters von besonderer Relevanz erscheinen, für eine Unternehmung in ihrer Gesamtheit aber nur von geringem Interesse sind.

(5) **Controller/Controllingabteilung**:

Während die inhaltliche Planung von Planungsverantwortlichen geleistet wird, erfüllt auch der Controller bzw. die Controllingabteilung Aufgaben system- und prozeßbildender sowie system- bzw. prozeßkoppelnder Art (Planungsmanagement und Planungstechnikerfunktion (vgl. Welge 1988, S. 39f.; Horvath 1991, S. 121ff.). Die Planungsbeteiligung des Controlling als Institution beschränkt sich unter anderem auf (vgl. Hahn 1985, S. 606f.):

- Beratung bei der Aufstellung und Verabschiedung von laufenden Teilplanungen einschließlich der Budgetierung,

- Koordination der Teilplanungen einschließlich Aufstellung der (monetären/nichtmonetären) Gesamtplanung,
- Entwicklung, Implementierung und "Pflege" der Planungs- und Kontrollsysteme,
- innerbetriebliche Information (zum Teil auch Informationen Außenstehender über Ergebnislage und -entwicklung) sowie
- Durchführung von Kontrolle.

Diese Aufgaben nimmt das Controlling auf allen Planungsebenen wahr. In der Praxis besitzt die Controllingfunktion einen stark rechnungswesenorientierten Charakter. Entsprechend führt der Controller Wirtschaftlichkeits- und Planungsrechnungen zur Gewinnung von Kontrollinformationen vor allem in Form von Kennzahlen (-systemen) durch.

(6) **Externe Unternehmungsberater**:

Externe Unternehmungsberater werden für die Planung je nach Bedarf herangezogen. Ihr Aufgabengebiet besteht vor allem in der

- Entwicklung von Unternehmungskonzeptionen,
- Ausgestaltung der strategischen Planung,
- Ableitung der taktischen und operativen Planung,
- Informationsgewinnung und -auswertung für die Planung,
- Planungsmanagementaufgabe einschließlich der Entwicklung von Planungssystemen,
- Auswahl von Planungsinstrumenten und EDV-Unterstützung,
- Formalisierung der Planung und
- Personalbeschaffung und -entwicklung für Planungsfunktionen.

Vorteile, wie Arbeitsentlastung innerbetrieblicher Planungsträger, Planungs-know-how auf dem neusten Stand, Unvoreingenommenheit und Neutralität sowie bedarfsgerechte Inanspruchnahme, stehen den vornehmlichen **Nachteilen** der hohen Kosten und der mangelnden Kenntnisse des externen Beraters bezüglich unternehmungsinterner Gegebenheiten gegenüber.

Für die Unternehmung empfiehlt es sich, die Beratungsleistungen kritisch zu beleuchten, da selbst imageträchtige Beratungsunternehmungen der **Kritik** ausgesetzt sind, weil

- die Realisierung der empfohlenen Maßnahmen nicht begleitet wird und hierfür auch das notwendige Wissen fehlt,
- die Abschlußberichte und Empfehlungen eine zu starke "Akademisierung" aufweisen,
- inkompetente Empfehlungen gegeben werden, die nicht zuletzt auf einer mangelnden Berücksichtigung unternehmungspezifischer Gegebenheiten beruhen.

Als nutzlos können außerdem Leistungen angesehen werden, die als Instrument innerbetrieblicher Machtkämpfe oder nur der Bestätigung und Untermauerung von vornherein festgelegten Plänen und Strategien (Alibifunktion) dienen (vgl. Jakobs 1989). Zweckmäßig erscheint deshalb eine **sorgfältige Auswahl** des Unternehmungsberaters und die Einbindung in den Unternehmungsprozeß anhand von Kriterien wie:

- Referenzen, intensive Vorgespräche, Vereinbarung eines festen Ansprechpartners,
- präzise Festlegung von Erwartungen, Zielen und Zeithorizont,
- Vereinbarung eines detaillierten Abschlußberichtes und zusätzlich von Zwischenergebnisberichten,
- Begriffsdefinition zur besseren Kommentierung,
- Test der Qualifikationen der einzelnen Berater,
- Integration von Unternehmungsmitgliedern in Beraterteams, die auch an Problemlösungen partizipieren,
- Transparenzgarantie und Offenlegung aller relevanten Daten und Informationen.

Nicht das Beraterimage sollte bei der Auswahl im Vordergrund stehen, sondern vor allem auch das Engagement bei der **Unterstützung der Implementierung** durch Entwicklung von Durchsetzungsstrategien, Implementierungsanreize und Durchführung laufender Realisierungsfortschritts-Kontrollen (vgl. Dicke/Backhaus 1991).

Für die optimale Gestaltung der Planungsorganisation einer Unternehmung gibt es wegen der unterschiedlichen situativen Kontexte keine allgemeingültigen Patentrezepte. Für jeden Unternehmungsbereich muß eine spezifische und flexible Lösung gefunden werden, damit die notwendigen Anpassungserfordernisse im Zeitablauf umsetzbar sind. Es muß gleichzeitig untersucht werden, ob und inwieweit eine sinnvolle Kombination der potentiellen Planungsorgane in Frage kommt.

2.3.3 Zentralisation versus Dezentralisation der Planung

Im Rahmen des organisatorischen Gestaltens stellt sich bei der Aufgabenverteilung grundlegend die Frage der **Zentralisation** und **Dezentralisation**

(Hentze/Brose 1985, S. 49ff.). **Zentralisation** als Prinzip bedeutet, daß gleichgeartete Aufgabenelemente oder Teilaufgaben im Hinblick auf ein bestimmtes Kriterium zu einer Stelle oder Abteilung zusammengefaßt werden und diese für die gleichgearteten Aufgaben verantwortlich ist. Bei der **Dezentralisation** der Aufgabenverteilung werden hingegen gleichartige Aufgaben verschiedenen Stellen oder Abteilungen in der Unternehmung zur Erfüllung übertragen.

In der Organisationspraxis werden beide Prinzipien gleichzeitig eingesetzt. Im Hinblick auf den **Vollzug von Planungstätigkeiten** ermöglicht eine Zentralisation neben einer Aufgabenkonzentration beispielsweise die Schaffung einheitlicher Planungsgrundlagen für die gesamte Unternehmung. Schwierigkeiten können jedoch aus der Beschränkung des Handlungsspielraumes der nachgeordneten Stellen, der fehlenden Detailkenntnis bereichsspezifischer Planungssituationen oder bei der Veränderung von Planungsgrößen entstehen, die für eine Vielzahl von Unternehmungsbereichen handlungsrelevant sind. Demgegenüber bewirkt eine Dezentralisation von Planungsaufgaben in der Regel höheres Verantwortungsgefühl und größere Arbeitszufriedenheit. Die Dezentralisation ermöglicht eine bedarfsgerechte Planung entsprechend den bereichspezifischen Interessen. Daraus ergibt sich jedoch der Nachteil, daß die Abteilungen nur die eigenen Teilaspekte ihrer Bereiche berücksichtigen. Der Koordinationsprozeß ist in diesem Falle kosten- und zeitaufwendiger als bei einer Zentralisation der Planung.

Die Zentralisation bzw. Dezentralisation hängt vor allem davon ab, welche Problemfelder die Planung betreffen, welche Reichweite sie aufweist und welche Unternehmungsgröße besteht. Als zweckmäßig kann eine Zentralisation der strategischen Planung angesehen werden, während eine Dezentralisation der operativen Planung sowie der Planungsdurchführung sinnvoll ist.

Die **Planverabschiedung** (Treffen der Entscheidung) läßt sich ebenfalls nach dem Kriterium Zentralisation oder Dezentralisation organisieren.

Eine Entscheidungszentralisation liegt dann vor, wenn sämtliche Entscheidungsaufgaben der obersten Instanz, der Unternehmungsleitung oder einer Abteilung übertragen werden. Die anderen Stellen erfüllen dann nur reine Ausführungsaufgaben. Bei Entscheidungsdezentralisation werden die Entscheidungsbefugnisse auf mehrere Instanzen oder Abteilungen verteilt, nämlich dorthin, wo die Entscheidungsprobleme auftreten.

Als **Bestimmungsgründe** der Zentralisation und Dezentralisation von Entscheidungsaufgaben lassen sich folgende drei Teilkomplexe herausgreifen (Bleicher 1969, S. 130ff.).:

(A) Der **Aufgabenbereich** wird in seinem Wesen durch Art und Umfang sowie durch spezifische Umweltdaten bestimmt. Hier sind insbesondere zu nennen:
  (1) Der **Umfang** der Daten als **quantitativer** Ausdruck der Bestimmungsgrößen von Aufgaben,
  (2) Die **Spezialität** der Daten als qualitativer Ausdruck der Bestimmungsgrößen von Aufgaben,
  (3) Die **Änderungsgeschwindigkeit** als **temporaler** Ausdruck der Bestimmungsgrößen von Aufgaben,
  (4) Die **räumliche** Extension als **lokaler** Ausdruck der Bestimmungsgrößen von Aufgaben.

(B) Der **Mittelbereich der Aufgabenerfüllung** umfaßt
  (1) den Entwicklungsstand der **Informationsübermittlungstechniken,**
  (2) den Entwicklungsstand der **Datenverarbeitungstechniken,**
  (3) den Entwicklungsstand der **Problemlösungstechniken.**

(C) Der **Aufgabenträgerbereich** beinhaltet zeit- und gruppenspezifische humane Ansprüche.

Für den **Aufgabenbereich** ist eine starke Tendenz zur Zentralisation der Entscheidungen festzustellen, wenn jeweils ein geringer Datenumfang sowie eine geringe Spezifizierung, Änderungsgeschwindigkeit und räumliche Extension der Daten gegeben ist.

Bei wachsendem Umfang, zunehmender Spezifizität, steigender Änderungsgeschwindigkeit und wachsender räumlicher Extension der Daten ist das Streben nach einer Dezentralisation der Entscheidungen festzustellen. Im **Mittelbereich** ist in Abhängigkeit von dem Entwicklungsstand der Informationsübermittlungstechniken, der Datenverarbeitungstechniken sowie der Problemlösungstechniken sowohl eine Tendenz für eine weitere Zentralisation als auch Dezentralisation zu erwarten. Der **Aufgabenträ-**

gerbereich ist dadurch gekennzeichnet, daß der Mensch die Forderung nach Befriedigung höherer Bedürfnisse, wie größerem Handlungsspielraum, an die Unternehmung erhoben hat. Diese Entwicklung ist mit dem Streben nach mehr Partizipation an den unternehmerischen Entscheidungen und der Abkehr von den mehr autoritären Führungsstilen verbunden. Der Mensch als Entscheidungsträger und die personenorientierte Führung gewinnen an Bedeutung. Die Forcierung der zeit- und gruppenspezifischen humanen Ansprüche bringt die Notwendigkeit mit sich, die Entscheidungsaufgaben zu dezentralisieren.

2.3.4 Anforderungen an das Planungspersonal

In der Literatur wird eine Fülle von **Anforderungen** an das **Planungspersonal** formuliert und gefordert (vgl. z.B. Steiner 1971, S. 180; Gälweiler 1974, S. 395; Bleicher 1975, S. 294; Szyperski/Müller-Böling 1979, S. 441; Welge 1985, S. 460f.; Ulrich/Probst 1988, S. 231ff.; Töpfer 1989, Sp. 1543). Die wichtigsten Eigenschaften sind:

- die Fähigkeit zu ganzheitlichem und vernetztem Denken unter Einbeziehung der interdependenten und komplexen Unternehmungsinnenwelt und der Unternehmungsumwelt,
- die Fähigkeit zu zielstrebigem, kreativem Denken
- die Fähigkeit zum abstrakten und analytischen Denken und systematischen Handeln,
- gereifte Einstellung und Erfahrung zwecks konstruktiver Verarbeitung von Frustrationen, die unweigerlich im Rahmen der Planung, Entscheidung und Implementierung auftauchen,
- die Fähigkeit und Bereitschaft, flexibel und entscheidungsfreudig zu agieren, um sich schnell neuen Situationen anzupassen,
- die Bereitschaft, ohne ausgeprägte Hierarchien auszukommen,
- Kommunikationsvermögen, Kooperationsbereitschaft und -fähigkeit sowie Konfliktlösungspotential,
- Planungsbewußtsein, Lernfähigkeit, Eigenmotivation und Fähigkeit zur Fremdmotivation.

Das Planungspersonal sollte sich vor allem durch folgende **spezielle Qualifikationen** auszeichnen (vgl. auch Welge 1985, S. 461):

- volks- und betriebswirtschaftliche Kenntnisse sowie Grundkenntnisse in EDV-Anwendungen, Organisationspsychologie und Arbeitswissenschaft,
- Erfahrungen in der Entwicklung und Anwendung von Planungsverfahren bzw. -methoden,
- Kenntnisse der kritischen Erfolgsfaktoren und ihrer Zusammenhänge,
- Erfahrungen in der Festlegung und Operationalisierung von Unternehmungszielen.

Art und Umfang der Fähigkeiten, Eigenschaften und Qualifikationen differieren in Abhängigkeit von den im Einzelfall zu erfüllenden Planungsaufgaben auf den unterschiedlichen Führungsebenen zum Teil erheblich. Trotz höchster Anforderungen an sorgsam selektierte Planungsverantwortliche besonders auf den oberen Führungsebenen kann nicht verhindert werden, daß Planern die Gefahr einer **Überforderung** droht, weil sie immer komplexer werdende In- und Umsysteme kaum mehr übersehen können. Ganzheitliche Unternehmungsplanung im strengen Sinne des Wortes erscheint als Illusion, weil ein einzelner nicht in der Lage ist, alles in umfassender Breite und Tiefe zu erfassen und zu verarbeiten, was relevant sein könnte. Ganzheitlichkeit und vernetztes Denken sind somit nur Versuche und Orientierungen, die Komplexität zu bewältigen.

Henzler (1991) schlägt deshalb unter anderem vor:

(1) eine straffere Führungsorganisation und stärkere Konzentration des Top-Managements auf die eigentlichen Führungsaufgaben,

(2) Einführung effizienter Führungssysteme mit auf den strategischen Planungsbedarf zugeschnittenem Informationsbedarf (verdichtet statt detailliert),

(3) gründliches Überdenken, wo und inwieweit der Topmanager einen starken Einfluß im Unternehmen ausüben sollte ("Denn überall der Experte zu sein, überall direkt steuernd einzugreifen, das ist aufgrund der schieren Vielfalt nicht mehr möglich." Henzler 1991, S. 161),

(4) Stäbe und Ausschüsse mit unterschiedlich besetzten Expertengremien wirken als "Opposition im eigenen Haus" (Erleichterung der Führungsarbeit durch Innovation, Meinungsbildung) und

(5) Pflege von Beziehungen nach außen, vor allem zur Generierung "weicher" Informationen.

2.4 Der instrumentelle Aspekt: Die Planungsinstrumente

2.4.1 Zur Kategorisierung von Planungsinstrumenten

Planungsinstrumente stellen Methoden, Techniken, Aktivitäten, Vorgehens- und Verfahrensweisen sowie Hilfsmittel dar, die im Planungsprozeß eingesetzt werden können. Ziel ist es, die Planungsträger instrumentell so auszustatten, daß sie jederzeit in der Lage sind, ihre Planungsaufgaben bestmöglich zu erfüllen. Eine allgemeingültige Klassifikation der Instrumente läßt sich nicht festlegen, da mehrere Systematisierungsmöglichkeiten existieren. Eine weitgehend überschneidungsfreie Kategorisierung erhält man (im Anlehnung an Kosiol 1967, S. 93ff.) durch die Unterscheidung nach der **Art von Denk- und Informationsprozessen** (vgl. Töpfer 1976, S. 173ff.; Maune 1980, S. 220ff.; Fandel 1983, S. 494ff.; Rüth 1989, S. 318ff.).

(1) **Analytische Instrumente**

Im Mittelpunkt in bezug auf einen bestimmten Gegenstand bzw. Sachverhalt stehen logisch-deduktive Prozesse der Ordnung, systematischen Untersuchung, Beurteilung aufgrund bestimmter Kriterien und Merkmale, gedanklichen Zerlegung in einzelne Komponenten (Dekomposition), zweckmäßigen Kombination, Verknüpfung, Verdichtung, Ergründung von Bestimmungsfaktoren, Informationsbeschaffung und -auswertung. Dekompositorische und ordnende Aktivitäten werden dabei durch solche der zweckmäßigen Kombination (Synthese) ergänzt.

(2) **Heuristische Instrumente**

Heuristische Instrumente beinhalten kreative Suchprozesse. Die aus einem bestimmten Verständnis eines Problems stammende Perspektive soll schrittweise präzisiert, strukturiert und vor allem auch unter Berücksichtigung ungewöhnlicher Wege der Zielerreichung ermittelt werden. Mit Hilfe von Heuristiken soll es gelingen, "bekannte Wege" zu verlassen, althergebrachte Denk- und Wahrnehmungsgewohnheiten zu hinterfragen, bisher als Einheit Gesehenes zu differenzieren und/oder bisher getrennt voneinander Wahrgenommenes miteinander in Verbindung zu bringen. Als heuristische Instrumente lassen sich zusammenfassend **nicht-nomologische Problemlösungshilfen ohne Lösungsgarantie** bezeichnen (vgl. Raffée 1974, S. 43). Sie können immer dann weiterhelfen, wenn aufgrund von unüberwindlicher Komplexität oder Nicht-Anwendbarkeit der bekannten Algorithmen exakte Lösungen nicht gefunden werden können.

(3) **Prognostische Instrumente**

Sie dienen der Vorhersage künftiger Ereignisse und Entwicklungen und damit der informatorischen Fundierung der Planung. Eine frühzeitige Problemfeststellung wird vom Planer durch **Entwicklungsprognosen** intendiert. **Wirkungsprognosen** sollen die Konsequenzen bestimmter Maßnahmen im Rahmen der Alternativensuche und -bewertung abschätzen helfen. Ohne eine Prognose läßt sich keine fundierte rationale Entscheidung treffen, vor allem dann nicht, wenn Entscheidungen längerfristig wirksam sein sollen.

(4) **Bewertungs- und Entscheidungsinstrumente**

Bewertungsinstrumente dienen der Herstellung einer Rangordnung von Handlungsalternativen nach dem Grad ihrer Zielwirksamkeit unter Beachtung der jeweiligen Bedingungskonstellationen. Sie werden also im Rahmen von Selektionsprozessen eingesetzt.

Entscheidungsinstrumente bzw. -techniken und -modelle beziehen sich nicht nur auf die reine Entscheidungsvorbereitung im Sinne von Denk- und Informationsprozessen, sondern schließen entscheidungsbildende und entscheidungsdurchsetzende Elemente mit ein (Willensbildung und -durchsetzung - vgl. Mag 1989, Sp. 391).

Mit Hilfe von **Entscheidungsmodellen** soll dem Entscheidungsträger die Entscheidung erleichtert werden, indem Handlungsalternativen bewertet dargestellt werden und eine Alternative als Lösung angeboten wird. Entscheidungsmodelle dienen der abstrahierenden aber wirklichkeitsnahen Entscheidungsvereinfachung komplexer, realer Tatbestände auf wenige Kernzusammenhänge. Zur besseren Nachvollziehbarkeit und Erfassung werden Entscheidungsmodelle meist mathematisch formuliert. Die Grenzen mathematischer Entscheidungsmodelle liegen in der unzureichenden Quantifizierbarkeit qualitativer Faktoren. Deshalb kann die im Entscheidungsmodell gefundene Alternative nicht unbesehen realisiert werden. Ein Entscheidungsmodell kann daher kaum dem Entscheidungsträger die Entscheidung abnehmen, sondern lediglich als Entscheidungshilfe dienen. Die Zuordnung wichtiger Planungsinstrumente zu den gewonnenen Kategorien zeigt der Methodenkatalog in Abbildung 2.2.

<table>
<tr><th>Analytische Instrumente</th><th>Prognostische Instrumente</th><th>Bewertungs- und Entscheidungsinstrumente</th></tr>
<tr><td>- Systemanalyse
- Kennzahlensysteme
- Budgetierung
- Ist- und Plankostenrechnung
- Korrelationsanalyse
- Wertanalyse
- Netzplantechnik
- Kepner-Tregoe-Methode
- Befragung/Beobachtung/ Dokumentenanalyse
- Checklisten/Informationskataloge/Mind-Mapping
- Stärken-/Schwächen-Analyse
- Cluster-Analyse
- Strategic Issue Analysis
- Informationssysteme</td><td rowspan="3">- Glättungsmethoden
- einfache gleitende Durchschnitte
- einfache exponentielle
- Glättung
- linear gleitende Durchschnitte
- linear exponentielle Glättung
- Zeitreihenanalyse
- Filtermethoden
- adaptive Filterung
- allgemeine adaptive Filterung
- BOX-JENKINS
- Regressionsverfahren, z.B.
- einfache Regression
- multiple Regression
- Simulationsmodelle
- Stichproben
- Leitindikatoren-Modelle
- Input-Output-Analyse
- mathematische Programmierung
- Warteschlangenmodelle
- Delphi-Verfahren/ Expertenbefragung
- S-Kurven
- historische Analogie
- Szenario-Technik
- Trendextrapolationen
- Cross-Impact-Analyse
- Marktforschung</td><td rowspan="3">- Kompatibilitätsmatrix
- Lebenszyklusanalyse
- Gapanalyse
- Bewertungsprofile
- Portfoliomodelle
- Relevanzbäume
- ABC-Analysen
- Gantt-Technik
- Kosten-Nutzen-Analyse
- Break-Even-Analyse
- Investitions- und Wirtschaftlichkeitsberechnungen
- Nutzwertanalyse
- Risikoanalyse
- Entscheidungsbaumverfahren
- Entscheidungstabellen
- mathematische Programmierung
- Sensitivitätsanalysen
- Erfahrungskurve
- mathematische Optimierungs- und Entscheidungsmodelle
- Entscheidungsregeln
- Kommunikationsmittel und -techniken
- Expertensysteme
- Decision-Support-Systems</td></tr>
<tr><td>Heuristische Instrumente</td></tr>
<tr><td>- Brainstorming
- Methode 635
- Synektik
- Morphologische Methoden</td></tr>
</table>

Abb. 2.2: Planungsinstrumente im Überblick (vgl. auch Rüth 1989, S. 317)

2.4.2 Kurzbeschreibung ausgewählter Planungsinstrumente

2.4.2.1 Überblick

Die eingehende Behandlung aller in Abbildung 2.3 genannten Planungsinstrumente ist aus Platzgründen in diesem Lehrbuch nicht möglich. Einige Methoden werden ausführlich im Rahmen der strategischen Planung erörtert, z.B. Lebenszyklusanalyse und Erfahrungskurve (vgl. 3 und 4).

Wichtige ausgewählte Instrumente werden an dieser Stelle kurz und überblicksartig dargestellt. Auf die Beschreibung und Beurteilung quantitativer Planungsverfahren einschließlich Verfahren des Operations Research wird weitgehend verzichtet und auf die umfangreiche Spezialliteratur verwiesen (vgl. hierzu die Literaturempfehlungen zu Gliederungspunkt 2).

Bei **Operations Research** (Unternehmungsforschung) handelt es sich um eine Auswahl von Methoden aus den Gebieten der Mathematik, der analytischen Statistik, der Wahrscheinlichkeitsrechnung und der symbolischen Logik, die dazu beitragen, bestehende Zustände zu verbessern oder unter gegebenen Umständen bestimmte Optima zu erreichen. Hierbei bieten sich prinzipiell entweder exakte Verfahren (mathematische Modelle, z.B. Simplex-Algorithmus) zur Lösung von linearen Optimierungsproblemen oder Näherungsverfahren (z.B. Monte-Carlo-Simulation) an. Operations Research umfaßt also den gesamten Bereich von Planungsinstrumenten, der auf modellgestützer Entscheidungsvorbereitung beruht.

2.4.2.2 Die Wertanalyse

Die **Wertanalyse** ist ein Verfahren, mit dem im Hinblick auf ein bestimmtes Entscheidungsobjekt (z.B. Produkt, Verfahrensablauf, Gemeinkosten) die Funktionen, funktionsbezogenen Eigenschaften (Qualität) und Funktionskosten ermittelt werden. Eine solche Funktions-/Kostenanalyse verfolgt das Ziel, die Relation von Nutzen bzw. Funktionswert und den dafür erforderlichen Kosten zu maximieren, wobei beide Komponenten als variabel angesehen werden (Korte 1977). Je früher eine wertanalytisch bestmögliche Lösung gefunden wird, desto größer sind häufig mögliche **Kostensenkungspotentiale**.

Beispielsweise zielt die **Gemeinkostenwertanalyse** (vgl. im einzelnen bei Roever 1980, 1982) darauf ab, eine **Betriebsleistung** mit niedrigsten Kosten zu erstellen, wobei die erforderliche Qualität und Marktfähigkeit dieser Leistung nicht vermindert werden soll. Das Verfahren der Gemeinkostenwertanalyse beruht auf einer **strukturierten Vorgehensweise**. Ausgehend von einer systematischen Analyse der vorhandenen Arbeitsstrukturen wird die Kostensituation ermittelt. Anschließend wird im Hinblick auf mögliche Kostensenkungspotentiale geprüft, ob und inwieweit die Ist-Kosten tatsächlich erforderlich oder aber durch kostengünstigere Alternativen ersetzbar sind. Folgende Phasen des Ablaufs einer Gemeinkostenwertanalyse sind denkbar (vgl. Roever 1980, S. 687ff.; Scholz 1991, S. 481):

(1) Vorbereitungsphase,

(2) Analyse und Planung:
- Ist-Analyse der Unternehmungsgesamtsituation,
- Kosten-Nutzen- sowie Stärken-Schwächen-Analyse hinsichtlich der Gemeinkostenentwicklung und externen Kostendeterminanten,
- Formulierung von Kostensenkungszielen (Soll-Kosten-Ziele),
- Evaluierung von Alternativen zur Umsetzung der Soll-Kosten-Ziele,
- Bewertung der Alternativen hinsichtlich ihrer Wirksamkeit,
- Ordnen der Alternativen hinsichtlich ihrer Realisierbarkeit und
- Auswahl der erfolgversprechenden Alternative(n) zur Kostensenkung durch das Top-Management.

(3) Realisierung der gewählten Alternative(n) und

(4) Kontrolle der Umsetzung der Alternative(n) hinsichtlich der Soll-Kosten-Zielvorgaben.

Wertanalysen gehen als umfassende Verfahren über die reine Analyse hinaus und beziehen Bewertungs- und Entscheidungsaktivitäten zumeist mit ein (vgl. zur Nutzwertanalyse 2.2.5).

2.4.2.3 Kennzahlensysteme

Kennzahlensysteme sind Maßgrößen, die auf konzentrierte und knappe Weise Informationsfunktionen erfüllen. Sie besitzen drei wesentliche Eigenschaften (vgl. Geiß 1986, S. 42ff.):

(1) **Maßgrößencharakter**, d.h. sie sind quantitative Begriffe, mit deren Hilfe verkürzte Aussagen über fest vorgegebene Gegenstandsbereiche getroffen werden können;

(2) **Verdichtungscharakter**, d.h. konzentrierte und knappe Informationen sollen Redundanz, gerade für Zwecke der strategischen Planung, vermeiden;

(3) **Entscheidungsbezug**, d.h. Kennzahlen sind auf ihren praktischen Anwendungsbezug hin zu definieren, wobei ihr Hauptanwendungsbereich in schlecht strukturierten Problemsituationen zu sehen ist, in denen die jeweils benötigten Informationen nur unvollständig ermittelt werden können.

Einzelne Kennzahlen haben nicht selten den Nachteil, daß durch sie wichtige Zusammenhänge im Verborgenen bleiben. Daher werden Einzelkennzahlen in Kennzahlensystemen zusammengefaßt, die eine entscheidungsbezogene Informationsbereitstellung gewährleisten sollen. **Kennzahlensysteme** können als geordnete, auf einen einheitlichen Sachverhalt ausgerichtete Gesamtheiten bestimmter Kennzahlen unterschiedlicher Komplexität aufgefaßt werden, die sich gegenseitig ergänzen und erklären (vgl. hierzu Lachnit 1976, S. 219ff.; Weber 1988, S. 80; Kern 1989, Sp. 810f.; Reichmann 1990, S. 19). Die einzelnen Kennzahlen sind dabei entweder miteinander rechentechnisch verknüpft oder sie stehen lediglich in einem bloßen Systematisierungszusammenhang (z.B. in einem hierarchischen Ordnungssystem) zueinander.

Kennzahlen werden in der Planung und der Kontrolle (Controlling) in vielfältiger Form angewandt (vgl. Wolf 1977, S. 15f.). Durch sie können Ziele und Aufgabenstellungen operationalisiert werden. Auf diese Weise wird eine Basis für weitere Planungsschritte und für die Aufstellung von Kontrollstandards geschaffen. Kennzahlen können im Planungsprozeß ferner als Impulsgeber für die Identifikation von Problemen dienen. Nicht selten wird ein Entscheidungsträger erst durch Kennzahlen auf bestimmte Probleme aufmerksam.

Kennzahlen und ihre Integration in Systeme stellen darüber hinaus ein wichtiges Hilfsmittel dar. Wenn es darum geht, die möglichen Alternativen herauszuarbeiten, lassen sich Kennzahlen einsetzen, um die gefundenen Lösungsmöglichkeiten operational zu beschreiben. Außerdem können sie dazu dienen, Entscheidungsgrundlagen für eine Grobselektion von Lösungsmöglichkeiten zu gewinnen. Durch Kennzahlen lassen sich dann im Rahmen der Alternativenbewertung die ausgearbeiteten Lösungsmöglichkeiten vergleichbar machen und in eine Rangordnung bringen. Bei der Entscheidung können Kennzahlen in bestimmten Entscheidungsituationen als Entscheidungskriterien bzw. -regeln dienen.

Wichtige **Erfolgskennzahlen** im Unternehmen sind beispielsweise:

(1) Netto-Betriebsleistung

Netto-Betriebsleistung	=	Fakturierte Umsätze
	+/-	Bestandsveränderungen an Halb- und Fertigfabrikaten
	-	Erlösschmälerungen

(2) Umsatzrendite

$$\text{Umsatzrendite} = \frac{\text{Betriebsergebnis x 100}}{\text{Netto-Betriebsleistung}}$$

(3) Cash Flow (vgl. Wöhe 1987, S. 330):

	Bilanzgewinn
-	Gewinnvortrag
+	Verlustvortrag
+	Erhöhung der Rücklagen
-	Auflösung der Rücklagen
=	Jahresüberschuß
+	Abschreibungen
-	Zuschreibungen (Wertaufholungen)
=	Cash-Flow Nr. 1
+	Erhöhung langfristiger Rückstellungen
-	Aufhebung langfristiger Rückstellungen
=	Cash-Flow Nr. 2
+	sonstige betriebliche Aufwendungen
-	sonstige betriebliche Erträge
=	Cash-Flow Nr. 3
-	Gewinnausschüttungen
=	Cash-Flow Nr. 4

(4) Gesamtkapitalrendite

$$\text{Gesamtkapitalrendite} = \frac{\text{(Betriebsergebnis x kalk. Zinsen) x 100}}{\text{Gesamtkapital}}$$

(5) Return on Investment (ROI)

$$\text{Return on Investment (ROI)} = \frac{\text{(Betriebsergebnis x 100)}}{\text{Netto-Betriebsleistung}} \text{ x } \frac{\text{Netto-Betriebsleistung}}{\text{Gesamtkapital}}$$

2.4.2.4 Netzplantechnik

Die Netzplantechnik umfaßt verschiedene Verfahren, die insbesondere der Projektplanung, speziell der Terminplanung, dienen. Ein Projekt wird in einzelne Teilabschnitte und Aktivitäten zerlegt, die ablauftechnisch, zeitlich, kapazitäts- und kostenmäßig voneinander abhängig sind. Bei einer solchen Analyse wird bestimmt, welche Einzelaktivitäten bei der Durchführung eines Projektes überhaupt anfallen. Außerdem muß geprüft werden, welcher Vorgang beendet sein muß, damit sich der nächste unmittelbar anschließen kann bzw. welche Vorgänge parallel zueinander verlaufen können. Die grundsätzliche **Vorgehensweise** der Netzplantechnik besteht darin, daß alle mit einem zeitlich begrenzten und in sich geschlossenen Projekt zusammenhängenden Vorgänge und Abhängigkeiten in einem Netzplan graphisch übersichtlich dargestellt werden (vgl. Schwarze 1990, S. 25ff.). Es gilt, die einzelnen Vorgänge (Arbeitsschritte/ Tätigkeiten/ Aktivitäten) in ihrem sachlogischen Neben- und Hintereinander und unter Einbeziehung ihres Zeitbedarfs zweckmäßig miteinander zu verbinden und in Zusammenhang zu bringen. Die Vorgänge werden beispielsweise bei den sogenannten **Vorgangsknotennetzen** durch Knoten, die strukturellen Anordnungs- bzw. Folgebeziehungen zwischen den Knoten mit ("bewerteten") Pfeilen dargestellt. Im Netzplan lassen sich so die sachlichen, zeitlichen und kostenbedingten Abhängigkeiten unter den Einzelaktivitäten erkennen und zur möglichst termingerechten, zweckmäßigen und wirtschaftlichen Projektrealisierung optimal aufeinander abstimmen. Infolge der systematischen Gliederung sind Planabweichungen schnell erkennbar, kritische Stellen und Engpässe werden aufgedeckt.

Die Verfahren der Netzplantechnik lassen sich nach der zugrundeliegenden Zeitstruktur gliedern:

a) **deterministische Verfahren**:

CPN:	Critical Path Method
CPS:	Critical Path Scheduling
MCX:	Minimum Cost Expediting

RAMPS: Resource Allocation and Multiproject Scheduling

MPM: Metra Potential Method

b) **stochastische Verfahren**:

PERT: Program Evaluation and Review Technique

PEP: Program Evaluation Procedure

LESS: Least Cost Estimating Scheduling

GERT: Graphical Evaluation and Review Technique

Bei deterministischen Verfahren erhält jede einzelne Aktivität eine zumeist aus Erfahrungswerten und theoretischen Überlegungen ermittelte Zeitdauer zugeordnet. Diese Zeitdauer wird in der weiteren Analyse und Berechnung der zeitlichen Zusammenhänge als konstant und tatsächlich zutreffend angesehen. Der Aussagewert deterministischer Netzpläne ist von der Sorgfalt der Zeitdauerermittlung abhängig. Bei stochastischen Verfahren wird die Zeitdauer der einzelnen Aktivitäten nicht als fest vorgegebene Größe, sondern als Zufallsvariable angesehen.

Die EDV-gestützte Netzplantechnik hat eine relativ große Verbreitung gefunden. Bei vielen Großprojekten der Industrie und der öffentlichen Verwaltung wird die Netzplantechnik zur Terminplanung eingesetzt. Mit der Netzplantechnik wird es möglich (vgl. Rüth 1989, S. 320),

- alle Tätigkeiten in bezug auf ihre adäquate **Verrichtung** (frühest- und spätestmögliche Verrichtungszeitpunkte) zu strukturieren und zu überwachen,
- durch die Ermittlung des **kritischen Weges** jene Aktivitäten besonders zu kennzeichnen, deren zeitliche Nichteinhaltung zu Verzögerungen des gesamten Projektes führen würde und die deshalb besonderer Aufmerksamkeit bedürfen,
- mit der Ermittlung des Zeitbudgets die Aufzeigung von **Engpässen** und ähnlichen **Kriterien zu entwickeln**, die es gestatten, alternative Pläne zu vergleichen und Aussagen darüber zu treffen, mit welcher Wahrscheinlichkeit zukünftige Ereignisse erreicht werden.

Aufbauend auf eine Netzplanterminierung können die benötigten Kapazitäten (**Kapazitätsterminierung**) eingeplant und darauf basierend eine **Kostenplanung** durchgeführt werden.

2.4.2.5 Die Kepner-Tregoe-Methode

Die **Kepner-Tregoe-Methode** (Kepner/Tregoe 1980) ist eine vierphasige Entscheidungs- und Problemlösungstechnik für komplexe Problemsituationen. Sie setzt sich zusammen aus:

(1) **Situationsanalyse**: Situation diagnostizieren und aufgliedern sowie Prioritäten setzen.

(2) **Problemanalyse**: Soll/Ist-Abweichung definieren, Problem beschreiben, mögliche Ursachen untersuchen, wahrscheinliche Ursachen überprüfen, Beweise (Indizien, Experiment) erbringen.

(3) **Entscheidungsanalyse**: Prozeß, um die objektiv besten Alternativen auszuwählen. Sukzessive werden Entscheidungszweck, verfügbare Mittel, Zielsetzungen und nachteilige Auswirkungen bestimmt.

(4) **Analyse potentieller Probleme**: Systematisch untersucht werden Handlungsabläufe, um festzustellen, wo Sollabweichungen auftreten könnten. Es werden präventive Maßnahmen festgelegt, um mögliche Abweichungen vom Soll zu vermeiden oder Fehlentwicklungen zu vermindern.

2.4.2.6 Heuristische Instrumente

Heuristische Instrumente werden häufig auch als Kreativitätstechniken bezeichnet. Mit ihnen sollen eigenständig entwickelte Ideen hervorgebracht werden, die unter Berücksichtigung und Nutzung der Besonderheiten der gegebenen Situation neu sind bzw. neuartige Elemente enthalten und einen sinnvollen Beitrag zur Problemlösung bzw. Zielrealisierung leisten (vgl. Preiser 1976, S. 5ff.).

Es empfiehlt sich, Kreativitätstechniken überall dort anzuwenden, wo Informationsprozesse zu bewältigen bzw. neue Konzeptionen (z.B. bei der Strategienformulierung im Marketing und der Produktentwicklung) zu kreieren sind, die nicht allein durch schlüssiges Überlegen und die Anwendung althergebrachter Planungsinhalte bewerkstelligt werden können.

Beim **Brainstorming** handelt es sich um ein Problemlösungsverfahren, in dessen Verlauf die Teilnehmer möglichst viele Lösungsvorschläge unterbreiten sollen. Jegliche Ideenkritik ist während der Brainstorming-Sitzung untersagt, um die freie Äußerung von möglichst vielen Lösungen nicht zu behindern. Erst anschließend werden die produzierten und protokollierten Ideen bewertet.

Die **Methode 635** ist eine Variante der Brain-Writing-Methoden. Sechs Teilnehmer erhalten die gleiche, schriftlich fixierte Problemstellung mit der Vorgabe, drei Lösungsvorschläge innerhalb von fünf Minuten zu erarbeiten und niederzuschreiben. Danach werden die Lösungsblätter insgesamt fünfmal innerhalb der Teilnehmergruppe jeweils an eine andere Person weitergeleitet, die drei weitere auf Basis der Vorschläge des Vorgängers aufbauende Lösungsmöglichkeiten unterbreitet. Auf diese Weise werden innerhalb kürzester Zeit einhundertacht Ideen, basierend auf achtzehn Grundideen, produziert. Die Methode ist deshalb besonders geeignet für den Fall, daß Grundideen abgewandelt bzw. ausgebaut werden sollen.

Synektik beruht auf der Erkenntnis, daß Innovationen häufig durch Analogie entstehen. In einer von einem Moderator geführten Kleingruppe wird zunächst das Problem definiert und analysiert. Anschließend werden erste Lösungsvorschläge unter schrittweiser Verfremdung des Ausgangsproblems und unter Berücksichtigung einer Analogiebildung zu anderen Erfahrungsbereichen erarbeitet. Ein weiterer Schritt besteht in der Prüfung der Problemlösungsvorschläge in bezug auf das Ausgangsproblem. Daraus werden Lösungsideen für neue Konzepte oder Verfahren entwickelt.

Der "**Morphologische Kasten**" ist eine Methode der systematischen Strukturierung. Dabei wird das Problem in seine Problembestandteile zerlegt, die in einem Kasten untereinander angeordnet werden. Jedes Problemelement wird für sich betrachtet und variiert, um nachher möglichst viele Lösungsmöglichkeiten aufzuschreiben, deren Kombinationen Lösungen des Gesamtproblems ergeben. Es erweist sich jedoch häufig als sehr schwierig, die beste Kombinationsmöglichkeit auszuwählen. Dafür ergibt sich eine umfassende Übersicht über zu erwartende Möglichkeiten und Varianten beispielsweise für die konzeptionelle Ausgestaltung eines Produkt- und Marketing-Programms.

Bei der Auswahl der Mitwirkenden ist zu beachten, daß die Methoden Phantasie, Vorurteilsfreiheit und Kommunikationsfähigkeit und -bereitschaft voraussetzen. In jedem Falle empfiehlt sich aber aus Akzeptanzgründen die Involvierung der Entscheidungsträger.

2.4.2.7 Quantitative Prognoseinstrumente

Quantitative Prognoseinstrumente sind jene Methoden, die vorrangig auf mathematische Ansätze zurückgreifen und durch Zählen, Messen, Berechnen etc. zum Ergebnis führen. Die graphische und numerische Darstellung der Systeme, Einflußgrößen usw. läßt eine Nachprüfbarkeit zu. **Qualitative Methoden** liefern dagegen zum überwiegenden Teil verbale Umschreibungen zukünftigen Geschehens. Angesichts ungenügender quantitativer Bestimmungsmöglichkeiten bauen derartige Methoden auf Urteilen, Erfahrungen, Expertenmeinungen, Fachkenntnissen usw. auf, um daraus relevante Tendenzen und Entwicklungen abzuleiten. (Qualitative Prognoseverfahren werden unter 3. behandelt.) Berechnungen gehen stets auch qualitative Überlegungen voraus.

Oft kann die Prognosegenauigkeit mit der Anwendung komplizierter Verfahren und/oder der Kombination unterschiedlicher Verfahren verbessert werden. Bei der Auswahl der geeigneten Prognoseverfahren und ihrer sinnvollen Kombination muß abgewogen werden, ob und inwieweit die entstehenden Kosten durch eine entsprechende Prognosegenauigkeit gerechtfertigt sind.

Prognosen beruhen fast immer auf Erfahrungen zu Vergangenheitsentwicklungen. Durch **Extrapolation** wird versucht, Vergangenheitswerte mit Hilfe einer mathematischen Funktion, die den chronologischen Verlauf einer Zeitreihe abbildet, in die Zukunft zu projizieren. Kausalitätsüberlegungen finden bei der zugrundeliegenden Annahme, daß die in der Vergangenheit wirksamen Einflüsse weitgehend auch zukünftig gelten, keine Berücksichtigung. Dem Vorteil einfacher Anwendbarkeit steht der erhebliche Nachteil einer Vernachlässigung interdependenter Wirkungszusammenhänge gegenüber. Bei **univariaten** Verfahren baut die Prognose einer Größe nur auf ihrer eigenen Vergangenheitsentwicklung auf (Beispiel: Trendextrapolation).

Als quantitatives Prognoseverfahren läßt sich auch die **Regression** einordnen. Die Regression ist ein mathematisches Verfahren zur Ermittlung des funktionalen Zusammenhangs zweier Merkmale. Es wird zwischen einem beeinflussenden Merkmal (der unabhängigen Variable oder dem sogenannten Regressor bzw. Prädiktor) und dem beeinflußten Merkmal (der abhängigen Variable bzw. dem Regressand) unterschieden. Die Einordnung von Regressor und Regressand kann sowohl auf Vermutungen beruhen als auch aus der Sachlogik resultieren (vgl. Bohley 1991, S. 206ff.).

Angewandt auf die Thematik der Unternehmungsplanung kann beispielsweise ein linearer Zusammenhang zwischen Absatzzahlen in einer bestimmten Region und Erfolgen entsprechender Werbeaktivitäten vermutet und ermittelt werden. Darüber hinaus lassen sich auch nichtlineare Zusammenhänge zwischen zwei Merkmalen darstellen. Existieren mehrere Regressoren, so ist der funktionale Zusammenhang zum Regressanden mittels multipler Regressionsgleichung bestimmbar. Zur Unterstützung von Regeressionsanalysen können Korrelationsanalysen dienen, die den Grad der Abhängigkeit von Merkmalen quantifizieren.

Eine Prognose kann auch unter Zuhilfenahme von **Simulationsmodellen** erstellt werden. Hierbei werden in einem geschlossenen System, im Gegensatz zu vielen anderen Verfahren, Interdependenzen berücksichtigt und Einzeldaten ermittelt, anhand derer die Plausibilität von Einzelprognosen überprüft werden kann. Simulationsmodelle, die durch Gleichungssysteme beschrieben werden, dienen dem experimentellen Durchspielen von Entscheidungsituationen. Für exogene Größen werden die Prognosewerte vorgegeben. Unter Berücksichtigung der vorgegebenen Prognosewerte und der in den Gleichungen zum Ausdruck kommenden definitorischen und funktionalen Beziehungen zwischen den Variablen des Modells wird dann eine Lösung errechnet (vgl. hierzu Baetge/Fischer 1989).

2.4.2.8 Die Risikoanalyse

Die Risikoanalyse (Hertz 1964; Blohm/Lüder 1991, S. 240ff.) ist eine vielseitig einsetzbare Methode zur Reduktion der Datenunsicherheit in der Planung und wird in der Regel zur Abschätzung von Investitionsvorhaben eingesetzt. "Risiko bedeutet die Möglichkeit (Gefahr) einer Fehlentscheidung, das heißt, die Möglichkeit des Eintretens eines oder mehrerer ungünstiger Ereignisse, für die die gefällte Entscheidung unter der gewählten Zielsetzung nicht optimal war" (Philipp 1976, Sp. 3454).

Ziel der Risikoanalyse ist die Ermittlung einer **Wahrscheinlichkeitsverteilung** (Risikoprofil). Die Wahrscheinlichkeitsverteilungen ergeben sich entweder durch empirische Häufigkeitsverteilungen, oder sie werden aufgrund subjektiver Vorstellungen festgelegt. Das Ergebnis der Rechnung ist die Wahrscheinlichkeitsverteilung der Zielgröße bzw. des Beurteilungskriteriums (z.B. Kapitalwert, Periodengewinn). Die Beurteilung eines Investitionsvorhabens erfolgt dann auf der Grundlage des Erwartungswertes und der Standardabweichung dieser Verteilung.

Einfache **analytische Verfahren** lassen sich nur begrenzt einsetzen, da in der Regel bestimmte Voraussetzungen bezüglich stochastischer Unabhängigkeit und Korrelation der Ein- und Auszahlungen nicht erfüllt sind. Bei komplexen Modellstrukturen kommt im Rahmen der Risikoanalyse ein **simulativer Ansatz** zur Anwendung, der insgesamt acht Arbeitsschritte erforderlich macht (Marettek 1978, S. 141ff.).

(1) Abgrenzung des untersuchten Problems,
(2) Erstellung der Modellzusammenhänge,
(3) Schaffung der Datenbasis,
(4) Voruntersuchung mit Hilfe der gewonnenen Inputverteilungen,
(5) Ermittlung der Wahrscheinlichkeitsverteilung der Zielgröße,
(6) Darstellung und Interpretation der Ergebnisverteilung,
(7) Sensitivitätsanalyse der Ergebnisverteilung,
(8) Alternativenvergleich und Wahl der zieladäquaten Aktion.

Zumeist wird bei der Ermittlung der Wahrscheinlichkeitsverteilung auf die sogenannte **Monte-Carlo-Methode** zurückgegriffen (Kappler/Rehkugler 1985, S. 822), mit der Stichproben beliebigen Umfangs aus bekannten statistischen Verteilungen zur Nachahmung (Simulation) von Zufallsprozessen gezogen werden können. Hierzu werden Annahmen über die Verteilung der Schätzwerte der Parameter benötigt. Diese Verteilungen können diskret oder stetig sein; auch die Form der Häufigkeitsverteilung ist beliebig. Sind alle Parameter diskret formuliert und liegen nicht allzu viele Parameter bzw. Schätzwerte pro Parameter vor, kann (theoretisch) eine Vollenumeration durchgeführt werden. Es können also alle möglichen Datenkombinationen durchgerechnet werden. Zur Prüfung der Empfindlichkeit bzw. der Stabilität der Rechenergebnisse sollten **Sensitivitätsanalysen** herangezogen werden (vgl. hierzu Blohm/Lüder 1991, S. 234ff.).

Die Ergebnisse der Simulation können als **Risiko-Chancen-Profil** visualisiert werden. So wird z.B. in Abbildung 2.3 graphisch dargestellt, mit welcher Wahrscheinlichkeit welcher Kapitalwert mindestens erreicht wird.

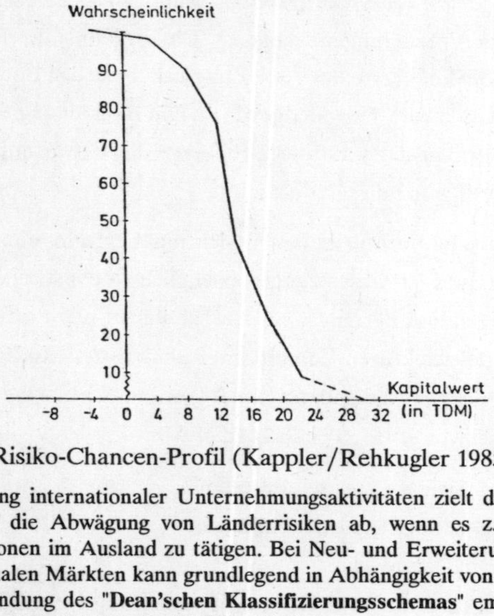

Abb. 2.3: Risiko-Chancen-Profil (Kappler/Rehkugler 1985, S. 823)

Bei der Planung internationaler Unternehmungsaktivitäten zielt die Risikoanalyse vor allem auf die Abwägung von Länderrisiken ab, wenn es z.B. darum geht, Direktinvestitionen im Ausland zu tätigen. Bei Neu- und Erweiterungsinvestitionen auf internationalen Märkten kann grundlegend in Abhängigkeit von der Risikosituation die Anwendung des "**Dean'schen Klassifizierungsschemas**" empfohlen werden (Blohm/Lüder 1991, S. 248; vgl. Abbildung 2.4)

Risikosituation	Ausgestaltung der Risikoanalyse
bekannter Markt/ bekanntes Verfahren	keine Risikoanalyse
bekannter Markt/ neues Verfahren	Risikoanalyse mit den unsicheren Inputgrößen: Produktions-(Absatz-)menge, Investitionsausgaben, variable Stückkosten, ausgabenwirksame Fixkosten (gegebenenfalls zusätzlich: Inbetriebnahmezeitpunkt).
neuer Markt/ bekanntes Verfahren	Risikoanalyse mit den unsicheren Inputgrößen: Produktpreise, Absatzmengen
neuer Markt/ neues Verfahren	Risikoanalyse mit den unsicheren Inputgrößen: Produktpreise, Absatzmengen, Investitionsausgaben, variable Stückkosten, ausgabenwirksame Fixkosten (gegebenenfalls zusätzlich: Inbetriebnahmezeitpunkt).

Abb. 2.4: Risikosituationen und grundlegende Risikoanalyseempfehlungen (Dean 1951, S. 82ff.; Blohm/Lüder 1991, S. 248)

Zweifellos ist dieses Verfahren mit einem hohen Aufwand verbunden, ohne die Unsicherheit bei einer Entscheidung völlig zu beseitigen. Jedoch liefert es eine Entscheidungsgrundlage, die es den Entscheidungsträgern im Unternehmen ermöglicht, zwischen mehreren risikobehafteten Alternativen zu unterscheiden und je nach subjektiver Risikopräferenz die für ihn vorteilhafte auszuwählen. Vor allem lassen sich durch das Verfahren auch Verlustgefahren in ihrem finanziellen Ausmaß und der zugehörigen Eintrittswahrscheinlichkeit aufzeigen. Bei der Risikoanalyse handelt es sich nicht um ein Optimierungsverfahren. Vielmehr werden vorgegebene Entscheidungsalternativen im Hinblick auf die Zielgrößenverteilung analysiert. Ist eine Alternative verteilungsdominant über alle übrigen, so kann mit Hilfe der Risikoanalyse die optimale Handlungsmöglichkeit ermittelt werden.

Risikoanalysen, bezogen auf die komplexen Risiken des betrieblichen Umsystems, bilden den Kern eines betrieblichen **Risk Managements**. Formal kann das Ziel des Risk Managements als Streben nach einer Gesamt-Risikominderung unter Beachtung der Unternehmungs-Oberziele beschrieben werden. Hierzu sind die aktuelle, oft komplexe Risikosituation zu analysieren, die einzelnen Risikoelemente und deren Interdependenzen zu identifizieren, zu strukturieren und zu bewerten. Je nach unternehmungsspezifischer Risikostruktur müssen strategische Maßnahmen (einschließlich technischer und organisatorischer) Möglichkeiten zur Bewältigung der Risikoproblematik geplant und implementiert werden. Unternehmungsstrategieimmanente Maßnahmen wären z.B. (vgl. Karten 1978, S. 318):

(1) Risikomeidung,

(2) Risikoverhütung,

(3) Risikobegrenzung durch: Risikoabwälzung, Risikoteilung, -streuung und -ausgleich; Risikokompensation,

(4) finanzielle Vorsorge durch Rücklagenbildung,

(5) Versicherung.

Umfassende Risikoanalysen bilden die Basis für die Bewertung alternativer Handlungsprogramme im betrieblichen Entscheidungsprozeß. Abbildung 2.5 gibt abschließend einen Überblick über die vielfältigen **Risikoarten**.

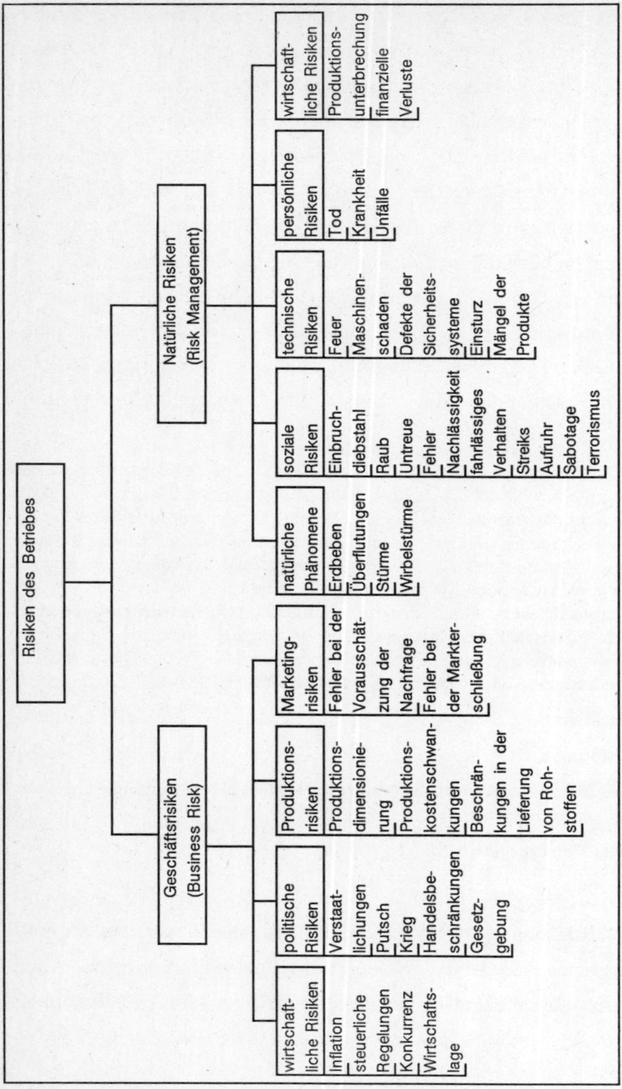

Abb. 2.5: Risikoarten (Adolff 1989, Sp. 1855f.)

2.4.2.9 Die ABC-Analyse

Die **ABC-Analyse** dient der Aufgabenanalyse und Prioritätensetzung. Sie systematisiert die Aufgaben nach ihrer Wichtigkeit und mißt dann die Anteile der Aufgaben am Gesamtwert und am Gesamtumfang. Nach dieser Analyse nehmen nur etwa 15 Prozent der Aufgaben einen hohen Anteil (65 Prozent) am Gesamtwert aller Aufgaben hinsichtlich der Effizienz ein (A-Aufgaben). Die meisten wichtigen Aufgaben nehmen 65 Prozent am Gesamtumfang ein, haben aber nur 15 Prozent am Gesamtwert (C-Aufgaben). Der Rest mit 20 Prozent am Gesamtwert und Umfang sind B-Aufgaben. Diese Prozentsätze dienen der Orientierung für die Prioritätensetzung. Etwa 65 Prozent der Zeit soll für die wichtigsten A-Aufgaben, rund 20 Prozent für die durchschnittlich wichtigen B-Aufgaben und 15 Prozent für die unbedeutenden und delegierbaren C-Aufgaben verwendet werden.

2.4.2.10 Das Entscheidungsbaumverfahren

Das **Entscheidungsbaumverfahren** ist ein Hilfsmittel zur Differenzierung und Strukturierung von unsicheren und komplexen Entscheidungsituationen in alternative Lösungswege und den daraus resultierenden Konsequenzen. Die in Frage kommenden Lösungsalternativen werden graphisch als Äste eines Baumes dargestellt, deren voraussichtliche Folgen sich von den Entscheidungs- bzw. Knotenpunkten an verzweigen. Wegen der jeweils unterschiedlichen Wirkungsannahmen in bezug auf den betrieblichen Zielerreichungsgrad liefern diese Entscheidungsketten den zuständigen Planungs- und Entscheidungsträgern aussagefähige Anhaltspunkte bei der Alternativenauswahl. Die praktische Relevanz der Entscheidungsbaumanalyse ist allerdings insoweit eingeschränkt, als sich die Entscheidungsalternativen und ihre Auswirkungen meist nur schwer bewerten lassen, Risiken unbeachtet bleiben und die in komplexen Entscheidungssituationen notwendigen vielfältigen Informationen nicht ausreichend abgebildet werden können.

Abbildung 2.6 zeigt beispielhaft das grundlegende Prinzip des Verfahrens auf, auf dem größere und komplexere Entscheidungsbäume aufgebaut werden können.

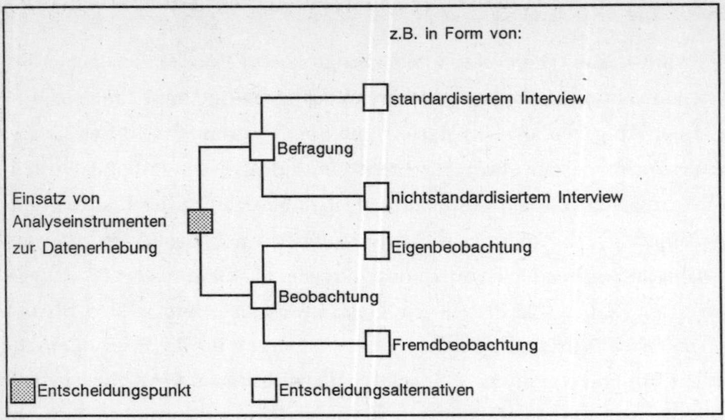

Abb. 2.6: Entscheidungsbaum für die Auswahl von Analyseinstrumenten zur Datenerhebung

Ausgehend vom Entscheidungspunkt hat der Planungsträger im Beispiel die Wahl, zur Datenerhebung die Methode der Befragung oder Beobachtung einzusetzen. Jeder Ast stellt eine unterschiedliche Entscheidungsmöglichkeit dar. Am Ende jedes Astes (beziehungsweise jeder Alternative) stößt man auf eine weitere Gabelung, die eine erneute Entscheidungsalternative verdeutlicht. Jeder alternative Weg durch den Entscheidungsbaum führt zu einem Ergebnis (wie am rechten Rand der auslaufenden Entscheidungsäste dargestellt), das unter Umständen weiter untersetzt werden kann. Ein Entscheidungsbaum, gleich welcher Größe, wird in jedem Fall Handlungsalternativen mit verschiedenen Ereignismöglichkeiten oder Resultaten von Aktionen kombinieren.

2.4.3 Beurteilung und Auswahl der Planungsinstrumente

Um das bzw. die für einzelne Planungsaktivitäten am besten geeignete(n) Planungsinstrument(e) auszuwählen, läßt sich eine Reihe unterschiedlicher Beurteilungskriterien heranziehen, die in Form einer Checkliste in Abbildung 2.7 wiedergegeben werden. Ob die Auswahl adäquat gelingt, hängt allerdings davon ab, wie vollständig und differenziert die einzelnen Kriterien erfaßt werden.

- Welche Anforderungen stellen die Instrumente an die Planungsträger?
  - Verständnis, Erfahrung und Lernfähigkeit
  - Fachwissen, Ausbildung, Abstraktionsvermögen und Kreativität
  - Team- und Kommunikationsfähigkeit
- Welche Methodenkenntnisse sind bei den Planungsträgern vorhanden?
- Wie hoch ist das Bedingungsniveau der Planungsinstrumente und welche Prämissen müssen im einzelnen erfüllt sein?
- Wie glaubwürdig, plausibel, genau und zuverlässig sind die mit den Instrumenten erzielbaren Ergebnisse und wie haben sie sich in der Vergangenheit bewährt?
- In welchen Bereichen sind die Instrumente einsetzbar (Teilphase des Planungsprozesses, Planungssystemebene, Teilpläne)?
- Sind die eingesetzten Instrumente miteinander kombinierbar?
- Wie groß ist der Umfang und die Detailliertheit der erforderlichen Daten?
- Welchen Zeitaufwand und Kommunikationsumfang erfordert die Nutzung der Instrumente?
- Welche Anforderungen werden an die Dokumentation gestellt?
- Wie häufig wird das Instrument pro Planzyklus eingesetzt?
- Welche Kosten entstehen für
  - Personaleinsatz/Schulung
  - Datenerfassung und -aufbereitung
  - Erstellen von EDV-Programmen
  - EDV-Belegungszeiten
  - Kauf von Standardsoftware
  - Formulare/Organisation
  - Hinzuziehung externer Experten

Abb. 2.7: Kriterien zur Beurteilung von Planungsinstrumenten (in Anlehnung an Maune 1980, S. 219)

Planungsinstrumente ermöglichen systematischere und transparentere Lösungsvorschläge und Entscheidungen. Die Gefahr von Mißerfolgen bei ihrem Einsatz ergibt sich unter anderem durch:

- zu geringe Beachtung der Voraussetzungen eines erfolgreichen Methodeneinsatzes (z.B. erforderlicher Informationsstand und Fachwissen, zweckmäßige Phasenzuordnung),
- zu geringe Kenntnis der Instrumente beim einzelnen Anwender und Vorgesetzten (z.B. bei Computerunterstützung),
- mangelhafte Anpassung einer Methode an die spezifischen Bedürfnisse einer Unternehmung,
- übertriebene Erwartungen der Anwender und
- Schwächen einzelner Methoden.

2.5 Die Informationsbasis

Die Planung wird häufig als **informationsverarbeitender Prozeß** aufgefaßt (vgl. z.B. Szyperski/Winand 1980, S. 96; Wild 1981, S. 118). Die Informationsversorgung stellt einen permanenten Input in den Planungsprozeß dar (vgl. Bircher 1976, S. 153ff.). Bereits zur Erkennung und Formulierung von Zielen und Planungsproblemen werden Informationen benötigt, ebenso wie zur Beurteilung von Handlungsalternativen und ihren Konsequenzen. Jede Stufe des Planungsprozesses bis zur Entscheidung bedarf der Informationsversorgung. Deshalb muß für die Bereitstellung der notwendigen Informationen in erforderlichen Quantitäten und Qualitäten zum richtigen Zeitpunkt und am richtigen Ort Sorge getragen werden.

In der Realität sind das Informations- und das Planungssystem eng miteinander verknüpft. Die Güte der Planung hängt entscheidend von den verwendeten Informationen aus internen und externen Quellen ab. Das Planungssystem liefert als Output normative und präskriptive Aussagen über die Realität, während demgegenüber das Informationssystem deskriptive Informationen (Input des Planungssystems) vermittelt (vgl. Szyperski 1971, S. 40).

Grundlegende Gestaltungsparameter zur Schaffung einer "optimalen" Informationsbasis sind:

(1) **Informationspotential**

Das Informationspotential muß sich zunächst an der Gesamtheit der aktuellen und potentiell verfügbaren internen und externen Informationen und Informationsquellen der Unternehmung orientieren (Zahn/Rüttler 1989, S. 36). Angestrebt werden muß eine Verbesserung dieses Potentials durch effektive Nutzung vorhandener und Erschließung neuer Informationsquellen sowie die zweckmäßige Auswahl der "richtigen" Informationen mit adäquatem Informationsgehalt für das Planungsproblem und die Lösungsfindung. Es geht um die Vermeidung von Informationsengpässen einerseits und möglichen Informationsüberlastungen andererseits. Aufgrund der zunehmenden Umweltdynamik ergibt sich außerdem das Erfordernis einer raschen Erfassung und Bereitstellung relevanter Informationen. Die Ermittlung des ziel- bzw. aufgabenorientierten **Informationsbedarfs** steht letztlich im Mittelpunkt, damit die Planung zeit- und kostensparend ablaufen kann.

(2) **Informationsfähigkeit**

Die Informationsfähigkeit beschreibt die **Sicherstellung und Verbesserung der Informationsversorgung** durch Schaffung bzw. Entwicklung und Implementierung von **Informationssystemen** und die Sorge für den laufenden Betrieb dieser Systeme. Dies sollte nach Maßstäben der **Benutzer- bzw. Anwenderfreundlichkeit** geschehen.

(3) **Informationsbereitschaft**

Eng verbunden mit Überlegungen zur Benutzer- und Anwenderfreundlichkeit von Informationssystemen ist die Informationsbereitschaft, die die individuellen Fähigkeiten und die Motivation der Führungskräfte und Mitarbeiter zur **aktiven Informationsaufnahme**, **intrapersonellen Verarbeitung** und **Informationsweitergabe** umfaßt (vgl. Zahn/Rüttler 1989, S. 36). Die oft im Vordergrund stehende technologische Dimension der Informationsfähigkeit wird hierbei um eine verhaltensorientierte Dimension erweitert. Besonderes Augenmerk muß dabei den irrationalen Aspekten des Informationsverhaltens gewidmet werden, die dem Management im Vergleich zum häufig vorausgesetzten, aber praxisfernen rationalen Informationsverhalten im Entscheidungsprozeß die größeren Schwierigkeiten bereiten (vgl. Hofmann 1989).

Übergeordnete Aufgabe eines **aktiven Informationsmanagements** sollte es daher sein, zur Förderung der Informationsbereitschaft eine besondere "Informationskultur" zu schaffen. Scholz definiert **Informationskultur** als "das implizite Bewußtsein einer Organisation, das Aussagen über das 'typische' Informationsverhalten in dieser Organisation macht" (Scholz 1991, S. 564). Die Organisationskultur steuert das unternehmungsspezifische und damit auch das individuelle Informationsverhalten. Diese positiv zu beeinflussen heißt, durch entsprechende Anreize eine Verbesserung des Informationsverhaltens von Organisationsmitgliedern in bezug auf die

Beschaffung, Verarbeitung und Übermittlung von Informationen herbeizuführen.

Die Förderung der Informationsbereitschaft sollte zugleich dem Abbau von Informations- und Kommunikationsbarrieren dienen, die sich unter anderem in der (absichtlichen oder unabsichtlichen) Nichtberücksichtigung bestimmter Informationen, Verspätungen bei der Bereitstellung, Irrtümern und bewußter "Filterung" von Informationen äußern können (vgl. Koontz/Weihrich 1988, S. 473). Allerdings steht die Steuerung des Informationsverhaltens von Planungs- und Entscheidungsträgern im Hinblick auf mehr Zielentsprechung ihrer Denk- und Handlungsweisen was die Forschung betrifft noch am Anfang (vgl. Hofmann 1989).

(4) **Wirtschaftlichkeit**

Die Schaffung einer planungsadäquaten Informationsbasis durch Gestaltung und Durchführung eines auf die Planung abgestimmten **Informationsmanagements** erfolgt - wie bei allen anderen betrieblichen Maßnahmen auch - unter der Berücksichtigung von Kosten-Nutzen-Kalkülen.

2.6 Koordination der Planungs-Systemelemente

Die interdependenten Elemente des Planungssystems, insbesondere die Planungen, Pläne und Entscheidungen, gilt es, untereinander abzustimmen:

(1) Die **horizontale Koordination** besteht in der Abstimmung gleichgeordneter Planungen und Entscheidungen (z.B. taktische Planungen der Planungsfelder untereinander durch Festlegung koordinationsfördernder Prozesse).

(2) Die **vertikale Koordination** beinhaltet die Abstimmung von Planungen auf unterschiedlichen Systemebenen (z.B. Abstimmung der Finanzplanung oder Personalplanung mit der Unternehmungsplanung).

(3) Die **laterale Koordination** bezeichnet die Abstimmung von Plansystemelementen unabhängig von deren hierarchischer Einordnung.

Im Rahmen der **systembildenden Koordination** ist dafür Sorge zu tragen, daß zieladäquate Planungs-, Kontroll-, Organisations- und Personalführungssysteme entwickelt und implementiert werden. Hierbei kommt der antizipative Charakter der Koordination zum Ausdruck. Zukünftige potentielle Störungen sollen schon im vorhinein verhindert bzw. verkleinert werden.

Die systembildende Koordination umfaßt im Kern die **Systemgestaltung**. Vorgeschaltet ist die Analyse bestehender Systeme; die Umsetzung des Systems in die betriebliche Praxis wird Systemimplementierung genannt.

(1) **Systemanalyse**: Sie beinhaltet unter anderem:
- die kritische Überprüfung und Diagnose des bestehenden Systems (Dekomposition und Detailanalyse),
- die Erarbeitung von Zusammenhängen,
- die Ermittlung von Ursachen möglicher Schwächen des Istsystems,
- Wirtschaftlichkeitsbetrachtungen,
- die präzise Definition der Problemsituation des Istsystems,
- die Zusammenfassung der Detailanalyse zu einer Gesamtbeurteilung,
- die Klärung von Beziehungen des betrachteten Systems zu "benachbarten" Systemen,
- die Ermittlung von Einflußgrößen auf das System.

(2) **Systemgestaltung**: Die Systemgestaltung als Kern der systembildenden Koordination umfaßt im wesentlichen:
- die Festlegung einer Sollkonzeption für das zu entwickelnde System,
- den Systementwurf (Gebilde-Struktur und Prozeß-Struktur),
- die Analyse der Bewertung von alternativen Lösungsvarianten (hinsichtlich Integrationsfähigkeit, formaler Aspekte, Wirtschaftlichkeit, Zuverlässigkeit, Anwenderfreundlichkeit etc.),
- die Entscheidung für ein geeignetes System.

(3) **Systemimplementierung**: Schließlich geht es um die Einführung und praktische Umsetzung des entworfenen Systems. Da Planungssysteme in der Praxis nicht selten scheitern, empfiehlt sich die Durchführung einer Reihe die Implementierung unterstützender Aktivitäten, z.B.:
- vorbereitende Festlegung, ob das System als Ganzes oder sukzessive eingeführt werden soll,
- detaillierte Feststellung und Abgrenzung von Aufgabenstellungen und Kompetenzen,
- Bestimmung einzelner Einführungsstufen/-schritte,
- Vorstellung und Bekanntgabe des erarbeiteten Systems (evtl. Schulung),
- Aufbau eines konkreten Kosten- und Terminplanes für die Realisation,
- evtl. institutionell-organisatorische Neuregelungen,
- laufende Kontrolle und Anpassung der Implementierung (wie weit ist das intendierte Planungssystem tatsächlich umgesetzt worden?),
- laufende Überprüfung der Wirkungsweise des Systems.

Durch die **systemkoppelnde Koordination** wird innerhalb des bestehenden Systemzusammenhanges darauf abgezielt, laufend Dispositionen und Abstimmungen vorzunehmen, Störungen zu beseitigen und die (laufende) erforderliche Informationsversorgung sicherzustellen. Es geht also um die Aufrechterhaltung und Entwicklung der Funktionsfähigkeit der bestehenden Systeme (vgl. Horvath 1991, S. 123ff.).

Die **prozeßbildende Koordination** beinhaltet tätigkeitsbezogen die Schaffung einer zieladäquaten Prozeßstruktur von Planungs-, Organisations-, Kontroll- und Personalführungsprozessen. Die **prozeßkoppelnde Koordination** ist primär darauf ausgerichtet, die Planungs-, Kontroll- und Informationsversorgungsprozesse zwischen den unterschiedlichen Subsystemen aufgabengerecht abzustimmen (vgl. Welge 1988, S. 39ff.).

2.7 Integration von Planungs- und Kontrollsystemen

2.7.1 Planung und Kontrolle

Zwischen der Planung und der Kontrolle lassen sich folgende **Komplementaritäts- und Abhängigkeitsbeziehungen** feststellen, die das Erfordernis einer integrativen Verknüpfung begründen (Schmidt 1986, S. 133):

- Kontrollen ergänzen und vervollkommnen die Planung.
- Die Planung entfaltet ihre volle Steuerungswirkung über Kontrollen.
- Die wichtigsten Zwecke von Planung und Kontrolle sind weitgehend miteinander vereinbar.
- Die Kontrolle stellt die Grundbedingung und ein Instrument für eine leistungsfähige Plananpassung und -koordination dar.
- Planungskontrollen erweisen sich als ein wichtiger Bestandsteil der Planungsteilphasen.
- Kontrollen als Ziel-Ergebnis-Vergleiche können nicht ohne Ziele und Pläne durchgeführt werden.
- Die Planungsobjekte bestimmen weitgehend die Abgrenzung des Kontrollfeldes.

Zumeist wird unter **Kontrolle** die Durchführung eines Vergleichs von Plan- und Realisationsgrößen unter Einschluß der Analyse der Abweichungsursachen verstanden (vgl. Kuhn 1990, S. 55; Franken/Frese 1989). Kontrolle umfaßt also mit anderen Worten diejenigen Aktivitäten, die eine Beurteilung von Handlungen in Form von Soll-Ist-Vergleichen ergeben (vgl. Reiß 1984, S. 499). Um festzustellen, ob und inwieweit Ziel- und Planungsvorstellungen mit der Realität übereinstimmen, bedarf es einer laufenden Überprüfung der Zielrealisierung. Die Kontrolle stellt nicht nur eine Rückkopplung zu vorgelagerten Planungs- und Implementierungsprozessen dar, sondern dient (prozessual) auch als Bindeglied zu erneuten, zeitlich nachgeordneten Planungs- und Realisierungsprozessen und gleichzeitig als deren Impulsgeber (Regelkreisprinzip), sofern Kontrollaktivitäten Dysfunktionalitäten signalisieren.

Kontrollen erfüllen im wesentlichen folgende **Funktionen**:

(1) Aufdeckungsfunktion,

(2) Erklärungsfunktion,

(3) Beeinflussungsfunktion,

(4) Berichterstattungsfunktion.

Die **Aufdeckungsfunktion** stellt die Identifizierung der Planabweichungen sicher, deren Ursachen anschließend ermittelt und erklärt werden (**Erklärungsfunktion**) und die gleichzeitig die Basis für die Erarbeitung von Plankorrekturen oder Neuplanungen bilden. Die Kontrollinformationen der bereits abgeschlossenen Prozesse sind so auszuwerten, daß die gewonnenen Erfahrungen als Grundlage für künftige vergleichbare Aktivitäten und Entscheidungen dienen können (Beeinflussungsfunktion). Neben aussagekräftigen Kontrollinformationen sind hierfür die persönliche Lernbereitschaft und die Lernfähigkeit von Vorgesetzten und Mitarbeitern Voraussetzung (vgl. Siegwart/Menzel 1978, S. 71ff.). Wenn aufgrund der kumulierten Erfahrungen beeinflußbare Dysfunktionalitäten schon vor der Entstehung vermieden werden können, entsteht eine wünschenswerte

Präventivwirkung (vgl. Baetge 1988, S. 392). Die gewonnenen Kontrollinformationen lassen sich als Basis für die interne Informationspolitik und externe **Berichterstattungsnotwendigkeiten** heranziehen (statistische Ämter, Verbände, Industrie- und Handelskammern, Handwerkskammern etc.).

2.7.2 Kontrollarten und Kontrollprozeß

Unter Berücksichtigung des **Kontrollzeitpunktes** kann grundsätzlich differenziert werden zwischen (vgl. Rieser 1978, S. 52; Frese 1987, S. 189ff.):

- **nachträglich feststellender Kontrolle** (Realisationskontrolle, Erfolgskontrolle),
- **mitlaufender Kontrolle** (Planfortschrittskontrolle, Kontrolle von Teil- und Zwischenergebnissen) und
- **antizipierender Kontrolle** (Prämissenkontrolle).

Die **Realisationskontrolle** wird hautpsächlich durchgeführt, um Abweichungen im Hinblick auf die Zielerreichung festzustellen, zu analysieren und gegebenenfalls beseitigen zu können (klassischer Soll-Ist-Vergleich). Sie läßt sich durch folgende Merkmale kennzeichnen:

- Vergleich von Plan- und Realisationsgrößen (-werten),
- die Kontrollen können sich auf End- oder Teilergebnisse beziehen,
- der Informationscharakter ist vergangenheitsbezogen (feedback-Kontrolle),
- sie ist nicht auf eine einmalige Überprüfung beschränkt und vollzieht sich systematisch.

Die **Planfortschrittskontrolle** (vgl. Pfohl 1981, S. 60) ist in den Planungsprozeß integriert (Soll-Wird-Vergleich). Hierbei wird die Realisation einzelner Planungsbestandteile (-phasen, -feinstufen) im Zeitablauf überprüft, d.h. die Planerfüllung wird sukzessive kontrolliert, indem angezeigt wird, welche Zielwirkungen eintreten werden, sofern sich die bisherige Entwicklung fortsetzt. Voraussetzung hierbei ist allerdings die Möglichkeit einer Disaggregation zeitlich aufeinanderfolgender Planungsphasen.

Bei der **Prämissenkontrolle** (Wird-Ist-Vergleich) wird schon während der Planrealisation festgestellt, ob und inwieweit wichtige (prognostizierte) Planungsgrundlagen (z.B. Verfügbarkeit von Planungsinstrumenten, Vorliegen bestimmter interner und externer Datenkonstellationen usw.) noch gegeben sind. Die Bedeutung der Prämissenkontrolle tritt im Rahmen der strategischen Planung besonders hervor, bei der eine **fortlaufende Vergewisserung der Richtigkeit** gesetzter Prämissen um so wichtiger wird, je geringer deren Prognosefähigkeit und Beeinflußbarkeit ausfällt und je mehr die Prämisse einen "kritischen Stellenwert" darstellt, weil schon geringe Abweichungen weitreichende Konsequenzen nach sich ziehen können (vgl.Schreyögg/Steinmann 1985, S. 401).

Außer Ergebniskontrollen können zusätzlich **Verfahrenskontrollen** zum Einsatz gelangen, die an Handlungen anknüpfen und folgende Merkmale aufweisen:

- Die Verfahrenskontrolle zielt auf den Vergleich von geplanten, vorgeschriebenen Abläufen (Soll) und realisierten bzw. effektiven Abläufen (Ist) ab.
- Sie stellt vor allem den Aspekt der Verhaltensbeeinflussung in den Vordergrund mit dem Ziel, menschliche Unzulänglichkeiten zu minimieren.
- Die Verfahrenskontrolle kann sich auf die Überprüfung der Verfahrenskonzepte (-vorschriften) selbst und auf die praktische Durchführung (Implementierung) von Verfahrensvorschriften beziehen.
- Durch Sicherstellung der Einhaltung von Verfahrensvorschriften wird die Kompatibilität des Kontrollsystems mit dem Planungssystem und den erarbeiteten Plänen sichergestellt.

Ob Verfahrensvorschriften gut geplant und erfolgreich implementiert wurden, kann expost auch am Grad der Zielerreichung abgelesen werden.

Der idealtypische **Kontrollprozeß** beginnt mit der Festlegung der **Kontrollstandards** sowie der Eruierung und Zusammenstellung der **Meßergebnisse** (vorgegebene Soll-Größen, prognostizierte "Wird"-Größen, realisierte Ist-Größen). Diese (möglichst) operationalisierten Größen werden anschließend gegenübergestellt und verglichen. Vergleiche können den **innerbetrieblichen Vergleich** (gleiches Objekt) und den **Interobjektvergleich** (innerbetriebliche Teilbereiche, Konkurrenten und Branchendaten) beinhalten. Bei Zeitvergleichen werden Ist-Werte aus unterschiedlichen zeitlichen Perioden (zeitraum-/zeitpunktbezogen) herangezogen, und zwar sowohl innerbetrieblich als auch außerbetrieblich.

Werden beim Vergleich von Meßergebnissen mit den Kontrollstandards Abweichungen ermittelt, kann eine **Abweichungsanalyse** erforderlich sein. Generell ist es Aufgabe der Abweichungsanalyse, sowohl die Abweichungen selbst als auch die Abweichungsursachen und inhärente Konsequenzen für die Zielrealisierung zu analysieren. Auf deren Basis lassen sich Korrekturvorschläge bzw. -maßnahmen erarbeiten, die auf eine Beseitigung von Fehlern und Fehlerursachen abzielen. Auf diese Weise können Dysfunktionalitäten in der Zukunft vermieden und insgesamt eine Verbesserung künftiger Planungs- und Realisierungsprozesse erreicht werden.

Die Abweichungsanalyse sollte unter anderem folgende Fragestellungen beantworten:

- Wo und wann sind die Abweichungen bei der Zielrealisierung aufgetreten?
- In welcher Höhe sind Abweichungen entstanden und wie haben sich die einzelnen Teilabweichungen im Zeitablauf entwickelt?
- Was haben die Abweichungen verursacht?
- Wer ist hierfür verantwortlich?
- Welche Korrekturmöglichkeiten bestehen für die Planungsträger und welche Auswirkungen ergeben sich dadurch für die Zielrealisierungen in anderen Aufgabenbereichen (Interdependenzproblematik)?

Treuz hält es nicht für sinnvoll, "bei jeder Soll-/Ist-Abweichung eine Abweichungsanalyse durchzuführen, da unkontrollierbare Einflüsse und die Unvollkommenheit der Informationen Abweichungen regelmäßig erwarten lassen." (Treuz 1974, S. 63). Nur bei Abweichungen bestimmter Größenordnungen sollte eine Abweichungsanalyse vorgenommen werden. In einem zweiten Schritt ist dann kostenbezogen zu entscheiden, wie intensiv die Analyse zu erfolgen hat.

Begrenzte Kontrollkapazitäten und Wirtschaftlichkeitsüberlegungen bewirken häufig eine intensive Überprüfung aller potentiellen Kontrollobjekte in der Unternehmung im Hinblick auf ihr(e) Kontrollerfordernis bzw. -bedürftigkeit. Die Bildung von Kontrollschwerpunkten soll sicherstellen, daß insgesamt ein zwar selektives, aber dennoch repräsentatives Bild über die Planrealisierung gewonnen werden kann, das dem jeweiligen Kontrollinformationsbedarf gerecht wird (vgl. hierzu Corsten 1988, S. 598). Letztlich sollten nur diejenigen Kontrollaktivitäten durchgeführt werden, deren Nutzen bzw. positive Auswirkungen auf die Zielerreichung höher sind als ihre Kosten.

2.7.3 Die Gestaltung und Verknüpfung von Planungs- und Kontrollsystemen

Analog zu Planungssystemen werden in **Kontrollsystemen** Strukturen und Beziehungen zwischen den einzelnen Gestaltungsparametern der Kontrolle hergestellt. Abbildung 2.8 zeigt wesentliche Gestaltungsparameter und Merkmale eines Kontrollsystems auf. Die Planungsobjekte und Kontrollobjekte sind in integrierten Planungs- und Kontrollsystemen deckungsgleich.

Die Gestaltung und Verknüpfung von Planungs- und Kontrollsystemen ist eine zentrale Aufgabe der **systembildenden und systemkoppelnden Koordination**. Im einzelnen geht es unter anderem um (vgl. Ziener 1985, S. 41):

- Ermittlung der Planungs- und Kontrollparameter und Überprüfung auf ihren Anwendungszweck,
- Dokumentation und Operationalisierung des Zielsystems, wobei operationale Ziele die Basis für Kontrollstandards bilden,
- Erstellung eines einheitlichen, formalisierten Systems der Planung und Kontrolle (Planungsrahmen, Planungshandbuch, Richtlinien, einheitliche Formulare etc.),
- Bestimmung der anzuwendenden Planungs- und Kontrollverfahren (-methoden, -modelle) sowie die Sicherung ihrer Einsatzfähigkeit und Weiterentwicklung,
- Organisation und Verbesserung des Planungs- und Kontrollprozesses,

1.	Kontrollobjekte (formal)	Ergebnis/Realisation Verfahren Planfortschritt Planungsprämissen
2.	Kontrollfelder (= Kontrollobjekte, inhaltlich)	Forschung und Entwicklung Beschaffung/Materialwirtschaft Produktion/Fertigung Absatz/Marketing Finanzierung und Investition Personalbereich
3.	Kontrollprozeß	gedankliche Zerlegung des Kontrollablaufs in einzelne Phasen (Teilschritte, Feinstufen). Eine sachlogische und/oder zeitliche Strukturierung dient der Transparenz und macht eine isolierte Analyse einzelner Teilschritte möglich.
4.	Kontrollebenen	strategisch taktisch operativ
5.	Kontrollmethoden, - verfahren, - techniken Kontrollinstrumente	systematische Vorgehensweise und Hilfsmittel zur Durchführung von Kontrollen (zentral: Abweichungsanalyse)
6.	Kontrollintensität a) Kontrollzeiten	Zeitpunkte/-räume Dauer Häufigkeit (Kontrollfrequenz)
	b) Kontrollumfang und -spezifikation	Spezifikation - Detailliertheitsgrad der Kontrollobjekte - Präzision der Kontrollinformation Extension - Schwerpunktkontrollen (engpaßorientiert) oder flächendeckende Kontrollen (partieller oder totaler Ansatz) - Stichproben oder vollständige Prüfung - End- und/oder Fortschrittskontrolle (Teilergebniskontrolle)
	c) Bandbreitentolerierung bei Abweichung	Genauigkeit der Merkmalsausprägungen
	d) Anzahl der Rückkopplungen	Häufigkeit erneuter Kontrolle nach Korrektur
7.	Kontrollträger	Fremdkontrolle Selbstkontrolle

Abb. 2.8: Gestaltungsparameter und Merkmale eines Kontrollsystems (ähnlich: Thieme 1982, S. 28ff.; vgl. auch Reiß 1984, S. 501f.)

- (gestalterische) Integration bzw. Anbindung der Planungs- und Kontrollsysteme der Teilbereiche (Teilpläne) an/in übergeordnete Planungs- und Kontrollsysteme.

Die **Funktionsfähigkeit** des implementierten Kontrollsystems bestimmt maßgeblich die Güte seiner Steuerungsfunktion bei der Durchführung von

Kontrollaufgaben. Das Kontrollsystem muß aufbau- und ablauforganisatorisch in der Lage sein, die Planung und die Realisation zu überprüfen.

Kontrollschwerpunkte, **Kontrollintensität** (Kontrollbandbreite der Abweichungstoleranz, Kontrollfrequenz) und **Kontrollzeitpunkte** sind so zu wählen, daß einerseits die Qualität der Ziel- und Aufgabenrealisation festgestellt und andererseits die Zielbeiträge einzelner Kontrollobjekte im Zielsystem erhöht werden können.

Als **Selektionskriterien** für die praktische Gestaltung des Kontrollsystems können unter anderem die Bedeutung für die Zielerreichung, die Möglichkeit der unmittelbaren Einflußnahme und Fehlerelimination, die Störanfälligkeit, die Abweichungskontinuität sowie die Risikoträchtigkeit herangezogen werden (vgl. Schmidt 1986, S. 136).

2.7.4 Planungssystemkontrolle (Planungsaudits)

Gegenstand der **Planungssystemkontrolle** sind die Aufbaustruktur und die Prozeßstruktur des Planungssystems (Maune 1980, S. 51). Dabei geht es um die umfassende Überprüfung und Beurteilung aller Aspekte der Planung, um die gezielte Aufdeckung von Fehlplanungen und um die Lösung von Planungsschwierigkeiten durch Verbesserungen und Weiterentwicklungen des Planungssystems. Außerdem dient die Planungssystemkontrolle der Feststellung, ob und inwieweit die Planungsträger in der Lage sind, das Planungsinstrumentarium zieladäquat einzusetzen.

In der amerikanischen Literatur werden sog. **Management-Audits** vorgeschlagen (vgl. z.B. Koontz/Weihrich 1988, S. 580ff.). Sie dienen der Überprüfung und Bewertung der Qualität der gesamten Managementaktivitäten und der Qualität des Managementsystems. Eine besondere Schwierigkeit bereitet allerdings die Entwicklung geeigneter Kontrollnormen und Qualitätskriterien aus allgemeinen betriebswirtschaftlichen Grundsätzen, Theorien, Leitlinien, Anforderungskatalogen und den konkreten Zielen sowie Strategien im Einzelfall. Bei der Ermittlung des Istzustandes ist der Audit-Träger in hohem Maße auf die Kooperationsbereitschaft der Führungskräfte angewiesen. Objektbereiche des Management-Audits stellen unter anderem Prämissen, Ziele, Strategien, Maßnahmen, Prozesse, Organisationsstruktur, Ablauforganisation, Pläne, die Führungskräftebeschaffung und -entwicklung usw. dar.

Im Rahmen einer Planungssystemkontrolle kann in der Praxis mit **Checklisten** gearbeitet werden, mit deren Hilfe periodisch das Planungssystem auf den Prüfstand gestellt wird. Mögliche Prüfkriterien wären unter anderem:

(1) bezogen auf die **Struktur des Planungssystems**

- Umfaßt das Planungssystem alle erforderlichen Teilplanungen bzw. Planungsfelder?
- Bestehen kurz-, mittel- und langfristige Planungen?
- Erfolgt die Planung nach verschiedenen Planungsebenen?
- Sind alle Strategien und Ziele operational, konsistent, transparent, vollständig, aktuell und realisierbar? Bestehen Zielkonflikte oder gar Zielantinomien?
- Werden den Planungen adäquate Realisationskontrollen gegenübergestellt?
- Bestehen Richtlinien zu den einzelnen Teilsystemen der Planung und Kontrolle?
- Stehen entsprechend ausgebildete Planungsorgane zur Verfügung?
- Welche Kosten-Nutzen-Überlegungen bestimmen das vorhandene Planungssystem?
- Welche Implementierungsprobleme bestehen und wie werden sie gelöst?
- Ist eine ausreichende Informationsbasis gegeben?
- Welche innovativen Methoden lassen sich für die Planung nutzbar machen?

(2) bezogen auf den **Planungsprozeß**

- Werden im Rahmen der Zielbildung die operationalen Einzelziele schriftlich fixiert?
- Ist eine systematische Problemfeststellung und Alternativensuche vorhanden?
- Sind die Planungsprämissen aktuell und vollständig?
- Stehen Planungsmodelle und -instrumente zur Verfügung?

- Berücksichtigen die Planungsmodelle und -instrumente die relevanten Planungsparameter?
- Erfolgt eine EDV-Unterstützung?
- Werden Alternativpläne erstellt?
- Können die Datenanforderungen der Planung wirtschaftlich erfüllt werden?
- Existiert eine Planungsterminierung?
- Funktioniert die vertikale und horizontale Koordination des Planungsprozesses?

Auf eine "Total-Evaluation" wird man aus Kosten- und Zeitgründen zumeist verzichten müssen und deshalb eine Festlegung von Überwachungsschwerpunkten vornehmen. Eine laufende Überprüfung von zentralen Planungssystemelementen kann Schwachstellen bzw. Unzulänglichkeiten andeuten, die anschließend detaillierter analysiert werden. Planungsaudits umfassen nicht nur das kritische Infragestellen und die Evaluation des bisherigen Planungssystems anhand zukünftiger Bedingungen der Unternehmung sowie erfolgreicher Planungs- und Kontrollsysteme in Theorie und Praxis, sondern auch **konstruktive Vorschläge** für eine Korrektur, **Neugestaltung** oder **Weiterentwicklung** (vgl. Hill 1989, Sp. 1462).

2.8 Planungssysteme in Theorie und Praxis

Jedes Planungssystem in Theorie und Praxis besitzt eine "**charakteristische Struktur**", die durch Art und Umfang der einzelnen Elemente **sowie** Interdependenzen und Beziehungen untereinander beschrieben wird (vgl. Wild 1981, S. 156).

Unterschieden werden muß zwischen in der Literatur beschriebenen **Denkmodellen** einerseits und Praxisimplementierungen von Planungssystemen bzw. -konzeptionen andererseits. **Denkmodelle** abstrahieren von realen konkret praxisbezogenen Bedingungen und stellen deshalb idealtypische Konstrukte dar. **Praxisimplementierungen** stellen Realisierungen dar, deren Ausgestaltung von unterschiedlichen Kontextvariablen abhängig ist und sich oftmals nur auf einzelne Systembestandteile beschränkt (z.B. Strategische Planung). Empirisch bestätigt ist, daß Praxiskonzepte aufgrund bestimmter Erfordernisse oder Gestaltungsspielräume eine Vielzahl von kombinierten Ausprägungsformen besitzen (vgl. Töpfer 1976, S. 370ff.; 1989, Sp. 1525).

Die Planungsliteratur bietet eine Fülle unterschiedlicher Denkmodelle und betriebsspezifischer Konzeptionen (vgl. z.B. Welge 1985, S. 528ff.). Taylor (1984, S. 51ff.) sieht folgende fünf **Hauptplanungsansätze**:

(1) **Planung als zentrales Steuerungssystem**
Hauptzweck ist die Verteilung und Steuerung der Ressourcen. Die Vorgehensweise erfolgt auf der Basis eines rationalen Entscheidungsprozesses. Wichtige Elemente sind spezifische Ziele, ein ausgeglichenes Investment-Portfolio, Handlungsprogramme und Budgets sowie Überwachungsaktivitäten; gängige Instrumente etwa die Portfolio-Technik, die Gap-Analyse, Trendextrapolation, die Budgetierung und die Stärken-/Schwächen-Analyse.

(2) **Planung als Rahmen für Innovationen**
Planung sollte den Rahmen für die Entwicklung neuer Produkte und Verfahren bilden und den Einstieg in neue Märkte und Geschäfte ermöglichen. Im Mittelpunkt stehen Programme für die Produktentwicklung, Marktdurchdringung, Diversifikation usw.

(3) **Planung im Sinne eines strategischen Managements**
Das Management sollte nicht nur mit der Formulierung von Strategien befaßt sein, sondern mit der Ausbildung von Pflichtgefühl, Fähigkeiten und Talenten, die zur Implementierung der Strategien nötig sind. Die Planungsleitidee beruht auf der Schaffung einer Gemeinschaft mit gemeinsamen Werten. Entsprechend werden Teamwork, Organisations- und Personalentwicklung, Managementsysteme etc. propagiert.

(4) **Planung als politische Planung**

Politische Planung wird als Prozeß der Konflikthandhabung und -lösung zwischen relevanten Interessengruppen innerhalb und außerhalb der Unternehmung gesehen. "**Political Affairs**" bilden einen Schwerpunkt der Planungskonzepte. Hierbei handelt es sich grundsätzlich um die wirksame Kommunikation zwischen einer Unternehmung und deren relevanten Bezugsgruppen, die darauf gerichtet ist,

- Trends, Problembereiche und Entwicklungen, die das Umsystem betreffen könnten, zu analysieren, und
- bei Bedarf dazu beizutragen, daß die Unternehmung vorsteuernde oder reaktive Maßnahmen ergreifen kann, um ihre Handlungsfähigkeit zu erhalten und ihr Image zu stabilisieren bzw. zu verbessern (vgl. Bergner 1989).

- Political Affairs können sowohl als Brücke zwischen Unternehmung und Umsystem als auch als Katalysator des Wandels in der Unternehmung interpretiert werden.

(5) **Planung als Zukunftsforschung**

Planung soll die Zukunft erforschen und erschaffen. Zukunftsforscher glauben, daß die Zukunft nicht vorhergesehen werden kann, daher sollten Entscheidungsträger bewußt Unsicherheiten einschätzen und dann auf eine Zukunftsvision hin Dinge entwickeln und erarbeiten. Systematische qualitative Prognosen (Szenarios, Delphi usw.) bilden die instrumentelle Basis eines auf Früherkennung wichtiger Schlüsselfaktoren ausgerichteten Planungsprozesses.

Unternehmungen erarbeiten oft praxisbezogene Planungssysteme für eigene spezifische Planungsbedürfnisse. Dokumentiert sind insbesondere systematische **Ablaufplanungen** der Formulierung von **Unternehmungsstrategien**. Abbildung 2.9 zeigt exemplarisch den strategischen Planungsprozeß in einer Unternehmung der Automobilzulieferindustrie (vgl. Assfalg 1985). Zwecks größerer Übersichtlichkeit des Informationsflusses sind einige Verbindungslinien weggelassen worden. Insbesondere fehlen die unumgänglichen Rückkopplungen zwischen einzelnen Arbeitsschritten; manche Arbeitsschritte laufen auch parallel ab. Generell läßt sich sagen, daß viele der Elemente des aufgezeigten Planungsprozesses wichtige und typische Aufgabenstellungen und Instrumente der **strategischen Planung** darstellen, die in den folgenden Kapiteln eingehender behandelt werden. Das **Planungsteam** als Planungsträger besteht im Beispiel aus den auch für das operative Geschäft verantwortlichen Führungskräften und dem Leiter der Unternehmungsplanung als Moderator. Es tritt in speziellen halbtägigen Planungssitzungen zusammen. Diese Gruppe beschäftigt sich auch mit einem weiteren Ausbau der Planung, insbesondere was den instrumentellen Aspekt angeht.

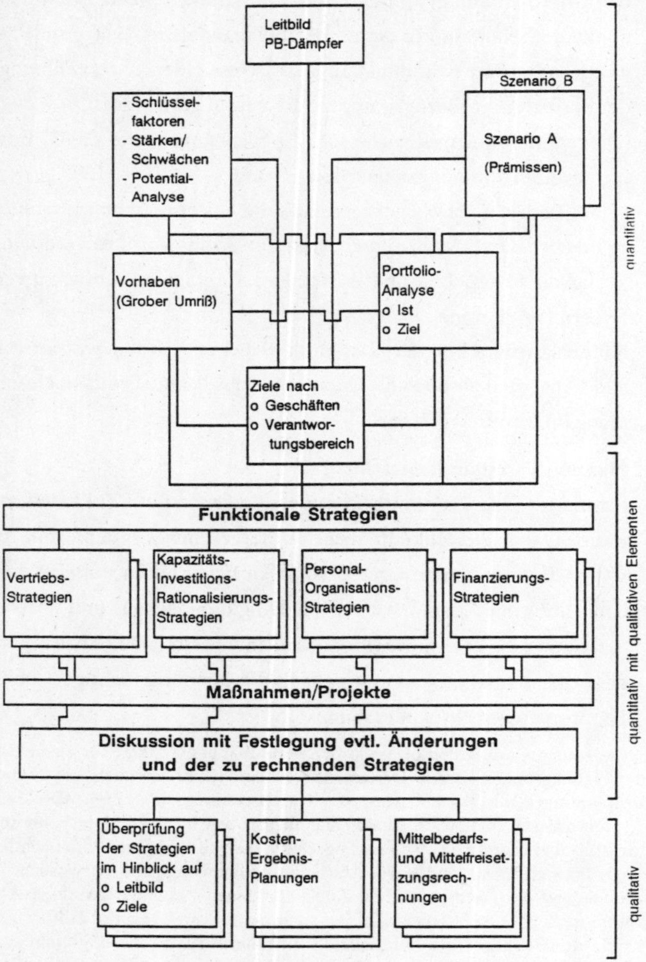

Abb. 2.9: Ablauf der Strategischen Planung bei BOGE am Beispiel des Produktbereichs DÄMPFER (Assfalg 1985, S. 4)

Literaturempfehlungen

a) Planungssystem allgemein

Ansoff, H.I.: Zum Entwicklungsstand betriebswirtschaftlicher Planungssysteme, in: Steinmann, H. (Hrsg.): Planung und Kontrolle, München 1981, S. 59-83

Bircher, B.: Langfristige Unternehmensplanung, Bern/Stuttgart 1976

Rüth, D.: Planungssysteme der Industrie. Einflußgrößen und Gestaltungsparameter, Wiesbaden 1989

b) Planungsprozeß

Hauschildt, J.: Zielsysteme, in: Grochla, E. (Hrsg.): Handwörterbuch der Organisation, Stuttgart 1980, Sp. 2419-2430

Kuhn, A.: Unternehmungsführung, 2. Aufl., München 1990

Kupsch, P.: Unternehmungsziele, Stuttgart/New York 1979

Pfohl, H.-C.: Problemorientierte Entscheidungsfindung in Organisationen, Berlin/New York 1977

Zangemeister, Ch.: Nutzwertanalyse in der Systemtechnik, 4. Aufl., München 1976

c) Planungsträger/-organisation

Frese, E. (Hrsg.): Handwörterbuch der Organisation, 3. Aufl., Stuttgart 1992

Hentze, J./Brose, P.: Organisation, Landsberg (Lech) 1985

Töpfer, A.: Planungsträger, in: Szyperski, N./Winand, U. (Hrsg.): Handwörterbuch der Planung, Stuttgart 1989, Sp. 1542-1548

d) Planungsinstrumente

Eisenführ, F.: Betriebswirtschaftliche Planung und Entscheidung, 4. Aufl., Aachen 1991

Fandel, G.: Begriff, Ausgestaltung und Instrumentarium der Unternehmensplanung, in: ZfB, 53. Jg. (1983), S. 479-508

Gal, T./Gehring, H.: Betriebswirtschaftliche Planungs- und Entscheidungstechniken, Berlin/ New York 1981

Homburg, Ch.: Modellgestützte Unternehmensplanung, Wiesbaden 1991

Zimmermann, W.: Operations Research. Quantitative Methoden zur Entscheidungsvorbereitung, 5. Aufl., München/Wien 1990

e) Integration von Planungs- und Kontrollsystemen

Hahn, D.: Planungs- und Kontrollrechnung (PuK), 3. Aufl., Wiesbaden 1985

Maune, R.: Planungskontrolle, Thun/Frankfurt a.M. 1980

Pfohl, H.-Ch.: Planung und Kontrolle, Stuttgart u.a. 1981

Töpfer, A.: Planungs- und Kontrollsysteme industrieller Unternehmungen, Berlin 1976

f) Planungssysteme in Theorie und Praxis

Taylor, B.: Strategic Planning - Which Style Do You Need? In: Long Range Planning, 17. Jg. (1984), Nr. 3, S. 51-62

Töpfer, A.: Planungssystemkonzeptionen, in: Szyperski, N./Winand, U. (Hrsg.): Handwörterbuch der Planung, Stuttgart 1989, Sp. 1515-1528

3. Strategische Unternehmungsplanung

3.1 Begriff und Inhalt der strategischen Unternehmungsplanung

Der **Strategiebegriff** wird sehr unterschiedlich verwendet (Brose 1982, S. 142ff.). Im ursprünglichen (militärischen) Sinne werden unter Strategien Handlungsanweisungen, Verfahren oder Alternativen verstanden, die Möglichkeiten zur Lösung von Problemen darstellen. Allerdings existiert eine Vielzahl unterschiedlicher Theorien und Konzepte (vgl. Henzler 1988, S. 1296). So gelten Strategien als "allgemeine Verfahrensrichtlinien zur Erreichung ebenfalls allgemeiner Unternehmungsziele" (Ulrich 1990, S. 107). In diesem Sinne legen Unternehmungsstrategien grundsätzlich die Art der Verwendung der Leistungspotentiale (Mittel) bzw. Ressourcen zum Zweck des langfristigen Überlebens und Wachsens der Unternehmung fest. Indem sie somit Grundorientierungen für die Unternehmungsentwicklung vorgeben, können sie auch die Voraussetzung für die Initiierung detaillierterer Zielbildungsprozesse darstellen. Denn die erfolgreiche Realisierung einer Unternehmungsstrategie verlangt unmittelbar nach einer gewissen Präzisierung und Spezifizierung, da ein zu großer Abstraktionsgrad eine Strategiedefinition bedeutungslos machen würde.

Da Strategien nicht nur auf das Insystem, sondern auch auf das Umsystem der Unternehmung auszurichten sind, müssen in Strategiekonzeptionen die bestehenden **Wettbewerbsverhältnisse** integriert werden. Schwerpunkte der Konzeption von Strategien sind demnach (Hinterhuber 1989, S. 14):

(1) die Definition der Arbeitsgebiete der Unternehmung,

(2) die Bestimmung der wichtigsten Konkurrenzunternehmungen,

(3) die Ermittlung der signifikanten Unterschiede zwischen den Hauptimplementierungsmethoden der Unternehmung und denen der wichtigsten Konkurrenzunternehmungen,

(4) die Abschätzung der Veränderungen des Umfeldes der Unternehmung, die den Wettbewerbsrahmen beeinflussen,

(5) die Herausarbeitung der Unterschiede zwischen den Zielpositionen der Unternehmung und jenen der wichtigsten Konkurrenzunternehmungen.

Strategische Entscheidungen lassen sich durch folgende Merkmale charakterisieren (Hahn 1974, S. 67; 1991, S. 27):

(1) Sie sind von besonderer Bedeutung für die Vermögens- und/oder Erfolgsentwicklung der Unternehmung,

(2) sie können nur aus der besonderen Verantwortung für die ganze Unternehmung und aus dem Gesamtzusammenhang heraus getroffen werden,

(3) sie sind grundsätzlich nur von der Unternehmungsleitung (Vorstand) zu fällen, bedürfen jedoch häufig der Zustimmung der vorgeschalteten Willensbildungszentren (Aufsichtsrat, Hauptversammlung),

(4) sie gelten in der Regel auf längere Sicht und sind von relativ geringer Häufigkeit und

(5) sie reflektieren die Werte der Unternehmungsleitung und werden in Übereinstimmung mit der Unternehmungsphilosophie und -kultur getroffen.

Divergierende Auffassungen bezüglich des Begriffes "**strategische Planung**" sind im wesentlichen auf das unterschiedliche Verständnis der beiden Begriffskomponenten "Planung" und "strategisch" zurückzuführen (vgl. hierzu Kreilkamp 1987, S. 2ff.).

Nach Scholz (1987, S. 6) lassen sich drei charakteristische Eigenschaften von "strategisch" ableiten:

(1) inhaltliche Betonung des Wichtigen (**Relevanz**),

(2) methodische Beschränkung auf einige wesentliche Gesichtspunkte (**Vereinfachung**) und

(3) Streben nach frühzeitigem Handeln (**Proaktivität**).

Die strategische Planung erstreckt sich auf und über die **gesamte Unternehmung** und basiert somit auf **allen unternehmerischen Teil- bzw. Funktionsbereichen**. Damit fällt die strategische Planung primär in den Aufgaben- und Verantwortungsbereich der Unternehmungsleitung (Kreikebaum 1991, S. 29) und wird von deren subjektiven Wertvorstellungen geprägt.

Die strategische Planung dient der frühzeitigen Sicherung und dem Ausbau bisheriger und zukünftiger Erfolgspotentiale. Unter einem **Erfolgspotential** wird allgemein eine Konstellation zwischen Unternehmung und ihren relevanten Kontextfaktoren (intern und extern) verstanden, welche diese in die Lage versetzt, ihrer konzeptionellen Gesamtsicht näherzukommen (vgl. Reichert 1984, S. 19). Die strategische Planung beinhaltet demzufolge die Identifikation von Erfolgspotentialen sowie von Möglichkeiten zu deren Schaffung, Nutzung und Erhaltung bei gleichzeitiger Abwehr von Gefahren- und Verlustpotentialen. Die **Kontrolle** der Gültigkeit der den postulierten Erfolgswirkungen zugrundeliegenden Prämissen sowie Planumsetzungs- und Ergebniskontrollen sind weitere Bestandteile.

Während die Konzentration auf wichtige erfolgswirksame Problemfelder die notwendige Komplexitätsreduktion unterstützt, muß zugleich von komplexen Wirkungsgefügen ausgegangen werden. Eine Vernachlässigung wichtiger erfolgswirksamer Elemente und mögliche unerwünschte Nebenwirkungen können die Zielwirksamkeit der geplanten und umzusetzenden Strategien vereiteln. Die Erhaltung von Flexibilität und eine Beschränkung auf kritische Erfolgspotentiale und -faktoren führen allerdings zu einem offensichtlichen "strategischen Dilemma".

Einerseits erfordert eine strategische Schwerpunktbildung die Definition einer klaren Wettbewerbshaltung. Um ein strategisches Ziel umsetzen zu können, müssen adäquate Ressourcen bereitgestellt werden, die damit in der Gegenwart für einen längerfristigen Zeitraum gebunden werden. Andererseits bedingt **Flexibilität**, daß Optionen so lange wie möglich offengehalten werden, bevor eine endgültige Ressourcenallokation vorgenommen wird. Dies kann Verzögerungen oder Festlegungen in kleinen

Schritten verursachen und mag inkrementale Vorgehensweisen begünstigen. Das Dilemma zu lösen, ohne das Unternehmen von seinem bestandssicheren Kurs abzubringen, stellt eine große Herausforderung für die strategische Unternehmungsplanung dar.

Die bisherigen Ausführungen verdeutlichen, daß die strategische Planung als **permanenter Prozeß** konzipiert werden muß. Eine Überprüfung der externen und internen Einflußfaktoren in lediglich großen Zeitintervallen ist zur Bewältigung dynamischer Umweltentwicklungen ungeeignet. Zugleich muß eine vorschnelle, einseitige und irreversible Schwerpunktbildung vermieden werden.

Wesentlicher **Gegenstand** der strategischen Planung ist das (strategische) **Leistungsprogramm**, dessen Einzelkomponenten diejenigen Teilstrategien bilden, die jeweils eine Produktgruppe oder -linie und/oder deren demographischen bzw. geographischen Absatzmarkt festlegen. Der Fixierung von Produkt/Markt-Kombinationen geht die Analyse der Unternehmungssituation (Umweltanalyse, Unternehmungsanalyse, Konkurrenzanalyse, Stärken/Schwächen-Analyse usw.) voraus. Auf der Basis der Entwicklungsmöglichkeiten von Produkten und Märkten, die mit den Unternehmungszielen, dem Wertsystem und der sozialen Orientierung der Unternehmung vereinbar sein müssen, lassen sich zum Beispiel mit Hilfe der Portfolio-Konzeptionen operationale Strategien entwickeln. Im Rahmen einer Implementationsorientierung gilt es, bei der Konkretisierung von Strategien Restriktionen der Umsetzung von Plänen in die Realität von vornherein zu berücksichtigen.

Für strategische Planungen sind die folgenden Grundsätze zu beachten (vgl. Pümpin 1980, S. 13ff.):

1. **Konzentration der Kräfte**: Der wohl wichtigste Grundsatz der strategischen Planung besteht in der Konzentration der Kräfte. Für die Unternehmung bedeutet dieser Grundsatz folgendes:
   - Die Kräfte der Unternehmung sind auf ausgewählte Produkt-Marktkombinationen zu konzentrieren.
   - Die Zuordnung von finanziellen, personellen und sachlichen Mitteln ist nach einer Prioritätenrangfolge durchzuführen.

- Mit Vorrang werden die eigenen Mittel auf jene Bereiche konzentriert, in welchen die wichtigen Konkurrenten schwach sind. Eine fundierte Konkurrenzanalyse sollte diesbezüglich Aufschluß geben.

2. **Aufbau auf Stärken/Vermeidung von Schwächen**: Ein zweiter Grundsatz fordert, daß eine Strategie immer auf den Stärken der Unternehmung aufbauen sollte.

3. **Ausnutzung von Umwelt- und Marktchancen**: In der militärischen Strategie spielt die Ausnutzung der topographischen und meteorologischen Gegebenheiten eine zentrale Rolle. Genauso gilt es in der Unternehmungsführung, die sich aufgrund von bestimmten Umwelt- und Marktentwicklungen bietenden Chancen konsequent auszunutzen. Umgekehrt sind die entsprechenden Gefahren zu vermeiden.

4. **Innovation**: Eine Strategie sollte dem innovativen Moment große Beachtung schenken. Die Innovation kann sich dabei auf neue Produkte, neue Dienstleistungen, neue Märkte, neue Verfahren, neue Verteilungssysteme, neue Organisationsformen und vieles mehr beziehen. Innovation darf jedoch nie um der Innovation willen erfolgen.

5. **Ausnutzen der Synergiepotentiale**: In der Regel haben jene Strategien eine höhere Erfolgswahrscheinlichkeit, welche die bereits gegebenen Voraussetzungen der Unternehmung optimal ausnutzen.

6. **Abstimmung von Zielen und Mitteln**: Eine erfolgreiche Strategie zeichnet sich dadurch aus, daß Ziele und Mittel sorgfältig aufeinander abgestimmt sind. Zu hohe Ziele können dazu führen, daß auf halbem Weg die Ressourcen erschöpft sind, was zu einem vollständigen Kollaps führen kann. Zu tief gesetzte Ziele enthalten kaum die notwendige Herausforderung an Führungskräfte und Mitarbeiter, die für eine langfristige erfolgreiche Geschäftstüchtigkeit unerläßlich sind.

7. **Schaffung einer zweckmäßigen, führbaren Organisation**: Mit einer kongruenten und entwicklungsträchtigen Gestaltung von Aufbau- und Ablauforganisation in der Unternehmung wird eine wesentliche Voraussetzung für die Konzeption und Umsetzung von Strategien geschaffen.

8. **Risikoausgleich**: Jede Strategie ist mit Risiken verbunden. Der Entscheidungsträger wird jedoch nur in äußerst kritischen Notsituationen alles auf eine Karte setzen. Unter normalen Bedingungen wird er vielmehr versuchen, einen ausgewogenen Ausgleich in bezug auf die einzugehenden Risiken zu schaffen. Dazu gehört auch die Bereitstellung angemessener Reserven.

9. **Ausnutzung von Koalitionsmöglichkeiten**: Die Grundidee einer Strategie muß in der Regel einem breiten Kreis von Mitarbeitern mitgeteilt werden. Dies ist nur möglich, wenn die Strategie auf einem klaren, leicht verständlichen Grundkonzept aufbaut.

10. **Beharrlichkeit**: Die Gefahr ist immer sehr groß, daß einmal getroffene Entscheidungen unter dem Eindruck kurzfristiger Einflüsse in Frage gestellt und umgeworfen werden. Langfristig erfolgswirksame Aktionen können jedoch nur realisiert werden, wenn sie mit einer gewissen Beharrlichkeit verfolgt werden.

11. **Unité de doctrine**: Eine erfolgversprechende Strategie muß darauf ausgerichtet sein, eine einheitliche Grundauffassung in bezug auf die anzustrebenden Ziele und die einzuschlagende Marschrichtung zu schaffen. Nur so kann die Motivation sichergestellt werden.

Strategische Planung im **weiteren Sinne** umfaßt neben den Zielen und den Produkt/Markt-Kombinationen auch die Festlegung bzw. Änderung der **Rechtsform**, des **Standortes**, der **Organisationsstruktur** ('Organisationsentwicklung'), der **Kapital-, Finanz- und Investitionsstruktur** sowie des **Planungshorizontes** (Szyperski/Winand 1980, S. 84; Hahn 1980, S. 57). Sie muß für die nachgelagerten Planungsebenen bindend sein und dokumentiert werden.

Es kann festgehalten werden, daß sich die strategische Planung im wesentlichen auf (Planungs-)Maßnahmen und Maßnahmenkombinationen beschränkt, die in ihrem Ausmaß, ihrer Bedeutung und ihrer Dauer den **Bestand**, die **Entwicklung** und den (langfristigen) **Erfolg** der Unternehmung **maßgeblich** und **nachhaltig** beeinflussen. Strategische Planung besitzt weitreichende Wirkungen, indem sie aus der **Gesamtsicht der Unternehmung** vorgenommen wird, die sowohl die Richtlinien und Konzeptionen der Unternehmung als auch die Struktur und den Umfang der Unternehmungsentwicklung (Wachstum, Schrumpfung etc.) bestimmt. Sie liefert **Orientierungsdaten** für Entscheidungen über die längerfristige **Bindung und Verwendung von Leistungspotentialen und finanziellen Mitteln**, die der Steuerung des Erfolgs dienen.

3.2 Unternehmungsphilosophie, Unternehmungspolitik und Unternehmungskultur als Einflußgrößen der strategischen Unternehmungsplanung

3.2.1 Unternehmungsphilosophie und -politik

Die Unternehmungspolitik ist der Unternehmungsplanung vorgelagert, der ihrerseits eine allgemeine Zielumschreibung durch die Unternehmungsphilosophie vorausgeht. Die **Unternehmungsphilosophie** drückt die grundsätzlichen Werthaltungen der Machtträger in der Unternehmung (vor allem Kapitalgeber, Anteilseigner, Unternehmungsleitung) aus.

Sie ist "die ganzheitliche Interpretation der wirtschaftlichen und gesellschaftlichen Funktion und Stellung der Unternehmung und der daraus abzuleitenden Sinnzusammenhänge und Wertbezüge des Managements" (Ulrich/Fluri 1988, S. 49). Die Unternehmungsphilosophie kann als ein System von **Leitmaximen** verstanden werden, dessen Ausprägung von ethischen und moralischen Werthaltungen bestimmt ist. Sie dient sozusagen als moralische und ethische Basis für den Wirtschaftsprozeß der Unternehmung. In ihr manifestieren sich insbesondere solche Grundeinstellungen, die das Verhältnis der Machtträger zu Mitarbeitern, Aktionären, Kunden, Lieferanten etc. sowie allgemein das Verhältnis der Unternehmung zur Gesellschaft zum Ausdruck bringen.

In einer Unternehmungsphilosophie können unter anderem folgende Zusammenhänge thematisiert werden:

- die unternehmerische Vision,
- das Bekenntnis zur herrschenden Wirtschaftsordnung und zur gesellschaftlichen Funktion der Unternehmung,
- die Einstellung zu Gewinnmaximierung, Wachstum, internationalem Wettbewerb und technischem Fortschritt,
- die soziale Verantwortung und das Führungsverständnis gegenüber den Mitarbeitern,
- die akzeptierten Spielregeln und Verhaltensnormen im Rahmen der wirtschaftlichen Tätigkeit der Unternehmung,
- die ökologische Verantwortung zum Schutz der Umwelt,
- das behutsame Umgehen mit religiösen und kulturellen Einstellungen und Verhaltensweisen in Zielgebieten international tätiger Unternehmungen.

Die **Vision** besitzt impulsgebende Kraft, indem sie vor allem Chancen (z.B. attraktive Märkte, innovative Lösungen) aufzeigt. Außerdem weist sie eine ordnende Funktion auf, indem sie grundlegend Klarstellungen, Prioritäten, Zusammenhänge aufzeigt und integrative konfliktlösende Wirkungen entfaltet. Insgesamt soll sie den Unternehmungserfolg langfristig sichern und fördern (vgl. Rühli 1990, S. 115f.). "Das

Wesen einer Vision liegt in den Richtungen, die sie weist, nicht in den Grenzen, die sie setzt; sie liegt in dem, was sie ins Leben ruft, nicht in dem, was sie abschließt, in den Fragen, die sie aufwirft, nicht in den Antworten, die sie für diese findet. Richtungen sind ihrem Wesen nach unbegrenzt und münden ins Unendliche. Jede wirkliche Vision weist offen Richtungen und schließt nichts innerhalb ab; sie ist unberührt und unbeengt durch materielle Gesichtspunkte. Deshalb vermag sie überall konkrete Gestalt zu gewinnen" (Hinterhuber 1989, S. 41).

Die Unternehmungsphilosophie und die **Unternehmungsmission**, d.h. der grundlegende Auftrag bzw. das übergeordnete Sachziel in Termini von Produkten, Märkten und Ressourcen, konkretisieren sich in der (häufig schriftlich fixierten) Unternehmungspolitik. Der Begriff der Unternehmungspolitik wird in der Literatur nicht einheitlich verwendet (vgl. hierzu Dlugos 1987). Die Unternehmungspolitik definiert den Rahmen für die Aktivitäten. Als Grundkonzeption der Unternehmung ist sie die **konkrete Vorstellung** von dem, was die Unternehmung 'sein' soll. So legt die Unternehmungspolitik die Planungsrichtlinien und Rahmenbedingungen für die konkretere Unternehmungsplanung fest, deren Aufgabe es dann ist, die langfristigen unternehmungspolitischen Ziel-, Potential- und Strategiebestimmungen in konkretere Perioden- und Projektpläne umzusetzen. Eine solche Abgrenzung von Unternehmungspolitik und Planung bedeutet, daß zur Unternehmungspolitik (grundsätzlich) die strategische Zielbestimmung gehört.

Nach Ulrich (1990, S. 18ff) lassen sich folgende charakteristische **Merkmale der Unternehmungspolitik** postulieren:

(1) **Die Unternehmungspolitik umfaßt die originären Entscheidungen in der Unternehmung:**
Da die Unternehmungspolitik auf oberster Führungsebene bestimmt wird, umfaßt sie originäre Entscheidungen, die nicht aus übergeordneten Entscheidungen ableitbar sind, wohl aber die vorherrschende Unternehmungsphilosophie widerspiegeln.

(2) **Die Unternehmungspolitik ist allgemein abgefaßt:**
Unternehmungspolitische Entscheidungen weisen einen hohen Abstraktionsgrad auf und beziehen sich auf die Unternehmung als Ganzes. Dies bedeutet zwangsläufig, daß sie nicht operational, d.h. nicht unmittelbar in ausführende Handlungen umsetzbar sind, sondern erst bezüglich bestimmter Handlungsbereiche und Problemsituationen konkretisiert werden müssen.

(3) **Die Unternehmungspolitik ist langfristig ausgerichtet:**
Durch die Unternehmungspolitik sollen Grundlinien der zukünftigen Unternehmungsentwicklung auf lange Sicht festgelegt werden.

(4) **Unternehmungspolitik beinhaltet auch die Kontrolle der Einhaltung von Zielen, Verhaltensnormen und Richtlinien:**
Der unternehmungspolitische Führungsprozeß ist mit dem Treffen entsprechender Entscheidungen nicht beendet; diese müssen vielmehr realisiert, und die erzielten Ergebnisse kontrolliert werden. Es ist allerdings schwierig, die mögliche oder tatsächliche Verwirklichung unternehmungspolitischer Ziele durch potentielle oder vollzogene Handlungsalternativen genau zu messen. Ferner lassen sich aus den unternehmungspolitischen Vorgaben für die meisten Mitarbeiter nur wenige praktische Verwirklichungshandlungen direkt ableiten.

(5) **Unternehmungspolitik muß Flexibilität aufweisen:**
Unternehmungspolitische Entscheidungen müssen auf einem sehr weiten und vielschichtigen Bereich von Umwelt-Informationen beruhen. Je langfristiger die Entscheidungsinhalte angelegt sind, desto unsicherer ist ihre informatorische Basis. Änderungs- und Revisionserfordernisse sind deshalb unbedingt zu beachten.

Da die Unternehmungspolitik lediglich die **Grundkonzeption** und die **grobe Richtung** der Unternehmungsentwicklung festlegt, müssen **operationale Ziele** formuliert werden, die die Steuerung und Regelung der Unternehmung sowie das Zustandekommen von Entscheidungen ermöglichen.

Bei der Zielsuche kann von einer Unterteilung der Unternehmung in den finanzwirtschaftlichen, leistungswirtschaftlichen und sozialen Bereich ausgegangen werden (vgl. Bircher 1976, S. 108ff.; Ulrich 1990, S. 107ff.). Abbildung 3.1 zeigt einen **Zielkatalog** auf, anhand dessen sich spezifisch gewichtete Ziele für die Einzelunternehmung entwickeln lassen.

Bei den **leistungswirtschaftlichen Zielen** dominieren Markt- und Produktziele. **Marktziele** umschreiben in erster Linie die Märkte und Marktbereiche, die bearbeitet werden sollen, die angestrebte Marktstellung in den einzelnen Bereichen und das angestrebte Umsatzvolumen. Durch die **Produktziele** werden primär die Art der Produkte, die erzeugt und/oder bereitgestellt werden sollen, die angestrebte Qualität und die mengenmäßige Produktion bestimmt.

Leistungswirtschaftliche Ziele	Marktleistungsziele	Produktqualität Produktinnovation Kundenservice Sortimentstiefe und -breite Produktmengen
Leistungswirtschaftliche Ziele	Marktstellungsziele	Umsatzvolumen Marktanteil je Segment Marktgeltung (Reputation/Image) Neue Märkte
Finanzwirtschaftliche Ziele	Rentabilitätsziele	Gewinn Return on Investment Umsatzrentabilität Kapitalrentabilität Wirtschaftlichkeit Wertschöpfung Produktivität
Finanzwirtschaftliche Ziele	Finanzziele	Zahlungsbereitschaft/-fähigkeit Kapitalstruktur Kapitalbindung Cash-flow Kreditwürdigkeit
Soziale Ziele	Soziale Ziele in bezug auf die Mitarbeiter	Einkommen und soziale Zufriedenheit Arbeitszufriedenheit Persönliche Entwicklung Betriebsfrieden
Soziale Ziele	Soziale Ziele des Unternehmens	Ethik Umweltschutz Bildung/Kunst Regionalentwicklung
Soziale Ziele	Einfluß und Prestige	Unabhängigkeit/Kooperation Image und Prestige Politischer Einfluß Gesellschaftlicher Einfluß

Abb. 3.1: Katalog der Unternehmungsziele (vgl. Kahl 1989, S. 203)

Hauptziel der Unternehmung in **finanzwirtschaftlicher** Sicht ist die Erzielung eines geldwertmäßigen Erfolges. Er ist die Voraussetzung für die Erreichung anderer finanzwirtschaftlicher Ziele, beispielsweise einer ausreichenden Zahlungsbereitschaft. Das Ziel der Wirtschaftlichkeit kann als zentrales Ziel der erwerbswirtschaftlichen Unternehmung eingeordnet werden. Es trägt dazu bei, konkretisierte Gewinnziele zu ermöglichen. **Soziale Ziele** spielen mittlerweile im unternehmerischen Zielsystem eine große Rolle. Die Unternehmungen werden zunehmend gezwungen, neben den bereits gesetzlich vorgeschriebenen sozialen Leistungen

(Arbeitgeberbeiträge zur Sozialversicherung, Beiträge zu Berufsgenossenschaften, Lohnfortzahlung im Krankheitsfall etc.) freiwillige Sozial- und Zusatzleistungen (z.B. zusätzliche betriebliche Altersversorgung, Gratifikationen, Firmen-Pkw, persönliche Beratung aller Art) abzubieten und so den Ausgleich zwischen individuellen, anreizbezogenen Bedürfnissen und den gesellschaftlichen Zielen zu schaffen (vgl. Hentze 1991I, S. 50ff.). Bei der Formulierung sozialer Ziele im Zielsystem der Unternehmung ist allerdings das Problem des Zielwertmaßstabes (häufig subjektives Ermessen) und das Problem der Heterogenität der sozialen Ansprüche zu beachten. Letzteres erfordert eine Auswahl möglicher sozialer Zielsetzungen derart, daß die Unterstützuung der unternehmerischen Aktivitäten nicht verweigert und so der Gesamterfolg gefährdet wird.

Seit Max Weber (1904/1920) läßt sich eine bis heute anhaltende Diskussion über **Ethik** im Wirtschaftsleben verfolgen, wenn auch mit wechselnder Intensität im Zeitablauf. Weber argumentiert mit der sogenannten **Verantwortungsethik**, die vom (wirtschaftlich) Handelnden Rechenschaft über Bedingungen, Wertmaßstäbe und Konsequenzen, die das Handeln hervorruft, verlangt. Es gilt, jenes Verhalten zu verhindern, das dem rücksichtslosen bzw. unverantwortlichen Entscheidungsträger Vorteile im Wettbewerb verschafft. Zu Beginn der 90er Jahre werden Manager von Managern selbst aufgerufen, sich mehr "von Ethik, vom kulturellen und sozialen Gewissen leiten zu lassen" (Goeudevert 1990, S. 73) bzw. "moralisch-ethisches Verantwortungsbewußtsein" als Ergänzung von Fach- und Führungskompetenz zu beweisen (Maucher 1989, S. 374).

Dies geschieht vor dem Hintergrund aktueller ethischer Problemstellungen, wie dem verschärften, teilweise auch unfairen und ruinösen Wettbwerb, Korruption in Einkauf und Verkauf, Handel mit Ländern, die Menschenrechte verletzen, (umweltschädigende) Produktion umweltschädlicher Produkte usw. Der gesellschaftliche Wertewandel und der zunehmende Wertepluralismus zwingen die Unternehmungen, neue Orientierungen zu suchen, doch besteht kaum Einigkeit darüber, welche Lösungen zu realisieren und in **Leitbildern** als Ausdruck unternehmerischer Selbstverpflichtung festzuhalten sind.

Ziele können ihre **handlungsleitende Funktion** nur dann erfüllen, wenn sie in **operationale Einzelziele** überführt werden, d.h., sie müssen derart detailliert, gewichtet und in einzelnen Dimensionen eindeutig sowie widerspruchsfrei sein, daß sie konkrete Handlungen uneingeschränkt ermöglichen.

Die obersten Unternehmungsziele können als Vorgaben für die strategische Unternehmungsplanung gelten. Die konkrete Zielsetzung im einzelnen ist stark von situativen Gegebenheiten abhängig. Bei der operationalen Festlegung von Zielinhalten, -ausmaßen und zeitlichen Bezügen sind zahlreiche interdependente Einflußgrößen determinierend, die im Einzelfall zu unterschiedlichen Ausprägungen der Ziele und Aktivitäten führen.

Zielplanungsverfahren / Zielebenen	Auswahl	Ableitung	Detaillierung
Unternehmung	Bestimmung von Unternehmungszielen		
Bereich (Abteilung)		Erarbeitung von Zielsystemen	
Entscheidung			Operationalisierung von Einzelzielen

Abb. 3.2: Zielbildungsmatrix (Hamel 1989, Sp. 2308)

Wesentlicher Ausgangspunkt für die Entwicklung von Strategien sind **strategische Ziele**. Diese sind das Ergebnis der **strategischen Zielplanung**. Mit ihnen wird die Voraussetzung geschaffen, die zur Zielrealisierung notwendigen Strategien auszuwählen und zu kontrollieren. Strategische Ziele lassen sich sowohl übergeordnet für den finanzwirtschaftlichen, leistungswirtschaftlichen und sozialen Bereich der Unternehmung als auch für die einzelnen betrieblichen Funktionsbereiche, wie Beschaffung, Absatz (Marketing), Personal etc., formulieren und ableiten. Während sich die Unternehmungspolitik vornehmlich auf die **Setzung oberster Ziele** konzentriert ("**Was** soll erreicht werden?"), bezieht sich die Strategie auf die **Vorgehensweise zur Zielerreichung** ("**Wie** sollen die postulierten Ziele erreicht werden?"). Dabei sind Unternehmungspolitik und Strategien eng miteinander verknüpft: "diese Verzahnung ist so tief, daß keine Strategie ohne Berücksichtigung der unternehmungspolitischen Erfordernisse und keine Unternehmungspolitik ohne Kenntnis des strategischen Instrumentariums denkbar ist" (Hinterhuber 1989, S. 56).

3.2.2 Unternehmungskultur

Unternehmungsphilosophie und -politik werden geprägt durch die jeweils herrschende Unternehmungskultur, die sich aus dem Wechselspiel von **Umweltfaktoren** (politisch, sozial, landeskulturell, technologisch etc.), **Unternehmungstradition**, **Unternehmungssymbolen**, **Unternehmungsnormen** und **Einstellungen**, **Bedürfnissen**, **Wahrnehmungen**, **Verhaltensweisen** etc. der Unternehmungsmitglieder herausbildet. Explizit oder implizit bestehen in allen Unternehmungen Vorstellungen darüber, welche Werte, Normen und Verhaltensweisen für ihre Existenz und die ihrer Mitglieder von grundlegender Bedeutung sind. Diese werden auf vielfältige Weise gelernt, weitervermittelt, stabilisiert und fortentwickelt und können z.B. aggressives Vorgehen und innerbetriebliche Konflikte mindern sowie Risikoneigung, Kreativität und Innovation, Export- sowie Informationsorientierung begünstigen.

Eine gemeinsame unternehmungsspezifische Sprache, bestimmte Geschichten, Anekdoten, Legenden, Mythen, Symbole, Rituale und andere Verhaltensweisen (insbesondere die von Führungskräften) kennzeichnen eine Unternehmungskultur (vgl. hierzu im einzelnen z.B. Deal/Kennedy 1982; Schein 1985; Heinen 1987). Sie schafft ein gemeinsames Bezugssystem, das Wahrnehmungen filtert und Erwartungen beeinflußt, Interpretationen erleichtert und Verständnis erzeugt, sowie Handlungen lenkt und legitimiert. Jede Unternehmung hat "ihre" Art und Weise, wie Probleme erkannt und wie sie gelöst werden. Es existieren typische Denkmuster, Dinge zu sehen und zu beurteilen bzw. in bestimmten Vorgängen Risiken oder Chancen zu erblicken. Grob unterschieden spiegelt die Unternehmungskultur das **tatsächlich gelebte Werte- und Normensystem** einer bestimmten Organisation wider. Die **Unternehmungsphilosophie** dagegen stellt mehr eine **Sollvorstellung** dar. Beide bedürfen besonderer Beachtung bei der Zielbildung, der Strategieformulierung und bei der Strategieauswahl (Entscheidungsverhalten) wegen des weitreichenden konstituierenden Charakters von obersten Unternehmungszielen und der zur Zielerreichung vorgesehenen Strategien. Besonders bei sich oft diskontinuierlich und dynamisch wandelnden Umweltbedingungen hängt die Sicherung des Unternehmungsbestandes davon ab, ob und inwieweit die in bestimmten Denk- und Problemlösungsmustern verhafteten Entscheidungsträger in der Lage sind, flexibel auf die Herausforderungen zu reagieren. Strategien lassen sich langfristig nur dann realisieren, wenn sie im Einklang mit den in der Unternehmung herrschenden Werten und Normen stehen. Die Einbeziehung von Tatbeständen der spezifischen Unternehmungskultur soll verhindern, daß vor allem bei Neuorientierungen unüberwindbare Implementationsbarrieren entstehen. Bei schnellen Anpassungserfordernissen entsteht aber für die Unternehmung zumeist ein Dilemma, da sich Unternehmungskulturen in einem historischen Prozeß herausbilden und nur langfristig gestaltet und verändert werden können. Insbesondere für sogenannte "starke Unternehmungskulturen" mit einem hohen Verankerungsgrad und Übereinstimmungsausmaß der unternehmungsspezifischen, arbeitsgruppenspezifischen und individualspezifischen Werte und Normen besteht die Gefahr, daß sie sich durch andauernde Prozesse der Selbstbestätigung zu sehr verfestigen und dadurch eine Art "kulturelle Übersozialisation" entsteht, so daß die Notwendigkeit von Veränderungen kaum mehr wahrgenommen wird (Heinen/Dill 1986, S. 212).

Allzu "starke" Unternehmungskulturen zeichnen sich häufig durch Inflexibilität in ihrer Weiterentwicklung aus und sind deshalb kaum in der Lage, Adaptionserfordernisse umzusetzen (vgl. hierzu Steinmann/Schreyögg 1991, S. 546f.). Außerdem muß bei einer plötzlichen Krise (z.B. ökonomischer Art oder Bedrohung durch "feindliche" Übernahme), die Werte und Normen in fundamentaler Weise in Frage stellt, damit gerechnet werden, daß keine rasche und angemessene Reaktion gefunden wird. Kono (1990) unterscheidet idealtypisch fünf Typen von Unternehmungskulturen anhand verschiedener Merkmale. Die Basis der Typologisierung bildet eine Untersuchung und Zuordnung japanischer Unternehmungen. Beispielhaft soll hier aufgezeigt werden, welche grundlegenden Wertgefüge und Denkmuster das Entscheidungsverhalten und die unternehmungspolitischen Grundrichtungen beeinflussen.

(1) **Lebendiger ("vitalized") Typ**
Dieser Typ weist folgende Charakteristika auf: Seine Mitglieder betonen Innovation, verfügen über "Familien-" oder Gemeinschaftssinn und besitzen die gleichen Werte. Die Mitglieder wissen genau über das Ziel der Organisation und über die Aufgaben ihres Arbeitsbereiches Bescheid. Informationen werden aktiv von "außen" beschafft und sind kundenorientiert. Die Organisation verfügt über eine gute Kommunikation, sowohl vertikal als auch horizontal.

Ideen zur Verbesserung werden freiwillig präsentiert; auch solche, die den Vorstellungen von Kollegen und Vorgesetzten entgegenstehen. Die Unternehmungsmitglieder erfüllen ihre Pflichten im Bewußtsein der Erwartungen der anderen; sie tragen Risiken und empfinden kaum soziale Distanz zwischen sich und ihren Vorgesetzen. Die Kultur tendiert zur Formulierung neuer Strategien, zu ihrer sinnvollen Implementierung und besitzt hohe Produktivität.

(2) **"Follow the Leader" und "lebendiger" Typ**
Das Merkmal diese Kulturtyps ist, daß seine Mitglieder einer starken Führungskraft folgen, die oft der Gründer der Unternehmung ist. Sie vertrauen den Fähigkeiten der Führungskraft; wichtige Informationen und Ideen kommen vom Top-Management. Solange das Mangement akzeptierte Entscheidungen trifft, funktioniert dieser Typ auch gut. Verhält sich aber das Top-Management sehr konservativ und starr, schiebt sich dieser Kulturtyp zum Typ (5).

(3) **Bürokratischer Typ**
In Unternehmungen mit dieser Kultur existiert ein hohes Maß an Regeln und Vorgaben, an das das Handeln der Angestellten gebunden ist. Es wird nicht versucht, Risiken zu tragen. Dieser Typ findet sich vor allem in Unternehmungen mit industrieller Massenproduktion.

(4) **Stagnierender Typ**
Die Mitglieder dieses Kulturtyps wiederholen alte Verhaltensmuster; ihre Informationsbeschaffung ist nach innen orientiert und empfindlich gegenüber Veränderungen der Umwelt. Die Mitglieder entwickeln keine neuen Ideen. Dieser Typ findet sich in Unternehmungen mit monopolartigen Marktanteilen und in öffentlichen Organisationen.

(5) **Stagnierender Typ und strenges Prinzip des "Follow the Leader"**
Dieser Typ verfügt über ein autoritäres Management, dessen Entscheidungen allerdings als falsch empfunden werden und dessen Mitarbeiter, die den Anweisungen folgen müssen, die Initiative verlieren. Eine Unternehmung des Typs (2) kann sich zu diesem Typ entwickeln, wenn die Mitglieder des Top-Managements über einen zu langen Zeitraum in ihrer Position unflexibel verharren.

3.3 Strategiebausteine und alternative Strategiekonzepte

3.3.1 Differenzierungsmerkmale

Unternehmungsstrategien können nach unterschiedlichen Kriterien abgegrenzt werden. Die Abbildung 3.3 stellt - ohne Anspruch auf Vollständigkeit - wichtige Möglichkeiten dar. Die aufgeführten Strategiebausteine können miteinander verknüpft werden, so daß sich weitere spezifische Differenzierungsmöglichkeiten ergeben.

Unternehmungsstrategien weisen eine hohe **Situationsabhängigkeit** von den Ausprägungen der vielfältigen unternehmungsexternen, -internen und prozeßbezogenen Einflußfaktoren auf, z.B. von Unternehmungsgröße und -struktur, Ressourcen, Produkt-Markt-Diversifikation. Schließlich unterliegt die Strategieformulierung kognitiven und interaktiven Prozessen, die zur Entscheidung über die zu implementierende Strategiealternative führen.

Die verschiedenen Strategiebausteine sind interdependent, da die Wahl bestimmter Merkmale und deren Ausprägungen Implikationen für andere Strategiebausteine aufweisen. So beeinflussen beispielsweise internationale Kooperationsstrategien internationale Marktstrategien, die es im Rahmen der Strategieauswahl soweit aufeinander abzustimmen gilt, daß sie sich nicht etwa konfliktär zueinander verhalten, sondern möglichst **Synergieeffekte** mit sich bringen. Auf Marktzugang und Wettbewerbsfähigkeit ausgelegte Strategien können als Wachstumsstrategien starken Einfluß auf einzelne Funktionsstrategien besitzen.

Die einzelnen Strategiebausteine dürfen also keinesfalls isoliert gesehen werden, es müssen Zusammenhänge und Interaktionen erkannt, ihre Wirkungen untereinander identifiziert und zeitliche Abhängigkeiten aufgedeckt werden. Das bedeutet, daß gerade bei der strategischen Planung vernetztes Denken und Ganzheitlichkeit eine zentrale Rolle spielen (vgl. Gomez/Probst 1989, S. 10ff.).

Unbestritten gilt nicht mehr nur die Gewinnmaximierung als singuläres Unternehmungsziel; Zielsysteme in der Unternehmung sind durch Mehrdimensionalität gekennzeichnet (vgl. Hafner 1988, S. 471ff.), die Steigerung des Unternehmungswertes und die Verbesserung des frei verfügbaren Cash-Flow erhalten größere Bedeutung. Bei der Entwicklung alternativer Strategiekonzepte steht die langfristige Sicherung und bestmögliche Nutzung der Erfolgspotentiale unter Einbeziehung kritischer Erfolgsfaktoren im Mittelpunkt der Analyse und Bewertung.

Differenzierung 1) nach der organisatorischen Betrachtungsebene: - Unternehmungsstrategie - Geschäftsstrategie - Funktionale Strategie - Produktionsstrategien (Organisationstyp der Fertigung, Automatisierungsgrad, Fertigungstyp, Eigenfertigung/Fremdbezug usw.) - Beschaffungsstrategien (Beschaffungsmethoden, "Make or Buy", Lieferantenauswahl, Höhe des "Eisernen Bestandes" usw.) - Marketingstrategien (Preise, Absatzmethoden und Absatzwege, Werbung, Sortiment usw.) - Forschungs- und Entwicklungsstrategien, (Patente, Lizenzen, Eigen-/Fremd-Entwicklung usw.) - Finanzierungsstrategien (Kundenkreditumfang, Finanzierung der Grundlagenforschung, Beschaffung von Mitteln usw.) - Personalstrategien (Führungskräftenachwuchs, Personalentwicklung, Anreizsysteme usw.) 2) nach dem strategischen Grundprinzip: - Kostenführerschaft - Differenzierung - Fokussierung (Nischenstrategie) 3) nach dem Marktverhalten: - Beeinflussungsstrategie - Anpassungsstrategie - Kooperationsstrategie - Aggressions-/Defensivstrategie 4) nach der Entwicklungsrichtung: - Investitions- oder Wachstumsstrategie - Haltestrategie - Desinvestitions- oder Abschöpfungsstrategie - selektive Strategie (Offensiv-, Defensiv-, Übergangs- oder Konsolidierungsstrategie - Strategie der Synergieausnutzung 5) nach der Produkt-Markt-Kombination: - Marktdurchdringung (vorhandene Produkte auf bestehenden Märkten) - Marktentwicklung (vorhandende Produkte auf neuen Märkten) - Produktentwicklung (neue Produkte auf bestehenden Märkten) - Diversifikation (neue Produkte auf bisher nicht belieferten Märkten) 6) nach räumlichen Merkmalen: - lokale, regionale oder nationale Strategien - Internationalisierungsstrategien: - ethnozentrische oder polyzentrische Strategien - globale Integrationsstrategien - Strategien der nationalen Anpassung - multifokale Strategien (Mischformen)

Abb. 3.3: Differenzierungsmerkmale von Unternehmungsstrategien (vgl. im einzelnen Ansoff 1965, S. 109; Schreyögg 1984, S. 89f.; Hinterhuber 1989, S. 120ff.; Pümpin 1989; Scholl 1989, Sp. 990; Porter 1990, S. 62ff.; Kreikebaum 1991, S. 50ff.)

Beispielhaft werden im folgenden Wachstumsstrategien und Internationalisierungsstrategien näher erläutert.

3.3.2 Wachstumsstrategien

Als besonders geeignet zur Beschreibung konkreter Handlungsalternativen wird in der Literatur das Konzept von Ansoff (1965) angesehen. Dabei werden die strategischen Handlungsalternativen (Wachstumsstrategien) nach der sogenannten Produkt/Markt-Matrix, gebildet (Abbildung 3.4).

Die **Marktdurchdringung** (Marktintensivierung bzw. -ausschöpfung) zielt auf eine Vergrößerung von Umsatz- bzw. Marktanteilen auf den gegenwärtigen Märkten. Dabei wird nicht von bestehenden Konzeptionen abgewichen, sondern eine Intensivierung der Absatzleistungen geschieht durch eine stärkere Bearbeitung der bisherigen ("alten") Produkte bzw. Leistungen auf den bisherigen Märkten unter Einsatz des absatzpolitischen Instrumentariums.

Die **Marktentwicklung** (Markterweiterung, -expansion) beinhaltet die Erschließung neuer Märkte für das bestehende Leistungsprogramm. Die gegenwärtigen Produkte werden einer anderen Bestimmung zugeführt, indem neue Anwendungs- bzw. Verwendungsmöglichkeiten gefunden werden, wie z.B. in der Kunststoffherstellung. Andererseits wird versucht, neue regionale Absatzgebiete zu gewinnen. Dabei kann auch durch eine spezielle Aufteilung von Gesamtmärkten in homogene Kundengruppen eine differenziertere Neuorientierung erreicht werden.

Die **Produktentwicklung** umfaßt die Schaffung neuer Produkte für bereits bestehende Märkte. Dabei sollen bisher nicht im Leistungsprogramm enthaltene Produkte neben bestehende treten (Produktdifferenzierung) oder bestehende ersetzen (Produktsubstitution). Produktentwicklung beinhaltet deshalb die technischen, produktionsorientierten Tätigkeiten. Sie ist Teil der generellen **Produktplanung**, die sämtliche Planungsaktivitäten umfaßt, die zur Fundierung der produktpolitischen Entscheidungen und deren Realisierung erforderlich sind. Diese drei Strategietypen werden im allgemeinen in Mischformen und nicht autonom angewendet.

Produkt / Markt	gegenwärtig	neu
gegenwärtig	Marktdurchdringung	Produktentwicklung
neu	Marktentwicklung	Diversifikation

<table>
<tr><td colspan="2" rowspan="2">Produkte / Märkte/ Kunden</td><td colspan="2">Neue Produkte</td></tr>
<tr><td>verwandte Technik</td><td>Technik nicht verwandt</td></tr>
<tr><td rowspan="4">neue Betriebe</td><td>derselbe Typ</td><td colspan="2">Horizontale Diversifikation</td></tr>
<tr><td>Unternehmung ist ihr eigener Kunde</td><td colspan="2">Vertikale Integration</td></tr>
<tr><td>ähnlicher Typ</td><td colspan="2" rowspan="2">konzentrierte Streuung</td></tr>
<tr><td>neuer Typ</td></tr>
<tr><td></td><td></td><td></td><td>Kombinierte Diversifikation</td></tr>
</table>

Abb. 3.4: Strategische Wahlmöglichkeiten der Produkt/Markt-Matrix

Diversifikation beinhaltet demgegenüber komplexere Zusammenhänge, die insbesondere das Leistungsprogramm der Unternehmung als Ganzes betreffen. Diversifikation kann definiert werden als die gezielte Ausweitung des Leistungsprogramms einer Unternehmung auf Gebiete, auf denen es bisher nicht tätig war. Diversifikation bzw. Diversifizierung beinhaltet mit anderen Worten die Erweiterung bisheriger Tätigkeitsbereiche durch neue, planmäßig herbeigeführte Aktivitäten und Möglichkeiten. Der bisherige Leistungsbereich der Unternehmung wird weitgehend verlassen, die Unternehmung schafft sich auf neuen Tätigkeitsgebieten ein zusätzliches (zweites, drittes, viertes usw.) Standbein. Diversifikation bedeutet meist eine generelle (bzw. teilweise) Neu- oder Andersorientierung bestimmter betrieblicher Teilbereiche, wie des technischen und/oder des Distributionsbereiches. Daraus resultiert die zunehmende Bedeutung der Diversifikation in Form der Übernahme von ganzen oder Teilunternehmungen, wodurch neben den vorhandenen Kapazitäten insbesondere auch Know-how auf speziellen Gebieten übernommen wird. Das Ergebnis der Diversifikationsbestrebungen bildet die diversifizierte Unternehmung mit produktions- und/oder absatzwirtschaftlich nicht miteinander verwandten (verschiedenartigen) Leistungen. Dies ist vor allem dann zweckmäßig, wenn eigene Kenntnisse und Erfahrungen in einem neuen Bereich und auf neuen Märkten eingesetzt werden können, um Risiken und Marktchancen durch Nutzung von Wettbewerbsvorteilen gegenüber der Konkurrenz ausschöpfen zu können (vgl. z.B. Absatzorganisation, Markenpolitik und Marktforschung). Die **horizontale Diversifikation** betrifft die Ausweitung des Leistungsprogramms auf gleicher Wirtschaftsstufe, bei der **vertikalen Diversifikation** werden Leistungen hinzugenommen, die vor- oder nachgeschaltet sind (Beispiel: Produktion, Logistik, Handel).

3.3.3 Internationalisierungsstrategien und Globalisierung

Die spezifischen **Ziele der Internationalisierung** werden nach Art und Ausmaß weitgehend von den vielfältigen Motiven der Internationalisierung bestimmt. Unter **Internationalisierungsmotiven** werden die Beweggründe von Unternehmungen verstanden, die sie veranlassen, über die Staatsgrenzen ihres Sitzlandes hinaus wirtschaftlich tätig zu werden (Kebschull 1989, Sp. 974).

Als wichtige Motive werden in der Literatur unter anderem aufgeführt (Seidel 1977, S. 11ff.; Stahr 1979, S. 25; Simon 1980, S. 1104ff.; Meffert/Althans 1982, S. 25; Heinen 1982, S. 48ff.; Kebschull 1989, Sp. 978ff.):

- Der Inlandsmarkt ist relativ gesättigt und expandiert nur noch langsam, so daß Aktivitäten im Ausland gewinnversprechend erscheinen.
- Man will die Krisenfestigkeit der Unternehmung sichern, indem man durch zusätzliche Märkte und Kundengruppen das unternehmerische Risiko streut.
- Vorhandene Fertigungskapazitäten können durch die Erschließung neuer Märkte ausgenutzt werden.
- Durch Produktion im Ausland werden Kostenvorteile (niedrige Löhne, geringere Material- und Transportkosten usw.) erzielt und staatliche Vergünstigungen (Subventionen, Kredite, steuerliche Vorteile) in Anspruch genommen.
- Ausländische Niederlassungen und Tochtergesellschaften können durch ihre größere Marktnähe die Absatzerfolge gegenüber dem reinen Export wesentlich steigern.

- Produktionsverlagerungen wichtiger Abnehmer ins Ausland machen es oft notwendig, diesen zu folgen, um eine weitere Zusammenarbeit zu sichern und zu intensivieren (dies gilt insbesondere für Dienstleister).
- Kaufkraft- und Wechselkursverschiebungen zwingen zu einer Internationalisierung des Geschäfts.
- Die Konkurrenz ist bereits erfolgreich im Auslandsmarkt tätig.
- Es besteht die Möglichkeit des Abschlusses attraktiver Gegengeschäfte.
- Der Eintritt in den Auslandsmarkt verschafft den Zutritt zu bestimmtem Know-how.
- Durch Direktinvestitionen sollen ausländische Märkte gegen Importrestriktionen und der Zugang zu Rohstoffen und Energieträgern gesichert werden.

Marktziele und kostenorientierte Motive (Inputziele) dominieren häufig bei der Internationalisierungsentscheidung (vgl. Heinen 1982, S. 48ff.), wobei oft mehrere Gründe ausschlaggebend sind.

Internationalisierungsstrategien streben die Realisierung der Unternehmungsziele über die nationale Umwelt hinaus in einem übergeordneten internationalen Bezugsrahmen an (vgl. Leontiades 1985, S. 21ff.). Sie bilden die Basis für nachfolgende zielorientierte Aktivitäten auf den Markteintritt über bestimmte Formen internationaler Unternehmungsaktivitäten (Exporte, Direktinvestitionen, Kooperationen). Es kann eine systematische Nutzung internationaler Wettbewerbsvorteile unter Berücksichtigung des herrschenden Kontextes erfolgen.

Internationalisierungsstrategien können wie folgt differenziert werden (vgl. Scholl 1989, Sp. 989ff.):

(1) **Ethnozentrische Strategien**

Durch ethnozentrische Länderorientierung gekennzeichnete Strategien sehen eine weitgehende Übertragung von für den inländischen Markt entwickelten Produkten und Konzepten auf Auslandsmärkte vor, ohne daß wesentliche Anpassungsmodifikationen erfolgen.

(2) **Globale Integrationsstrategien**

Die Ausrichtung der Unternehmungsaktivitäten am Weltmarkt und eine weltweite Nutzung von Ressourcen und Geschäftsmöglichkeiten kennzeichnen globale Integrationsstrategien. Über die umfassende Integration aller Aktivitäten wird die Erzielung von "Economies of

Scale" und Synergieeffekten zur Erhöhung der globalen Wettbewerbsfähigkeit angestrebt.

(3) **Strategien der nationalen Anpassung**

Unternehmungen, die nationale Anpassungsstrategien verfolgen, verzichten bewußt auf die Realisierung von Integrationsvorteilen zugunsten von Flexibilität und lokaler Akzeptanz. Die Anpassung an Umweltkonstellationen eröffnet die Chance höherer potentieller Markterlöse und mindert das Risiko politischer Interventionen.

(4) **Multifokale Strategien (Mischformen)**

Das Bestreben, Vorteile weltweiter Integration und nationaler Anpassung durch Berücksichtigung von Aspekten der grundlegenden Orientierungen zu realisieren, oder die Notwendigkeit, zwingenden Anpassungserfordernissen zu entsprechen, charakterisieren das Spektrum multifokaler Strategien. Anpassungen erfolgen hierbei häufig in marktbezogenen Teilbereichen, während Integrationsbestrebungen im internen Verhältnis der Unternehmungseinheiten dominieren. Durch die Einschränkung interner Effizienz zugunsten externer Flexibilität und Akzeptanz wird versucht, eine Balance zwischen globaler Vision und lokalen Anforderungen zu erreichen.

Besondere Bedeutung hat die Diskussion einer **Globalisierung** in der Unternehmungsführung erlangt (initiiert durch Levitt 1983). Global bedeutet "auf die gesamte Erdoberfläche bezogen", "weltweit" und "umfassend". Die Globalisierung der Märkte vollzieht sich als Konsequenz eines "**Megatrends**" (vgl. Krulis-Randa 1990), der besagt, daß sich die Welt in einem dynamischen Wandel zur Angleichung der vielfältigen Landeskulturen befindet. Weder ist diese Stufe schon annähernd erreicht, noch ist klar, wie ein "globaler Zustand" aussehen könnte. Dennoch erscheint es unbestritten, daß Unternehmungen mit einer globalen Unternehmungsphilosophie als Basis für **Strategieentwicklungen** künftig international wettbewerbsfähig agieren können. Dies beinhaltet ein Denken in den Dimensionen Weltmarkt und weltweiter Wettbewerb.

Konkret lassen sich **Globalisierungsansätze** kennzeichnen durch (Henzler/Rall 1985, S. 176ff.; Meffert 1988, S. 269; Welge 1990, S. 2f.):

- eine **integrative Betrachtungsweise** der Internationalisierung,
- **Produkt- und Prozeßorientierung** und keinesfalls die Betrachtung von bestimmten einzelnen Auslandsmärkten als Schwerpunkt,
- globale **Rationalisierung** und **Standardisierung**: Globale Strategien sind z.B. gekennzeichnet durch standardisierte Produktions- und Distributionssysteme (standardisierte Produkte, koordinierte F & E-Programme, integrierte Logistiksysteme und zentralisierte Verkaufsförderung) sowie ein standardisiertes Finanzmanagement (zentrale Steuerung des Kapitalflusses, koordinierte Devisentransaktionen, rationale Preispolitik innerhalb der Unternehmung etc.),
- im Kern **zentralisierte strategische Entscheidungen** der Muttergesellschaft, die aber auf der gemeinsamen Entwicklung von Produkt-Marktstrategien mit den Tochtergesellschaften/Verantwortlichen "vor Ort" beruhen,
- weitgehende **Unterordnung nationaler Bedürfnisse** und **Eigenheiten,**
- Konzentration auf die **Schlüsselmärkte** USA, Japan und Europa,
- **Multinationalität**, d.h. Kooperation mit dem Gastland und Vornahme von Direktinvestitionen,
- Unterstützung der Globalisierung durch unternehmungsweite, globale **Planungs-, Kontroll-** und **Informationssysteme.**

Ob und inwieweit eine Globalisierung möglich bzw. sinnvoll ist, hängt vor allem von wirtschaftlichen, aber auch politisch-rechtlichen Faktoren des Umsystems ab. Globalisierung ist nicht gleichbedeutend mit einer völligen Vernachlässigung lokaler Bedingungen. Der Leitgedanke der globalen Integration sollte vielmehr lauten: "So global wie möglich, so lokal wie nötig" (Welge/Böttcher 1991, S. 438f.).

Abbildung 3.5 zeigt Determinanten für die Globalisierung auf. Ein wichtiger Trend der Nachfrageseite auf vielen Konsum- und Investitionsgüter-Märkten besteht in einer Homogenisierung. Unterschiede in Nachfragepräferenzen zwischen nationalen Märkten werden immer unbedeutender. Sichtbar wird dies besonders im Konsumgüterbereich, z.B. bei Käuferpräferenzen hinsichtlich Fotoapparaten von Canon oder Minolta, Hifi-Geräten von Sony, Hamburger von McDonalds oder Coca Cola. Ausbildungs- und Einkommensniveauerhöhungen, mehr Freizeit, verstärkter internationaler Reiseverkehr, berufliche Mobilität, intensiver Informationsaustausch - und nicht zuletzt der Konsum der gleichen Fernsehserien und globalen Werbekampagnen - lassen über die Ländergrenzen hinweg eine immer größere soziale Gruppe mit vergleichbarem Lebensstil und sehr ähnlichen Verhaltensweisen entstehen.

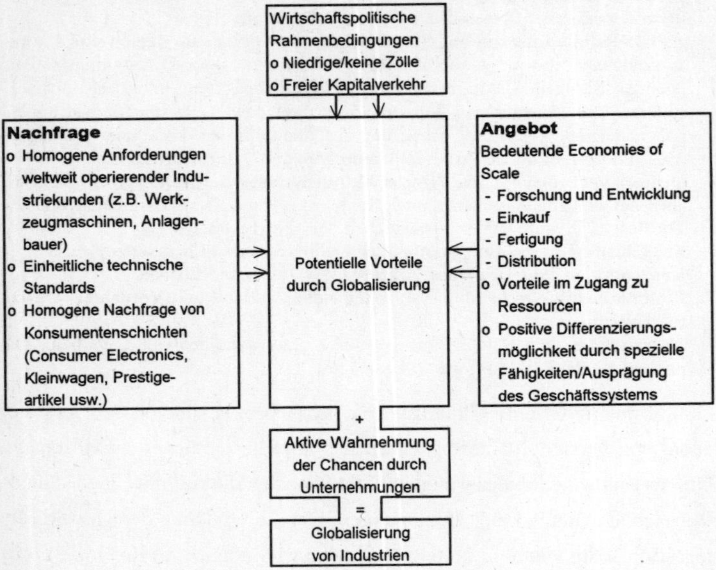

Abb. 3.5: Determinanten der Globalisierung (Henzler/Rall 1985, S. 182)

Auch Industrieunternehmungen des Investitionsgüterbereichs operieren zunehmend international und verlangen von ihren Zulieferern die Einhaltung internationaler Normen und Standards (Henzler/Rall 1985, S. 179).

Die Vorteile der Globalisierung auf der Angebotsseite resultieren in erster Linie aus der Standardisierung und dem vergrößerten Absatzpotential. Besonders Größenvorteile fallen ins Gewicht. Solche "**Economies of Scale**" bestehen dann, wenn die Stückkosten bei steigendem Produktionsvolumen innerhalb einer bestimmten Zeiteinheit sinken (aufgrund von Spezialisierung und unterproportional wachsenden variablen Kosten). Größenvorteile entstehen außer in Fertigungsbereichen auch in der Beschaffung, wenn durch größere Abnahmemengen günstigere Konditionen erzielt werden. Der Forschungs- und Entwicklungsaufwand erweist sich in vielen Branchen als so hoch, daß nationale Märkte kaum mehr eine absehbare Amortisation zulassen.

Die Ausrichtung von Unternehmungsaktivitäten im internationalen Wettbewerb am Weltmaßstab sichert Erfahrungs- und Lerneffekte, **Innovationspotentiale**, **Informationsvorsprünge** und Vorteile des **Ressourcenzuganges** gegenüber der lediglich national bzw. regional operierenden Konkurrenz. Regionsspezifische Unternehmungsstärken und Wettbewerbsvorteile können unter Berücksichtigung von Modifikationserfordernissen globalisiert werden. Auch Image- und Reputationsaspekte können weltweit vermarktet werden.

Zwecks Analyse von Möglichkeiten der Globalisierung lassen sich grob zwei Analysefelder differenzieren:
- Produkte/Produktgruppen bzw. Branchen,
- betriebliche Funktionen.

Nicht alle **Produkte bzw. Produktlinien** und Dienstleistungen lassen sich im gleichen Maße globalisieren und damit standardisieren. Besonders bei technologieintensiven Produktbereichen läßt sich ein Trend zur Globalisierung beobachten, wie Abbildung 3.6 andeutet.

So sprechen z.B. im Automobilbau mögliche Globalisierungsvorteile auf Produktebene wegen differentieller Lokalisierungserfordernisse (Local-Content-Vorschriften, unterschiedliche technische Normen, unterschiedliche Konsumentenpräferenzen etc.) nicht eindeutig für eine Plazierung im oberen linken Quadranten.

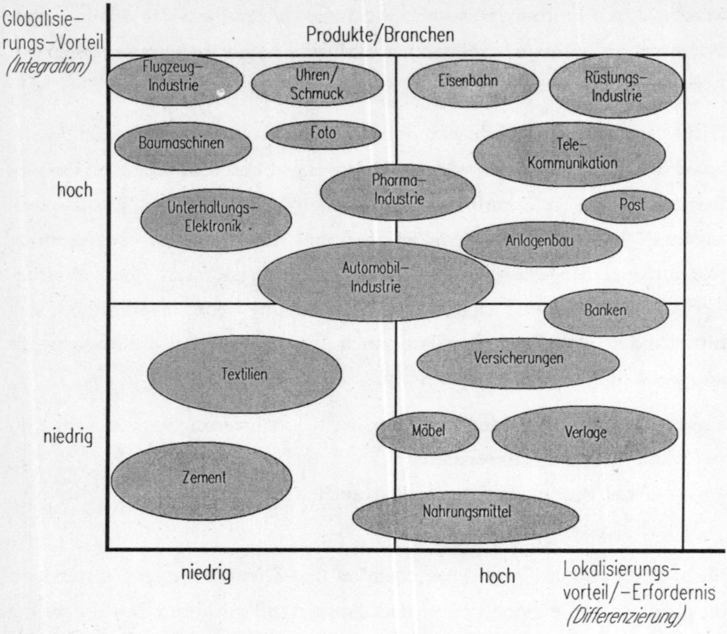

Abb. 3.6: Internationalisierungsstrategien ausgewählter Produkte und Branchen (Meffert 1989, S. 448, ähnlich: Henzler/Rall 1985, S. 262)

Für einzelne Anbieter stellt sich die grundlegende Frage, ob eine Strategie der **globalen Marktführerschaft** (zumindest aber eines hohen globalen Marktanteils) oder aber eine Strategie der **globalen Nische** zweckmäßig ist, da nur relativ wenig Unternehmungen die notwendigen Ressourcen besitzen, um überhaupt eine starke Marktposition anvisieren zu können. Viele Unternehmungen wählen deshalb bei Globalisierungsvorhaben eine Spezialisierung auf eine bestimmte Marktnische. Mit Abbildung 3.7 wird versucht, beide Globalisierungsstrategien voneinander abzugrenzen. Eine solche Spezialisierung kann in vielfältigen Bereichen mit unterschiedlichen Schwerpunkten erfolgen, z.B. bei Spezialtechnologien, spezifischen Produkten (grundsätzlich im Hinblick auf globale Unternehmungstätigkeit), bei Spezialisierung auf vorteilhafte regionale Märkte und Standorte, Spezialisierung auf eine bestimmte Produktionsstufe (Zulieferung, Endfertigung etc.) oder Markt- bzw. Käufersegmente (z.B. Luxusgüter) (vgl. Leontiades 1985, S. 54f.).

Strategie der globalen Marktführerschaft	Globale Nischen-Strategie
1. Preisfestlegung, Produktpalette, Werbung und Marketing-Bestandteile sind auf Massenprodukte und -märkte abgestimmt	1. Schwerpunkt auf einer ausgegewählten globalen "Spezialität"
2. Hohe Priorität gilt der internationalen Marktposition der Unternehmung	2. Vermeidung eines direkten "Kopf-an-Kopf-Rennens" mit Wettbewerbern auf dem Feld "globale Marktführerschaft"
3. Die Produkte sind gewöhnlich durch einen hohen Grad internationaler Standardisierung gekennzeichnet	3. Selektion einer "Spezialität", die sich als relativ unempfindlich im Hinblick auf den Preiswettbewerb erweist
4. Die Produktion wird kostensparend soweit wie möglich als Teil eines regionalen oder globalen Netzwerkes gesteuert	4. Konzentration auf mögliche komplementäre Güter und Dienstleistungen in bezug zu Produkten und Dienstleistungen der größeren Wettbwerber
5. Die F&E-Aufgaben sind zwar hoch in absoluten Größen, gemessen am Branchenstandard, aber verhältnismäßig niedrig auf Stückkosten-Basis durch ein größeres Absatzpotential	5. Häufige Bildung von Allianzen mit gleichgelagerten Unternehmungen zwecks Teilung von F&E-Kosten und Zugang zu neuen Märkten und Technologien
6. Die Produkte entsprechen zwar dem Weltmarktniveau, stellen aber weder Pionierleistungen noch radikale technische Neuentwicklungen dar	6. Maximale Ausnutzung internationaler Wettbewerbsvorteile
7. Die Unternehmungen sind oft vorsichtig mit Kooperationen, was ihre wesentlichen Produkte und Märkte angeht	

Abb. 3.7: Kennzeichnung der Strategien der globalen Marktführerschaft und der globalen Nische (nach Leontiades 1985, S. 52ff.)

Hinsichtlich der **betrieblichen Funktionen** werden häufig der Forschung und Entwicklung das größte Globalisierungspotential zugeschrieben. Wegen der vergleichsweise geringen Kostensenkungspotentiale und dem Erfordernis einer flexiblen Reaktion vor Ort läßt sich die Marketingfunktion nur partiell global ausrichten (vor allem "Global Advertising"). Die Funktionen Distribution und Service lassen sich, wie ein Beispiel aus dem Automobilsektor zeigt (vgl. Abbildung 3.8) keineswegs völlig losgelöst von lokalen Erfordernissen betrachten, da Kundennähe und Berücksichtigung von spezifischen Kundenpräferenzen die entscheidenden Erfolgsfaktoren darstellen.

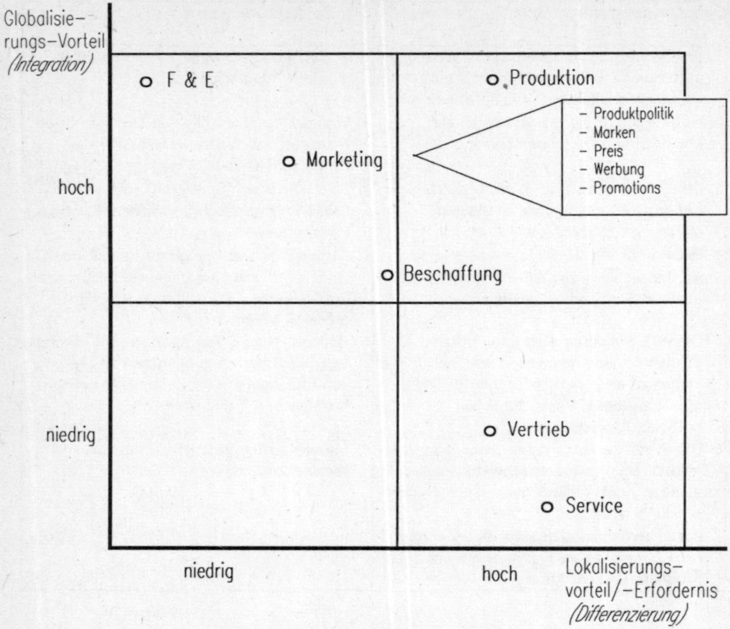

Abb. 3.8: Ausmaß der Integration und Differenzierung einzelner Funktionsbereiche eines Automobilherstellers (Meffert 1989, S. 449 in Anlehnung an Goshal 1986, S. 429)

Es wird deutlich, daß die Frage der Globalisierung von Produkten (Dienstleistungen, Produktgruppen, -branchen) und Unternehmungsfunktionen einzelfallbezogen zu beantworten ist. Globalisierungsentscheidungen müssen sich auf deduzierte Marktforschungsergebnisse stützen können (vgl. Kashani 1990, S. 35f.), die sowohl Unterschiede als auch Universalität von Konsumentenpräferenzen widerspiegeln können.

Internationalisierung und Globalisierung bedeuten für die Unternehmungsplanung erhöhte Unsicherheit, beinhalten Entwicklungen in unterschiedlichen Umsystemen, einhergehend mit einer erhöhten Komplexität des Planungsgegenstandes. Dies bedeutet neben einer Verstärkung der

Koordinations- und Informationsaktivitäten besonders eine Flexibilisierung der Planung.

3.3.4 Formale Anforderungen an Strategiekonzepte

Die Auswahl und die Konzeption der zu implementierenden Strategie richten sich neben der Zielorientierung auch an mehr formalen Kriterien aus, wie insbesondere:

(1) Realisierbarkeit, Machbarkeit, Identifikation,

(2) Transparenz, Konsistenz,

(3) Übereinstimmung mit der Unternehmungskultur und -philosophie.

Die Prüfung der **Realisierbarkeit** erstreckt sich auf die zugestandene Mittel- und Ressourcenausstattung. Strategien müssen außerdem so formuliert sein, daß sich alle hiermit befaßten Personen möglichst weitgehend mit der Implementierung der Strategien **identifizieren** können. Unrealistische Strategien oder Strategieelemente sollten von vornherein ausgeschlossen werden. Situationsbezogen ist im Sinne der **Machbarkeit** z.B. zu prüfen, ob die personellen und technologischen Voraussetzungen gegeben sind, ob gesetzliche Vorschriften international die gewählten Strategien zulassen und/oder ob die notwendigen Rohstoffe dauerhaft zu beschaffen sind (Steinmann/Schreyögg 1991, S. 191).

Strategien sollten **transparent** dargestellt werden durch Präzision im Ausdruck, Dokumentation, Bekanntmachung usw., um eine Realisierung und eine Überprüfung ihrer Einhaltung (strategische Kontrolle) einschließlich einer etwaigen Revision zu ermöglichen. Transparenz und auch **Konsistenz** sorgen für eine Befolgung von Strategien. Widersprüchliche und nicht aufeinander abgestimmte Strategien, die womöglich auf nicht gelösten Zielkonflikten beruhen, sind zu vermeiden.

Strategien bedürfen schließlich einer Stützung durch die **Unternehmungskultur und -philosophie**, wenn ihr Erfolg nicht in Frage gestellt werden soll. Steinmann/Schreyögg (1991, S. 192) fordern außerdem eine Überprüfung auf **ethisch-moralische Vertretbarkeit**.

3.3.5 Strategieformulierung, -auswahl und -implementierung

Der Prozeß der strategischen Planung orientiert sich in idealtypischer Vorgehensweise grundlegend am unter 2.2 beschriebenen Phasenschema. Aufgrund des spezifischen Charakters der strategischen Planung lassen sich einige Besonderheiten hervorheben.

Strategische Planung verknüpft die Unternehmung mit ihrer Umwelt. Sie schenkt den im Umsystem stattfindenden Veränderungen (externer Wandel) besondere Aufmerksamkeit. Externe Kontextfaktoren begrenzen die Handlungsspielräume bei der Strategieauswahl und müssen deshalb eingehend analysiert und prognostiziert sowie in Beziehung zu strategischen Zielen gesetzt werden.

Nachdem eine eingehende Analyse der Ausgangssituation und eine Prognose auf der Basis einer Gegenüberstellung von Chancen und Risiken, Stärken und Schwächen erfolgt ist, schließt sich die **Formulierung** und **Auswahl** der Strategien an, mit deren Hilfe die angestrebten Produkt-Marktkombinationen verwirklicht und die strategischen Ziele erreicht werden sollen. Die Entwicklung von Strategien gilt als kreativer Prozeß, da oftmals neuartige, innovative Lösungen gesucht werden. Zweckmäßigerweise werden die Konsequenzen der geeigneten Strategien geprüft und Wirtschaftlichkeits- und Risikoaspekte bewertet.

Zu Recht weist Staehle (1990, S. 608) darauf hin, daß eine rein an ökonomischen Erfolgskriterien orientierte Unternehmungsstrategie Gefahr läuft, durchaus erfolgsrelevante gesellschaftliche, soziale und ethische Nebenbedingungen zu mißachten. Im Rahmen einer **Strategiefolgenabschätzung** ist deshalb rechtzeitig zu überlegen, welche Interessengruppen in welcher Art und Weise von strategischen Maßnahmen betroffen sind.

Grundsätzlich sind folgende Fragen für die **Beurteilung der Strategien** zu beantworten (Gilmore 1975, S. 344; Hinterhuber 1989, S. 181):

(1) Welche Alternative löst am besten das strategische Problem?

(2) Welche Alternative schafft die beste Verbindung zwischen Umweltchancen und Unternehmungsressourcen?

(3) Welche Alternative bietet den größten Wettbewerbsvorteil?

(4) Welche Alternative erfüllt am besten die persönlichen Präferenzen der Unternehmungsleitung?

(5) Welche Alternative entspricht am besten den Vorstellungen der obersten Führungskräfte hinsichtlich der gesellschaftlichen Verpflichtungen der Unternehmung?

(6) Welche Strategie minimiert die Schaffung neuer Probleme?

(7) Welche Alternative stärkt den Loyalitätssinn der Mitarbeiter gegenüber der Unternehmung?

(8) Welche Alternative stimmt am besten mit der Unternehmungskultur überein?

(9) Welche Alternative fügt sich am besten in die Unternehmungspolitik ein?

Bei der Beurteilung können Szenarien und Simulationen wertvolle Hilfestellung leisten.

Die Auswahl der "besten" Strategie ist eine sehr schwierige Aufgabe. Letztlich wird die Entscheidung über die zu realisierende Strategie von der Persönlichkeit und den Interessen der obersten Führungskräfte geprägt, ebenso wie von den möglichen bzw. sich andeutenden Strategien der Konkurrenz und deren Reaktionen auf das eigene Vorgehen. Eine exakte quantitative Messung der Beiträge von Strategien zur Zielerreichung ist aufgrund von häufig auftretender Unsicherheit kaum möglich. Außerdem wird die Strategiebewertung in der Realität durch Mehrfachzielsetzungen, durch das Erfordernis zur umfassenden

Verarbeitung (Verdichtung, Verknüpfung) von zahlreichen sowohl quantitativen als auch vor allem qualitativen Informationen, durch das Vorliegen unterschiedlich wirkender und vernetzter Kontextvariablen und die Multipersonalität des Planungs- und Entscheidungsprozesses erschwert.

Das Ergebnis des strategischen Planungsprozesses, der **strategische Plan**, besteht im wesentlichen aus folgenden Elementen (vgl. Hinterhuber 1989, S. 191):

- Leitbild und Aufgabenbereiche der Unternehmung,
- Umweltanalyse und -prognose,
- Konkurrenzanalyse und -prognose,
- eventuelle Länderanalyse und -risiken,
- Unternehmungsanalyse und -prognose einschließlich nutzbarer Synergiemöglichkeiten,
- Ziele und Strategien,
- Konsolidierung und Projektion in die Zukunft (strategisches Ziel-Portfolio),
- Aktionspläne und Budgets für die Umsetzung der Strategien in den funktionalen Bereichen,
- für die Realisierung der Strategien und Aktionspläne benötigte Ressourcen,
- Analyse potentieller Chancen und Probleme sowie Planung von Eventualmaßnahmen (Contingencies, "Wenn/Dann"-Pläne),
- finanzwirtschaftliche Beurteilung des strategischen Planes.

Die Auswahl von Strategien bedeutet noch nicht, daß ihre **Realisation** durch die Mitarbeiter auch tatsächlich erfolgt. Die Strategie ist noch zu global formuliert und enthält keine operationalen Orientierungsdaten und Handlungsanweisungen für Führungskräfte mittlerer und unterer Führungsebenen und die Mitarbeiter. Es müssen daher Maßnahmen zur **Implementierung** getroffen werden, die zwei Aspekte umfaßen: (Dorow 1982, S. 61f.):

(1) Die Formulierung von **Politiken (policies)** für die Entscheidungsbereiche der Unternehmung und

(2) die Durchführung **organisatorischer Maßnahmen**, vor allem die Zuordnung von Kompetenzen für die an der Realisation der Strategien beteiligten Unternehmungsbereiche.

Unter **Politiken** werden Zielvorgaben, Bewertungsvorschriften, allgemeine Richtlinien, Grundsätze und ähnliche Steuerungselemente von Zielsetzungsprozessen verstanden. Sie können als Teilbereiche der (allgemeinen)

Unternehmungspolitik aufgefaßt werden. Strategische Ziele können detaillierter mit Hilfe von **Aktionsprogrammen** festgelegt werden, die standardisierte Verfahrensvorschriften enthalten. Politiken und Aktionsprogramme dienen als Orientierungsvorgaben. Sie vermindern persönliche Weisungen der Planer und laufende Abstimmungsprozesse zwischen den funktionalen Entscheidungsbereichen, indem sie generell und über einen längeren Zeitraum die Teilentscheidungen steuern und die interpersonalen Aktivitäten im Hinblick auf die Erreichung des strategischen Gesamtziels koordinieren. Die Politiken müssen den jeweils gewählten Strategien entsprechen. Darüber hinaus orientieren sie sich an übergeordneten Richtlinien und Normen (Unternehmungspolitik, Unternehmungsphilosophie). Sie lassen sich nach betrieblichen Funktionen differenzieren, z.B. Beschaffungs- und Produktionspolitik, Personalpolitik, Finanz- und Investitionspolitik. Politiken sollen

- sich auf bestimmte Schwerpunkte konzentrieren, die die Erzielung von auf Dauer haltbaren Wettbewerbsvorteilen ermöglichen (Selektionsfunktion),
- auf die individuellen Teilentscheidungsprozesse der Mitarbeiter in den funktionalen Unternehmungsbereichen inhaltlich einwirken (Steuerungsfunktion),
- die Teilentscheidungen der Aktoren durch ein widerspruchsfreies System von Richtlinien aufeinander abstimmen (Koordinationsfunktion) und
- die Messung der Abweichungen von den erwarteten Konsequenzen ermöglichen, um Revisionen der Strategien vornehmen zu können (Kontrollfunktion).

Politiken können das Ergebnis von Machtkämpfen zwischen den Unternehmungsbereichen sein und sind dann Ausdruck der Interessen bestimmter Gruppen in der Unternehmung. Andererseits haben Politiken auch die Funktion, Grundsätze für die internen Interaktionen von Kapitaleignern, Management und Mitarbeitern und für die externen Verhältnisse der Unternehmung zu Lieferanten, Abnehmern, Arbeitgeber- und Arbeitnehmerorganisationen, staatlichen Organen und Interessengruppen der Öffentlichkeit zu formulieren.

Mit dem Spannungsverhältnis von **Umwelt**, **Strategie** und **Organisationsstruktur** hat sich zunächst Chandler (1962) befaßt. Er stellte die bekannte These "**Structure follows strategy**" auf und fand heraus, daß bei sich ändernden wirtschaftlichen Bedingungen in der Unternehmungsumwelt, insbesondere auf den Absatzmärkten, neue Strategien entwickelt werden, die ihrerseits neue Organisationsstrukturen der Unternehmung nach sich ziehen. Die Eroberung neuer Absatzgebiete, die Verfolgung neuer Unternehmungszwecke und die Entwicklung neuer Produktlinien (Produkt-Diversifikation) kennzeichnen die Strategien. Die kombinierte Anwendung dieser Strategien führt zur Herausbildung einer komplexen multidimensionalen Unternehmungsstruktur. Inzwischen ist Chandlers These wegen ihrer Einseitigkeit umstritten. Permanente Strukturgestaltungen und -veränderungen in effizient agierenden Unternehmungen als Ausdruck der Anpassung an die Umwelt- und Situationsdynamik üben zugleich Einfluß auf Strategiebildungsprozesse aus ("strategy follows structure"). Staehle (1990, S. 429) sieht deshalb eine "interaktive Verkopplung" zwischen Strategie und Struktur.

Für jede Unternehmung muß letztlich organisatorisch eine spezifische, aber flexible Lösung gefunden werden, damit sich die notwendigen Anpassungserfordernisse im Zeitablauf umsetzen lassen. Bei komplexen, global tätigen Unternehmungen muß untersucht werden, ob unter Umständen eine sinnvolle Kombination der möglichen Organisationsformen (verrichtungsorientiert, produkt- oder regionalorientiert; ein- oder mehrstufige Division etc.) in Frage kommt. **Hybride Organisationsstrukturen** besitzen den Vorteil, daß die Organisation besser an die speziellen Erfordernisse der verschiedenen Geschäftsfelder und Marktbedingungen angepaßt werden kann (vgl. Leontiades 1985, S. 198). Ein Beispiel einer derartigen Differenzierung zeigt Abbildung 3.9. Hiernach ist es denkbar, international anforderungsgerecht verrichtungsorientiert, produkt(linien)orientiert und länder(gruppen)orientiert gleichzeitig zu agieren. Die Komplexität der hybriden Organisationsstruktur erfordert allerdings intensive interne Abstimmungen, um die Funktionsfähigkeit der Unternehmung zu gewährleisten.

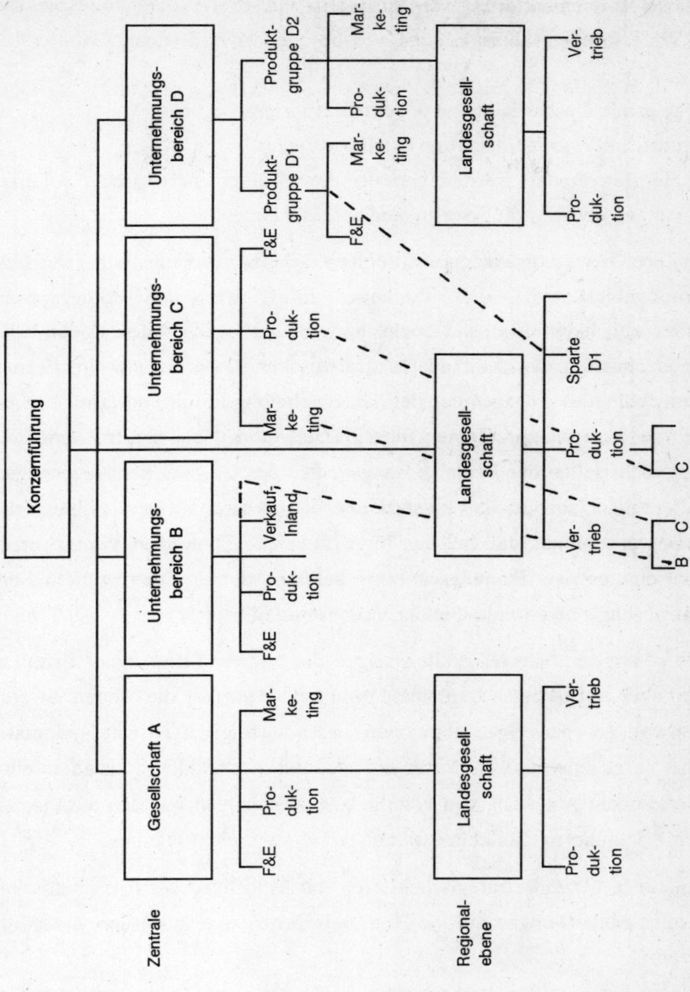

Abb. 3.9: Beispiel einer hybriden Organisationsstruktur (Rall 1989, S. 1083)

Bei der **Implementierung von Strategien** sind drei Problembereiche, die zu Widerständen führen können, von besonderer Bedeutung (Suffel 1981, S. 267ff.):

- zu große Geschwindigkeit bei der Einführung,
- unzureichende Information der Betroffenen,
- die Betroffenen werden von der Entwicklung strategischer Überlegungen und Handlungsprobleme ausgeschlossen.

Weitere Gründe für Akzeptanzprobleme können die Mißachtung der Unternehmungskultur, die fehlende integrative Gesamtkonzeption, Unzulänglichkeiten bei der Suche nach neuen Geschäftsfeldern und die Unterschätzung des Zeitbedarfs strategischer Änderungen sein. Ferner kann fehlendes Engagement der Unternehmungsleitung unternehmungsweit zu Akzeptanzproblemen führen. Zudem wird bei der Implementierung nicht selten der Fehler begangen, daß der Umfang der Neuerungen im Vergleich zur Qualität zu stark überbetont wird. So kann es beispielsweise vorkommen, daß bei den für strategische Planungen Verantwortlichen eine gewisse Planungseuphorie herrscht, die zu einem starken Formalisierungs- und hohen Detaillisierungsgrad führt.

Die genannten Schwierigkeiten zeigen die Notwendigkeit einer behutsamen aber zielstrebigen Implementation auf. Je stärker die "neuen" Strategien von den bisherigen abweichen, desto wichtiger wird eine systematische Vorgehensweise. In der Praxis bedeutet dies zunächst vor allem eine operationale Ableitung von Handlungsempfehlungen aus den anfangs zu wenig detaillierten Sollkonzeptionen der strategischen Planung.

Um die gesetzten strategischen Ziele tatsächlich zu verwirklichen, sind weitere **Einwirkungen auf die Handlungsprozesse** erforderlich, unter anderem:

- eine kurz-, mittel- und langfristige Planung der Realisationsprozesse, die die Termine und Prozeßarten betrifft,
- die Auswahl geeigneter bzw. Weiterentwicklung bisheriger Organisationsstrukturen,

- eine transparente interne Informationspolitik, d.h. sämtliche betroffenen Abteilungen und Stellen sind über Funktionsweise, Ablauf und Bedeutung der strategischen Planung für die Zielerfüllung und den Unternehmungserfolg zu informieren; gegebenenfalls sind die Mitarbeiter hinsichtlich des anzuwendenden Instrumentariums zu schulen,
- Sicherstellung des Erfahrungsaustausches und die präzise Abstimmung zwischen allen maßgeblich Beteiligten bei der Implementation von Strategien,
- die Umsetzung eines partizipativen (kooperativen) und kommunikativen Führungsstils mit Merkmalen wie Delegation von Aufgaben, Mitentscheidungsrechten, Selbstkontrolle, Teamwork, persönliches Verhältnis zwischen Vorgesetztem und Mitarbeiter, flache Hierarchien, "Open-Doors"-Prinzip, Konflikthandhabung durch Interessenausgleich usw. (vgl. Hentze/Brose 1990, S. 101ff.) und
- die ausdrückliche Erklärung der Unternehmungsleitung, daß sie die zu implementierende Strategie unzweideutig unterstützt.

Eine ausführliche, intensive **Kontroll- und Konsolidierungsphase** als Bestandteil des Implementierungsprozesses dient dazu, daß das intendierte strategische Konzept auch tatsächlich betrieblich umgesetzt wird und sich als zielwirksam erweist.

3.4 Unternehmungsplanung auf der Basis kritischer Erfolgsfaktoren

3.4.1 Zur Bestimmung kritischer Erfolgsfaktoren

Von Wissenschaft und Unternehmungsberatungspraxis ist inzwischen eine große Vielfalt von Einflußgrößen und Bedingungen identifiziert worden, die (angeblich) für Erfolg und Mißerfolg unternehmerischen Handelns bestimmend sind (vgl. Rehkugler 1989, S. 627). So werden z.B. Kontextfaktoren wie die Makroumwelt, Unternehmungsziele allgemein, Informationssysteme, das strategische Marketing, die Personalführung, die Zeitdimension, das Unternehmungsimage, die Unternehmungskultur, moderne Fertigungstechnologien, Qualität und Service, F&E-Projekte usw. kurzerhand zu **kritischen Erfolgsfaktoren** der strategischen Unternehmungsplanung erklärt. Nicht alle diese Erfolgsfaktoren tragen aber zum Unternehmungserfolg in gleicher Weise bei. Daher wird häufig vorgeschlagen, die Betrachtung auf wenige Faktoren mit bedeutendem Einfluß zu beschränken. Rockart, der maßgeblich an der Verbreitung und Popularisierung des Konzeptes kritischer Erfolgsfaktoren beteiligt war, beschreibt kritische Erfolgsfaktoren als: "for any business, the limited number of areas in which results, if they are satisfactory, will ensure successful competitive performance for the organization" (Rockart 1979, S. 85). Sie erwiesen sich als durch das Entscheiden und Handeln des Managements **beeinflußbar** und können näher gekennzeichnet werden als (vgl. Leidecker/Bruno 1984, S. 25; Hoffmann 1986, S. 853; Adrian 1989, S. 49f.):

- Fähigkeiten und Fertigkeiten, über die eine Unternehmung verfügt, oder die sie entwickeln muß,
- personelle oder materielle Ressourcen, die zur Verfügung stehen oder bereitgestellt werden müssen,
- Aufgaben- und Problembereiche, die wettbewerbsbedingt zu bewältigen sind,
- spezifische Verhaltensweisen und Verhaltensregeln im Wettbewerb,
- Voraussetzungen, die das Überlegen und Prosperieren einer Unternehmung sicherstellen und verbessern,
- wesentliche, langfristig gültige Determinanten des mehrdimensionalen und multikausalen Unternehmungserfolges,
- überschaubare Zahl von Schlüsselfaktoren, die sich an den Erfolgspotentialen der Unternehmung orientieren,
- eine Denkhaltung bzw. ein formales Konzept auf unterschiedlichen unternehmungsbezogenen Analyseebenen, das je nach Zielsetzung und Sachverhalt unterschiedlich präzisiert werden kann und sollte,

- für bestimmte Unternehmungen identifizierte Größen, die nur begrenzt auf andere Unternehmungen und Entscheidungssituationen übertragbar und darüber hinaus Änderungen im Zeitablauf unterworfen sind.

Die Bestimmung von strategischen Erfolgsfaktoren setzt eine genaue Analyse von Ursache-Wirkungszusammenhängen zwischen Erfolgsfaktoren und -potentialen, die Festlegung eines bestimmten Betrachtungszeitraumes und eine präzise Definition und Abgrenzung der Wirkung und Ursache voraus (vgl. Lange 1982, S. 28).

Die Diskussion um Unternehmungserfolg und Erfolgsfaktoren ist geprägt durch eine Heterogenität der Definitionen und Operationalisierungen von Erfolgsbegriff und (abgeleiteten) Erfolgsfaktoren.

So unterscheidet Krüger 1988 (S. 33f.) folgende Erfolgs- und Mißerfolgskategorien:

I. Erfolgskategorien

(1) **Auffälliges Wachstum**: Die Umsatz- und/oder Rentabilitätsentwicklung der Unternehmung liegt langjährig über dem Branchendurchschnitt.

(2) **Erfolg gegen den Trend**: Der Unternehmung ist es nachhaltig gelungen, einen Umsatz- und/oder Gewinnvorlauf zu erreichen, der sich vom Branchentrend gegenläufig abhebt.

(3) **Erfolgreiche Umkehr**: Die Unternehmung hat eine vorangegangene Krisenphase in einen deutlichen Aufschwung verwandeln können (Turnaround) oder aber eine grundlegende Sanierung als Erfolgsbasis benutzt.

(4) **Gründungserfolg**: Die Unternehmung ist aus einer wenige Jahre zurückliegenden Gründung zu deutlichem Erfolg gelangt.

(5) **Allgemeine Erfolgserwartung**: Die Unternehmung hat bei bislang unauffälliger Geschäftsentwicklung Maßnahmen eingeleitet, die als erfolgsträchtig eingestuft werden.

II. Mißerfolgskategorien

(1) **Einbußen**: Die Unternehmung hat deutliche Kosten- und/oder Erlösschwierigkeiten, die aber noch keine dramatischen Formen annehmen.

(2) **Niedergang**: Die Unternehmung hat eine mehrjährige Schrumpfungsphase hinter sich, teils im Gegensatz zu Hauptkonkurrenten.

(3) **Einbrüche**: Die Unternehmung hat drastische Umsatz- und/oder Gewinneinbrüche.

(4) **Allgemeine Kritik**: Die Unternehmung zeigt offensichtliche Mängel in der Geschäftspolitik, die zu allgemeiner Kritik Anlaß geben.

(5) **Vergleich/Konkurs**: Ein Vergleichs- oder Konkursverfahren ist eröffnet worden.

Mißerfolge lassen sich meist auf eine Vielzahl unterschiedlicher Ursachen zurückführen; Erfolge hängen nach Krüger demgegenüber von relativ wenigen **Erfolgsdeterminanten** in besonderem Maß ab:

(1) **Strategie** (Produkt/Markt-Konzept: Gewinn-, Ertrags- und Innovationsorientierung),

(2) **Realisationspotential** (Marketing, Vertrieb, Marktforschung, Fertigung),

(3) **Systeme** (Führungs-, Planungs-, Kontroll- und Informationssysteme),

(4) **Unternehmungskultur/-philosophie**,

(5) **Unternehmungsträger** (als Einflußnehmer auf die Unternehmungspolitik).

Für den Unternehmungserfolg kommt es dabei nicht nur auf die Ausgestaltung der einzelnen Segmente an, sondern auch auf deren Ausgewogenheit und Übereinstimmung ("Fit") mit den entsprechenden Bedingungen der Umwelt.

Im Rahmen des europäischen Forschungsprojektes STRATOS (vgl. Gabele 1989, S. 623ff.) werden folgende Erfolgsoperationalisierungen für **mittelständische Unternehmungen** vorgenommen:

(1) **objektvie Kriterien**:
- Cash Flow zu Umsatz,
- Umsatzwachstum,
- Zunahme der Beschäftigtenzahl;

(2) **subjektive Kriterien**:
- Wettbewerbsvorteil,
- Zufriedenheit mit der Zielerreichung.

Erfolgsfaktoren sind u.a. Produktqualität, Lieferzuverlässigkeit, Ruf der Firma, Qualifikation der Arbeitskräfte, Flexibilität der Firma, Qualität des Managements, modernste Produktionstechniken.

Wieder andere Untersuchungen stützen sich nur auf besonders erfolgreiche Unternehmungen in einem bestimmten Marktsegment und betrachten - wie z.B. Poth (1988) - die Marktsegmentführerschaft und leiten eher willkürlich allgemeine Erfolgsfaktoren (z.B. Produktqualität, Kundenorientierung, Innovation) ab.

Grundsätzlich können nur empirische Arbeiten über den Unternehmungserfolg der jeweils untersuchten Unternehmungen gehaltvolle Aussagen machen. Gleichwohl weist die betriebswirtschaftliche Forschung bisher hier ein sehr heterogenes Bild und große Lücken im Erkenntnisstand auf (Wohlgemuth 1989, S. 90).

Bezüglich der recht umfangreichen **empirischen Erfolgsfaktorenforschung** lassen sich - ohne im einzelnen hierauf einzugehen - folgende kritische Anmerkungen anbringen (vgl. Fritz 1990):

(1) Es besteht eine große Heterogenität der Untersuchungen hinsichtlich Methodik, empirischer Grundlagen und Resultate.

(2) Durch große Unterschiede in bezug auf Operationalisierungen (Meßkriterien) des Erfolgs ist eine Vergleichbarkeit der Studien kaum gegeben.

(3) Die Anzahl der unterschiedlich berücksichtigten Erfolgsfaktoren schwankt von 2 bis 76 (im Durchschnitt werden sechs Faktoren genannt); auch die empirische Basis ist sehr unterschiedlich.

(4) Fehlende Validitätsnachweise für die verwendeten Meßkonzepte und Theoriedefizite kennzeichnen die meisten Untersuchungen.

(5) Häufig wird es nicht für nötig befunden, einen Bedingungsrahmen zu identifizieren, innerhalb dessen bestimmte Erfolgsfaktoren den Unternehmungserfolg in höherem Maße sicherstellen als andere Erfolgsfaktoren.

Alles in allem befindet sich die empirische Erfolgsfaktorenforschung in einem erst wenig ausgereiften Entwicklungsstadium und weist insofern noch erhebliche Defizite auf. Sie umfaßt Untersuchungen von sehr unterschiedlicher wissenschaftlicher Güte und ist von gesicherten Erkenntnissen noch weit entfernt.

In einer Sekundäranalyse trägt Fritz (1990, S. 103f.) die Ergebnisse von 40 Untersuchungen der empirischen Erfolgsfaktorenforschung zusammen. In Abbildung 3.10 werden zum einen die am häufigsten ermittelten Erfolgsfaktoren aus allen 40 Untersuchungen ausgewiesen. Dem wurden zum anderen jene Erfolgsfaktoren gegenübergestellt, die in den 11 wissenschaftlichen (vermutlich vergleichsweise solidesten) Studien am häufigsten gefunden worden sind, d.h. in Studien mit einem Mindest-

Stichprobenumfang von n = 100 Unternehmungen und mit mindestens partiellen Validitätsnachweisen. Es muß betont werden, daß ein Rückschluß auf die Bedeutung der einzelnen Erfolgsfaktoren für das Zustandekommen des Unternehmungserfolges nicht exakt möglich ist. Grund dafür ist, daß die dort verarbeiteten Studien nur teilweise dieselben Erfolgsfaktoren berücksichtigen, und die wenigsten dieser Studien Aufschluß über die Einflußstärke einzelner Erfolgsfaktoren auf den Unternehmungserfolg im Vergleich zu anderen Erfolgsfaktoren geben. Die Qualität der Human-Ressourcen schneidet in beiden Übersichten, was die Zahl der Nennungen angeht, am besten ab. Aussagen darüber, wie einzelne Faktoren erfolgsbezogen beschaffen sein sollten, werden hier allerdings nicht getroffen.

1. Basis: Alle 40 Studien		2. Basis: 11 Studien mit großen Stichproben und Validitätsnachweisen	
Schlüsselfaktoren	Anzahl d. Nennungen	Schlüsselfaktoren	Anzahl d. Nennungen
1. Qualität der Human-Ressourcen (Management; Mitarbeiter)	17	1. - Qualität der Human-Ressourcen	4
		- Produkt- bzw. Angebotsqualität	4
2. - Kundennähe	13	- Innovationsfähigkeiten	4
- Innovationsfähigkeit (neue Produkte oder Anlagen)	13	- Investition und Finanzierung	4
		5. - Führungsstil/Führungssystem	3
4. Produkt- bzw. Angebotsqualität	12	- Produktion	3
5. Führungsstil/Führungssystem	10	- Diversifikation	3
6. - (einfache, unbürokratische Organisationsstruktur)	8	8. - Kundennähe	2
		- Organisationsstruktur	2
- Konzentration auf einen klaren Geschäftsschwerpunkt auf das Stammgeschäft	8	- Organisationskultur	2
- ausgeprägte Organisationskultur	8		
9. Investition und Finanzierung	7		
10. Produktion	6		

Abb. 3.10: Die am häufigsten ermittelten Schlüsselfaktoren des Unternehmungserfolges nach Fritz (1990, S. 104)

Im folgenden sollen exemplarisch einige **Erfolgsfaktoren-Konzepte** dargestellt werden, die weite Beachtung in der Diskussion um den Unternehmungserfolg finden.

3.4.2 Konzepte der Ermittlung ausgewählter kritischer Erfolgsfaktoren

3.4.2.1 Das Erfahrungskurvenkonzept

Das **Konzept der Erfahrungskurve** (Henderson 1974, S. 19ff.) konzentriert sich auf den **Kostendegressionseffekt**, der sich nach den Untersuchungen der Boston Consulting Group über längere Zeit in vielen Branchen einstellt. Bei jeder Verdoppelung des kumulierten Produktions- bzw. Absatzvolumens tritt eine 20-30prozentige Verringerung der Wertschöpfungskosten zu konstanten Preisen ein. Je eher eine Unternehmung am Markt auftritt, desto mehr Erfahrungen kann sie sammeln und desto eher werden ihre Produktionskosten sinken.

Die Erfahrungskurvenkonzeption umfaßt sämtliche Kostenelemente. Es kann eine **Gesamtkurve** für alle in der Unternehmung bzw. innerhalb eines Geschäftsbereiches entstehenden Kosten erstellt werden. Dadurch können die komplexen Interdependenzen zwischen technischer und ökonomischer Sphäre quantifizierbar gemacht werden (vgl. Abbildung 3.11).

Anhand einer Vielzahl von empirischen Ermittlungen in den unterschiedlichen Branchen, insbesondere in hoch-innovativen elektrotechnischen und chemischen Industriezweigen und im Dienstleistungsektor, ist das Erfahrungskurven-Phänomen bestätigt worden.

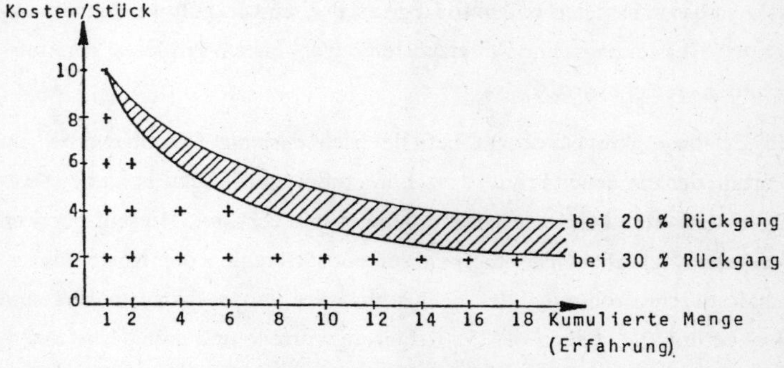

Abb. 3.11: Die Kosten/Erfahrungskurve bei linear eingeteilten Ordinaten

Als **Ursachen der Kostendegression** lassen sich folgende Gründe anführen (vgl. Dunst 1979, S. 72f.; Henderson 1984, S. 26f.; Bauer 1986, S. 3ff.; Hedley 1990, S. 179):

- Durch den Einsatz neuartiger Fertigungsmethoden, durch Rationalisierung und Automatisierung steigt die Produktivität.
- Fixkostendegression und "economy of scale"-Kostenvorteile werden durch Massenproduktion realisiert. Bei steigender Produktionsmenge können kostengünstigere Produktionsmethoden eingesetzt werden.
- Produktveränderung und -anpassung sind in bezug auf die Erzielung niedrigerer Kosten durchzuführen.
- Ein Lerneffekt ergibt sich als Ergebnis der Übung und des wiederholten Ausführens der Arbeitstätigkeit (Kostensenkung durch Lernen).

Aus der Erfahrungskurve lassen sich die strategischen Erfolgsfaktoren Marktanteil und Marktwachstum ableiten. Mit zunehmendem **Marktanteil** ist ein Kostensenkungspotential gegeben, das zu Gewinnspannen und Wettbewerbsvorteilen führt (vgl. Lange 1981, S. 111f.). Derjenige Anbieter, der es versäumt oder dem es nicht gelingt, bestimmte Marktanteile und damit Kostenrückgänge zu erreichen, wird mit Sicherheit in absehbarer Zeit seine Wettbewerbsfähigkeit teilweise oder ganz verlieren. Der Anbieter mit dem höchsten Marktanteil für ein bestimmtes Produkt hat dagegen die Möglichkeit, die niedrigsten Kosten zu realisieren. Neue Produkte müssen in vielen Fällen so lange zu Preisen verkauft werden, die unter den Herstellungs- und Absatzkosten liegen, bis ein größeres Verkaufsvolumen erreicht wird.

Im Erfahrungskurvenkonzept befindet sich derjenige Wettbewerber im Vorteil, der ein neues Produkt rasch in großer Anzahl und in zumeist wenigen Varianten kundenorientiert anbietet und verkauft. Hierauf beruhen besonders das Globalisierungskonzept und Strategien der Kostenführerschaft durch Eroberung der Schlüsselmärkte Japan, Nordamerika und Westeuropa (vgl. Ohmae 1985). Erfahrungsvorteile und damit Kostensenkungspotentiale lassen sich aber auch regionsspezifisch durch Exportforcierung weltmarktfähiger innovativer Produkte realisieren.

Der zweite grundlegende strategische Erfolgsfaktor im Rahmen der Erfahrungskurve ist das **Marktwachstum**. Bei einem niedrigen Marktwachstum dauert es länger, bis sich die kumulierten Produktionsmengen verdoppeln und diese zu entsprechenden Kostendegressionen führen als bei schnellem Marktwachstum. Bei schnellerem Marktwachstum führt die kumulierte Produkterfahrung zu kurzfristig feststellbaren Kostendegressionen, die die Rentabilität der Unternehmung ebenfalls kurzfristig verbessern. Alles in allem fallen die Mängel einer präzisen Quantifizierung des Erfahrungskurvenkonzeptes kaum ins Gewicht, vielmehr bietet ihre relative Betrachtungsweise wertvolle Hinweise auf Gesetzmäßigkeiten und Bedingungszusammenhänge. Als einfaches Erklärungsmodell zum besseren Verständnis planungsrelevanter Zusammenhänge kann es keinen Anspruch auf Allgemeingültigkeit und Gesetzmäßigkeit der Aussagen erheben.

So gesehen kann das Erfahrungskurvenkonzept bei der Lösung folgender Probleme hilfreiche Hinweise geben (Gälweiler 1974, S. 246f.):

(1) Kosten- und Preisentwicklungen längerfristig zu prognostizieren,

(2) Abschätzungen potentieller Kostensituationen von Konkurrenten vorzunehmen,

(3) Auswirkungen von Marktanteilsveränderungen in bezug auf die Kostensituation zu quantifizieren,

(4) die strategische Ausgangslage zu beurteilen,

(5) produktspezifische Rationalisierungspotentiale zu ermitteln,

(6) produktbezogene Rückwirkungen auf Organisationen, F&E, Finanzen und Personal zu erkennen,

(7) Entscheidungen zwischen Eigenfertigung und Fremdbezug zu fundieren,

(8) auf Ursachen unterschiedlicher Strategien von Konkurrenten hinzuweisen

und

(9) die Höhe der Anlaufkosten für das Eindringen in vorhandene (Produkt-)-Märkte abzuschätzen.

Das einseitige Denken in Absatzvolumina und davon abhängiger Kostendegression birgt insbesondere dann **Gefahren**, wenn marktbezogene Flexibilitätserfordernisse unberücksichtigt bleiben. Flexible Fertigung ermöglicht z.B. in der Automobilindustrie die Produktion kleinerer Stückzahlen einzelner Modelle, wodurch vielfältige Marktnischen besetzt, Strategien der Konkurrenz flexibel beantwortet, die Zyklen des Modellwechsels verkürzt und Nachfrageschwankungen schneller berücksichtigt werden können.

3.4.2.2 Die PIMS-Studien

Eine kontinuierliche empirische Studie stellt das PIMS-(Profit Impact on Market Strategy) Programm des Strategic Planning Institute (SPI) in Massachussetts (USA) dar (Schoeffler/Buzzel/Heany 1974, S. 137ff.; Buzzel/Gale/Sultan 1975, S. 97ff.). In diesem werden als **strategische Erfolgsfaktoren** sechs Variablenklassen ausgewiesen (Anderson/Paine 1978, S. 607; Dunst 1979, S. 81ff.; Roventa 1979, S. 115f.):

- **Attraktivität von Markt, Industrie und Umwelt** (Marktwachstum, Exportrate etc.),
- **Wettbewerbsposition** (relativer Marktanteil, relative Kosten, Produktqualität etc.),
- **Effektivität des Investitionsverhaltens** (Investitionsintensität, Wertschöpfung etc.),
- **Budgetallokation** (Marketingaufwand, Innovationsrate etc.),
- **Unternehmungsmerkmale** (Größe, Diversifikationsgrad),
- **Veränderungen in den vorausgegangenen Variablenklassen**.

Es wird versucht festzustellen, welche dieser Variablen tatsächlich einen gesicherten Einfluß auf den Gewinn (Return on Investment, Cash Flow) ausübt, welcher Art (positiv/negativ/neutral) und wie stark der Einfluß ist.

Als besonders bedeutungsvolle positiv und negativ mit dem Erfolg korrelierende Faktoren können im Rahmen dieses Projektes herausgestellt werden (Neubauer 1989):

- **Wettbewerbsposition**: Ein hoher Anteil einer Geschäftseinheit an dem von ihr belieferten Markt - sowohl absolut als auch relativ (d.h. im Verhältnis zu den drei größten Mitwettbewerbern) - hat einen deutlich positiven Einfluß auf den

Return on Investment (RoI). Die Wettbewerbsposition ist der am stärksten positiv korrelierte Faktor, der erhoben wurde.

- **Marktwachstum**: Dieser Faktor hat nach den Beobachtungen von PIMS im allgemeinen einen positiven Einfluß auf den Gewinn in absoluten Zahlen.
- **Qualität der von der Unternehmungseinheit angebotenen Produkte oder Dienstleistungen**: Dieser Faktor ist im PIMS-Programm definiert als die Kundeneinschätzung der Qualität der Produkte und/oder Dienstleistungen der Geschäftseinheit im Verhältnis zur Konkurrenz; er korreliert typischerweise stark positiv mit dem RoI.
- **Investitionsintensität**: (definiert als das Verhältnis von Anlagevermögen plus "working capital" zu Umsatz): Es wurde beobachtet, daß die Investitionsintensität zumeist negativ mit dem RoI korreliert ist, d.h. Unternehmungen mit hoher Investitionsintensität weisen in aller Regel eine niedrigere Rentabilität auf als weniger investitionsintensive. Die Investitionsintensität ist der am stärksten negativ korrelierte Faktor, der gemessen wurde.
- **Produktivität**: Unternehmungen mit höherer Wertschöpfung je Mitarbeiter weisen gewöhnlich einen höheren RoI auf als diejenigen mit einer niedrigeren Kennzahl dieser Art. Sind Maßnahmen zur Steigerung der Produktivität jedoch mit einem Wachsen der Investitionsintensität verbunden, so ist die negative Auswirkung der höheren Investitionsintensität auf den RoI in der Regel größer als die positiven Auswirkungen der höheren Produktivität.
- **Vertikale Integration**: In Geschäftseinheiten, die in ausgereiften oder stabilen Märkten tätig sind, hat ein hoher vertikaler Integrationsgrad in der Regel positive Auswirkungen auf den RoI. In schnell wachsenden Märkten oder auch Märkten, die rasch oszillieren, läßt sich das Gegenteil beobachten.

Aus diesen Ausführungen geht hervor, daß der RoI eine zentrale Kenngröße innerhalb des PIMS-Konzeptes darstellt. Der RoI repräsentiert den Gewinn einer Geschäftseinheit (vor Steuern) zu durchschnittlich eingesetztem Kapital. Er verkörpert somit das Produkt von Umsatzrendite und Kapitalumschlag. Der RoI geht aus dem Return on Assets (RoA) hervor und bildet bei Berücksichtigung des Verschuldungsgrades den Return on Equity (RoE = Rendite des investierten Eigenkapitals).

Während z.B. US-amerikanische Unternehmungen vor allem bestrebt sind, die Umsatzsrendite durch Preissteigerungen und Kosteneinsparungen zu erhöhen, orientieren sich japanische Unternehmungen auf die Verbesserung des Kapitalumschlags durch Marktanteilsgewinne und effiziente Lagerbewirtschaftung (vgl. Stoff 1987, S. 72ff.).

Zwar besitzt die Kernaussage des PIMS-Programms, daß die Steigerung des Marktanteils ein Schlüsselfaktor zur Erhöhung des RoI ist, durchaus ihre Berechtigung, jedoch kann sie nicht Allgemeingültigkeit beanspruchen. Sie muß auf Branchen und Unternehmungen relativiert werden (Lange 1981, S. 136). Einwände sind insbesondere gegen die Vernachlässigung von Synergieeffekten durch die grobe Segmentierung, die Unabhängigkeitsprämisse der strategischen Geschäftseinheiten und aufgrund von methodischen Mängeln (Anderson/Paine 1978, S. 602ff.; Roventa 1979, S. 117ff.) gemacht worden. Weitere Kritikpunkte betreffen die geringe theoretische Fundierung, die teilweise ungeklärten kausalen Zusammenhänge und die mangelnde Repräsentativität der Datenbasis (vgl. Kreilkamp 1987, S. 398ff.). "Marktgesetze" lassen sich auch aus dem inzwischen erweiterten, vertieften und insgesamt verbesserten Konzept nicht gewinnen (vgl. Venohr 1988, S. 184ff.). Trotz der Schwächen läßt sich in den PIMS-Studien ein erfolgversprechender Ansatz zur Ermittlung vor allem ökonomischer Erfolgsfaktoren erkennen.

3.4.2.3 Die Wertkettenanalyse nach Porter

Porter (1986) rückt bei seinen Ausführungen über **Wettbewerbsvorteile** die Fragestellung in den Mittelpunkt, wie sich eine Unternehmung einen **Wettbewerbsvorsprung** verschaffen und diesen verteidigen kann. Porter argumentiert mit dem iterativen Konzept der "**Value Chain**": Bei dieser Wertschöpfungsrechnung wird eine Unternehmung als Kette von sequentiellen Funktionen verstanden, die sukzessive betrieblichen Aufwand in Wertsteigerung transformieren. Will ein Unternehmen einen relativen Wettbewerbsvorteil erlangen, muß es demnach für eine im Vergleich zur Konkurrenz günstigere **Transformationsfunktion** sorgen.

Die "Wertkette" stellt ein praktikables Instrument dar, all
der Forschung bis zur Verwendung eines Produkts beim
die einzelnen Elemente zu zerlegen und dadurch die Mög
fen, spezifische erfolgsrelevante Faktoren im Vergleich zu
ten zu finden (vgl. Abbildung 3.12). Dabei wird zwische
Eingangslogistik, Marketing/Vertrieb, Kundendienst) u
den (z.B. Personalwirtschaft, Beschaffung, Unternehmu
Aktivitäten unterschieden. Diese beiden großen Blöcke la
weiter differenzieren in direkte (z.B. Montage) und in
standhaltung) Aktivitäten sowie in Qualitätssicherungs
Überwachungsvorgänge).

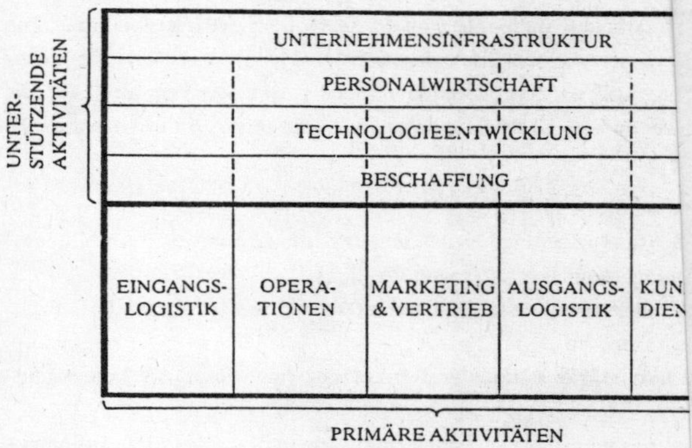

Abb. 3.12: Das Modell der Wertkette (Porter 1986, S. 62)

Außerdem müssen auch die **wechselseitigen Beziehungen**
Elementen der Wertkette berücksichtigt werden. So läßt sich
duktqualität durch den Einkauf hochwertiger Vorprodukt
durch eine strenge Kontrolle von Fertigprodukten verbessern

Aktuelle Modifizierungen des Wertkettenmodells beinhalten
tion des **Informationsmanagements** als übergreifende und
Aktivität zu allen anderen ausgeführten primären und un

·itäten. Integrierte Informations- und Kommunikationssysteme er-ichen die "Vernetzung" aller Aktivitäten der Wertschöpfung.

Erschließung von Wettbewerbsvorteilen untersucht Porter die Zu-nenhänge von Wertkette und Organisationsstruktur, Wertkette und enanalyse, Wertkette und Technologie. Des weiteren deckt er typi- Differenzierungsquellen in der Wertkette auf.

der Basis dieser Umwandlungen wird es möglich, **unternehmungs-ifische Erfolgspotentiale** abzuleiten, die beispielsweise im Sektor keting/Vertrieb durch personalwirtschaftliche Entwicklungen erreicht den können.

neuere Studie von Porter (1991) hat ergeben, daß für den Unternehmungser- auf dem Weltmarkt das **nationale Umfeld** eine zentrale Rolle einnimmt. Die rnehmungen müssen die spezifischen nationalen Faktoren in ihr strategisches ül einbeziehen, weil es dominierende nationale Bedingungen gibt, die die tbewerbsfähigkeiten von Unternehmungen in bestimmten Branchen unterstüt-

Faktoren sind maßgebend:
- die **örtlichen Standortbedingungen** (Infrastruktur, Lohnniveau, Ausbildungsstand, Technologiestandards, Arbeitsmotivation),
- die **Intensität der heimischen Konsumentennachfrage** (insbesondere Preis- und Qualitätsansprüche),
- die **Präsenz und Stärke nationaler Konkurrenz** (als Motor der Innovationskraft),
- eine zuverlässige und erfahrene **Zulieferindustrie** und **artverwandte Industriezweige** (letztere zur Abschöpfung von Know-how, Patenten und Mitarbeitern).

r heimische Wettbewerbsvorteil entsteht aus dem Zugang zu spezifischen Know- /-Pools, anspruchsvollen heimischen Konsumenten, scharfen lokalem Wettbe- ·bsdruck und einer zuverlässigen Lieferantenbasis. Das Erkennen dieser domi- ıten nationalen Eigenschaften und ihres Erfolgspotentials auf globalen Märkten deshalb eine wichtige Aufgabe nationaler Unternehmungen, die sich international Erfolg engagieren wollen. Globalisierung ist nach Porter allerdings keine Frage die notwendige "Pflege der Heimatbasis". Künftig muß die multinationale Unter- ımung nach Porter Herkunft und nationale Identität wahren und stärken, um auf baalen Märkten erfolgreich zu sein.

3.4.2.4 Das 7-S-Modell von McKinsey

Als zu Beginn der 80er Jahre japanische Unternehmungen durch ihre überdurchschnittlichen Wirtschaftserfolge auf sich aufmerksam machten, setzte innerhalb der kulturvergleichenden Managementforschung insbesondere der Zweiländervergleich zwischen Japan und den USA ein. So entwickelte z.B. Ouchi in Fortführung der **Theorie X** und **Theorie Y** von McGregor (vgl. z.B. Hentze 1991bII, S. 174ff.) die **Theorie Z**, die verdeutlichte, daß erfolgreiche US-amerikanische Unternehmungen nach einem japanisch ausgerichteten Erfolgsprofil arbeiteten, ohne je den Versuch unternommen zu haben, diese japanischen Unternehmungen zu kopieren.

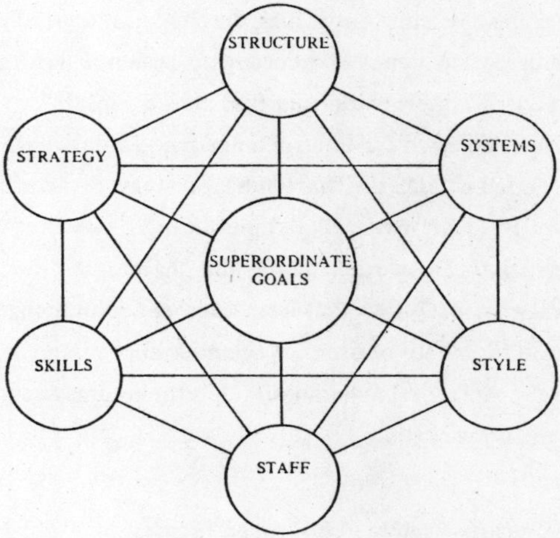

Abb. 3.13: Das 7-S-Modell von Pascal/Athos (1981)

Das **7-S-Modell** von Pascal/Athos (1981, S. 93) zeigt auf, daß keine monokausalen Zusammenhänge zwischen zwei Erfolgsfaktoren die Gesamteffizienz einer Unternehmung determinieren können (vgl. Abbildung 3.13). Die Charakteristika der Erfolgreichen lassen sich in acht **Schwerpunkten** zusammenfassen (Peters /Watermann 1982):

1. Primat des Handelns,

2. Nähe zum Kunden (auf allen Führungsebenen),
3. Selbständigkeit, Freiraum für Unternehmertum,
4. Produktivität durch Menschen,
5. sichtbar gelebtes Wertsystem,
6. Bindung an das angestammte Geschäft,
7. einfacher, flexibler Aufbau,
8. Kombination aus straffer und lockerer Führung.

Jede Unternehmung muß eine möglichst optimale Kombination der genannten Kriterien anstreben. Im Zentrum aller Aktivitäten sollten die Schaffung von Effizienz durch Stabilität stehen (z.B. durch Beibehalten bewährter Prinzipien, Aufbauen von Stärken, Minimieren von Schnittstellenproblemen) ebenso wie die Anpassung durch Verhaltensänderung (z.B. permanente Antizipation von Veränderungen, laufende Reorganisation) und Innovation durch Unternehmertum (z.B. durch Einsatz von Task Forces, Schaffung von Anreizen für unternehmerische Initiativen). Hervorzuheben am 7-S-Modell ist, daß die "**harten S**" (Strategy, Structure, Systems) und die "**weichen S**" (Staff, Style, Skills) gleichrangig bewertet werden. In früheren Untersuchungen wurden häufig die "hard facts" überbewertet. Demgegenüber kann im 7-S-Modell kein Element Dominanz beanspruchen, sondern alle Elemente müssen aufeinander abgestimmt sein. In dem Maße, wie sich die Anforderungen an die Unternehmung ändern, müssen sich alle Elemente entwickeln.

3.4.3 Die Bedeutung "weicher" Faktoren für den Unternehmungserfolg

Unter "**weichen" Erfolgsfaktoren** lassen sich alle nicht im engeren Sinne ökonomischen Erfolgsfaktoren subsumieren, die sich einer Quantifizierung (weitgehend) entziehen. Hierzu zählen vor allem:
- die (ziel- und strategiefördernde) **Unternehmungskultur** und eine weiterorientierte Unternehmungsführung,
- die Qualität der Human-Ressourcen und

- eine ausgeprägte Kundenorientierung.

Die Frage des zweckmäßigen Einsatzes von Unternehmungskultur als Erfolgsfaktor und gleichzeitig als Instrument der strategischen Unternehmungsplanung muß von ihren Funktionen ausgehen. Diese Funktionen sind (Dill 1986, S. 138ff.; Scholz 1991, S. 427f.):

(1) **Koordinationsfunktion**:
Sie steuert das Verhalten und vermittelt Richtlinien und Orientierungshilfen für das tägliche Mitarbeiterverhalten untereinander und nach außen hin, indem Handlungsabläufe und Spielräume ("organizational slacks") festgelegt werden.

(2) **Integrationsfunktion**:
Sie schafft ein Gemeinschaftsgefühl und Zusammengehörigkeitsdenken bei den Mitarbeitern.

(3) **Identifikationsfunktion**:
Sie bietet die Möglichkeit zur Identifikation mit der Unternehmung und hilft dadurch, den Sinn der Arbeit zu vermitteln.

(4) **Motivationsfunktion**:
Sie fördert die Motivation und den Arbeitseifer, indem die Wertesysteme der Unternehmung in Übereinstimmung mit den individuellen Interessen der Führungskräfte und Mitarbeiter ständig entwickelt und vervollkommnet werden.

Der Beeinflußbarkeit der Unternehmungskultur werden allerdings enge Grenzen gesetzt, da sie fest mit der Vergangenheit und Gegenwart verknüpft ist, sich nur allmählich im Zusammenwirken mit dem gesellschaftlichen Wandel entwickelt und alles in allem eine bemerkenswerte Resistenz gegenüber "verordneten" Änderungsimpulsen aufweist. Deshalb kann der strategische Erfolgsfaktor "Unternehmungskultur" nur schrittweise und behutsam im Sinne der Unternehmungsziele ausgebaut und entwickelt werden. Die bisherigen Forschungsergebnisse zur Unternehmungskultur können - anders als die zahlreichen Bestseller zum Thema suggerieren möchten - keine fundierten Aussagen über das tatsächliche Ausmaß der Beeinflußbarkeit der Unternehmungskultur treffen. Planerisch-gestalterisch und auf "gewollte" Unternehmungskultur hinzuwirken, ist deshalb in der Praxis schwierig, weil das Wissen über Gestaltungsansätze (Kultursensibilisierung der Führungskräfte, Kommunikationsgestaltung, Führungsgrundsätze u.ä.) sich als zu wenig ausgeprägt erweist (vgl. auch Meffert/Hafner 1988).

Nach Kieser (1985, S. 356ff.) besitzen erfolgreiche Unternehmungen **innovationsfördernde Unternehmungskulturen**. Sie zeichnen sich v.a. aus durch:

- einen hohen Stellenwert der Innovation und der Kreativität im gelebten Wertsystem und auch im Anreizsystem,
- Toleranz gegenüber Fehlschlägen, da neue Ideen nicht immer erfolgreich sind,
- Arbeitsplatz- und Statussicherheit für die Mitarbeiter, Investitionen in die Ausbildung, Job-Rotation, Förderung des Teamgeistes und Aufstiegschancen,
- Unterstützung für hochmotivierte Mitarbeiter (informatorisch, personell, sachlich und finanziell; auch für neuartige Projekte).

Eine Umfrage des Instituts der Deutschen Wirtschaft bei 241 Unternehmungen (vgl. Hüchtermann/Leuske 1990) ergab, daß 57% der Befragten die Unternehmungskultur für einen entscheidenden Wettbewerbsfaktor halten. Die Kultur einer Unternehmung wird vorrangig an den Bedürfnissen der Unternehmer ausgerichtet. Folgende inhaltliche Bausteine finden bei den Unternehmungen Berücksichtigung:

	bei den befragten Unternehmungen
1. Höhere Verantwortlichkeit der Mitarbeiter	97%
2. Teamarbeit	93%
3. Mehr Mitentscheidung	93%
4. Mehr Informationen über betriebliche Vorgänge	92%
5. Selbstverwirklichung am Arbeitsplatz	89%
6. Freiheitsräume bei der Gestaltung von Arbeitsinhalten	86%
7. Humanisierung des Arbeitslebens	94%
8. Übernahme gesellschaftspolitischer Verantwortung	79%
9. Mitarbeiterorientierte Arbeitsorganisation	78%
10. Berücksichtigung ökologischer Fragen	68%
11. Flexible Arbeitsmodelle	54%
12. Beteiligung der Mitarbeiter am Unternehmensertrag	48%

Unternehmungen, die diese Aspekte konzeptionell in der Unternehmungskultur umsetzen, bieten ein hohes Maß an Attraktivität und positivem Unternehmungsimage.

Die gezielte Beeinflussung der Unternehmungskultur läuft auf eine erfolgsbezogene Veränderung der evolutionär gewachsenen Werte-, Normen- und Verhaltensstrukturen hinaus. Damit richtet sich das Interesse auf die gestalterischen Dimensionen eines "Kulturmanagements" und seinen Einsatze im Hinblick auf die Realisierung eines höheren Zielerreichungsgrades. Daher ist es verständlich, wenn Führungskräfte die Kultur erfolgreicher Unternehmungen mit der ihrer Unternehmung vergleichen und analysieren, um Gestaltungshilfen zu erhalten.

Die Gestaltung von Unternehmungskultur als tatsächlich gelebtes Wertsystem der Unternehmung zielt darauf ab, daß sie zu einer starken Identifikation der Mitglieder mit "ihrer" Unternehmung führt. **Wertorientierte Führungssysteme** sollen hierbei Hilfestellung leisten. Ziel der Entwicklung eines wertorientierten Führungssystems ist es, die Zielvorstellung der Unternehmungen mit den Zielsetzungen der Mitarbeiter in Einklang zu bringen. Eine zielbezogene Einflußnahme soll zu einer höheren Identifikation, Motivation und Leistungsbereitschaft führen.

Ein wertorientiertes Führungskonzept ist schwierig zu erstellen, da die Interessen der Mitarbeiter sehr unterschiedlich sind. Instrumente, wie diese Werte in Übereinstimmung gebracht werden können, sind nicht erkennbar. Eine Voraussetzung für die erfolgreiche Praktizierung eines wertorientierten Führungskonzepts ist starke Partizipation am Entscheidungsprozeß.

In der amerikanischen Literatur taucht in diesem Zusammenhang der Begriff "**Leadership**" auf. Dieser Begriff ist mit "Führung" nicht angemessen übersetzt, da hier nicht funktionales und sachlogisches Denken wie bei Planung, Produktion, Controlling usw. im Vordergrund steht und das "Funktionieren" der Mitarbeiter vorausgesetzt wird, sondern (vgl. Kotter 1991):

- aktive Gestaltung des Wandels durch Entwerfen einer Vision,
- Einschwörung der Mitarbeiter auf das gemeinsame Ziel,

- Motivation und Inspiration der Mitarbeiter zwecks Realisierung von Vision und Unternehmungszielen, wobei Wertvorstellungen und Emotionen angesprochen werden.

Die durch die Unternehmungsmitglieder subjektiv wahrgenommenen Unternehmungssituationen werden durch (vor-)gelebte Wertesysteme und vorhandene Symbole geprägt (Scholz 1991, S. 431ff.):

(1) **(Vor-)gelebte Wertesysteme** der Unternehmungsleitung für die Unternehmungsmitglieder dienen dazu, den Mitarbeitern das organisatorische Sinngefüge bewußt zu machen und ihre Verhaltensspielräume täglich neu aufzuzeigen.

(2) **Symbolische Führung**, verstanden als das bewußte Verwenden bestimmter Arten von Symbolen, soll das Werte- und Normengefüge der Unternehmung durch Konstruktion und Vermittlung von (subjektiven) Ereignissen im Führungsverhalten verdeutlichen.

Symbole werden verstanden als Objekte, Handlungen oder sprachliche Konstruktionen, denen eine allgemeine Bedeutung zugeordnet wird (Dill 1986, S.70ff.; Heinen/Dill 1986, S. 202ff.) und die in teilweise überpointierter Art und Weise widerspiegeln, was in einer Unternehmung eine herausragende Rolle spielt.

Die in einer Unternehmung verbreiteten Symbole lassen sich nach ihrem Abstraktionsgrad, nach ihrem Inhalt und nach der Zielgerichtetheit in ein Kontinuum möglicher **Symbolarten** einordnen (Gussmann/Breit 1987, S. 110):

1. **verbale** Symbole (Mythen, Fabeln, Stories, Anekdoten, Graffiti, Slogans, Witze, Gleichnisse, Glaubenssätze etc.),
2. **handlungsbezogene** Symbole (Feiern, Handhabungen, Rituale, Bräuche, Zeremonien, Pausenregelungen, Festessen, Planungsabläufe etc.) und
3. **objektbezogene** Symbole (Bezeichnungen, Statussymbole, Logo, Architektur, Organisationsstruktur, Informationssysteme etc.).

Eine erfolgreiche Beeinflussung von Unternehmungskultur kann auch mit einem **Corporate-Identity-Konzept** umgesetzt werden, das vielfältige grundlegende Maßnahmen beinhaltet, mit denen sich die Unternehmung in einem geschlossenen Konzept sowohl nach innen als auch nach außen präsentiert. Die **Unternehmungsidentität** ist ebenso wie die Unternehmungskultur, in der sie sich darstellt und vermittelt wird, kein Realphänomen, sondern ein **gedankliches Konstrukt**, das sowohl in der Vorstellung des (außenstehenden) Beobachters (z.B. Organisationspsychologen) existiert, der in die innerorganisatorischen Beziehungen der Unternehmung Sinn und Zusammenhang hineindeutet, als auch in den Vorstellungen der Unternehmungsmitglieder selber existiert (Kahle 1991, S. 19). Corporate Identity wird in der Praxis häufig als Vermarktung der Unternehmungskultur angesehen. Dabei werden häufig bestimmte Wunschvorstellungen der Unternehmungsleitung mit der Realität verwechselt. Hieraus ergibt sich die Konsequenz, daß eine leistungsfördernde Identitätsschaffung in der Unternehmung im gewünschten Ausmaß nicht gewährleistet werden kann sowie Schwachpunkte der realen Unternehmungskultur nicht wahrgenommen und im Sinne der Unternehmungsziele verbessert werden.

Elemente des Identitätskonzeptes sind:

- **Corporate Communications**
  (der systematische Einsatz aller Kommunikationsinstrumente wie Absatzwerbung oder Personalwerbung),
- **Corporate Design**
  (Identitätsvermittlung durch Einsatz aller visuellen Elemente der Unternehmungserscheinung wie Firmenzeichen, Farben),
- **Corporate Behavior**
  (einheitliche Ausrichtung der Verhaltensweisen der Unternehmungsmitglieder nach innen und außen).

Durch ein Mix dieser drei Elemente soll ein **Corporate Image** aufgebaut werden, das **Identifikations-** und **Unterstützungspotentiale** schafft und grundsätzlich die Basis für Glaubwürdigkeit, Vertrauen und Akzeptanz bildet. Für die Unternehmungsmitglieder wird hiermit ein ausgeprägtes "Wir-Gefühl" geschaffen, das leistungsstimulierende Wirkung haben soll. Im Zentrum dieser Strategie stehen die Entwicklung und Vermittlung einer eigenständigen "Unternehmungspersönlichkeit".

Eine Studie der Kienbaum-Unternehmensberatung zum Unternehmungserfolg (zitiert bei Neubauer 1991) nennt drei Leitsätze für den Erfolg aus Sicht der Unternehmung und ihrer Mitglieder:

- "Wir wollen in allem, was wir tun, einmalig sein.
- Wir verfügen über eine klare strategische Vision.
- Wir besitzen ein eindeutig definiertes Feindbild."

Bemerkenswert an diesem Ergebnis ist das ausgeprägte externe Konkurrenzverhältnis nach japanischem Muster. Die Unternehmungsidentität bzw. das "Wir-Gefühl" wird durch eine klare "Abgrenzung nach außen" zusätzlich gestärkt.

Als weiterer "weicher" Erfolgsfaktor wird die **Qualität der Human-Ressourcen**, d.h. die Eignung des Leistungspotentials der Mitarbeiter zum Erreichen der Unternehmungsziele und zum Bestehen der Herausforderungen des Wettbewerbs, angesehen. Der strategische Einsatz der personellen Ressourcen sollte von der Unternehmungsleitung grundlegend und simultan mit langfristigen Investitionsentscheidungen geplant werden (vgl. Staehle 1988, S. 581), wobei gleichzeitig laufend eine Verbesserung von Leistungsfähigkeit und Leistungsbereitschaft (bzw. -motivation) angestrebt werden sollte.

Bisher gelten allerdings die Probleme der **quantitativen Bewertung** des Leistungspotentials als ungelöst, trotz zahlreicher Ansätze zu einer **Humanvermögensrechnung** (vgl. Fischer-Winkelmann/Hohl 1982). Das Humanvermögen beschreibt die Summe aller Leistungspotentiale, die einer Unternehmung (in einem bestimmten Zeitraum) durch ihre Mitglieder zur Verfügung gestellt werden. In Analogie zum betriebswirtschaftlichen Vermögensbegriff umfaßt der Begriff die Summe aller personellen Ressourcen, über die eine Unternehmung zur "wirtschaftlichen Nutzung" verfügen kann. Die Humanvermögensrechnung zielt im Rahmen des betrieblichen Rechnungswesens auf die Erfassung der Kosten einerseits und des Wertes, den der Mitarbeiterstamm in Form von bestimmten Fähigkeiten und Kenntnissen für das Unternehmen verkörpert, ab. Auf einer derartigen informatorischen Basis könnte die Planung und Steuerung der "Nutzung" der Humanressourcen zielwirksam möglich werden (vgl. Flamholtz 1985, S. 7). Die **inputorientierten Bewertungsverfahren** lassen sich prinzipiell dadurch kennzeichnen, daß sie das Leistungspotential auf indirektem Wege über Kosten- bzw. Aufwandswerte zu erfassen versuchen. **Outputorientierte Modelle** nehmen Bezug auf den effektiven Leistungsbeitrag der Mitarbeiter. Die an dieser Stelle nicht darstellbaren vielfältigen und zum Teil komplizierten Ansätze sind heftig kritisiert und für die Unternehmungspraxis als untauglich verworfen worden (vgl. Schönfeld 1974, S. 27; Freiling 1978, S. 269f.; Conrads/Goetzke/Sieben

1982, S. 503; Fischer-Winkelmann/Hohl 1982, S. 2642). Besonders aus (meß-) methodischer Sicht bestehen erhebliche Bedenken gegen eine indirekte Ermittlung des Humanvermögenswertes. Denn sämtliche in der Literatur vorfindbaren Methoden stellen **Ersatzbewertungsverfahren** dar, um bestimmte Surrogatwerte lediglich als Ausdruck für ein entsprechendes Leistungspotential bzw. dessen "Wert" anzugeben. Eine funktionale Verknüpfung der gewählten Surrogatwerte und dem tatsächlichen Humanvermögen ist aber nicht nachweisbar.

Zur **Messung** der Qualität der Humanressourcen und zur Bewertung von Führungsmaßnahmen lassen sich in Ermangelung eines aussagefähigen quantitifzierten Gesamtwertes eine Fülle unterschiedlicher Einzelkriterien heranziehen, z.B.:

- Ergebnisse der Personalbeurteilung und der Mitarbeiterpotentialanalyse,
- erreichte hierarchische Position innerhalb einer Zeitspanne,
- Quantität und/oder Qualität der erbrachten Leistungen (operationalisiert über Produktions- oder Absatzergebnisse, Reklamationszahlen, Patentanmeldungen, Kundenbefragungen etc.),
- Arbeitszufriedenheit/Betriebsklima/Konflikthäufigkeit innerhalb bestimmter Arbeitsgruppen,
- Position der Unternehmung im Vergleich zur Konkurrenz am Arbeitsmarkt (Image),
- Fluktuations- und Absentismusrate,
- Zahl der Verbesserungsvorschläge,
- Qualifikationsstruktur differenziert nach Führungskräften und Mitarbeitergruppen.

Besonders die **Qualifikationen** und die **Motivation** der Unternehmungsmitglieder sind ein bedeutendes Aktivum. Denn die zukünftigen Erfolge einer Unternehmung resultieren nicht nur aus sachlichen und finanziellen Ressourcen, sondern vor allem aus dem Leistungspotential, d.h. den Fähigkeiten und der Leistungsbereitschaft der Führungskräfte und Mitarbeiter. Letztlich ist es eine unternehmungs- und personalpolitische Entscheidung, welche Kriterien gemessen und beurteilt werden. Schwierigkeiten hierbei bereitet die Entwicklung aussagekräftiger

Vergleichsmaßstäbe und die Beschaffung von entsprechenden Daten (Zeitreihenanalyse, Konkurrenzdaten, unverzerrte Befragungsergebnisse).

Ein Schlagwort in der Diskussion um kritische ("weiche") Erfolgsfaktoren ist die "**Kundennähe**" ohne daß genau geklärt wäre, was hierunter verstanden werden kann. Peters/Watermann (1982, S. 157ff.) nennen als Komponenten

(1) die "**Besessenheit" vom Service** ("After-Sales-Service" zur Erhöhung der Kundenzufriedenheit und -treue),

(2) die "**Besessenheit" von Qualität und Zuverlässigkeit**,

(3) **Nischenstrategie** (Finden von individuellen Problemlösungen zum wirklichen Nutzen des Kunden),

(4) **Eingehen auf Kundenwünsche** (Kundenbeschwerden als Chance für kundenorientierte Verbesserungen).

Die Schwerpunkte einer stark kundenorientierten Marketing- bzw. Unternehmungsstrategie beinhalten beispielsweise nach Albers/Eggert (1988, S. 11):

- **eine differenzierte Marktbeobachtung** (differenzierter Einsatz der Marktinstrumente, Produktdifferenzierung, individuelle Lösungen, detaillierte Zielgruppendifferenzierung),
- **Flexibilität gegenüber Kundenwünschen** (rechtzeitige "Verfügbarmachung", kurzfristige Lieferzeiten und rasches Eingehen auf die Änderungswünsche, schneller Kundendienst und Reparaturservice),
- **Reagibilität auf mittel- bis langfristige Marktveränderungen** (intensive früherkennungsorientierte Marktforschung, Kundenbesuche von Entwicklungsingenieuren, schnelle Umsetzung von Marktforschungsergebnissen etc.).

Alles in allem gilt es, die "**Kontaktintensivierung**" als Bestandteil eines strategischen Konzeptes zu forcieren - durch Nutzung moderner **Informations-** und **Kommunikationstechniken** einerseits und gezielte **persön-**

liche Kontaktaufnahme ("personal selling") andererseits (vgl. Köhler 1989, S. 161).

Kotler/Bliemel (1992, S. 1011ff.) propagieren ein systematisches, umfassendes und langfristiges **Management der Kundenbeziehungen** vor allem im Hinblick auf die Hauptkunden. Ein solches "Beziehungsmarketing" umfaßt folgende Schritte:

- Identifikation der Schlüsselkunden, die für das Beziehungsmanagement in Frage kommen,
- Zuordnen eines qualifizierten Betreuers für jeden Schlüsselkunden,
- Entwickeln einer klaren Arbeitsplatzbeschreibung für jeden "Beziehungsmanager",
- Ernennung eines gesamtverantwortlichen Managers zur Koordination und Anleitung der Beziehungsmanager,
- Entwicklung langfristiger und jährlicher Pläne zur Gestaltung der Kundenbeziehungen durch den einzelnen Beziehungsmanager.

3.5 Japanische Erfolgskonzepte

3.5.1 Überblick

Die oft beschworene japanische Herausforderung geht einher mit umfassenden Erfolgskonzepten, in denen in gewisser Weise gar Rezepte zum erfolgreichen Bestehen im internationalen Wettbewerb und zur Schaffung und Etablierung von eindeutigen Wettbewerbsvorteilen gesehen werden, ganz so, wie es japanische Unternehmungen in den letzten zwei Jahrzehnten in bestimmten Märkten und Branchen weltweit vorpraktiziert haben. Der Erfolgsfaktor "Zeit" in seinen unterschiedlichen Ausprägungen im Unternehmungsprozeß spielt hier ebenso eine Rolle wie das umfassende, funktionsübergreifende Qualitätsmanagement und neuerdings das Konzept des "schlanken Unternehmens" ("Lean Production"). Integrierte, vernetzte Denk- und Handlungsweisen werden hierbei für den Unternehmungserfolg verantwortlich gemacht, nicht einzelne, mehr oder minder isoliert betrachtete Erfolgsfaktoren.

3.5.2 Die Zeitdimension in der strategischen Planung

3.5.2.1 Schnelligkeit, "Timing" und Zeitvorsprünge

Im Rahmen der strategischen Unternehmungsplanung kann die Zeit unter den Aspekten der Geschwindigkeit, des Treffens des richtigen Zeitpunktes bzw. -raumes als Wettbewerbsvorteil im Sinne eines Zeitvorsprunges vor der Konkurrenz betrachtet werden (vgl. Simon 1989).

Der Aspekt "**Geschwindigkeit**" wird besonders bei der Betrachtung von F&E-Zeiträumen und Produktlebenszyklen deutlich. So verkürzt sich der **Zeitraum von F&E-Prozessen und -Projekten** zunehmend. Dies wird in einer Untersuchung von 116 F&E-Projekten im Zeitraum von 1970 bis 1985 deutlich (vgl. Abbildung 3.14).

Dreijahresklasse	Durchschnittliche Reifezeit	
	Gruppe 1	Gruppe 2
1970-1972	5,38	9,83
1973-1975	4,89	9,50
1976-1978	4,71	7,00
1979-1981	3,83	6,00
1982-1985	-	-(1,00)

Abb. 3.14: Reifezeiten von verschiedenen F&E-Projekten (Biegel 1987, S. 153)

Die Untersuchung teilt die analysierten Projekte in zwei Gruppen ein. Für beide Gruppen ergibt sich für den Untersuchungszeitraum die Tendenz, daß sich die Entwicklungszeiten kontinuierlich verkürzen. Lag die durchschnittliche Reifezeit (Reifezeit = Zeit vom F&E-Start bis zum F&E-Ende) für die untersuchten Projekte im Zeitraum 1970 bis 1972 noch bei 5,38 bzw. 9,83 Jahren, so verkürzte sich diese Zeit 9 Jahre später auf 3,83 bzw. 6,00 Jahre.

Außer den Entwicklungszeiten verringern sich auch die **Produktlebenszyklen**. Das Produkt wird auf dem Markt schneller von einem Nachfolgeprodukt abgelöst. Dies zwingt nicht mehr nur zu ständigen Weiterentwicklungen, sondern zu verstärkten Neuentwicklungen von Produkten. So hat z.B. Vrakking (1990, S. 96) beobachtet, daß der durchschnittliche Produktlebenszyklus in der Automobilindustrie 10-12 Jahre beträgt und weiter sinkt. Die Entwicklungszeiten betragen nur noch etwa 3 Jahre und zwingen die Hersteller im weltweiten Wettbewerb zu höherer Geschwindigkeit. Besonders in High-Tech-Unternehmungen schlägt sich das Erfordernis der Zeitverkürzung auch finanziell in einem erhöhten Kostendruck nieder. Erforderlich ist deshalb eine zeitverkürzende Intensivierung der F&E-Aktivitäten. Gerade im Bereich Forschung und Entwicklung kommt es jedoch häufig zu zum Teil bedeutenden Budget- und Zeitüberschreitungen.

Die Gründe für das Zeitproblem sehen nach einer Studie von Brockhoff (1990) die **F&E-Verantwortlichen** mehr in einem zu **späten Projektstart** (der ihnen dann zu wenig Entwicklungszeit läßt), während das **Management** die **Entwicklungsdauer** häufig als zu umfangreich beurteilt. Einigkeit herrscht aber darüber, daß Anstrengungen unternommen werden müssen, den Zeitbedarf für Entscheidungs- und Implementationsprozesse zu verkürzen. Von besonderer Bedeutung ist die Geschwindigkeit beim Markteintritt, weil der Pionierstatus zeitbedingte Wettbewerbsvorteile mit sich bringt, z.B. Marktführerschaft durch "First"-Orientierung mit positiven Effekten bezüglich Marktanteil und Preispolitik. Zeitorientierte, d.h. vor allem "schnelle" Unternehmungen müssen sich als integrierte, vernetzte Systeme verstehen, wo jeder einzelne sich darüber bewußt ist, in welcher Weise seine Tätigkeit in Beziehung zu der der anderen steht. Hauptaufmerksamkeit gilt den Schnittstellen zwischen verschiedenen Aufgaben- und Funktionsbereichen und ihrem Einfluß auf den Gesamtablauf.

Zeitmanagement im Sinne eines "Schneller-Sein-als die Konkurrenz" ist an bestimmte Voraussetzungen und Aktivitäten geknüpft, z.B. (vgl. Bower/Hout 1989, S. 68ff.):

- Transparenz der Unternehmungsprozesse,
- "Zeitbewußtsein" (klare Orientierung),
- zeitbezogene Leistungs- und Kundenorientierung,
- Teamarbeit und flache Hierarchien in der Organisationsstruktur,
- Parallelisierung von Prozessen ("Simultaneous Engineering"),
- Konzentration auf das Wesentliche,
- laufende Zeitanalyse (Durchlaufzeiten) und Verbesserungen,
- Mitarbeitermotivation und -schulung,

- Kreativität und (EDV-orientierte) Informationssystem-Unterstützung.

Bestrebungen der Prozeßbeschleunigung einerseits und die **Innovationsfähigkeit** einer Unternehmung andererseits können in einer **konfliktären Beziehung** zueinander gesehen werden. Innovationsfähigkeit ist eng mit dem Innovationserfolg verknüpft und wird durch die Umstände bestimmt, die das Erkennen und Strukturieren, das Entstehen von Lösungsideen und deren praktische Umsetzung (z.B. Produkteinführung am Markt) fördern oder hemmen (Innovationsanreize, Innovationswiderstände). Eingeschlossen ist hierbei eine zeitliche Komponente, die u.a. betrifft:

- die Zeitdauer der Produktentwicklung von der Idee bis zum Start der Fertigung,
- die Zeitdauer der Investitionsvorbereitung und -durchführung,
- die Zeitdauer der Vorbereitung und Schulung von Personal,
- die Zeitdauer für die Schaffung spezifischer technischer und organisatorischer Voraussetzungen der Fertigung (Energieversorgung, Bereitstellung von Material, Werkstoffen etc.).

Der internationale Wettbewerbsdruck erfordert eine ständige Verkürzung dieser Zeithorizonte bei gleichzeitiger Verbesserung der Produktqualität, also eine Erhöhung des **Innovationstempos**.

Auf der anderen Seite erfordern besonders komplexe Innovationen Zeit. Zwischen der ersten Idee des Forschers und der Produkteinführung vergehen oft viele Jahre. "Wer behauptet, Leistung sei mit Erfüllungsaufschub nicht mehr zu erzielen, leugnet die Innovationsfähigkeit unserer Wirtschaft. Innovation ist ohne langfristiges Denken, ist ohne Erfüllungsaufschub nicht zu haben" (Albach 1989, S. 1350). Innovationen benötigen zwar Wissen, das aus der Forschung hervorgebracht wird. Tatsächlich stammt jedoch ein signifikanter Teil der Innovationen nicht aus der Forschung und Entwicklung, sondern entsteht aus Marktbedürfnissen heraus (vgl. Hinterhuber 1975, S. 29).

Geschwindigkeitserfordernisse können um so eher Berücksichtigung finden, je mehr Innovationen auf einer neuartigen Kombination bereits existierender Komponenten und Materialien aufbauen (z.B. verbesserte Produkte und Arbeitsbedingungen, Energiesparmaßnahmen) und Basisinnovationen in diesem Fall nicht das Ziel von Innovationsprojekten sind.

Unternehmungsberatungsstudien (vgl. z.B. Demmer 1990) belegen, daß sich besonders europäische Unternehmungen im Vergleich zu ihren amerikanischen und japanischen Konkurrenten zu **risikoscheu** verhalten. Nur solche Ideen gelangen tatsächlich zur Entscheidungsfindung, die schon sehr frühzeitig allumfassend analysiert und für marktgängig befunden worden sind. In vielen Bereichen (vor allem in High-Tech-Branchen) kann dadurch das auf internationalen Schlüsselmärkten vorgegebene **Innovationstempo** nicht eingehalten werden. Flexiblere, offenere und kommunikativere Unternehmungs- und Führungsphilosophien, die eine größere Risikobereitschaft bei der Umsetzung von Ideen erlauben, erhalten im internationalen Wettbewerb einen zunehmenden Stellenwert.

Außer der Geschwindigkeit bestehen auf bestimmten Märkten **Zeitpunkte** oder abgegrenzte **Zeiträume**, die die Erfolgswahrscheinlichkeit entscheidend determinieren. Bestimmte Maßnahmen können nicht nur "zu spät", sondern auch zu einem zu frühen Zeitpunkt bzw. -raum umgesetzt werden und deshalb ohne Erfolg bleiben (vgl. Simon 1989, S. 87ff.). Wirkungsprognosen der gewählten Maßnahme bzw. Strategie können Aufschlüsse über das richtige Timing und die angemessene "Dosierung" geben, eine Garantie für unbeeinflußbare Beschleunigungen oder Wirkungsverzögerungen offerieren sie jedoch nicht.

Schließlich bieten **Bestandswerte** der Unternehmung (z.B. Lernprozesse in der Produktion, Vertrauen bei Kunden), deren Aufbau Zeit kostet, Ansatzpunkte für die Schaffung von Wettbewerbsvorteilen, besonders wenn diese Werte sich nicht auf die wichtigsten Konkurrenten transferieren lassen ("uniqueness") und die Stärken der betrachteten Unternehmung nur schwer "einzuholen" sind.

3.5.2.2 Die Just-in-Time-Philosophie

Die Just-in-Time-Philosophie bezieht sich oftmals auf den gesamten betrieblichen Ablauf. Als Kernbereiche gelten aber die Produktion und die Beschaffung (vgl. Schonberger 1982). Die jeweils am tatsächlichen Bedarf ausgerichtete unternehmerische Denkweise nach dem Prinzip des Just-in-Time orientiert sich im wesentlichen an folgenden Zielen (Fandel/Francois 1989, S. 531):

- Verringerung der Materialbestände,
- Verringerung der Durchlaufzeiten,
- Erhöhung der Arbeitsproduktivität,
- Erhöhung der Flexibilität bezüglich der kurzfristigen Lieferbereitschaft.

Automatisierte flexible Fertigungssysteme sind eine Voraussetzung für die Realisierung einer JIT-Produktion. Während in der Vergangenheit die maximale Auslastung der Kapazitäten als oberstes Ziel der Produktionsplanung und -steuerung hervorgehoben wurde, wird heute der JIT-Ansatz im Sinne einer neuen **Produktionsstrategie** postuliert (vgl. Wildemann 1987, S. 52). Die damit verbundene auftragsbezogene Produktion funktioniert nur mit gewissen Kapazitätsreserven (Sicherheitsbestände), da abrupte Nachfrageausweitungen bei erforderlicher rascher Lieferfähigkeit ansonsten sofort Kapazitätsengpässe heraufbeschwören würden. Insgesamt muß eine Kapazitätsharmonisierung angestrebt werden, deren Ziel darin besteht, das Kapazitätsangebot der zur Leistungserstellung verfügbaren Kapazitätseinheiten (Personal, Betriebsmittel) einer gegebenen Produktionseinheit (Gesamtproduktion, einzelne Produktionsstätten, Anlagen usw.) so mit der geplanten Kapazitätsnachfrage abzustimmen, daß möglichst gleichmäßige Kapazitätsauslastungsgrade erzielt, permanente Kapazitätsengpässe beseitigt und dadurch die Durchlaufzeiten reduziert werden können.

Voraussetzung ist eine konsequente Materialflußplanung nach dem produktorientierten Fließprinzip. Die **JIT-Produktionsphilosophie** läßt sich darüber hinaus mit folgenden charakteristischen Merkmalen kennzeichnen (vgl. hierzu im einzelnen Wildemann 1987, S. 55ff.; Fandel/Francois 1989, S. 534ff.):

- auftragsorientierte Produktion: nicht mehr als nötig produzieren, nicht früher als erforderlich mit der Fertigung beginnen und nicht eher als notwendig das Material an die Fertigung anliefern (fertigungssynchrone Beschaffung),
- Realisierung einer Durchlaufzeitreduzierung bei gleichzeitig hoher Termintreue,
- Anwendung für kleinere, überschaubare Fertigungssegmente und standardisierte Produktionsabläufe (viele Standardteile, geringe Produktvariationen),
- Herstellung eines klar definierten hochwertigen Teilespektrums ohne nennenswerten Rüstaufwand,
- aufeinander abgestimmte Fertigungskapazitäten, hohe Verfügbarkeit der Maschinen und zeitnahe Qualitätssicherung,
- Voraussetzung sind umfassende, aktuelle, fehler- und redundanzfreie Informationen, die Transparenz schaffen, Flexibilität ermöglichen und den durchgängigen Materialfluß erlauben sowie ausreichend qualifizierte Mitarbeiter und deren flexibler Einsatz.

Bei der Realisierung der JIT-Produktion nehmen die Anforderungen an die Produktionsplanung und -steuerung im Vorfeld der eigentlichen Leistungserstellung zu. Die bislang auf der operativen Ebene durchgeführte Zuordnung von einzelnen Arbeitsgängen zu Kapazitätseinheiten wird in die Arbeitsvorbereitung vorverlagert.

Bei der **Beschaffung nach dem JIT-Prinzip** soll die Zulieferung ohne eine nennenswerte Zwischenlagerung je nach Produktionsbedarf erfolgen ("produktionssynchrone Beschaffung" - vgl. Wildemann 1988). Die Material- und Güterströme sollen zeitlich so differenziert gesteuert werden, daß nur diejenige Gütermenge "auf Lager liegt", die bedarfsgerecht auch tatsächlich zu einem bestimmten Zeitpunkt benötigt wird. Dies impliziert de facto eine höhere Lieferfrequenz, da geringere Gütermengen in kürzeren Zeitabständen transportiert werden müssen. Eine Standardisierung und Rationalisierung der Bestellvorgänge ist erforderlich. Nicht alle Materialien sind für JIT-Beschaffungsvorgänge geeignet. Besonders Materialarten mit geringem Jahresverbrauchswert oder unregelmäßigem Verbrauch und/oder geringer Qualität scheiden aus.

Die produktionssynchrone Beschaffung setzt häufig eine **langfristige Zusammenarbeit** mit dem Lieferanten voraus, der sich verpflichtet, die benötigten Materialien zu den produktionsprozeßrelevanten Terminen zu liefern. Dazu müssen die Logistiksysteme der Zulieferer weitgehend an das Logistiksystem der produzierenden Unternehmung angepaßt werden, um z.B. eine Bedarfsänderung ohne Zeitverzögerung an die Zulieferer weitergeben zu können. Solche unternehmungsübergreifenden Logistiksysteme sind relativ störanfällig, so daß weiterhin die Notwendigkeit einer gewissen Vorratshaltung besteht, um auf kurzfristige Änderungen reagieren zu können.

Den Vorteilen einer JIT-Beschaffung - wie geringen Materialbeständen, geringem Raumbedarf und geringen Investitionen im Lagerbereich für den Abnehmer - stehen **nicht unerhebliche Kosten** gegenüber, z.B. für:

- häufigere Bestellvorgänge, die höhere bestellfixe Kosten verursachen,
- kleinere Lieferungen, die in der Regel höhere Transportkosten und höhere Kosten bei der Warenannahme erfordern,
- u.U. erhöhte Einstandspreise für den Abnehmer, wenn die Kosten des Zulieferers durch JIT-Anlieferung ansteigen,
- volkswirtschaftliche Kosten durch Verlagerung des Güterverkehrs auf die Straße.

3.5.3 Die Total-Quality-Management-Philosophie

Die Qualität wird zu den zentralen strategischen Erfolgsfaktoren im internationalen Wettbewerb gezählt. Die vielfältigen Qualitätsdimensionen beziehen sich auf alle **materiellen** und **immateriellen Eigenschaften** eines Produktes hinsichtlich der Eignung zur Erfüllung bestimmter Erfordernisse (z.B. technisch-funktionale Qualität, Qualität des Funktionsumfangs,

Dauerqualität, Umweltqualität). Die Produkteigenschaften müssen am Verwendungszweck gemessen werden; ein objektives Qualitätsurteil läßt sich nicht abgeben. Für den Absatzerfolg ist allein die **subjektive Beurteilung** der Qualität durch den Abnehmer entscheidend, die von mehreren Einflußgrößen abhängt (vgl. Engelhardt/Schütz 1991, S. 395):

- dem Anforderungsprofil des Kunden und dem von ihm vorgesehenen Verwendungszweck des Produktes bzw. der Leistung ("Fitness for Use"),
- den vom Kunden als kaufentscheidend angesehenen Faktoren ("Selektive Qualitätsbeurteilung"),
- dem vom Kunden angestellten Vergleich mit Wettbewerbsangeboten ("Relative Qualität").

Als **ganzheitlicher Ansatz** trägt TQM der komplexen Problematik des Qualitätsphänomens Rechnung - nicht nur die Fertigungsqualität, sondern **alle Qualitätsaspekte** finden Berücksichtigung. Es bezieht sich auf die **gesamte Organisation** mit all ihren Produkten, Prozessen, Instrumenten, Systemen, Strukturen und Human-Ressourcen-Potentialen. Die Qualität sämtlicher Leistungen von Führungskräften und Mitarbeitern determiniert letztendlich die Qualität des Outputs, nicht nur der finanzielle und zeitliche Aufwand.

TQM ist ein **strategisch-vorsteuerndes Qualitätsmanagement** auf einer breiten Informationsbasis und umfaßt eine simultane Steuerung von **Produkt- und Prozeßqualität** (vgl. Wicher 1988). Eine strikte **Kunden- bzw. Anwenderorientierung** des TQM soll die Wettbewerbsfähigkeit erhöhen. Durch eine **enge Einbeziehung** der **Führungskräfte** und **Mitarbeiter** soll besonders die Leistungs- und Motivationsfunktion des TQM herausgestellt werden. Besonderer Wert wird auf klare Kompetenzzuweisungen und die innerbetriebliche ("die einzelnen Abteilungen verfahren miteinander wie in Kunden-Lieferanten-Beziehungen") sowie außerbetriebliche **Kommmunikation** (zu Kunden und Lieferanten) gelegt. Verbesserungen und Erfolge werden durch materielle und immaterielle **Belohnungen** gewürdigt.

Zur Umsetzung der TQM-Philosophie in die betriebliche Praxis wird ein Mix verschiedener Instrumente herangezogen, der das gesamte Spektrum von eher technischen Verfahren der Qualitätssicherung bis hin zu Personal- und Organisationsentwicklungs-Methoden wie Quality Circles umfaßt (vgl. Groth/Kammel 1992).

Eine erfolgreiche Umsetzung der TQM-Philosophie als Teil der Unternehmungsstrategie in die Praxis bedingt, daß die Qualitätsorientierung konsequent und vorbildlich von der Unternehmungsleitung "vorgelebt" wird. Informationsdefizite, Überforderungen und das Gefühl von "Gängelung" können dagegen seitens der Mitarbeiter zu Motivations- und Akzeptanzproblemen führen. Integrierte informationspolitische Maßnahmen und Anreizinstrumente können hier gegensteuern. Ferner gilt es, eine Bewußtseinsbildung für das Qualitätsmanagement heranzubilden und möglichst in der Unternehmungskultur zu verankern.

Während in Japan das Total-Quality-Management bereits eine Selbstverständlichkeit geworden ist (vgl. Ishikawa 1985), gilt ein weitgefächertes Qualitätsmanagement als Teil der Unternehmungsstrategie in Europa in der Regel als neu und wird deshalb nur selten in der Praxis angetroffen.

Der Ursprung von Total-Quality-Programmen wird in den USA gesehen, wo schon Anfang der sechziger Jahre vom ITT-Manager Philip Crosby entdeckt wurde, daß rund 90 Prozent aller Fehler außerhalb der Produktion in Planung und Management entstehen und somit Fehlervermeidungsstrategien entwickelt werden müssen. Japanische Unternehmungen waren aber die ersten, die umfassende TQM-Konzepte konsequent und erfolgreich umsetzten (vgl. Brockmann 1990).

3.5.4 Lean Production

3.5.4.1 Grundlagen

Lean Production ist ein praktisch erprobtes Erfolgskonzept japanischer Automobilhersteller. Eine Übersetzung mit "schlanker" bzw. "abgespeckter" Produktion würde zu kurz greifen, da der Lean Production den gesamten Wertschöpfungsprozeß umfaßt. Die Bezeichnung "**schlanke Unternehmung**" erscheint von allen Übersetzungsbemühungen die geeignetste zu sein. Fünf Jahre lang, von 1984 bis 1989, untersuchten vierundfünfzig Wissenschaftler unter der Leitung des MIT (Massachusetts Institute of Technology, Boston) neunzig Montagewerke in fünfzehn Ländern. Sie stellten erhebliche Unterschiede zwischen japanischen Herstellern sowie amerikanischen und europäischen Automobilproduzenten fest, was Produktivität und Qualität anbelangt. Das für europäische und amerikanische Produzenten niederschmetternde Ergebnis führen die Wissenschaftler auf eine völlig andere Einstellung der Japaner zur Arbeit, zum Produkt, zum Kunden und zum Zulieferer zurück.

Lean Production bedeutet die Abkehr von der bisher in Europa und Amerika propagierten Massenfertigung standardisierter Automobile nach der Maßgabe: Je länger und zahlreicher ein bestimmtes Modell produziert wird, desto niedriger sind die Stückkosten. Vertretbare Fehlerquoten werden dabei in Kauf genommen und Produktions- bzw. Qualitätsmängel oft erst nach abschließenden kostenintensiven Qualitätskontrollen behoben. Abbildung 3.15 zeigt eine Zusammenfassung hervorstechender Merkmale und wettbewerbsentscheidender Unterschiede unterschiedlicher Montagewerke in Japan, Nordamerika und Europa.

Kern des Lean-Production-Konzeptes ist die Verbindung von **hoher Produktivität** bei gleichzeitiger **hoher Qualität**. Nicht mehr die differenzierte Unterteilung der betrieblichen Aufgabenkomplexe und Managementfunktionen nach Taylorscher Prägung, sondern deren **integrative Sichtweise** steht im Vordergrund. "Schlank" bedeutet in erster Linie:

- eine marktgerechte Vielfalt schnell und mit weniger Aufwand zu entwickeln,
- kostengünstiger und in besserer Qualität zu produzieren,
- den Wünschen des Kunden entsprechend zu liefern,
- alle Unternehmungsmitglieder und zusätzlich die Zulieferer und Händler einzubeziehen und
- Umsetzung des "KAIZEN"-Prinzips (KAI = Wandel, Änderung; ZEN = das Gute), d.h. kundenorientierte "ständige Verbesserung" von Produkt- und Prozeßqualität.

	japanische Werke in Japan	japanische Werke in Nordamerika	amerikanische Werke in Nordamerika	alle europäischen Werke
Leistung				
Produktivität (Std./Auto)	16,8	21,2	25,1	36,2
Qualität (Montagefehler/100 Autos)	60,0	65,0	82,3	97,0
Layout				
Fläche (qm/Auto/Jahr)	0,5	0,8	0,7	0,7
Größe des Reparaturbereichs (% der Montagefläche)	4,1	4,9	12,9	14,4
Lagerbestand (Tage für 8 ausgewählte Teile)	0,2	1,6	2,9	2,0
Arbeitskräfte				
% der A. in Teams	69,3	71,3	17,3	0,6
Job Rotation (0 = keine, 4 = häufig)	3,0	2,7	0,9	1,9
Vorschläge/Beschäft.	61,6	1,4	0,4	0,4
Anzahl der Lohngruppen	11,9	8,7	67,1	14,8
Ausbildung neuer Prod.-Arbeiter (Std.)	380,3	370,0	46,4	173,3
Abwesenheit (%)	5,0	4,8	11,7	12,1
Automation				
Schweißen (% der Arbeitsgänge)	86,2	85,0	76,2	76,6
Lackierungen (% der Arbeitsgänge)	54,6	40,7	33,6	38,2
Montage (% der Arbeitsgänge)	1,7	1,1	1,2	3,1

Abb. 3.15: Zusammenfassung wichtiger Merkmale von Automobil-Montagewerke (Großserienhersteller; Durchschnittsszahlen pro Wirtschaftsregion 1989 - Quelle: Womack/Jones/Roos 1991, S. 98)

3.5.4.2 Merkmale

Als wesentliche **Merkmale**, die untereinander eng verzahnt sind, können differenziert werden:

(1) **Teamarbeit**

Die Teamarbeit mit gemeinsamen Entscheidungen, an die sich jeder gebunden fühlt, gilt als ein ganz wesentlicher Erfolgsbaustein. Sämtliche Abteilungen sind in Teams organisiert und angehalten, offen zu kommunizieren. Bei bestimmten Projekten arbeiten mehrere Abteilungen zusammen. Die Organisationsstruktur ist weniger vertikal als primär **horizontal** angelegt. Alle Aktivitäten werden auf eine Produktlinie hin ausgerichtet, wobei der sogenannte "Produkt-Champion" die tragende Rolle spielt. Dem Team werden größtmögliche Kompetenzen zugebilligt. Es wird von einem Teamleiter mit ausgeprägten Integrations- und Führungsfähigkeiten als treibender Kraft geführt. Die ausgeprägte Delegation von Verantwortung muß gewährleisten, daß sämtliche in einem Bereich anfallenden Aufgaben einschließlich der Qualitätssicherung, der Budgetverantwortung, der Materialbeschaffung, der Produktentwicklung, des Verkaufs usw. eigenständig bearbeitet werden können.

Voraussetzung für ein starkes Engagement und eine starke Einbindung vieler Mitarbeiter in einem Team ist das in Japan kulturtypische Phänomen eines starken Gefühls der **gegenseitigen Verpflichtung**, das durch (eher kollektive) Belohnungen zusätzlich gestärkt wird. Gruppen- und Eigenverantwortung steigern zudem die Unternehmungsidentifikation.

(2) **Total-Quality-Control**

Es wird eine **permanente Qualitätssicherung** im Wertschöpfungsprozeß implementiert. Im Bestreben einer "Null-Fehler-Strategie" werden auftretende Mängel bzw. Probleme sofort und möglichst eigenverantwortlich durch die Arbeitsgruppen gelöst und künftig zu vermeiden versucht, indem ihre Ursachen systematisch ermittelt werden. Die Qualität wird ausschließlich und differenziert aus der **Sicht des Kunden** heraus produkt- und prozeßbezogen evaluiert.

(3) **Kundenorientierung**

Kundenorientierung besteht nicht nur im Hinblick auf den Endabnehmer. Auch innerhalb der Unternehmung sind Teams und Abteilungen angehalten, einander "wie Kunden zu behandeln", d.h., keine fehlerhaften Produkte zur weiteren Bearbeitung zu übergeben. Die Händler, zu denen in Japan enge Beziehungen gepflegt werden, sammeln wichtige Informationen und geben Auskunft über beobachtete Markttrends, die unmittelbar in die Produkt- und Produktionsplanung einfließen. Verkaufsteams sind nicht an kurzfristigen Verkaufserfolgen interessiert, sondern an langfristigen "**Full-Service**"-Beziehungen zum Kunden. Im Einzelfall werden kundenspezifische Wünsche berücksichtigt und die Produkte kurzfristig geliefert.

(4) **Komplexitätsreduktion**

Es wird ständig versucht, die Komplexität in der (voll-)automatisierten Produktion zu reduzieren und Abläufe zu rationalisieren. Die vorherrschende **Modulbauweise** trägt zur Vereinfachung und Flexibilisierung bei.

(5) **Simultaneous Engineering**

Simultaneous Engineering dient der Beschleunigung der Innovationsgeschwindigkeit. Es ist gekennzeichnet durch:

- eine weitgehende Parallelisierung von Produkt- und Produktionsmittelentwicklung,
- eine frühzeitige und umfassend abgestimmte marktorientierte Planung kritischer Qualitätsmerkmale des neuen Produkts und
- die Einbeziehung der Entwicklungsressourcen von Produktionsmittelherstellern und Komponentenzulieferern durch enge Kooperation.

(6) **Einbeziehung der Zulieferer**

Die Zulieferindustrie wird schon in die Produktentwicklung eng eingebunden, ihre Anzahl aber begrenzt. Die Partnerschaft mit ausgewählten Zulieferbetrieben äußert sich in der Formulierung gemeinsamer Ziele, Kostensenkungsverantwortlichkeiten und Qualitätsansprüchen. Es wird versucht, die jeweiligen Gewinninteressen zum gemeinschaftlichen Vorteil angemessen und langfristig zu berücksichtigen; der Einkäufer versucht also nicht, konkurrierende Zulieferer solange gegeneinander auszuspielen, bis im Extremfall weltweit nur wenig Hersteller mit entsprechend gewachsener Marktmacht in einem Segment übrig bleiben. Die Zulieferer werden allerdings laufend durch Lieferantenbewertungsverfahren kontrolliert. "Just-in-Time"-Bereitschaft und -Fähigkeit sind Grundvoraussetzungen für den langfristigen Aufbau einer Lieferanten-Hersteller-Beziehung.

(7) **Personaleinsparung**

Lean Production benötigt weniger Mitarbeiter als die traditionelle Massenfertigung. Dies gilt vor allem für die nicht im engen Sinne produktiven (Verwaltungs-)Bereiche, die lediglich "Zuarbeit" für die Fertigung und Logistik leisten.

(8) **Umfangreiche Informationssysteme**

Soll das Gesamtsystem erfolgreich funktionieren, müssen umfassende integrierte Informationssysteme implementiert werden, auf die möglichst jeder Mitarbeiter rasch zugreifen kann. Ziele sind ein intensiver Informationsaustausch und vor allem die Herstellung von Transparenz im Hinblick auf die Kostenstruktur.

3.5.4.3 Mögliche Implementationsbarrieren

Der Erfolg des Lean-Production-Konzeptes (auch in der Praxis japanischer Montagewerke in den USA und Großbritannien) begründet die

Sorge amerikanischer und europäischer Automobilhersteller vor künftigen Nachteilen im internationalen Wettbewerb. Zwar wird von maßgeblichen Beteiligten in der MIT-Studie die Ansicht vertreten, die Erfolgsmethode lasse sich auf andere Branchen und Länder übertragen, doch bestehet eine Reihe grundsätzlicher **Implementationshindernisse**. Diese Barrieren sind weniger spürbar bei neu zu errichtenden Werken (z.B. Nissan in Großbritannien) als in dem Moment, in dem aufgrund des neuen Unternehmungskonzeptes umfassende Reorganisationsprozesse nötig wären und gewachsene Strukturen rasch und in erheblichem Maße verändert werden müßten. Wenn soziale Besitzstände dabei gefährdet erscheinen und Massenentlassungen anstehen, drohen **soziale Konflikte** und nachhaltige Störungen der Arbeitgeber-Arbeitnehmer-Beziehungen.

Die Fragestellung der Übertragbarkeit muß auch vor dem Hintergrund **sozio-kultureller Bedingungen** gesehen werden. In Japan herrscht eine kollektivistische statt einer (europäisch-amerikanisch) individualistischen **kulturellen Grundorientierung** vor. Die Mitarbeiter verhalten sich im Vergleich etwa zu amerikanischen Arbeitnehmern äußerst loyal zu "ihrem Unternehmen", an das sie sich häufig ihr gesamtes Arbeitsleben lang fest binden. Es entwickelt sich ein starkes Gruppenbewußtsein. Das herrschende Wert- und Normengefüge trägt zum Funktionieren der Teamarbeit und Kommunikation, zur Motivation sowie zum Gemeinschaftsgefühl bei und erweist sich als wichtiger Systemparameter, der an anderen Standorten nicht in gleichem Maße vorhanden ist und daher erst entwickelt werden muß. Bereichsegoismen, mangelnde Partizipationsmöglichkeiten der Mitarbeiter in der Produktion, unzureichende Personal-, Team- und Organisationsentwicklung und der Unwille der Führungskräfte, ihre Fähigkeiten in das Team und teamübergreifend zielwirksam einzubringen, stellen wichtige Gründe für ein Scheitern der Implementierung von Lean Production dar.

Die erfolgreiche praktische Umsetzung des Lean-Production-Konzeptes außerhalb Japans hängt wesentlich auch davon ab, ob es gelingt, Zulieferer und Händler entsprechend einzubeziehen, die möglichst zu behandeln sind, als wären sie eine "Abteilung der eigenen Unternehmung".

3.5.5 Abschließende Beurteilung strategischer Erfolgskonzepte

Als Fazit wird deutlich, daß stets eine Vielzahl von Erfolgsfaktoren in der strategischen Planung Berücksichtigung finden muß. Erfolgskonzepte stellen aber **keine Erfolgsgarantien** oder **Erfolgsrezepte** dar. Japanische Erfolgskonzepte und ihre (nicht immer "japan-originären") Komponenten erweisen sich aufgrund anderer kultureller Hintergründe (weniger "team spirit", Gruppenharmonie und -konformität etc.) als nicht ohne weiteres kopierbar. Dennoch läßt sich hieraus lernen, genauso wie japanische Unternehmungen von westlichen Managementtechniken profitiert, ja diese zum Teil effizienter eingesetzt haben.

Als entscheidende Größe muß der menschliche Faktor von Strategienformulierung, -auswahl und -implementation angesehen werden. Die verantwortlichen Führungskräfte müssen befähigt sein, die Faktoren sinnvoll einzusetzen. Hinzu kommt, daß Erfolgsfaktoren einem **zeitlichen Wandel** unterliegen. Was heute als erfolgreich für die Unternehmung zu einem künftigen Zeitpunkt gilt, kann schon vor dem Wirksamwerden der Strategie obsolet werden oder an Gewicht verlieren; andere Faktoren hingegen können im Zeitablauf zentrale Bedeutung erlangen.

Studien der Erfolgsfaktoren-Forschung geben **Hinweise** auf die praktische Bedeutung bestimmter Größen in einer Vielzahl von Unternehmungen. Eine situative Interpretation im Hinblick auf eine Berücksichtigung in der strategischen Planung der einzelnen Unternehmung sollte nur vor dem Hintergrund einer genauen Diagnose der betrachteten Unternehmung sowie einer Branchen- und Konkurrenzanalyse erfolgen. Es empfiehlt sich, die situative Analyse von Erfolgsfaktoren und konkreten Erfolgspotentialen durch eine eingehende Untersuchung auch von **Mißerfolgen** zu ergänzen.

3.6 Die Portfolio-Methode in der strategischen Unternehmungsplanung

Faßt man die Tätigkeiten und die Leistungsverwertung einer Unternehmung als Portfolio auf, so können analog zu einem Wertpapierportefeuille strategische Überlegungen angestellt werden. Denn ähnlich einem Bankier, der Finanzmittel seiner Kunden investieren und wieder freisetzen kann, so daß die Ziele Gewinn, Liquidität und Sicherheit möglichst gut erreicht werden, liegt der größte Vorteil diversifizierter Unternehmungen in ihrem **Ressourcenverbund**. Sie können Ressourcen und Know-how in Form von Kapital, Technologien, Produkten und Führungskräften nach unterschiedlichen Prioritäten zuteilen. Eine differenzierte Anforderung an die Ressourcen ergibt sich einmal aus einer sich ständig wandelnden Marktdynamik, z.B. in Form veränderter Wettbewerbsverhältnisse, technologischer Einflüsse sowie Kundenpräferenzen; zum anderen aus den unterschiedlichen Beiträgen der einzelnen Umsätze zur Zielrealisierung, die aus unterschiedlichen Wachstumschancen, Ertragspotentialen und -faktoren, Finanzmittelanforderungen und Risikosituationen resultieren. Die portfoliogestützte Planung kann dazu beitragen, die knappen Ressourcen, die alternativen Verwendungen zugeführt werden können, nach Gewinn- und Risikoaussichten in Abhängigkeiten der Markt- und Wettbewerbsposition optimal zu verteilen. Die Anwendung der Portfolio-Technik braucht sich nicht auf eine bestimmte Ebene zu beschränken. Sie kann sich auf bestimmte Produkt-/Marktsegmente, Produktfelder, Geschäftsbereiche (Sektoren) und die Gesamtunternehmung beziehen.

Die strategischen **Geschäftsfelder** bilden die Elemente des Gesamtportfolios der Unternehmung. Sie können relativ umfassende Produkt-/Markt-Kombinationen darstellen, die gegebenenfalls in Subgruppen aufgespalten werden können. Dadurch können Portfolios der einzelnen strategischen Geschäftsfelder entwickelt werden. Insbesondere die zunehmende Komplexität der internationalen Produkt-/Markt-Beziehungen fordert eine Zerlegung des Gesamtsystems einer Unternehmung in kleinere, überschaubare, für strategische Entscheidungen adäquate Teileinheiten, um hierdurch den Gesamt-Unternehmungserfolg sicherzustellen.

Mit der **Portfolio-Matrix** kann in anschaulicher Form über die strategische Position einzelner strategischer Geschäftsfelder der Unternehmung bzw. einzelner Produktgruppen oder Produkte eines strategischen Geschäftsfeldes informiert werden. Diese Anschaulichkeit wird durch eine Reduzierung der Vielzahl von Beurteilungskriterien der betrachteten Produkt-/Markt-Kombination aus zwei Kriterien gewonnen, die die Achsen der Portfolio-Matrix bilden. In diese Felder werden entsprechend dem Erfüllungsgrad der gewählten Kriterien die strategischen Geschäftsfelder eingetragen. Portfolio-Konzeptionen stellen vor allem die jeweilige Produktpalette der Unternehmung und deren Ertragssituation in den Mittelpunkt ihrer Betrachtungen. Die Grundüberlegung ist dabei, daß ein einzelnes Produkt nicht isoliert in die Strategieplanung einbezogen werden darf, sondern daß es im Verbund mit den übrigen Produkten der Unternehmung betrachtet werden muß. Es soll eine Mischung des Portfolios zwischen Produkten, die ausreichende Wachstumschancen offerieren, und Produkten, die ertragsstark sind, vorgenommen werden.

Ein einfaches **Grundmodell des Portfolio-Ansatzes** stammt von der amerikanischen Unternehmensberatungsgesellschaft "Boston Consulting Group" (Hedley 1977). Es stützt sich auf die Erfolgsfaktoren "Marktwachstum" und "Marktanteil" aus dem Erfahrungskurven-Konzept.

Das **Marktwachstum** läßt sich ableiten aus dem Marktbedarf in bezug auf die Gesamtzeit, der **relative Marktanteil** erlaubt Aussagen über die Wettbewerbsposition gegenüber der Konkurrenz. Der relative Marktanteil gestattet ferner auch Angaben über die Kapazität von Wettbewerbern, über Fertigungsprozesse, über die Struktur der Wertschöpfung, über Vertriebsstrategien und über Ertragspotentiale. In einer Matrix lassen sich vier Felder bilden (vgl. Abbildung 3.16):

Marktwachstum			
	hoch	'Stars' (Star-Produkte)	'Question Marks' (Nachwuchs-Produkte)
	gering	'Cash Cows' (Cash-Produkte)	'Poor Dogs' (Auslauf-Produkte)
		hoch	gering
		relativer Marktanteil	

Abb. 3.16: Die (Markt-)Portfolio-Konzeption

(1) "**Stars**" sind Produkte mit überdurchschnittlichem realen Marktwachstum und dem Potential zu dominierender Marktposition bis in die Reifephase; sie haben einen hohen Investitionsbedarf.

(2) "**Cash Cows**" sind Produkte mit hohem Marktanteil und geringem Wachstum; diese Erzeugnisse produzieren einen Liquiditätsüberschuß.

(3) "**Question Marks**" sind (Nachwuchs-)Produkte mit einem niedrigen Marktanteil bei hohem Marktwachstum. Es besteht hoher Bedarf an Investitionsmitteln und damit an Liquidität.

(4) "**Poor Dogs**" sind (Auslauf-)Produkte mit niedrigem Marktanteil und niedrigem Marktwachstum; sie sollten nach Möglichkeit eliminiert, d.h., die in ihnen gebundenen Ressourcen sollten freigesetzt werden.

Die Unternehmung muß versuchen, in ihrer Produktplanung einen Ausgleich zwischen den Wachstumsprodukten und den ertragsstarken Produkten herzustellen, um damit die **langfristige Unternehmungsentwicklung** zu sichern. Dabei erfordern die verschiedenen Produkttypen unterschiedliche Planungsschwerpunkte: "Cash Cows" und "Poor Dogs" verlangen eine sehr genaue, kostenorientierte Planung, für "Problem-Kinder" und "Star-Produkte" ist eine sorgsame Analyse der Umweltentwicklung erforderlich.

Nach Dunst (1979, S. 94f.) liegen der Matrix folgende Annahmen zugrunde:

- Je höher der relative Marktanteil, desto höher die Gewinnspanne und damit der erzielte positive Cash Flow.
- Hohe Zuwachsraten in einem Markt erfordern erhöhte Investitionen.
- Hohe Zuwachsraten gehen langfristig zurück. Bei nachlassendem Marktzuwachs lassen sich dann Gewinn und positiver Cash Flow, bedingt durch vorher getätigte Marktinvestitionen in eine Marktführerschaft, erzielen.

Auf der Grundlage des Portfolio-Rasters wird versucht, die einzelnen Geschäftsfelder der Unternehmung nach dem Kriterium der vorrangigen Ressourcenzuteilung einzuordnen (vgl. Abbildung 3.17 auf Seite 209).

Vier strategische Grundrichtungen (Normstrategien) lassen sich den einzelnen Quadranten der Portfolio-Matrix zuordnen (vgl. Hinterhuber 1989, S. 128ff.):

(1) **Defensivstrategien** für die strategischen Geschäftseinheiten mit hohem relativen Marktanteil und niedrigem Wachstum, da sie die größten gegenwärtigen Einnahmenüberschüsse bringen. Der Marktanteil dieser "Cash Cows" muß somit gehalten, aber nicht ausgebaut werden.

(2) **Offensivstrategien** für die strategischen Geschäftseinheiten mit niedrigem Marktanteil und hohen Wachstumsraten. Bei diesen "Question Marks" müssen alle Chancen zur Marktanteilsteigerung, d.h. zu einem überdurchschnittlichen Wachstum genutzt werden.

(3) **Investitionsstrategien** für die strategischen Geschäftseinheiten mit hohen relativen Marktanteilen und Wachstumsraten über 10% erfordern in der Regel zur Sicherung der Marktanteile mehr Investitionsmittel als sie selbst in Form von Deckungsbeiträgen hervorbringen können. Diese Star-Produkte sollen den zukünftigen Cash-flow der Unternehmung bringen.

(4) **Desinvestitionsstrategien** für die strategischen Geschäftseinheiten mit niedrigen relativen Marktanteilen und Wachstumsraten ("Poor Dogs", Auslauf-Produkte), da sie in der Regel weder gegenwärtig Ge-

winne bringen noch zum zukünftigen Wachstum der Unternehmung beitragen.

Portfolio-Quadrant	Strategische Grundrichtung	Preispolitischer Orientierungsrahmen (strategische Ausgangsbasis)	Preis-Strategie	Finanzielle Auswirkungen
"Star"	o Sicherung der starken Wettbewerbsposition o Stimulierung der allgemeinen Marktnachfrage o Wettbewerber davon abhalten, in attraktive Geschäfte einzutreten bzw. zu expandieren oder sich preislich zu positionieren	Markt- bzw. kundenorientierte Betrachtung bezüglich der Basiskriterien: o Marktpotential, Marktexpansion o Nachfrageelastizität o Produktlebenszyklus o Produkt-Innovations-Substitutionen o Vertrautheit der Kunden mit Produkt bzw. Service o Vertriebskanäle o Regionen etc.	gemäßigte Preise	Hohe Gewinne Hohes Wachstum Ausgeglichener Cash Flow
"Cash Cow"	o Sicherung eines hohen netto Cash Flow und der Gewinne o Beibehaltung der Wettbewerbsstabilität	Kostenorientierte Betrachtung bestimmt durch: o stabile Marktnachfrage o bekanntes Marktpotential o geringes Wachstum o hohen Produkt-Bekanntheitsgrad o Segmentspezifische Wachstumsunterschiede o Standard-Produkte o weiterentwickelte Produkte	gemäßigte und segmentspezifische Preise (z.B. niedrig bei Standardprodukten - hoch bei Sonderfertigungen oder wenig gefährdeten Segmenten) Einheitliche Preisanhebungen vermeiden!	Hohe Gewinne Niedrige bis mäßiges Wachstum Hohe Cash-Freisetzung
"Poor Dog"	o Cash Flow Maximierung	Cash-orientierte Betrachtung vorherrschend, da Markt- und Wettbewerbsbezug praktisch irrelevant	Preise so hoch wie möglich	Kurzfristige Cash- und Gewinn-Maximierung
"Question Mark"	o schneller Marktanteilgewinn o Abschreckung von Wettbewerbern, in attraktive Geschäfte zu investieren	Wettbewerbsorientierte Betrachtungen bezüglich: o Stärken und Schwächen o finanzieller Fähigkeiten o Investitionsbereitschaft o Produkt-Portfolio o Kostenposition o Unternehmer-Mentalität der Hauptkonkurrenten	Preise möglichst niedrig	Niedriger Gewinn Hohes Wachstum Hoher Cash-Bedarf

Abb. 3.17: Grundregeln der Ressourcenzuteilung

Portfolio-Ansätze lassen sich in verschiedenen Prozeßstufen der strategischen Planung einsetzen. So können Portfolios im Rahmen der Lageanalyse und -prognose sowie der Früherkennung von Gefahren und Chancen, z.B. in Form von Produktportfolios, Unternehmungspositions-/Konkurrenzportfolios, Technologie-, Länderportfolios, Beschaffungsportfolios usw. eingesetzt werden unter Berücksichtigung u.a. folgender Fragestellungen:

- Sind die zukünftigen Investitionsvorhaben durch den gegenwärtigen Anteil der "Cash-Produkte" ausreichend gesichert?
- Sollten mehr Ressourcen in Ländermärkte fließen, die ein hohes Wachstumspotential versprechen?
- Wie ist die eigene Stellung in der Branche im Vergleich zu wichtigen Konkurrenten zu beurteilen?
- Ist die betreffende Unternehmung unter Umständen zu stark in Ländern mit hohem politischen Risiko engagiert?
- Welche Positionsveränderungen in einzelnen Portfolios (Position ausbauen, halten, Abschöpfung) sind erstrebenswert?
- Werden Synergien bestmöglich genutzt?
- Welche Hinweise ergeben sich für die Produktentwicklung und Einbeziehung neuer Technologien?
- Wie verhält sich die Gefahr marktbedingter Versorgungsstörungen im Zusammenhang mit der Anfälligkeit gegenüber Versorgungsstörungen in der Materialwirtschaft?
- Wie hoch sollte die Eigenfertigungstiefe in bestimmten Geschäftsfeldern ausfallen ("Make or buy"-Portfolios)?

Soll- oder Zielportfolios werden formuliert, um die erforderlichen strategischen Aktivitäten zur Verbesserung der bestehenden und zur Realisierung der angestrebten Unternehmungssituation entwickeln zu können. Dies ist ein innovationsorientierter, kreativer Prozeß. Er sollte sämtliche Wahlmöglichkeiten beinhalten, die hinsichtlich der Allokation von unternehmungsbezogenen Ressourcen bestehen. Aufgrund der Soll-Portfolios werden dann die strategischen Aktivitäten festgelegt, die sich aufgrund der jeweiligen absoluten oder relativen Positionierung der strategischen Geschäftseinheit oder anderer Strukturebenen ergeben können (vgl. Abbildung 3.18). Ein ausgewogenes Portfolio mit Blickrichtung auf zukünftige Gewinnpotentiale der Unternehmung konzentriert sich auf "Stars". Der Innovator geht dabei den Weg über kostenintensive F&E-Anstrengungen mit zum Teil risikobehafteten Markteinführungen, der Imitator steigt erst bei hohem Marktwachstum ein.

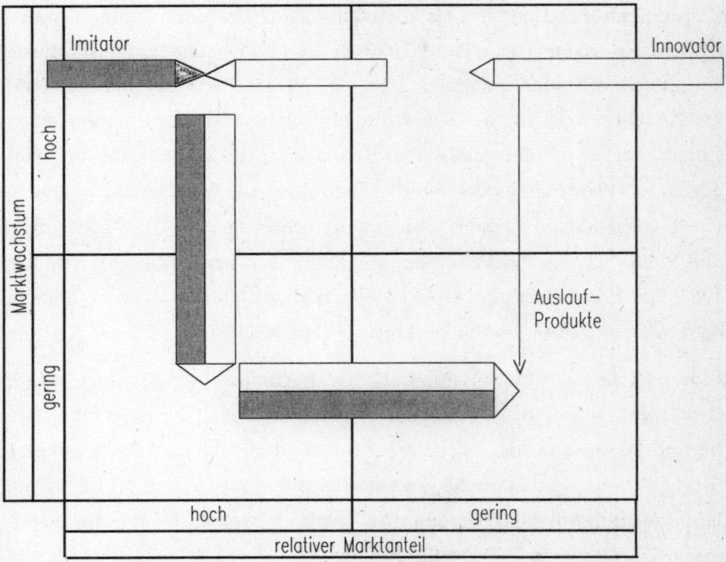

Abb. 3.18: Soll-Verlauf im Portfolio-Konzept der Boston Consulting Group

Die Qualität der **Bewertung** im Portfolioverfahren ist abhängig von

- der zweckgerichteten Informationsbereitstellung,
- der Aussagefähigkeit der Ausgangsdaten,
- der Fähigkeit der Verantwortlichen, Portfoliotechniken "richtig" einzusetzen, der Akzeptanz dieses Verfahrens als Entscheidungshilfe, den Erfahrungen und den Erwartungen der Führungskräfte und Planungsstäbe.

Allein quantitative Daten werden nicht ausreichen und sind durch (subjektiv geprägte) qualifizierte Informationen zu ergänzen. Von den fachlichen und persönlichen Fähigkeiten der Verantwortlichen hängt es ab, ob die relevanten Informationen "richtig" in alternative Zukunftsportfolios umgesetzt und angemessene Strategien abgeleitet werden. Mögliche Strategien sollten dabei unter Berücksichtigung alternativer Umweltszenarien analysiert und formuliert werden.

Zusammenfassend läßt sich als **Vorteil** der Portfolio-Methode die **Konzentration auf strategische Geschäftsfelder** und **kritische Erfolgsfaktoren** herausstellen. Dadurch kann es gelingen, den konfliktären, multipersonalen Analyseprozeß methodisch vor allem durch Visualisierung zu unterstützen, sei es, um die Auskunfts-, Kritik- und Konsensfähigkeit des Managements zu erhöhen oder um den Beteiligten die Möglichkeit zu geben, einen vorhandenen Dissens über die Beurteilung von Geschäftsfeldern durch eine "unscharfe" Positionierung zum Ausdruck zu bringen (Böhler 1989, Sp. 1556). Portfolio-Ansätze liefern also allenfalls Heuristiken zum Auffinden und Formulieren konkreter Strategien.

In der Einfachheit und Transparenz der Portfolio-Methodik liegt jedoch gleichzeitig auch ihre Schwäche. Der Ansatz verleitet zu einer unreflektierten Akzeptanz der sich ergebenden und ableitbaren Aussagen. "Fertige" und systematische Antworten auf Fragen der strategischen Unternehmungsplanung werden nicht gegeben, weil es keinesfalls ausreichend ist, Geschäftsfelder oder Produkte in die Matrix (beschränkt auf zwei Größen) einzuordnen, um automatisch alle Schwierigkeiten zu überwinden, die mit einer angestrebten Verbesserung der Wettbewerbsposition verbunden sind (vgl. Kreilkamp 1987, S. 560).

Auf keinen Fall kann die Methode eine umfassende Analyse der ökonomischen Gegebenheiten sowie eine kreative Strategieerarbeitung ersetzen. Die Anwendungsprobleme liegen vor allem in:

- der Voraussetzung, daß die Geschäftsfelder bei den jeweils zugrundeliegenden Dimensionen intern homogen und zugleich von anderen Geschäftsfeldern unabhängig sein müssen;
- den Anpassungserfordernissen der Bewertungskriterien an verschiedene strategische Geschäftsfelder;
- der Subjektivität der Kriteriengewinnung und -bewertung sowie der Unsicherheit von Planungsdaten.

Literaturempfehlungen

a) Grundlagen der strategischen Unternehmungsplanung

Ansoff, H.: Implanting Strategic Management, Englewood Cliffs, N.J. u.a. 1984

Capon, N./Faley, J.K./Hulbert, J.M.: Corporate Strategic Planning, New York 1987

Gälweiler, A.: Strategische Unternehmensführung, Frankfurt a.M. u.a., 1987

Hahn, D./Taylor, B. (Hrsg.): Strategische Unternehmensplanung/Strategische Unternehmensführung. Stand und Entwicklungstendenzen, 5. Aufl., Heidelberg 1990

Hinterhuber, H.H.: Strategische Unternehmungsführung, Bd. 1: Strategisches Denken, 4. Aufl., Berlin/New York 1989

Kreikebaum, H.: Strategische Unternehmensplanung, 4. Aufl., Stuttgart u.a. 1991

Porter, M.E.: Wettbewerbsstrategie (Competetive Strategy), 6. Aufl., Frankfurt a.M./New York 1990

Rahl, K.: Strukturierung strategischer Planungsprozesse, Wiesbaden 1990

Rühli, E.: Unternehmungsführung und Unternehmungspolitik, Bde. 1+2, 2. Aufl., Bern/Stuttgart 1988

Steinmann, H. (Hrsg.): Planung und Kontrolle, München 1981

Ulrich, H.: Unternehmungspolitik, 3. Aufl., Bern/Stuttgart 1990

b) Erfolgsfaktoren

Bauer, H.H.: Das Erfahrungskurvenkonzept. Möglichkeiten und Problematik der Ableitung strategischer Handlungsalternativen, in: WiSt, 15. Jg. (1986), S. 1-10

Buzzel, R.D./Gale, B.T.: Das PIMS-Programm, Strategien und Unternehmenserfolg, Wiesbaden 1989

Fritz, W.: Marketing - ein Schlüsselfaktor des Unternehmenserfolges?, in: Marketing, 12. Jg. (1990), S. 91-110

Heinen, H.: Unternehmenskultur, München 1987

Simon, H.: Die Zeit als Strategischer Erfolgsfaktor, in: Zeitschrift für Betriebswirtschaft, 59. Jg. (1989), S. 70-93

Staehle, W.H.: Human Resource Management (HRM), in: Zeitschrift für Betriebswirtschaft, 58. Jg. (1988), S. 576-587

Womack, J.P./Jones, D.T./Roos, D.: Die zweite Revolution in der Autoindustrie, 2. Aufl., Frankfurt a.M./New York 1991

c) Portfolio-Methode

Böhler, H.: Portfolio-Analysetechniken, in: Szyperski, N./Winand, U. (Hrsg.): Handwörterbuch der Planung, Stuttgart 1989, Sp. 1548-1559

Hedley, B.: Stratgegy and the "Business Portfolio", in: Long Range Planning, 10. Jg. (1977), Nr. 1, S. 9-15

Roventa, D.: Portfolio-Analyse und Strategisches Management, 2. Aufl., München 1981

Scheel, F.: Neuere Konzepte des strategischen Portfolio-Managements in diversifizierten Unternehmen. (Diss.) TU Berlin 1981

4. Strategische Früherkennung

4.1 Grundlagen

Früherkennung in der Unternehmung hat Änderungen relevanter Faktoren oder Faktorenkombinationen in einem bestimmten Bereich so frühzeitig anzuzeigen, daß der Entscheidungsträger die Möglichkeit besitzt, rechtzeitig die notwendigen Anpassungs- und Korrekturmaßnahmen einzuleiten (vgl. Hahn 1979, S. 25; Rieser 1980, S. 52; Hammer 1988, S. 175ff.). Dabei geht es nicht nur um **Gefahren-** bzw. **Risikenvermeidung**, sondern auch um **Chancen**, die flexibel durch die Schaffung, Sicherung und Erweiterung von Handlungsspielräumen genutzt werden sollen. Entscheidungs- bzw. planungsbezogen spielt die Früherkennung in der Phase der Problemidentifikation, -analyse und -formulierung eine wesentliche Rolle. Das Schwergewicht liegt auf der **frühzeitigen Erfassung** von Chancen und Risiken. Frühzeitig bedeutet, daß sowohl für die Planung der Aktion/Reaktion als auch für den Entscheidungsprozeß selbst ausreichend Zeit verbleibt, um mit einer optimalen Strategie die erkannten Gefahren und Chancen berücksichtigen zu können. Die Bedeutung der Früherkennung liegt insbesondere in der Unterstützung der strategischen Unternehmungsführung, damit Wettbewerbsvorteile auf Dauer geschaffen, erhalten und verstärkt werden.

Das Ziel von Früherkennungsaktivitäten ist es, möglichst frühzeitig und umfassend Indikatoren beziehungsweise Hinweise zu erlangen, die sich auf derzeitige und zukünftige Erfolgspotentiale beziehen. Dabei gilt es vor allem, Erkenntnis-, Entscheidungs-, Realisierungs- und Wirkungsverzögerungen zu reduzieren (Rieser 1978, S. 53).

Nach Wiedmann (1985, S. 303) haben sich die Ansätze der Früherkennung in drei Stufen entwickelt, die noch heute parallel nebeneinander in der Praxis zum Einsatz kommen:

(1) Die erste Stufe ist gekennzeichnet durch isolierte Informationssysteme, mit deren Hilfe zukunftsorientierte Soll-Ist-Vergleiche durchzuführen, Frühwarnindi-

katorkataloge aufzubauen und Warngrenzen (sog. **Frühwarnsysteme**) festzulegen sind.

(2) Die zweite Entwicklungsstufe ist nicht nur charakterisiert durch die Beachtung von Risiken und Bedrohungen, sondern gleichermaßen durch eine Suche nach potentiellen Chancen und Gelegenheiten, verbunden mit einer erweiterten Umweltperspektive, die über die Orientierung an den derzeitigen Zielsetzungen und Strategien hinausgeht.

(3) Als dritte Entwicklungsstufe kann der Übergang von einem isolierten Management-Informationssystem zu einer stärkeren Integration in das strategische Management gesehen werden, wobei Früherkennung den Charakter einer Leitidee der strategischen Unternehmungsführung gewinnt. Unter diesem Aspekt sind dann alle Teilsysteme beziehungsweise Instrumente des Managements auch unter dem Gesichtspunkt und den Erfordernissen einer strategischen Früherkennung zu gestalten (vgl. Kirsch/Trux 1983, S. 226).

Eine systematische Früherkennung bezieht folgende **Aufgabenelemente** ein:

- Ermittlung von Beobachtungsbereichen des In- und Umsystems,
- Bestimmung des Früherkennungsbedarfs und von Schlüsselfaktoren für jeden Beobachtungsbereich,
- Festlegung von Frühindikatoren sowie Standards und Toleranzgrenzen je Indikator,
- Beschaffung relevanter Informationen,
- Auswahl geeigneter Instrumente bzw. Methoden,
- spezifische Aufbereitung der Früherkennungsinformationen und Sicherung einer raschen Übermittlung an die verantwortlichen Entscheidungsträger und
- Fragen der Institutionalisierung (Träger der Früherkennung, Koordination, zentrale und/oder dezentrale Aufgabenzuordnung usw.).

Ausgangspunkt für eine systematische Früherkennung ist die Festlegung strategisch relevanter, vor allem umweltbezogener **Beobachtungsbereiche**.

Um Anzeichen der Veränderungen meßbar zu machen, sind geeignete **Früherkennungsindikatoren** zu bestimmen. Dies sind Größen, "die in den gekennzeichneten Beobachtungsbereichen möglichst frühzeitig relevante Entwicklungen von Erscheinungen anzeigen" (Hahn/Klausmann 1986, S.

266), welche mögliche Gefährdungen, aber auch besondere Chancen für die Unternehmung signalisieren können. Indikatoren stellen in diesem Sinne erste wahrnehmbare, meßbare Hinweise, Signale oder Anzeiger dar für noch verborgene oder sich erst abzeichnende Ereignisse oder Entwicklungen bzw. deren Veränderungen, die sich noch nicht unmittelbar erkennen lassen.

Im Anschluß an Nowak (1963) lassen sich definitorische, korrelative und schlußfolgernde Indikatoren unterscheiden (vgl. Mayntz/Holm/Hübner 1974, S. 41ff.; Kromrey 1986, S. 75ff.):

a) **Definitorische Indikatoren** sind dadurch gekennzeichnet, daß sie durch die zu untersuchende Merkmalsdefinition selbst erst definiert werden. Mehrdimensionale Begriffe wie "Innovation", "Qualität der Führungskräfte" oder "Wirtschaftlichkeit" lassen sich auf diese Weise nicht abbilden und müssen entsprechend ihrer Teildimensionen dekomponiert werden, da der zu messende Sachverhalt sich nicht als begrifflich-inhaltlich deckungsgleich mit dem Indikator darstellt.

b) **Korrelative Indikatoren** zeichnen sich dadurch aus, daß, auch wenn zwischen dem Sachverhalt und dem Indikator keine Deckungsgleichheit vorliegt, zwischen diesen Größen eine hohe Korrelation festzustellen ist. Beispielsweise reichen als bedeutende konjunkturelle Frühindikatoren im Bereich Bestell- und Produktionstätigkeit häufig Bestellmengen (Auftragseingänge, -bestände) als wichtiger Vorlaufindikator (national und branchenbezogen differenziert) zur Beurteilung der Produktionsentwicklung aus.

c) Als **schlußfolgernde Indikatoren** gelten solche, bei denen von unterschiedlichen Merkmalsausprägungen auf das Vorliegen bestimmter Sachverhalte geschlossen werden kann. Auf der Ebene manifester Eigenschaften oder Verhaltensweisen werden Indikatoren ermittelt, von denen auf die Existenz und Ausprägung eines bestimmten Sachverhalts geschlossen werden kann.
So wird z.B. auf der Basis von Streiktagen pro Jahr in einem bestimmten Land auf die Arbeitsmotivation/-bereitschaft geschlossen (im Rahmen von globalen Standortplanungen) oder von Gewerkschaftsforderungen auf die Lohn- und Einkommensentwicklung.

Damit die Auswahl der Indikatoren nicht **willkürlich** erfolgt, müssen bestimmte **Mindestanforderungen an die Güte** der Indikatoren gestellt werden. Die Forderung nach Validität ("Wird das gemessen, was wir zu messen vorgeben?") impliziert, daß definitorische Indikatoren vor korrelativen und diese wiederum gegenüber schlußfolgernden Indikatoren präferiert werden sollten. Bei letzteren ist man lediglich auf den Glauben an die Richtigkeit bezüglich der Annahmen über den Zusammenhang zwischen der interessierenden Eigenschaft und dem beobachteten Merkmal angewiesen (vgl. Kromrey 1986, S. 77). Außerdem stellt sich die Frage, ob das, was gemessen wird, auch exakt erfaßt wird (Reliabilität). So können Meßvorgänge mittels schlußfolgernder Indikatoren dann als verläßlich gelten, wenn aus Wiederholungen stets die gleichen Ergebnisse resultieren. Eine weitere grundlegende Forderung bezieht sich darauf, daß jeder Indikator eindeutig definiert sein muß, damit alle Beteiligten und Betroffenen der Unternehmungsplanung genau wissen, was mit dem Indikator gemeint ist (vgl. Atteslander 1984, S. 268). Deshalb müssen gegebenenfalls Interpretationshilfen zur Verfügung gestellt werden. Grundlagen für die Bildung von Indikatoren stellen Erkenntnisse über die (nicht immer eindeutigen) Ursache-Wirkungs-Beziehungen sowie die Haupt- und Nebenwirkungs-Beziehungen dar.

Über die Bedeutung einzelner Faktoren für die jeweilige Unternehmung lassen sich keine allgemeingültigen Feststellungen treffen; hier sind unternehmungspolitische und situative Aspekte einer Lagebeurteilung zu berücksichtigen, ebenso wie Markt- und Branchengegebenheiten. Bei der **Auswahl** der **unternehmungsrelevanten Indikatoren** sind vor allem folgende Gesichtspunkte zu beachten:

- die Bedeutung der Indikatoren für die **Realisierung der Unternehmungszielsetzung**,
- der quantitativ und/oder qualitativ beschreibbare **Zusammenhang** zwischen den Indikatoren und den Auswirkungen auf die Ziele,
- die **Bedeutung** und die **Zahl** der von einem Indikator angezeigten Probleme,
- die **Frühzeitigkeit** der Problemanzeige und
- die **Sicherheit** (bzw. Unsicherheit), mit der von der Anzeige eines Problems auf das tatsächliche Eintreffen eines Problems geschlossen werden kann.

Für das Erkennen kritischer Entwicklungen durch Indikatoren ist eine Festlegung von Standards bzw. Vergleichsmaßstäben unabdingbar. Außerdem muß eine Bestimmung von Bandbreiten und Interventionspunkten hinnehmbarer Abweichungen vorgenommen werden. Die Vorgabe einzuhaltender Maßgrößen orientiert sich auch hier am Unternehmungszielsystem.

Indikatoren können dazu beitragen, frühzeitig Trendentwicklungen zu antizipieren. Zusätzlich empfehlen sich aber zur Analyse weitere **qualitative Informationen**. Gerade mögliche Diskontinuitäten bzw. Trendbrüche werden auf diese Weise genauer ermittelt.

Bereiche	Diskontinuitäten
Politik	- Dynamik der Ost-West-Beziehungen - Zusammenbruch alter Bündnisse/Allianzen, z.B. Comecon/RGW, Arabische Liga - Kriegerische Auseinandersetzungen, z.B. Golfkrieg 1990/91, Irak-Irankrieg 1980-1988, Beginn des Bürgerkrieges in Jugoslawien 1991 - Nationalitätenkonflikte, z.B. Baltikum, Nordirland, (ehemalige) Sowjetunion - politisch-wirtschaftlicher Zusammenbruch der UdSSR - Wiedervereinigung Deutschlands - zunehmende Haushaltsdefizite (insbesondere USA) mit unausweichlichen Konsolidierungs- und Stabilisierungszwängen - gesellschaftliche Revolutionen, z.B. Iran, Polen, (ehemalige) UdSSR, CSFR, Ungarn, Bulgarien, Rumänien, Albanien - Bevölkerungsexplosion, Hungerkatastrophen in Entwicklungsländern und Flüchtlingsströme - irreversible Umweltzerstörung und Umweltkatastrophen, z.B. Tankerunglücke, Regenwaldzerstörung, Treibhauseffekt, Ozonloch
Energieversorgung	- weltweite Risiken der Kernenergie, z.B. Tschernobyl, Gefahr der Atombombenherstellung in Dritte-Welt-Ländern - Zusammenbruch des OPEC-Kartells - Konsequenzen aus kriegerischen Auseinandersetzungen - Zielkonflikt Energiesicherung und Umweltschutz
soziokulturelle Aspekte	- Heterogenität - Individualität - "Leben als Erlebnis" statt "Arbeit als Pflichterfüllung" - verstärktes Umweltbewußtsein
Wirtschaft	- ökonomischer Abstieg und Zahlungsunfähigkeit von ehemaligen Ostblock- und Entwicklungsländern - gesetzliche Beschränkungen des freien Marktzugangs, Spannungen zwischen den Wirtschaftsblöcken EG, Nordamerika und Südostasien; drohendes Scheitern des GATT - Währungssprünge - Nachfrageeinbrüche, unvorhergesehene Konjunkturschwankungen - Börseneinbrüche - problematische soziodemographische Entwicklungen, deren wirtschaftliche Konsequenzen nicht klar vorhersehbar sind - Wirtschaftsembargos - Übernahmen von Unternehmen und Buy Outs - immer neue japanische Offensiven auch in neuen Marktsegmenten, z.B. Bankwesen, Bauwirtschaft
Technologie	- revolutionäre, sprunghafte Entwicklungen bei Chips

Abb. 4.1: Diskontinuitätenkatalog (aktualisierte Version im Anschluß an Macharzina 1984, S. 5)

Statt kontinuierlicher Entwicklungsmuster werden heute vermehrt abrupte diskontinuierliche Veränderungen im internationalen Kontext beobachtet, bei denen eindeutige historische Parallelen bzw. Analogien kaum mehr feststellbar und daher routinisierte strategische Reaktionen nicht mehr durchführbar sind, weil jedes dieser Ereignisse einen Entwicklungstrend beendet oder grundlegend neu in Gang setzt. Macharzina (1984) fordert sogar ein besonderes "**Diskontinuitätenmanagement**", um der großen Zahl unerwarteter Systemereignisse und längerfristig kaum voraussehbarer Entwicklungen in aller Welt wirksam entgegentreten zu können. Die theoretische Bearbeitung steckt allerdings noch in den Anfängen. Abbildung 4.1 zeigt einen Katalog wichtiger Diskontinuitäten der letzten ca. 20 Jahre (Stand 1991). Im Einzelfall wäre ihre unternehmungsspezifische Relevanz zu beurteilen.

Je unsicherer die Indikatoren eine mögliche Entwicklung anzeigen, desto wichtiger ist ihre sorgfältige Analyse und Beurteilung, da die Gefahr von Fehlinterpretationen besteht. Daher muß eine (laufende) Überprüfung ihrer Richtigkeit erfolgen, müssen Ursachen der erwarteten Ereignisse analysiert und Interdependenzen mit anderen Kontextfaktoren außerhalb und innerhalb der Unternehmung ermittelt werden. Visualisiert werden kann dies z.B. mit einfachen Einflußfaktoren-Diagrammen (Abbildung 4.2, siehe S. 222), die positive und negative Einflüsse erster, zweiter und dritter Ordnung, sogenannte Deskriptoren, aufzeigen. Somit wird ersichtlich, daß Veränderungen der Deskriptoren auch Veränderungen des eigentlichen Indikators verursachen können.

Derartige Diagramme stellen eine Basis bzw. Hilfestellung für eingehendere Analysen und Prognosen im Hinblick auf Veränderungen einzelner Größen und des Gesamtwirkungsgeflechts nach Art, Umfang und zeitlichen Gesichtspunkten dar.

Eine **dynamische Umweltanalyse** versucht zusätzlich zu vorher definierten Beobachtungsbereichen, im Sinne einer "ungerichteten" Überwachung mögliche relevante Ereignisse und Entwicklungen auch außerhalb dieser Festlegungen aufzuspüren und auszuwerten. Charakteristisch hierfür ist, daß in der Regel Indikatoren vorher nicht angegeben werden können.

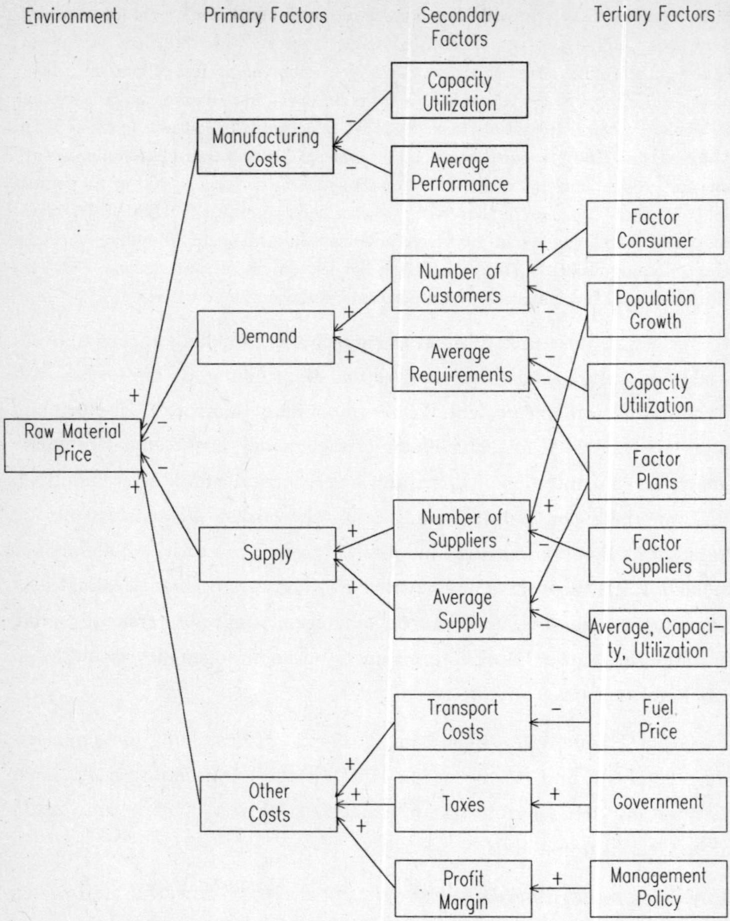

Abb. 4.2: Einflußfaktoren-Diagramm am Beispiel des Rohstoffpreises (Narchal/Kittappa/Bhattacharya 1987, S. 96)

Mit Hilfe von Prognoseverfahren können dann die Auswirkungen, die zu erwartenden oder schon eingetretenen Ereignisse oder Entwicklungen auf die Unternehmungstätigkeit ermittelt und deren

- Bedrohungs- oder Chancencharakter,

- Relevanz für bestimmte Unternehmungsziele oder -bereiche,
- Ausmaß der Betroffenheit,
- Wahrscheinlichkeit des Eintreffens,
- gegenseitige Beeinflussung und
- zeitliche Aspekte des Eintreffens

abgeschätzt werden. Diese Evaluation und deren Interpretation bilden die Basis für die Formulierung von Unternehmungsstrategien.

4.2 Analyse- und Prognosebereiche

4.2.1 Überblick

Die unternehmungsrelevanten **Analyse- und Prognosebereiche** im Rahmen der Früherkennung bilden das Um- und Insystem der betrachteten Unternehmung.

Die allgemeine **Umweltanalyse und -prognose** zielt auf allgemeine Entwicklungen im Umsystem ab und wird ergänzt durch Branchen- und Konkurrentenanalysen und -prognosen. Ihre große Bedeutung liegt darin begründet, daß der Erfolg von Unternehmungsstrategien maßgeblich abhängt von:

- der richtigen Einschätzung der relevanten Umwelteinflüsse,
- dem frühzeitigen Erkennen von Diskontinuitäten und deren Ursachen,
- dem rechtzeitigen Aufspüren zukunftsrelevanter Einflußgrößen,
- der Ermittlung von Umwelttrends.

Die Umweltanalyse und -prognose umfaßt die folgenden Bereiche:

- ökonomisches Umsystem,
- technologisches Umsystem,
- soziokulturelles Umsystem,
- politisch-rechtliches Umsystem.

Die Einflüsse der Umsysteme (Makroebene) wirken in unterschiedlicher Weise auf die für die betreffende Unternehmung relevanten, abgrenzbaren Märkte. Hier setzen entsprechende **Marktanalysen** (auch im Rahmen der Marktforschung) an. Gegenstand einer Marktanalyse (vgl. Nieschlag/Dichtl/Hörschgen 1988, S. 862; Meffert 1989b) sind der Absatz-, der Beschaffungs-, der Kapital- und der Arbeitsmarkt. Außer den genannten Umsystemfaktoren wirken auch zahlreiche Interessengruppen und Institutionen im sogenannten Zwischensystem auf die Unternehmung ein (vgl. Abbildung 4.3).

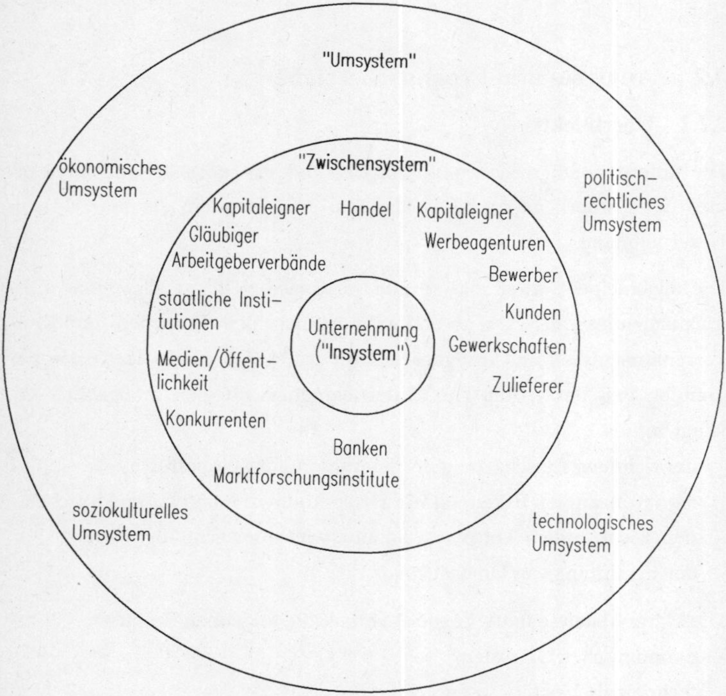

Abb. 4.3: Um-, Zwischen- und Insystem der Unternehmung

Die Bereiche des Umsystems sind weiter aufzugliedern in einzelne Teilbereiche mit dem Ziel, die besonders kritischen Einflußgrößen zu identifizieren. Dazu müssen geeignete Indikatoren und Prognosemethoden ausgewählt werden - unter Berücksichtigung von Kosten- und Nutzenüberlegungen. Die relevanten Größen werden unter dem Aspekt der Einflußnahme (Art und Intensität) auf die Unternehmung untersucht. Außerdem beeinflußt auch die Unternehmung mehr oder minder durch ihre Handlungen das Umsystem. Deshalb erscheint es zweckmäßig, gleichzeitig Informationen über die Reaktionen des Umfeldes auf eigene Unternehmungsaktivitäten zu generieren (vgl. Kienbaum 1989, Sp. 2037). Je nach Planungserfordernissen werden Umweltanalysen und -prognosen kontinuierlich oder periodisch erarbeitet und durch spezifische Branchen- sowie Konkurrentenanalysen und -prognosen ergänzt.

Solange eine Unternehmung lediglich national orientiert ist, gelten in der Regel überschaubare Einflußgrößen für die betrachtete Unternehmung. Dies ändert sich bei der Internationalisierung: Jedes Land besitzt eigene ökonomische, politisch-rechtliche und sozio-kulturelle Charakteristika und Entwicklungen. Auch wenn in vielen Fällen weltwirtschaftliche Einflußgrößen vorherrschend sind, so kann doch davon ausgegangen werden, daß die einzelnen Parameter verschiedenartige zeitliche, in Art und Intensität unterschiedliche Wirkungen aufweisen.

Zur Entwicklung von Unternehmungsstrategien sind neben externen Informationen auch unternehmungsbezogene, **interne Analyse- und Prognoseinformationen** notwendig. Der wesentliche Zweck der Unternehmungsanalyse und -prognose besteht darin, die **Stärken** und **Schwächen** der Unternehmung oder strategischen Geschäftseinheit aufzuzeigen und festzustellen, was aufgrund spezifischer Stärken und Schwächen und der Stellung im internationalen Wettbewerb strategisch initiiert und implementiert werden kann (vgl. Pümpin 1982, S. 147f.; Hahn 1985, S. 165; Hinterhuber 1989, S. 83ff.; Kreikebaum 1991, S. 44f.).

Im folgenden werden die externen und internen Analysefelder für die Früherkennung der strategischen Unternehmungsplanung - beschränkt auf wenige Einflußgrößen - näher beschrieben.

4.2.2 Die Umsysteme der Unternehmung

4.2.2.1 Das wirtschaftliche Umsystem

Die **Analyse** und **Prognose** des **ökonomischen Umsystems** besitzen in der Praxis die größte Bedeutung für die Unternehmungsplanung, weil angenommen wird, daß ökonomische Einflußgrößen sich entscheidend auf die wichtigste Zielgröße, den Unternehmungsgewinn, auswirken. Darüber hinaus lassen sich ökonomische Parameter in der Regel messen und sind so einer statistischen Analyse zugänglich.

Der Katalog möglicher ökonomischer Variablen, die auf ihre Relevanz für die Einzelunternehmung hin überprüft werden können, ist groß (vgl. z.B. Bircher 1976, S. 164ff.; Aurich/Schröder 1977, S. 47ff.; Hinterhuber 1989, S. 78ff.). Grundsätzlich lassen sich Kontextfaktoren einerseits in **Nachfragebedingungen** bezogen auf die Märkte, andererseits in Konditionen der **Angebotsseite** differenzieren. Nachfragefunktionen beschreiben das Verhältnis zwischen der ausgebrachten Menge, die auf einem Markt nachgefragt wird, und den Variablen, die diese Ausbringung determinieren. Generelle Nachfragefunktionen berücksichtigen alle Faktoren, die die Nachfrage nach einem bestimmten Gut beeinflussen, spezielle Nachfragefunktionen dagegen nur diejenigen Faktoren, die für einen bestimmten Untersuchungsgegenstand als wesentlich erkannt werden. Die Angebotsseite berücksichtigt kostenbezogene Inputs. Allgemein beschreibt die Kostenfunktion die Relationen zwischen den Kosten, die notwendig sind, um eine bestimmte Ausbringungsmenge zu produzieren, und den Faktoren, die eben diese Produktionskosten maßgeblich bestimmen. Mit Kenntnissen volkswirtschaftlicher Zusammenhänge von Nachfrage- und Angebotsbeziehungen ist es möglich, zumindest eine erste Einschätzung potentieller Zielbeiträge nationaler und internationaler Unternehmungsaktivitäten vorzunehmen.

Wissenswerte Kategorien auf der Nachfrageseite bilden wirtschaftsraum- oder länderbezogene **demographische und soziographische Daten** sowie speziell die **Einkommensstruktur und -entwicklung**: Informationen, die als Grundstock von Marktforschungsaktivitäten gelten können.

Demographische Merkmale geben insbesondere Aufschluß über das Konsumverhalten, die Konsumgewohnheiten und die mögliche Entwicklung von Bedürfnisstrukturen. Wichtige Größen dabei sind Bevölkerungsgröße, -wachstum, -dichte, Altersstruktur, Beschäftigung, Haushaltsgröße etc.

Für die Nachfrageseite ist das **Einkommen** eine maßgebliche Determinante; gleichwohl beschreibt es keinen präzisen Indikator des Marktpotentials, sondern erlaubt nur eine vorläufige Einschätzung des Marktes. Gemessen wird das inflationsbereinigte Realeinkommen von Haushalten auf der Nettobasis (verfügbares Einkommen). Vage unterstellt wird dabei unter Zuhilfenahme der Ceteris-Paribus-Klausel, das je höher das Pro-Kopf-Einkommen in einer bestimmten Region ausfällt, desto stärker die potentielle regionsbezogene Nachfrage nach Gütern und Dienstleistungen ist. Ebenso grob kann gefolgert werden, daß Unternehmungen auf "High-Income"-Märkten mehr absetzen können als in einkommensschwachen Regionen. Diese Annahmen beruhen auf Überlegungen zur **Einkommenselastizität der Nachfrage**, die eine Meßziffer für die Veränderung der Nachfragemengen nach bestimmten Gütern bei Einkommensveränderung der Nachfrager darstellt.

Um Hinweise auf die **künftige Kaufkraft und potentielle Marktvolumina** zu erhalten, können vielfältige gesamtwirtschaftliche Indikatoren, die die Einkommenstruktur und -entwicklung bestimmen, herangezogen werden, z.B.:

- Bruttosozialprodukt/Wirtschaftszyklen,
- Investitionsintensität,
- Inlandsnachfrage,
- privater und öffentlicher Verbrauch,
- Industrieproduktion,
- Verbraucher- und Großhandelspreise,
- Preisniveau/-dynamik/Lebenshaltungskosten,

- Import-/Exportpreise,
- demographische Faktoren,
- Lohnhöhen/Arbeitskosten.

In die Analyse und Prognose der Nachfrage- und Angebotsbeziehungen, die im wirtschaftlichen Umsystem international agierender Unternehmungen existieren, sind ebenfalls die potentiellen und existierenden Handelshemmnisse sowie protektionistische Maßnahmen zu integrieren.

Handelshemmnisse umfassen diejenigen Maßnahmen, die den freien Austausch von Gütern, Dienstleistungen, Kapital und Know-how unter zwei oder mehreren Ländern beeinträchtigen. Hierzu zählen vor allem protektionistische Maßnahmen. Unter **Protektionismus** wird häufig eine Außenhandelspolitik verstanden, die heimische Produzenten vor ausländischer Konkurrenz schützen soll (vgl. Sauernheimer 1989). Hierzu zählen z.B. auch Exportsubventionen, die zwar handelsverzerrend, nicht aber im strengen Sinne handelshemmend wirken.

Die Bandbreite von Handelshemmnissen ist groß. Abbildung 4.4 (Seite 229) zeigt wichtige Formen auf. Grundlegend wird zwischen **tarifären und nichttarifären Handelshemmnissen** unterschieden. Erstere ergeben sich durch Maßnahmen der Zollpolitik, mit denen inländische Wirtschaftsbereiche vor allem durch **Importzölle** gezielt geschützt werden sollen. Die Bedeutung der Zollpolitik nimmt jedoch seit Bestehen des GATT weltweit ab. Deshalb haben nichttarifäre Handelshemmnisse als außenhandelspolitische Instrumente stark an Bedeutung gewonnen.

Aufgrund der Vielzahl von Varianten unterschiedlicher handelshemmender Maßnahmen der einzelnen Länder entsteht für die exportierende Unternehmung ein kaum mehr durchschaubares Maß an Einflußgrößen auf die Entscheidung zum Export und auf mögliche Risiken, die aus Handelshemmnissen entstehen können. Eine gründliche **Analyse** muß unter anderem klären:
- Inwiefern beschränken bestimmte Zölle die Konkurrenzfähigkeit auf einem Ländermarkt?

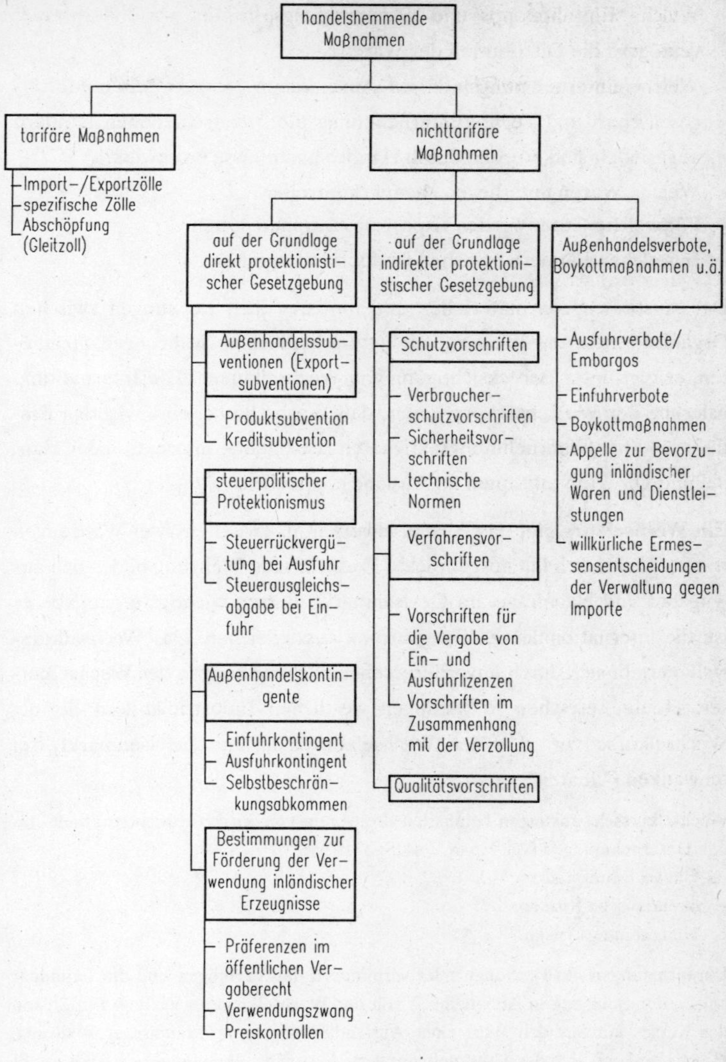

Abb. 4.4: Formen wichtiger handelshemmender Maßnahmen

- Welche Einfuhrstopps und Genehmigungspflichten verhindern oder verzögern die Distribution der Waren?
- Welche unternehmungsinternen Austauschprozesse zwischen Muttergesellschaft und Tochterunternehmung, die in verschiedenen Ländern angesiedelt sind, werden durch Handelshemmnisse erschwert?
- Welche Waren unterliegen Ausfuhrkontrollen?
- Für welche Güter werden Exportsubventionen gewährt?
- In welchen Ländern bestehen Einfuhrkontingente?

Der Austausch von materiellen und immateriellen Leistungen zwischen Organisationen, die Ländern mit unterschiedlichen Währungen angehören, erfolgt unter Berücksichtigung von Wechselkursen. Die Internationalisierung der Wirtschaft sorgt dafür, daß Wechselkurse eine wichtige Einflußgröße für Unternehmungsaktivitäten (besonders: internationaler Handel und Direktinvestitionen im Ausland) darstellen.

Ein **Wechselkurs** gibt das Austauschverhältnis zwischen zwei Währungen wieder. Der durch ihn ausgedrückte Preis für eine Währung bildet sich aus Angebot und Nachfrage am Devisenmarkt, dessen wichtigste Aufgabe es ist, die internationalen Zahlungsströme auszugleichen. Das **Wechselkursrisiko** ergibt sich durch unvorhergesehene Schwankungen des Wechselkurses. Heute herrschen in wichtigen westlichen Industrieländern flexible Wechselkurse vor, d.h. der Wechselkurs kann am Devisenmarkt frei schwanken ("floaten").

Wechselkursschwankungen beinhalten drei Arten von Risiken für international tätige Unternehmungen (vgl. Haan 1984, S. 224ff.):
- Umwechslungsrisiken,
- ökonomische Risiken,
- Umrechnungsrisiken.

Umwechslungsrisiken erhöhen oder vermindern das Vermögen und die Liquidität bei Zahlungseingang in Abhängigkeit von der Wechselkursentwicklung. Ein Sinken des Kurses mindert den Wert einer Auslandsforderung in inländischer Währung. Hiergegen kann sich das Unternehmen versichern. Das **ökonomische Risiko** erfaßt die Veränderung der Wettbewerbsfähigkeit der Unternehmung auf einem ausländischen Markt aufgrund von Wechselkursschwankungen. Im Falle von Exportaktivitäten kommt eine Abwertung der heimischen Währung einem Preisvorteil gegenüber der ausländischen Konkurrenz gleich (und umgekehrt). Bei Direktinvestitionen tritt außerdem ein **Umrechnungsrisiko** auf. Bei der Umrechnung der Bilanzposition ausländischer Tochtergesellschaften in die Währung der Muttergesellschaft treten durch Wechselkursschwankungen Differenzen auf, so daß sich das Vermögen der ausländischen Töchter in der Konzernbilanz verändert.

Bei der Vornahme von internationalen Direktinvestitionen, speziell bei der Analyse des möglichen Standortes, spielen die Höhe von Arbeitskosten, Produktivität, Lohnstückkosten und die Steuerbelastung eine wichtige Rolle. So können z.B. die **Lohnkostenvorteile** in Entwicklungsländern durch verschiedene Nachteile kompensiert werden. Der Import von notwendigen Einsatzfaktoren, das weniger leistungsfähige Transportsystem in Ländern der Dritten Welt, in Industrieländern weitgehend unbekannte Betriebsstörungen (z.B. durch Stromausfall), unzureichende Ausbildung, Motivationsdefizite, ungünstige klimatische und ethisch nicht vertretbare Bedingungen etc. (vgl. Dichtl 1990) sind gegen vermeintliche Lohnkostenersparnisse aufzurechnen.

Steuern dienen der Einnahmenerzielung eines jeden Staates, der jeweils souverän über Höhe und Struktur zu bestimmen hat. Durch unterschiedliche **Steuerbelastungen** und das internationale **Steuergefälle** entsteht das Erfordernis einer internationalen **Steuerplanung**. Grundlegend interessieren Unterschiede nationaler Steuersysteme vor allem bei der Tätigung von Direktinvestitionen. Beim Export verzichten die meisten Staaten auf eine umsatzsteuerliche Belastung. Sie erheben statt dessen Umsatzsteuern auf alle Importe, so daß jeder Verbrauch nach dem jeweiligen Umsatzsteuerniveau belastet wird (Bestimmungslandprinzip). Direkte Steuern auf Einkommen und Gewinn (Lohn- und Einkommensteuer) belasten das tatsächlich verfügbare Pro-Kopf-Einkommen und die Einkommensverwendung respektive Nachfragepotential und Nachfragestruktur nach Gütern und Dienstleistungen. Ebenso determinieren direkte Steuern (Körperschafts-, Gewerbe-, Grund-, Vermögenssteuer) die Höhe des Nettogewinns von Unternehmungen.

Internationale Steuerbelastungsanalysen lassen sich wegen der durchweg komplexen einzelstaatlichen Steuergesetzgebungen und -vorschriften nur unter erheblichen Schwierigkeiten vornehmen. Unbestritten beeinflußt die relative internationale Zahllast, wie sie von Unternehmungen als vom Staat aufgebürdete Last empfunden wird, die internationale Standortwahl.

Die Analyse des ökonomischen Umsystems stellt eine umfassende Aufgabe der Unternehmungsplanung dar. Oftmals ist es erforderlich, zunächst die unternehmungsspezifischen Schlüsselfaktoren herauszuarbeiten und anschließend branchenspezifisch vertiefend zu behandeln. Die hier behandelten exemplarischen Problemstellungen stellen nur einen kleinen Ausschnitt des Unternehmungsfeldes dar. Eine **Prognose** künftiger Entwicklungen der Weltwirtschaft für Zwecke strategischer Planungen kann sich vielfach nicht allein auf unternehmungsinterne Analysen, z.B. durch volkswirtschaftliche Abteilungen, stützen, sondern sollte vielfältige Informationsquellen einschließlich spezialisierter Prognoseinstitutionen und Unternehmensberater einbeziehen.

Die Vergangenheit lehrt, daß sich die Weltwirtschaft in einem permanenten Wandel befindet, den volkswirtschaftlich-theoretische Modelle und Analysen in seinem gesamten Ausmaß nicht vorhersagen können. Gleichwohl besitzen die Veränderungen große Wichtigkeit und Relevanz für die Wirtschaftspraxis. Praktiker können nicht auf neue Theorien warten, sondern sie müssen handeln. Diese Forderung gilt um so mehr, da neben kontinuierlich beobachteten Veränderungen auch nicht vorhersehbare Diskontinuitäten rasche und flexible Anpassungen der Strategien erfordern.

4.2.2.2 Das politisch-rechtliche Umsystem

Das politisch-rechtliche Umsystem wird durch die gesamten für eine Unternehmung relevanten rechtlichen Regelungen sowie durch ihre Anwendung von Organen der Legislative, Exekutive und Judikative bestimmt. Zu diesem Umfeld gehört im wesentlichen die geltende **Rechtsordnung** in einem Land, die von politisch bedeutenden Bezugsgruppen wie Regierung,

Parlament und Parteien gestaltet wird. In dem Maße, in dem politische Entscheidungsträger durch gesetzgeberische Aktivitäten Einfluß auf Unternehmungsaktivitäten ausüben, wird der Handlungsspielraum in vielfältiger Weise beschränkt.

Innerhalb des politisch-rechtlichen Umsystems internationaler Unternehmungen spielen die politischen Verhältnisse in bestimmten Ländern und Regionen eine Rolle.

Von Bedeutung sind besonders die politische Stabilität als auch die Ziele der **politischen Parteien** und ihre Vorstellungen zur Wirtschaftsordnung sowie die Parteienstruktur, Wahlergebnisse, Ankündigungen und Verlautbarungen der Regierungs- und Oppositionsparteien, der Einfluß des Militärs etc. Den international tätigen Unternehmer interessieren außerdem **Gewerkschaftsaktivitäten** (Lohnforderungen, Streiks, Forderungen nach Arbeitszeitverkürzungen, genereller Einfluß).

Fundamentale Risiken birgt das Engagement in bestimmten **Entwicklungsländern,** Diktaturen und Krisenregionen: Innerstaatliche Instabilitäten bis hin zu Bürgerkriegen, Kriegswahrscheinlichkeit, mögliche Preiskontrollen, (Teil-)Enteignungen und Beschränkungen im Zahlungsverkehr wirken abschreckend für Unternehmungen. Darüber hinaus stellen **ordnungspolitische Maßnahmen** nicht selten **Barrieren** für die Aufnahme von Exporten oder Direktinvestitionen in bestimmte Länder dar, z.B. (vgl. Kolde 1985, S. 313):

- Ausschluß von bestimmten ökonomischen Sektoren/Branchen,
- Erfordernis, bestimmte Posten im Topmanagement Inländern vorzubehalten,
- Obergrenzen der Kapitalbeteiligung,
- staatliche Quoten bezüglich des minimalen Anteils lokaler Zulieferer gemessen am wertmäßigen Output,
- Erfordernisse, einen bestimmten Anteil des Outputs zu exportieren,
- Möglichkeit der Preisgabe der Unternehmung hinsichtlich Industriespionage und Produktpiraterie sowie Zwang zu nicht gewolltem Technologietransfer.

Die vielfältigen **rechtlichen Faktoren** schlagen sich im jeweiligen nationalen oder auch supranationalen Recht (z.B. europäisches Recht) nieder. Rechtsbereiche sind unter anderem das Kartellrecht, Sozialrecht, Steuerrecht, Handels- und Gesellschaftsrecht, Patentrecht, Mitbestimmungsrecht, Umweltrecht, Miet- und Baurecht. Von Interesse sind allgemeine

Rechtsverhältnisse, aber auch z.B. Informationen über Anforderungen des Gesetzgebers an Produkte und Dienstleistungen sowie Sicherheitsbestimmungen für Produktionsprozesse. Im internationalen Kontext sind auch das Außenwirtschaftsrecht, das internationale Handelsrecht, das Zollrecht, das internationale Wettbewerbsrecht und das internationale Arbeitsrecht zu beachten.

Kern einer politisch-rechtlichen Prognose ist die Einschätzung und Bewertung potentieller **politischer Risiken**. Fitzpatrick (1983, S. 249) definiert das politische Risiko als "loss of control over ownership or loss of benefits of enterprise by government actions,". Es kristallisieren sich zwei grundlegende Ansatzpunkte in der Literatur heraus (vgl. Kobrin 1987, S. 72f.):

- direkte staatliche Eingriffe in die Unternehmungssphäre (Gesetze, Verordnungen, Verfügungen),
- indirekte Einflüsse durch politische (legislative und exekutive) Akte und Zwänge sowie politische Ereignisse, die nicht unmittelbar durch staatliche Institutionen initiiert worden sind.

Viele Risiken können nicht mit Sicherheit vorhergesagt werden, andere sind leichter vorhersehbar, weil sie lange vorher angekündigt werden und Veränderungen im Zeitablauf schrittweise und kontinuierlich erfolgen. Hier gilt es vor allem, die längerfristigen Zielsetzungen der jeweiligen Länderregierungen zu beobachten und zu analysieren. Mögliche Regierungswechsel erfordern die Einbeziehung von wichtigen Oppositionsforderungen. Nicht alle Risiken in einem bestimmten Land (bzw. Region) betreffen alle dort tätigen Unternehmungen gleichermaßen. Bestimmte Umsystemänderungen betreffen nur gewisse Branchen oder Unternehmungen mit spezifischen Charakteristika.

4.2.2.3 Das soziokulturelle Umsystem

Dem soziokulturellen Umsystem werden die gesellschaftlichen Faktoren zugeordnet. Seine Berücksichtigung realisiert in starkem Maße, daß der Mensch als Individuum und Mitglied bestimmter Gruppen im Mittelpunkt allen Wirtschaftens steht. **Kultur** umfaßt (unbewußte und bewußte) Werte, Normen, Einstellungen, Kenntnisse, Sitten, Leitideen, Gewohnheiten usw., die das individuelle und kollektive Verhalten entscheidend formen. Hofstede definiert Kultur als "... the interactive aggregate of common characteristics that influence a human group's respond to its environment" (Hofstede 1980, S. 19). Obwohl in der Literatur der Kulturbegriff keinesfalls in einheitlicher Form Verwendung findet, lassen sich drei unbestrittene **Charakteristika** aufführen (vgl. Hall 1977, S. 16):

(1) Kultur ist nicht "angeboren", sie ist erlernt;

(2) die kaum übersehbaren Facetten von Kultur weisen untereinander enge Beziehungen auf;

(3) das Wertesystem, das innerhalb einer bestimmten Gruppe von Mitgliedern geteilt wird, bildet gleichzeitig die Grenze zwischen verschiedenen Gruppen.

Das persönliche Wertesystem bietet einen Orientierungsrahmen, der das individuelle Verhalten grundlegend beeinflußt, während die Verknüpfung dieser Werte, Einstellungen, Normen etc. die Kultur einer Gruppe eines Landes oder Kulturkreises ausmacht. Plausiblerweise ist davon auszugehen, daß weltweit Kulturen einerseits **Ähnlichkeiten** und andererseits **Unterschiede** aufweisen, die so weitreichend sein können, daß gewaltige Konflikte entstehen.

Die in einem Land vorherrschende Kultur als (**externe**) Einflußgröße der Unternehmung gewinnt mit der **Internationalisierung** von Unternehmungsaktivitäten an Bedeutung, da eine einheitliche Übertragung aufgrund mangelnder Universalität des nationalen Managementwissens oft zum Scheitern verurteilt wäre. Zu unterschiedlich sind die nationalen "Ways of Life". Aus dem Blickwinkel der Unternehmungsplanung geht es darum zu analysieren, wie in unterschiedlichen Kulturkreisen Strategien, Ziele und Maßnahmen entwickelt, implementiert und koordiniert werden können. **Kulturelle Unterschiede** beeinflussen internationale Aktivitäten zwar weniger stark als etwa Rechtsvorschriften einzelner Länder, sie machen aber oft eine regionale Modifizierung notwendig, und zwar besonders in den betrieblichen Funktionsbereichen Marketing und Personalwirtschaft, weil sich z.B. Kundenverhaltensweisen und Arbeitseinstellungen signifikant unterscheiden. Strategien und Handlungsprogramme, die in einem bestimmten Teil der Erde erfolgreich waren und sind, mögen in anderen Teilen bzw. Ländern völlig unangebracht sein.

Unterschiedliche Kulturen determinieren das Verhalten von **Kern-** und **Bezugsgruppen** der Unternehmung (Führungskräfte, Mitarbeiter etc. einerseits, staatliche Institutionen, Verbände, Kunden, Lieferanten etc. andererseits) in unterschiedlicher Art und Weise. Kulturelle Unterschiede sind besonders beachtenswert, wenn die Kommunikation zielgerichtet beeinflußt werden soll. Regionale und sogar lokale Sitten, Gebräuche, Einstellungen, Symbole und Verhaltensrituale müssen verstanden und im eigenen Sinne genutzt werden. Bemühungen, bestimmte Verhaltensmuster einzuführen oder zu modifizieren, die fundamentale Werte und Normen nicht berücksichtigen, scheitern zumeist an kulturellen Unvereinbarkeiten.

Ein konfliktreiches Spannungsfeld entsteht häufig in der multinationalen Unternehmung durch das Aufeinandertreffen von Landeskulturen und Unternehmungskultur (vgl. Schreyögg 1991). Eine multinationale Unternehmung wird zunächst als eine Art "Arena" für unterschiedliche Landeskulturen gesehen, zu der das Einflußgefüge der Unternehmungskultur hinzutritt, wobei regelungsbedürftige Reibungspunkte entstehen. Die damit verbundene Gestaltungsproblematik bewegt sich zwischen:

- der Entwicklung eigener Unternehmungskulturen der Auslandsgesellschaften vor dem Hintergrund der jeweiligen Landeskultur,
- dem Versuch der Übertragung der Unternehmungskultur des Stammlandes auf die Auslandsgesellschaften,
- der Bildung einer vielfältigen, unterschiedlichen, kulturellen, Aspekte berücksichtigenden, klärenden Unternehmungskultur ("globale Unternehmungskultur" - vgl. Schreyögg 1991, S. 28).

Als **Grundorientierung und -spezifika** der Kulturkreise gelten Traditionen, Religion, Kunst, Wissen, Emotionalität und Temperament, Moralvorstellungen, Tabus, grundlegende Denkweisen und Ideologien (z.B. American Way of Life), Bräuche, Erziehungssystem, familiäre Beziehungen und

Nationalismen, die Einstellungen und Verhaltensweisen von Einzelpersonen in einem starken Maße determinieren.

In der Terminologie Hofstedes (1991, S. 4) handelt es sich bei diesen Grundorientierungen um "**Software of the Mind**". Die Kultur ist Ausdruck einer "**mentalen Programmierung**", die auf der individuellen sozialen Umgebung und den in der Sozialisation und von Geburt an gesammelten Erfahrungen basiert. Die Programmierung beginnt in der Familie, setzt sich fort in der Nachbarschaft, Schule, Jugendgruppe, dem Arbeitsplatz und im Wohnungsumfeld und begründet die relative Konstanz der Ausprägungen im Zeitablauf. Aus den Grundorientierungen ergeben sich Hinweise für Möglichkeiten und Grenzen der Strategieentwicklung (z.B. Standortentscheidungen, Führungsstil, risikobehaftete Investitionen, Marktbearbeitung).

Basis für eine genauere Untersuchung einzelner Phänomene ist die **komparative (kulturvergleichende) Managementforschung**, die sich primär am Vergleich von Managementsystemen in unterschiedlichen Ländern, Kulturkreisen und politisch-ökonomischen Systemen orientiert (Hentze 1987; Nath 1988). Die **Forschungsdimensionen** der vergleichenden Managementforschung lassen sich formal in zwei Phasen gliedern:

(1) Diagnostische Phase: Identifikation der Unterschiede und Ähnlichkeiten von Managementsystemen,

(2) Prozessuale Phase: Bedeutung der nationalen (kulturellen) Unterschiede und Ähnlichkeiten für international oder global tätige Organisationen.

Die Internationalisierung bringt die Notwendigkeit vergleichender Analysen mit sich. Jede Aussage über die Konkurrenzfähigkeit eines Produkts oder effizientes Verhalten in Organisationen setzt einen Vergleichsmaßstab voraus. Bei lediglich lokal tätigen Unternehmungen können viele Einflußfaktoren auf die Organisation unberücksichtigt bleiben, da sie kaum eine Rolle spielen. Erst die Konfrontation mit dem "Andersartigen" führt zu einer zunehmenden Berücksichtigung ökonomischer, sozialer, politischer und kultureller Kontingenzfaktoren und zur Beurteilung struktureller und prozessualer Aspekte der Organisation (vgl. Farmer/Richman 1965; Negandhi/Prasad 1971).

Über die These, daß die Landeskultur Einfluß auf Denk- und Verhaltensweisen von und in Organisationen ausübt, herrscht in der Literatur durchaus Übereinstimmung. Die Diskussion um die Transferierbarkeit von in einem landeskulturellen Kontext entwickelten Managementtechniken und -verhaltensmustern auf einen anderen Kulturkreis hält bis heute an, zumal die Erfolgsfaktorenforschung sich noch am Anfang befindet (vgl. Schreyögg 1991, S. 19f.).

Auch wenn Kulturen als relativ konstant in bezug auf Raum und Zeit gelten, so zeigen sich in für die strategische Unternehmungsplanung wichtigen, wirtschaftlich relevanten Kulturkategorien mittel- bis längerfristig Veränderungen innerhalb bestimmter Kulturkreise. In Deutschland z.B. zeigen sich durch den anhaltenden Wertewandel zunehmende Ansprüche der Mitarbeiter an Beruf, Arbeitsplatzbedingungen und Freizeit (vgl. z.B. v. Rosenstiel/Einsiedler/Streich 1987). Sogenannte "lebenszentrierte" Interessen rücken stärker in den Vordergrund, "freilich ohne daß dabei speziell von 'Verfall der Arbeitsmoral' gesprochen werden müßte" (Schanz 1985, S. 610).

Ein weiterer Beleg für einen signifikanten Wertewandel in einem bestimmten Bereich ist der **Umweltschutz**. Marketing und Unternehmungsführung (insbesondere Produktion) stehen einem stark ansteigenden Umweltbewußtsein gegenüber. Eine Studie der G&I-Marktforschung zeigt, daß der Anteil der umweltbewußten Verbraucher in Deutschland (alte Länder) von 39% (1985) auf 62% (1990) gestiegen ist. Gleichwohl korreliert das entsprechende Verbraucherverhalten nur in geringem Maße mit dieser Einstellungsänderung (vgl. Titze 1991, S. 8).

Die Analyse und Prognose des soziokulturellen Umsystems und seines Wandels ist Voraussetzung und Grundlage für die Vornahme rationaler Entscheidungen v.a. in internationalen Unternehmungen. Eine besondere methodische Schwierigkeit besteht darin, daß es sich hierbei um qualitative Daten handelt, die nur schwer und aufwendig zu ermitteln sind und außerordentlich vorsichtig interpretiert werden müssen (vgl. Lee 1966; Meissner 1981, S. 272f.).

4.2.2.4 Das technologische Umsystem

Technologie beruht auf der intelligenten Anwendung naturwissenschaftlich-technischer Kenntnisse und Fähigkeiten, verbunden mit betriebswirtschaftlichen und organisatorischen Fertigkeiten, zur bestmöglichen Lösung komplexer Problemstellungen. Technologische Analysen und Prognosen (vgl. z.B. Schenk 1983; Pfeiffer/Metze 1989; Schröder 1989) haben spezielle Bedeutung für die **Forschung** und **Entwicklung** in Unternehmungen, die **Organisationsstruktur** einschließlich deren Entwicklung im Zeitablauf (vgl. Staehle 1990, S. 442ff.) und für das **Technologiekonzept** der strategischen Planung. Es interessieren vor allem Qualitäts- und Leistungssteigerungen von Produkten und Dienstleistungen sowohl auf dem Absatz- als auch auf dem Beschaffungsmarkt, ferner technologische Innovationen in Produktions- und Verwaltungsprozessen.

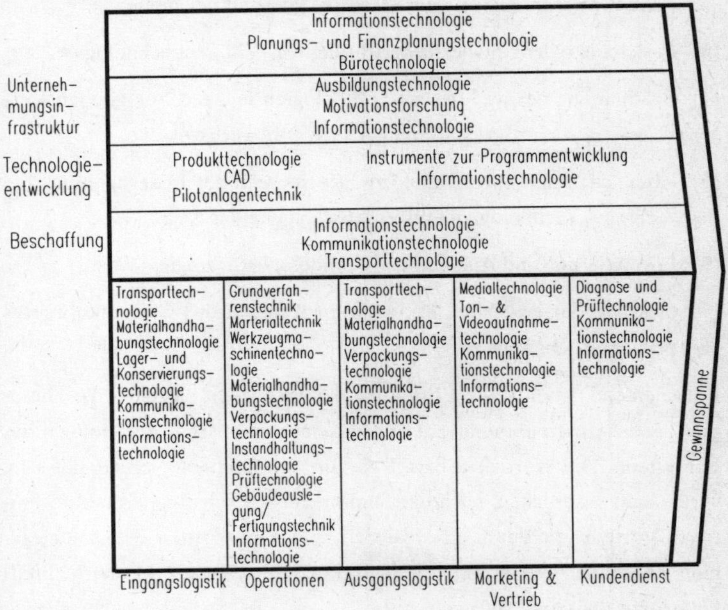

Abb. 4.5: Typische Technologien in der Wertkette einer Unternehmung (Porter 1986, S. 222)

Die **Innovationsdynamik** spiegelt sich z.B. in der Patentierung, Lizensierung und im Forschungsvolumen wider. Untersuchungsgegenstand ist außerdem das **Innovationspotential** bei Produkten und Prozeßtechnologien. Abbildung 4.5 zeigt das in der Unternehmung vorfindbare Spektrum verschiedener Technologien in bezug auf einzelne betriebliche Funktionen, hier gegliedert nach "Wertaktivitäten" im Unternehmen.

Für die Entwicklung von **Technologiestrukturen** können Informationen wie folgt systematisch gewonnen und erarbeitet werden (vgl. Porter 1986, S. 260ff.):

(1) Ermittlung der verschiedenen Technologien in der Wertkette der Unternehmung,

(2) Analyse der Technologien (Inventionen, Innovationen) anderer Branchen, die potentiell für eigene Zwecke geeignet erscheinen,

(3) Feststellung der Entwicklungsrichtung von Schlüsseltechnologien,

(4) Bestimmung der wichtigsten Technologien und technologischen Veränderungen mit Bezug auf mögliche Wettbewerbsvorteile,

(5) Abschätzen der Kapazitäten bzw. Ressourcen der Unternehmung bei wichtigen Technologien und Veranschlagung der Kosten,

(6) Formulierung und Auswahl der Technologie-Strategie,

(7) Stützung der gewählten Strategie im Rahmen des Gesamtkonzeptes der Unternehmung.

Entscheidend dabei ist die Ermittlung der Wertigkeit einzelner Technologien. Jede Unternehmung hat ihr eigenes spezifisches technologisches Umsystem. "Die Wertigkeit bzw. Relevanz von Technologien bemißt sich, vereinfacht gesprochen, nach der Summe der wirtschaftlichen und technischen Vorteile, die durch die Realisierung der im eigenen Technologiegebiet steckenden Weiterentwicklungspotentiale wirksam werden" (Pfeiffer/Metze 1989, Sp. 2009).

In der Literatur werden zur Stützung technologischer Vorhersagen vor allem **qualitative Prognoseverfahren** vorgeschlagen (vgl. Schröder 1989). Technologische Vorhersagen sollten sich auch mit der Akzeptanz von Führungskräften und Betroffenen zu verschiedenen Technologien auseinandersetzen.

Zum frühzeitigen Erkennen von internationalen **Technologietrends** lassen sich besonders drei Methoden hervorheben (vgl. Becker 1988, S. 20ff.):

(1) **Patentanalyse**

Die Erteilung eines Patents setzt voraus, daß etwas technisch Neues entwickelt wurde. Aus einer Analyse von Patentdaten lassen sich daher Hinweise auf neue technische Entwicklungen gewinnen. Dazu gibt es zwei Wege:

- Durchsicht sämtlicher Patentdaten nach zukunftsträchtigen Technologiefeldern,
- Untersuchung ausgewählter (und für die betreffende Unternehmung relevanter) Technologiefelder, in denen das Entstehen neuer Technologien vermutet wird.

(2) **Bibliometrie**

Hierbei werden Technologietrends durch die Auswertung von Fachliteratur ermittelt. Neue wissenschaftliche Erkenntnisse und Forschungsergebnisse deuten sich oft durch entsprechende Publikationen in Monographien, Fachzeitschriften oder Tagungs- bzw. Konferenzberichten an. Durch sorgfältige Analysen können daher auch aus Publikationen Hinweise auf technologische Trends gewonnen werden. Wegen der großen Zahl der jährlich erscheinenden Publikationen ist die Frage der Auswahl geeigneter Publikationen und das Problem der Bewertung der Qualität von Veröffentlichungen bei der Bibliometrie sehr schwierig zu beantworten. Literaturdatenbanken leisten bei der Analyse wichtige Hilfestellung.

(3) **Technometrie**

Bei der Technometrie werden nationale technische Standards von Produkten oder Prozessen gemessen und international verglichen. In einer technometrischen Analyse werden Produkte oder Verfahren hinsichtlich ihrer technologischen Reife bewertet, jeweils auf Unternehmungen oder Volkswirtschaften bezogen. Zur Bewertung werden technometrische Indikatoren ermittelt, in denen die wichtigsten technischen Eigenschaften der Produkte bzw. Verfahren mit Kennzahlen bewertet und zu einer Kenngröße zusammengefaßt werden. Die Technometrie ist aufwendig: Ein Technologiegebiet muß detailliert analysiert, viele Daten müssen gesammelt, Experten müssen befragt werden. Dabei sind viele, zum Teil subjektive Entscheidungen zu treffen: die Auswahl der geeigneten Kenngrößen, die Ermittlung der höchsten nationalen Standards, die Wahl der richtigen Skalierung. Durch die Summierung der Werte einzelner Kenngrößen zu Gesamtindikatoren werden nationale technologische Wettbewerbsstärken vergleichbar. Dadurch können auch Hinweise auf die Forschungsinfrastruktur, das Human-Kapital und F&E-Wissen hergeleitet werden.

4.2.3 Analysen einzelner Länder und Wirtschaftsregionen

Analysen einzelner Länder, Ländergruppen und Wirtschaftsregionen (z.B. EG, BENELUX, Ruhrgebiet) erfordern die Gewinnung von Daten aus den charakterisierten Umsystemen. Auslandsmärkte werden in ihrer Heterogenität hinsichtlich einzelner Teilmärkte und Rahmenbedingungen systematisch durchleuchtet. So ergeben sich wichtige Anhaltspunkte für Standortentscheidungen, für Direktinvestitionen ("Investitionsklima"), für Exportentscheidungen (Bewertung von Auslandsmärkten, Marktwahl, Marktchancen, -risiken) und Früherkennungsinformationen für die Festlegung und Formulierung von Unternehmungsstrategien. Die Basis für Länderanalysen bilden demzufolge nicht nur gewonnene Kriterien und Merkmale aus den untersuchten Umsystemen, sondern es sind ebenfalls Markt-, Branchen- und Konkurrenzdaten einzubeziehen (Abbildung 4.6). Einflußgrößen der Branche sowie von Konkurrenten werden in den folgenden Abschnitten näher erläutert.

Politisch-rechtliches Umsystem

- Politische Stabilität
- Regierungsform
- Einfluß von Regierung und Administration auf die Wirtschaft
- Einstellung gegenüber Privatunternehmungen
- Einstellungen über Politik bzw. ausländische Direktinvestitionen
- Wirtschaftspolitik
- Bürokratie-Verhalten gegenüber ausländischen Unternehmungen
- Programmatische wirtschaftspolitische Forderungen der wichtigen Oppositionsgruppen
- Krisen- und Kriegswahrscheinlichkeit
- Investitionsanreize/Subventionen (national/regional)
- Gesetzgebung für ausländische Investitionen
- Restriktionen bzgl. Kapitaltransfer, Gewinntransfer, Lizenzgebühren, Patente
- Handel und Investitionshandhabung mit anderen Ländern
- Umweltgesetzgebung
- Produkthaftung
- Wirtschaftsprüfung
- Steuern aller Art (Umsatzsteuer, Grundsteuer, Gewerbesteuer etc.)
- Abgaben, Gebühren, Beiträge, Sozialabgaben
- Gewerkschaftseinfluß
- Arbeitserlaubnisse
- Entlohnungsbestimmungen/-gesetze
- gesetzliche/tarifliche Arbeitszeiten

Wirtschaftliches Umsystem	
- Wirtschaftswachstum - Bruttosozialprodukt pro Kopf - Bevölkerungswachstum - Einkommensverteilung - Inflationsrate - Verfügbarkeit "lokalen" Kapitals - Zinssatzentwicklung - Arbeitslosenquote - Arbeitsproduktivität	- Aufnahmefähigkeit für bestimmte Güter - Ausbildungsgrad und Fähigkeitsprofil für bestimmte Mitarbeitergruppen - Vorhandensein von Spezialisten - Wechselkursentwicklung/-stabilität - Zahlungsbilanzen - Handelshemmnisse, -entwicklung - Einkommensstruktur
Sozio-kulturelles Umsystem	
- Bildungssystem - Einstellung gegenüber Technologie/ Innovationen/Effizienz - Erfahrung/Vertrautsein mit bestimmten Verfahrensweisen - Nationalisierung - Traditionen/typische Rituale	- Einstellungen gegenüber Fremden - Kommunikation (Sprache, Verhalten in Verhandlungen etc.) - Führungsstile - Mentalität/vorherrschende Denkweisen/ Einstellungen - Arbeitsmotivation - interkulturelle Kompetenz und Empathie von Führungskräften
Infrastruktur/Logistik	
- Verfügbarkeit und Kompetenz von Zulieferern und Subunternehmern - Rohstoffe, Werkstoffe - Transportmöglichkeiten und -kosten - Versicherung, Bauland, Gewerbegebiete	- Kommunikationsmöglichkeiten - Energieversorgung - Lebens- und Wohnbedingungen für Mitarbeiter im Auslandseinsatz (Schulsystem, Gesundheitssystem, Sport und Kultur, Lebenshaltungskosten etc.)
Markt-, Branchen- und Konkurrenzdaten	
- Einkommensstruktur/-entwicklung - Marktzutrittschranken/-kosten - Wettbewerbsgefüge - Marktgröße und -aufteilung - Marktwachstum und -potential - Kapazitätsausnutzung - Importanteile - Konjunkturempfindlichkeit - Substitutionstendenzen - Bonität ausländischer Abnehmer	- Innovatorisches Potential - Branchenförderungsprogramme - Kundenprofile und -verhalten - Marktcharakteristika (Durchschnittspreise, Preisspektrum, Produktqualität, Absatzkanäle, Werbung etc.) - Strategien aktueller und potentieller Konkurrenten

Abb. 4.6: Beispiel eines Informationskatalogs für die Analyse von Ländern und Wirtschaftsregionen (in Anlehnung an Leontiades 1985, S. 115)

Für die Praxis liefern zahlreiche Institutionen detaillierte Länderanalysen, die vor allem die möglichen **Risiken** von Auslandsaktivitäten aufzeigen (vgl. Meyer 1987). Sie basieren einerseits auf statistisch fundierten Export-Analysen, andererseits auf zukunftsorientierten Erkenntnissen, die durch Experten-Panels oder statistische Prognosen gewonnen und gewichtet werden. Die dabei anfallende gewaltige Informationsfülle läßt sich im Rahmen von einfachen **Scoring-Modellen** (die den Nutzwertanalysen im Aufbau sehr ähnlich sind - vgl. 2.2.5) bearbeiten. Dabei werden Gewichtungen einzelner Beurteilungskriterien vorgenommen, die am Ende des Evaluationsverfahrens zur Gesamtbeurteilung einzelner Länder zu Risikokennziffern verdichtet werden (vgl. Abbildung 4.7).

	MOR-Punkte 1988*
USA	335
Japan	217
Deutschland (BRD vor der Vereinigung)*	95
Frankreich	58
Großbritannien	55
Italien	35
Kanada	22
Spanien	17
Niederlande	17
Schweiz	16
Australien	10
Indien	10
Belgien	10
Schweden	10

* Anmerkung: die MOR-Punkte zeigen das Marktvolumen eines Landes, das sich zusammensetzt aus Bevölkerung, Bruttosozialprodukt und privater Kaufkraft. Diese Kennzahl wird um ein Rating für das Länderrisiko korrigiert. Ein Land mit ungünstigem Länderrisiko erhält einen Abschlag, ein Land mit günstigem Investitionsklima einen Zuschlag.

Abb. 4.7: Marketing Opportunity Ranking (MOR) wichtiger Länder (Quelle: Business Risk Service/Hake 1988, S. 503)

Darüber hinaus läßt sich aus der Risikoanalyse einzelner Märkte und Länder ein **Länderportfolio** als Grundlage für strategische Entscheidungen (Markteintritt, Vornahme von Direktinvestitionen) entwickeln. Ein solches Portfolio bewertet zum einen die Attraktivität des Marktes, zum anderen sein Risikopotential (vgl. Abbildung 4.8).

Damit kann aus der Vielzahl möglicher Länder die Kombination ausgewählt werden, die bei höchstmöglichem Gewinn das geringste Risikopotential verspricht (z.B. Verbund aus IV, VII, VIII). Eine Risikostreuung bei der Marktwahl wird bei zunehmender Internationalisierung erreicht, wenn attraktive, aber mit Risiken behaftete Märkte mit risikoärmeren, wenngleich auch weniger attraktiven Ländern kombiniert werden.

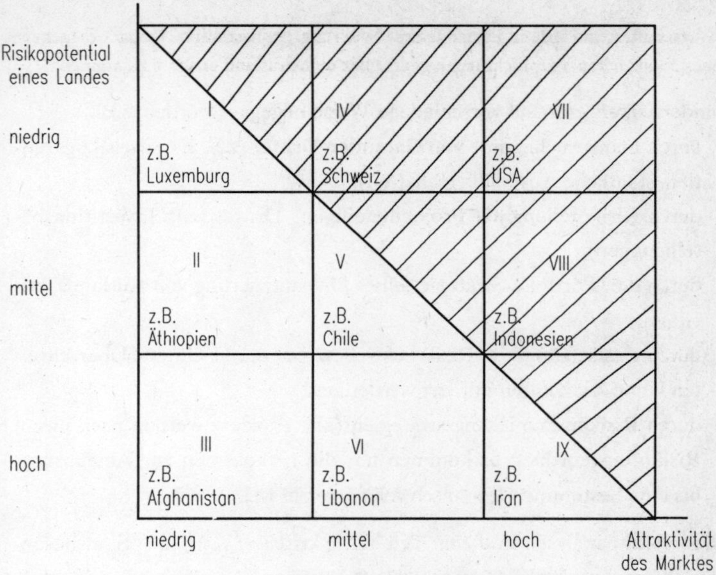

Abb. 4.8: Beispiel eines weltmarktorientierten Länderportfolios nach Meißner (1987, S. 109)

Die Grobauswahl der solchermaßen vorselektierten Länder und Wirtschaftsregionen sollte durch eine **Feinauswahl** präzisiert werden, um jene Länder zu ermitteln, in denen sich aufgrund wirtschaftlicher Kriterien Markteintritt oder Direktinvestitionen lohnen (vgl. hierzu Meffert/Althans 1982, S. 90ff.).

Eine Detailanalyse kann sich beispielsweise auf das Risiko der Zahlungschwierigkeiten bzw. -unfähigkeit beziehen. Das **Risiko der Zahlungsunfähigkeit** äußert sich:

(1) in **Konvertierungsbeschränkungen**, d.h. in Beschränkungen des Devisenverkehrs, die den Umtausch der Landeswährung in eine "harte" Auslandswährung nur noch begrenzt oder gar nicht zulassen und/oder

(2) in **Transferbeschränkungen**, die den Währungsexport in ein anderes Land limitieren oder gänzlich unterbinden.

Wegen ihrer hohen Verschuldung sind viele (ehemals) sozialistische Länder, Schwellen- und Entwicklungsländer häufig nicht in der Lage, genügend Devisen zu erwirtschaften, um ihre in ausländischer Währung (insbesondere Dollar) eingegangenen finanziellen Verpflichtungen gegenüber dem Ausland erfüllen zu können.

Länderrisiken kann auf verschiedene Weise begegnet werden, z.B.:

- durch Inanspruchnahme von Garantien Dritter (z.B. Exportrisikogarantien, staatliche Ausfallbürgschaften),
- durch Risikoteilung per Projektbeteiligung Dritter (z.B. Investitionsbeteiligungen),
- durch die "Portfolio-Strategie" einer Diversifizierung von Auslandsaktivitäten,
- durch Festsetzung von Risikoschwellen, bei deren Unter-/Überschreiten keine Aktivitäten initiiert werden und
- durch Risikominimierungsstrategien (alle Projekte werden nach ihrem Risiko eingeordnet; es kommen nur die risikoarmen zur Ausführung, bis eine bestimmte Gewinnschwelle erreicht ist).

Länderrisikoanalysen sind zum Teil heftig kritisiert worden (vgl. insbesondere Köglmayr 1987; Meyer 1987, S. 118ff.), weil sie schwerwiegende Schwachstellen aufweisen. In erster Linie betrifft dies die **Subjektivität** bei der Zusammensetzung und Gewichtung von Kriterienkatalogen, zumal häufig im unklaren bleibt, welche Experten mit welchen Fähigkeiten und Kenntnissen Risikoeinschätzungen vornehmen.

4.2.4 Branche und Konkurrenz

4.2.4.1 Einflußgrößen der Branche

Die **Branchenanalyse** und -prognose wird für den Sektor vorgenommen, in dem die Unternehmung gegenwärtig tätig ist oder in der Zukunft operieren soll. In jeder Branche lassen sich bestimmte **Wettbewerbskräfte** finden, die das Gewinnpotential und die Entwicklungsperspektiven determinieren (vgl. Hinterhuber 1989, S. 80; Porter 1990, S. 173ff.; Kreikebaum 1991, S. 64ff.). Branchenbezogene Analysen müssen die Rivalität unter den bestehenden Wettbewerbern, die Bedrohung durch Substitutionen und neue Konkurrenten und das Verhalten der Abnehmer, Lieferanten und Arbeitnehmer (einschließlich ihrer Organisationen) einschließen.

Untersucht werden können z.B.:

(1) **Grundlegende Branchenstruktur-Variablen**
- Art des Produktes,
- Ausmaß der Produktdifferenzierung,
- vergleichbare Produkte,
- Preis/Kosten-Struktur,
- Kostendegressionsmöglichkeiten (Skalenerträge),
- Ausmaß der Automation,
- Ausmaß der Integration,
- Erfahrungen und Erfahrungsvorteile,
- erforderliche Werksgröße,
- Rate des technologischen Produktwandels,
- Transport- und Distributionskosten,
- Marktzutrittsbarrieren,
- erforderliche Marktzutrittsgröße,
- Arbeitskosten, Materialkosten usw.,
- Störungsanfälligkeit der Versorgung mit Rohstoffen und Energie,
- Qualifikationsstruktur in den Unternehmungen.

(2) **Nachfrage nach Produkten oder Dienstleistungen**
- Produktfunktionen und -verwendungen, Markterfordernisse, "social needs",
- Stabilität der Nachfrage (Substituierbarkeit, Komplementarität, Dauerhaftigkeit usw.),
- Position im Produkt-Lebenszyklus (Entstehungs-, Wachstums-, Reife- und Sättigungsphase),
- Marktpotential,
- Segmentierung/Individualisierung der Nachfrage,
- Verhandlungsstärke und Verhalten der Abnehmer.

(3) **Angebot an Produkten oder Dienstleistungen**
- durchschnittlicher Kapazitätsausnutzungsgrad der Branche,
- Kapitalintensität,
- Marktsegmentierung, Vertriebskanäle usw.,
- Verhandlungsstärke und Verhalten der Lieferanten.

(4) **Wettbewerbssituation**
- Anzahl, Größe, Finanzkraft, Erfahrungsbereiche, Führungssysteme und Verhalten der etablierten Wettbewerber,
- Bedrohung durch neue Konkurrenten und/oder Substitutionsprodukte,

- Verhalten der Arbeitnehmer und ihrer Organisationen,
- Organisation des Sektors und seine Entwicklung,
- staatliche Eingriffe, "Incentives" usw.

Als Ergebnis können sich **branchenbezogene Erfolgsfaktoren** und im Zusammenhang mit anderen Analysen und Prognosen Gewinn- und Wachstumsperspektiven ableiten lassen.

Während Branchenanalysen und -prognosen vornehmlich Entwicklungstrends in einzelnen Branchen hinsichtlich Produkten und Technologien aufzeigen sollen, werden mit Hilfe von Konkurrentenanalysen und -prognosen Marktentwicklungen beschrieben.

4.2.4.2 Konkurrentenanalyse und -prognose

Die **Konkurrentenanalyse** zielt auf die Generierung vergangenheits- und gegenwartsbezogener Konkurrenzinformationen ab. Demgegenüber muß die **Prognose** zukünftige Entwicklungen des relativen Wettbewerbsverhaltens (Aktion, Reaktion) der Konkurrenten rechtzeitig und möglichst genau vorhersagen.

Eine Konkurrentenanalyse für strategische Planungen sollte grundsätzlich von dem Versuch geleitet sein, daß sich deren Träger soweit wie möglich in die Position und die Sichtweise der relevanten Konkurrenten hineinversetzen. Dies erweist sich allerdings als sehr schwierig; gleichwohl stellt es die Grundbedingung einer erfolgreichen Konkurrentenanalyse und -prognose dar.

Die Konkurrentenanalyse und -prognose soll wesentlich dazu beitragen, den eigenen Standpunkt zu überprüfen und Schwächen abzubauen sowie neue Möglichkeiten am Markt zu erkennen und zu nutzen.

Wichtige Ziele sind (vgl. Römer 1988, S. 483):

(1) **Laufende Marktbeobachtung und -analyse**: dazu gehören die kontinuierliche Beobachtung und Analyse der Produktvermarktung (Preis-, Service-, Distributions- und Werbepolitik) der Konkurrenz sowie

ihres Angebotes (Qualität, Sortiment usw.) mit dem Ziel, Marktveränderungen frühzeitig zu erkennen und die Suche nach Marktlücken bzw. -nischen bezogen auf verschiedene Kriterien (z.B. Preis, Region, Globalisierungsmöglichkeit, Qualität) sowie die Ergründung des Images des Konkurrenten.

(2) **Vergleich** der eigenen Stärken und Schwächen mit denen der Konkurrenz mit dem Ziel, konkrete Handlungsspielräume auf Wettbewerbsmärkten zu identifizieren.

Erste Analyseschritte bestehen in der Markt- und Konkurrentenabgrenzung. Prinzipiell denkbar sind folgende **Marktabgrenzungen** (vgl. Busse von Colbe/Hammann/Laßmann 1985, S. 5):
- eine gutsbezogene Abgrenzung (z.B. Compact-Disc-Markt),
- eine bedürfnisbezogene Abgrenzung (z.B. Körperpflegemarkt),
- eine nachfragebezogene Abgrenzung (z.B. Großhandel, Einzelhandel, private Haushalte),
- eine räumliche Abgrenzung (z.B. Japan, Europäische Gemeinschaft, Ruhrgebiet),
- eine zeitbezogene Abgrenzung,
- eine preisklassenbezogene Abgrenzung.

Im konkreten Fall muß in der Regel eine mehrdimensionale Marktabgrenzung vorgenommen werden.

Ferner ist zu klären, wer als Konkurrent angesehen werden muß. Unterschieden werden kann grundsätzlich zwischen
- Unternehmungen, die **das gleiche Produkt** auf den Markt bringen,
- Unternehmungen, die **Substitutionsprodukte** herstellen,
- Unternehmungen, die in **Zukunft** Produkte oder Substitutionsprodukte herstellen werden.

Nicht sämtliche in Frage kommenden Unternehmungen erweisen sich als in gleicher Weise relevant. Es müssen diejenigen Unternehmungen herausgefiltert werden, die zukünftig eine **Bedrohung** für die eigenen Ziele und die Strategierealisierung darstellen. Beurteilungskriterien sind z.B. Marktanteil, Umsatzwachstum, Breite und Tiefe der Produktlinie, Image und Innovationsfähigkeit, Ressourcenausstattung und Kapazitäten, Flexibilität und Anpassungsbereitschaft, Qualität des Führungssystems, Erfahrungen in der internationalen Geschäftstätigkeit, Internationalisierungsgrad, Unternehmungskultur sowie die Kooperationsbereitschaft auf internationaler Ebene. Die Selektion der wichtigsten **aktuellen** Konkurrenten ist das Ergebnis einer fortlaufenden Konkurrentenanalyse. **Potentielle** Konkurrenten kommen aus verschiedenen Bereichen (Römer 1988, S. 490):

- **Produktexpansion**: Konkurrenten mit technisch ähnlichen Anlagen, die bisher andere Produkte herstellten, aber in der Lage sind, die Anlagen ohne größere Schwierigkeiten umzustellen.
- **Marktexpansion**: Konkurrenten aus anderen Märkten können z.B. eine räumliche Marktgrenze überspringen oder dringen durch Sortiments- bzw. Produkterweiterung in unternehmungseigene Marktsegmente ein und werden so zu aktuellen Konkurrenten.
- **Rückwärtsintegration**: Bisherige Kunden können im Rahmen der Wertschöpfungskonkurrenz bezogene Produkte durch eigene Produkte ersetzen.
- **Vorwärtsintegration**: Auch Lieferanten sind in der Lage, durch den Aufbau einer eigenen Produktion zu aktuellen Konkurrenten zu werden.
- **Fusion oder Aufkäufe**: Durch Fusionen oder Aufkäufe durch finanzstarke Unternehmungen können kleine, bisher nicht beachtete Konkurrenten zu großen Wettbewerbern werden.
- **Auftreten neuer Substitutionsprodukte**.

Entscheidend für die Bedeutung der potentiellen Konkurrenz sind die relative Eintrittsfähigkeit, Ressourcen, "Höhe" der Eintrittsbarrieren und Eintrittswilligkeit in den abgegrenzten Markt.

Aus Gründen der Praktikabilität erscheint eine Beschränkung auf eine überschaubare Zahl der stärksten aktuellen und potentiellen Konkurrenten empfehlenswert. Auf hart umkämpften Märkten sollte die dauerhafte

Institutionalisierung eines **"Competitor-Intelligence"-Systems** erwogen werden, das kontinuierlich die Aktivitäten der Konkurrenten beobachtet, die extern oder intern beschafften Informationen filtert und bedarfsgerecht aufbereitet und an die Entscheidungsträger in "benutzerfreundlicher" Art und Weise übermittelt (Sammon/Kurland/Spitalnic 1984, S. 71).

Bei der Erarbeitung von Konkurrentenanalysen und -prognosen können verschiedene konzeptionelle Schwerpunkte bzw. perspektivische Ansätze bezüglich des Untersuchungszieles abgesteckt und zunächst gedanklich unterteilt werden:

- **der unternehmungsbezogene Ansatz**: Es werden all diejenigen Unternehmungen betrachtet, die insgesamt ein ähnliches Arbeitsfeld aufweisen (Beispiel: Pharmabereich, Fast-Food-Restaurants, Transportgewerbe) und deshalb wegen ihrer strategischen internationalen Stoßrichtung von Interesse sind.
- **der produktionsbereichs- und produktbezogene Ansatz**: Dieses marketingorientierte Vorgehen besteht aus der Analyse wichtiger allgemeiner Informationen über das produktbezogene Marketing des Konkurrenten einerseits und der Untersuchung von Marketing-Basisstrategien der Konkurrenten innerhalb bestimmter Produktbereiche andererseits.
- **der abnehmer- und auftragsbezogene Ansatz**: Hierbei wird primär auf das Verhalten von Konkurrenten abgestellt. Solche Analysen sind z.B. zweckmäßig, wenn ein Hauptabnehmer aufgekauft wird, einen wichtigen Kooperationsvertrag eingeht oder es sich um die Akquisition eines Großauftrages handelt (z.B. Anlagenbau).
- **der länder- und regionsbezogene Ansatz**: Schließlich können die Konkurrenzverhältnisse in bestimmten Ländern bzw. Regionen im Mittelpunkt des Interesses stehen. Durch die Analyse der unternehmungs- und absatzpolitischen Aktivitäten der Unternehmungen bestimmter Gastländer können z.B. wichtige Informationen für das eigene Verhalten gewonnen werden, da "heimische" Unternehmungen in der Regel wesentlich mehr Erfahrungen "vor Ort" besitzen. Soziokulturelle, politische und nationale Einflußgrößen finden hierbei besondere Berücksichtigung.

Der Informationsbedarf für die Konkurrentenanalyse und -prognose umfaßt außer unternehmungs-, produkt- und marketingbezogenen Basisdaten im wesentlichen vier Bereiche (vgl. im einzelnen Porter 1990, S. 83ff.):

(1) Welche Strategien verfolgen die Konkurrenten heute und mit welchem Erfolg?

(2) Auf welchen Prämissen beruhen die voraussichtlichen Strategien der Konkurrenten?

(3) Über welche Stärken und Schwächen verfügen die Konkurrenten?

(4) Welche Strategien können in der Zukunft von den Konkurrenten erwartet werden?

Eine zentrale Aufgabe der Konkurrentenanalyse ist die **Identifikation der wesentlichen aktuellen Ziele und Strategien** der relevanten Konkurrenten. Aus den Zielen und Strategien läßt sich herleiten, ob ein bestimmter Konkurrent mit seiner derzeitigen Position am Markt zufrieden ist. Es stellt sich die Frage, ob mit einem Strategiewechsel zu rechnen ist und mit welcher Intensität der Wettbewerber auf äußere Einflüsse reagieren wird. Aufgrund ihrer Ziele und vor dem Hintergrund möglicher unternehmungsspezifischer Einflüsse sind einige Konkurrenten von der gleichen Marktänderung mehr, andere weniger stark betroffen. Die Ermittlung von Zielen und Strategien der Konkurrenten gestaltet sich auch deshalb besonders schwierig, da in der Unternehmungspraxis Konkurrenten durch gezielte Fehlinformationen irregeführt werden können.

Neben der Analyse von Zielen und Strategien der Konkurrenten können mit Hilfe der Eruierung von **Stärken und Schwächen** der Konkurrenten Aussagen über ihre Fähigkeiten gewonnen werden, bestimmte strategische Maßnahmen zu ergreifen, Strategien der eigenen Unternehmung zu beantworten und adäquat auf relevante Ereignisse in der Branche oder im Umfeld zu reagieren.

Der schwierigste Schritt innerhalb der Konkurrentenanalyse und -prognose besteht in der **Einschätzung** der zukünftigen Aktivitäten der Wettbewerber. Die Informationsbeschaffung kann grundsätzlich durch Primär- und Sekundärerhebungen erfolgen. Hierzu bietet sich in der Praxis ein weites Spektrum unterschiedlicher Beschaffungswege und Informationsquellen an (vgl. Odenwälder 1987, S. 19ff.):

(1) **Beschaffung von Informationen von ehemaligen und gegenwärtigen Mitarbeitern der Konkurrenz**

- Ausfragen von Stellenbewerbern, die bei der Konkurrenz gearbeitet haben,
- Ausschreiben fiktiver Stellenangebote mit dem Ziel, Bewerberinterviews mit Konkurrentenmitarbeitern führen zu können,
- Abwerben von Mitarbeitern der Konkurrenz,
- Besuch von Fachtagungen und Kongressen, wobei Konkurrenten in Fachgespräche verwickelt werden,
- Interviewen von Konkurrenten,
- Führen von Beratungsgesprächen mit Ingenieurbüros und Unternehmensberatern.

(2) **Beschaffung von Informationen von Geschäftspartnern der Konkurrenz**
- Befragen der Konkurrenten mit Hilfe von Stammkunden, die über Konkurrenzaktivitäten Bescheid wissen,
- "Kunden"-Anfragen bei der Konkurrenz (potentielle Kunden erhalten eher Auskunft über neue Produkte),
- Aushorchen von Lieferanten der Konkurrenz (besonders derjenigen, bei denen man selbst Kunde ist).

(3) **Beschaffung von Informationen durch Auswertung von Dokumentationen und Publikationen**
- Analysieren von Stellenanzeigen, da häufig Personalakquisitionen durchgeführt werden, bevor ein neues Produkt vorgestellt wird (Service/Vertrieb),
- Auswerten von amtlichen Quellen und Dokumentationen,
- Studieren und Interpretieren ("Zwischen den Zeilen lesen") von Presseartikeln (internationale Wirtschaftspresse, Branchenpublikationen in verschiedenen Ländern), Geschäftsberichten, Unternehmungsbroschüren.

(4) **Beschaffung von Informationen durch direkte Beobachtung**
- Generierung von Indikatorwerten und Zusammenfügung zu einem Gesamtbild, z.B. Umsätze/Stückzahlen über "einfaches Abzählen" (Lkw-Ladungen, beladene Waggons etc.) und Schätzungen,
- Besuchen von Messen, Besichtigung von Montagewerken,
- Rekonstruieren von Produkten zur Gewinnung von Erkenntnissen über Konkurrenzprodukte und Fertigungstechniken,
- Aufkaufen von Konkurrenzprodukten und Abfall, um z.B. Hinweise auf Forschungsaktivitäten zu erhalten.

Bei den aufgezeigten Möglichkeiten der Beschaffung von Konkurrenzinformationen handelt es sich um legale Wege, d.h. **Industrie- und Werkspionage** wird ausgeklammert.

Anschauliche Vergleiche der betrachteten Unternehmung im Wettbewerb können auch mit Hilfe von Portfolio-Analysen durchgeführt werden. Das

Wettbewerbs-/Konkurrenzportfolio (vgl. Gräßle 1984, S. 112; Cichon 1988, S. 198ff.) stellt die Bedeutung einzelner Aktivitäten, Eigenschaften und Fähigkeiten im Wettbewerb der relativen Wettbewerbs-Position der Unternehmung orthogonal gegenüber. Die Positionierungen werden aufgrund der ermittelten Daten entsprechend plaziert. Im weiteren lassen sich bei Bedarf Maßnahmen diskutieren, die zu beabsichtigten Positionsveränderungen im Portfolio führen.

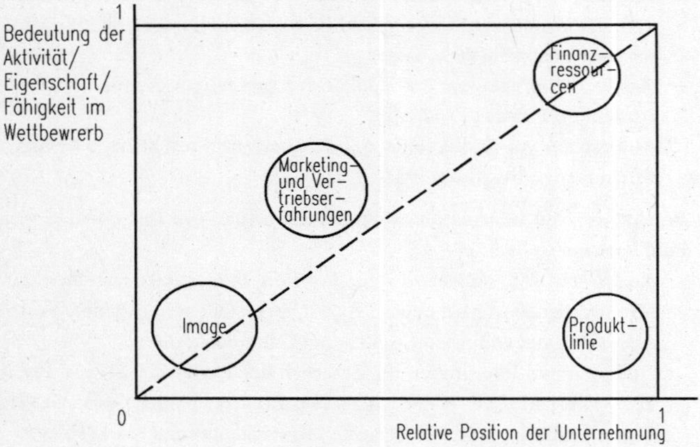

Abb. 4.9: Wettbewerbs-/Konkurrenz-Portfolio (Cichon 1988, S. 198)

In Abbildung 4.9 lassen sich drei Situationen unterscheiden:

(1) Werden Bedeutung und entsprechende relative Positionen ähnlich beurteilt (dies entspricht einer Einordnung im Bereich der Hauptdiagonalen), so nimmt die betrachtete Unternehmung eine dem strategischen Erfolgsfaktor adäquate Stellung ein. In diesem Falle würde ein mit Kosten verbundener Versuch der Verbesserung der eigenen Position nicht zu einer signifikanten Erhöhung der Wettbewerbsstärke führen. In dieser Situation gilt es, die erworbene Position zu halten und gegebenenfalls aktiv zu verteidigen.

(2) Weist die relative Position eine bessere Einordnung als die Bedeutung auf, so ist eine Reduzierung der Aktivitäten bis zur allmählichen Angleichung möglich; man baut seine Übervorteilhaftigkeit ab und gleicht sie der externen gegebenen Bedeutung an. Denkbar - obgleich schwer umsetzbar - ist aber auch, die Bedeutung des Feldes für die Abnehmer entsprechend der eigenen guten Positio-

nierung so zu erhöhen, daß man seine Vorzüge ausnutzt und sich dadurch einen Wettbewerbsvorteil schafft.

(3) Ist schließlich eine schlechtere Positionierung bezogen auf die Bedeutung des Wettbewerbsfaktors, festzustellen, so befindet sich die betrachtete Unternehmung im Nachteil gegenüber der Konkurrenz. Als grundlegende Stoßrichtungen für Maßnahmen zur Verbesserung dieser Situation ergeben sich:
- Wahrnehmung der eigenen Schwäche nach außen begrenzen (z.B. Imagemaßnahmen),
- Verbesserung der Wettbewerbsposition durch Investition,
- Eingehen einer strategischen Allianz mit einem Konkurrenten, der auf dem bestimmten Gebiet überdurchschnittlich stark ist,
- (zunächst) Ausweichen auf weniger umkämpfte Märkte bzw. Marktnischen.

Alles in allem hängt der Nutzen von Konkurrentenanalysen für strategische Planungen entscheidend davon ab, inwieweit es gelingt, zuverlässige, aussagekräftige Informationen über die Wettbewerber zu erhalten.

4.2.5 Unternehmungsanalyse und -prognose

Unter dem Begriff **Unternehmungsanalyse** wird in der Literatur allgemein eine spezifische Vorgehensweise zur Gewinnung betriebswirtschaftlich relevanter Informationen über das sozio-technische System Unternehmung verstanden. Es geht speziell um die Aufdeckung von Stärken und Schwächen in der Unternehmung als Ausgangspunkt für den Planungsprozeß (vgl. Hahn 1985, S. 165). Bei der **Unternehmungsprognose** sind die Entwicklungsmöglichkeiten (Chancen und Risiken) aufzuzeigen, die am wahrscheinlichsten sind unter Berücksichtigung von Ereignissen der Prognose unternehmungsexterner Umsystemfaktoren und ihrer Entwicklungen.

Die Analyse von Stärken und Schwächen setzt also systematische Untersuchungen voraus, die die betrachtete Unternehmung im Kontext ihres Umsystems sehen. Nur so lassen sich Chancen und Risiken aufzeigen, denen die Unternehmung aufgrund ihrer gegenwärtigen und künftigen Ressourcen bzw. Potentiale gegenübersteht. Es muß vermieden werden, daß die

Unternehmung lediglich auf kurzfristig erfolgversprechende Bereiche und Märkte fixiert wird.

Nach Hinterhuber (1989, S. 83) sind **Stärken der Unternehmung**:

(1) **Outputs** der Unternehmung, die

a) die früher angestrebten Zielwerte erreicht oder überstiegen haben (z.B. Produktlinien mit überdurchschnittlichem Return-on-Investment, Wachstum),

b) über den vergleichbaren Ergebnissen der stärksten Konkurrenzunternehmungen liegen (z.B. eine günstigere Kostensituation, eine wirksamere Differenzierung, ein höherer Marktanteil),

(2) **strukturelle Merkmale** bzw. Leistungspotentiale, die zu diesen als Stärken zu bezeichnenden Outputs beigetragen haben (Produktlinien, Marketingkonzeptionen, Informations- und Kommunikationssysteme, Know-how der Beschäftigten etc.).

Die Stärken und Schwächen der Unternehmung sind relative Größen; das Stärken/Schwächen-Profil kann deshalb nur mit Bezug auf die kritischen Erfolgsfaktoren der Umweltanalyse und auf das Verhalten der stärksten Konkurrenten erstellt werden. Basis für Unternehmungsanalysen und -prognosen können **Informationskataloge** bzw. Checklisten sein, wie sie in der Literatur in oft recht detaillierter Form dargeboten werden (vgl. z.B. Bircher 1976, S. 224f.; Pümpin 1982, S. 147f.; Hahn 1985. S. 166; Hinterhuber 1989, S. 85ff; Staehle 1990, S. 591; Kreikebaum 1991, S. 43;): Es sind z.B. zu untersuchen: Marktanteil, Jahresabschluß, generelle Ziele und Strategien, Produktionsprogramm und -potential, Marketing (z.B. Verkaufsprogramm, Vertriebspotential), Innovationstempo, Cash Flow, Finanzsituation/-struktur, Kostensituation/Rentabilität/Rationalisierungsmöglichkeiten, (Groß-)Projekte (Investitionen), Planungs-/Kontroll- und Informationssysteme, Standort-/Kostenvorteile, Unternehmungskultur, Führungsstil, Rechtsform/Organisation, Personalbestand (Umfang/Struktur/Qualifikation/Motivation) und Anreizsysteme.

Da jede Unternehmung in der Regel über eine Vielzahl von Detailinformationen verfügt, liegen die Probleme der Unternehmungsanalyse weniger in der Beschaffung und Verfügbarkeit von Informationen, sondern mehr in der zielgerichteten Selektion und Verdichtung für strategische Belange.

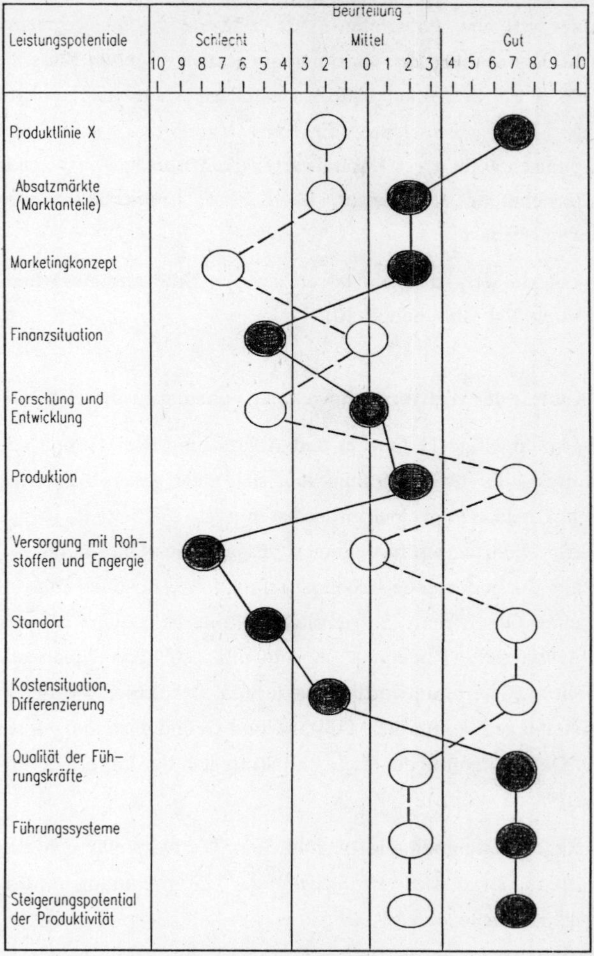

Anmerkung: Der Einfachheit halber werden bei der Darstellung der Ressourcen Felder gleicher Größe gewählt; dies impliziert die in der Praxis nicht immer gerechtfertigte Annahme einer Gleichgewichtigkeit der Ressourcen. Im Bedarfsfall kann über die Breite der Felder (oder die Größe der Kreise) die Fläche der Bedeutung der Ressourcen angepaßt werden.

Abb. 4.10: Beispiel eines Stärken-Schwächen-Profils einer strategischen Geschäftseinheit (Hinterhuber 1989, S. 94)

Wichtige Daten der Unternehmungsanalyse lassen sich aus betrieblichen Kennzahlensystemen entnehmen. Als zentrale hochaggregierte **wirtschaftliche Kennzahlen** der Unternehmungsanalyse gelten beispielsweise (Hahn 1989a, Sp. 2080): kalkulatorisches Betriebsergebnis, Return-on-Investment (RoI), bilanzielles Ergebnis (vor und nach Steuern), Eigenkapitalrentabilität, Kapitalwert/Zukunftserfolgswert/Ertragswert der Unternehmung als Ganzes, Cash Flow, Liquiditätsreserven und Finanzierungsbedarf.

Die Ergebnisse der Analysen lassen sich im **Stärken-Schwächen-Profil** verdeutlichen (vgl. Abbildung 4.10).

4.2.6 Analyse der Wertvorstellungen der Führungskräfte

Eine allgemeingültige Definition und Abgrenzung der Gruppe der **Führungskräfte** in der Unternehmung läßt sich nicht geben, sondern richtet sich nach Zweckmäßigkeitserfordernissen (vgl. Faßbender 1975; Thom 1987). Als Führungskräfte können Eigentümer-Unternehmer sowie Angestellte, die bedeutende Arbeitgeberfunktionen ausüben (bisweilen als Organe einer Gesellschaft, Betriebsleiter, Prokurist, Linieninstanzen oder Hauptabteilungsleiter) oder aber hochqualifizierte Arbeit planender Art mit erhöhter Eigenverantwortlichkeit leisten, bezeichnet werden. Deren Wertvorstellungen, kulturelle Maßstäbe und Grundeinstellungen sind wesentliche Determinanten der Ziele und Strategien der Unternehmung (vgl. Andrews 1988, S. 130ff.).

In der Regel bestimmen die persönlichen Wertvorstellungen der Führungskräfte die strategische Profilierung der Unternehmung auf dreifache Weise (vgl. Hinterhuber 1989, S. 95):

(1) durch die Art, wie die Unternehmung ihre Arbeitsgebiete festlegt,

(2) durch die Festlegung der Ziele, Strategien und operativen Maßnahmen, mit denen die Unternehmung in den Wettbewerb eingreift und

(3) durch ihr Bild, das die Unternehmung der Öffentlichkeit zeigt.

Werte und Einstellungen erfüllen hierbei eine **Filter-, Bewertungs-** und **Auswahlfunktion** (vgl. Bühner 1985, S. 92), besonders im Hinblick auf die Intensität der ökonomischen Orientierung der Führungskräfte im Spannungsfeld zwischen wirtschaftlichen, sozialen und ethischen Zielen. Gefragt werden kann nach strategiebeeinflussenden Werten, wie Sicherheit, soziale Verantwortung, Gestaltungswille, Aggressivität, Unabhängigkeit, Kooperationsbereitschaft.

Die Analyse der Wertvorstellungen basiert auf Daten und Fakten, die auf vielfältige Weise erhoben werden können, z.B. durch:

- Selbsteinschätzung durch Fragebögen,
- Fremdeinschätzung mittels Fragebögen,
- Beobachtung von Verhalten, Entscheidungen etc. und Ziehen von bestimmten Rückschlüssen,
- Rückschlüsse aus Dokumenten(analysen),
- psychologisch fundierte Testreihen.

Als Hilfsmittel zur Darstellung von Wertvorstellungen lassen sich sogenannte **Wertvorstellungsprofile** heranziehen (vgl. z.B. Ulrich 1990, S. 53). Der erste Schritt zur Handhabung von Konflikten bei divergierenden Wertvorstellungen im Hinblick auf die Formulierung und Evaluation von Managementphilosophien, Unternehmungspolitik, Zielen und Strategien besteht darin, Führungskräfte mit den Ergebnissen der Analyse ihrer eigenen Wertvorstellungen und denen ihrer Unterstellten zu konfrontieren. Die Visualisierung von Wertvorstellungen in Profilen kann dazu beitragen, Ansatzpunkte für Werteentwicklungen zu verdeutlichen, die z.B. mittels Maßnahmen der extrinsischen und intrinsischen Motivation ermöglicht werden können.

4.3 Zur Beschaffung von Früherkennungsinformationen

Zur Beschaffung von Früherkennungsinformationen ist der Planungsträger auf eine exakte Kenntnis des spezifischen Informationsbedarfs angewiesen. Dieser Bedarf läßt sich nicht standardisieren und nimmt offensichtlich immer weiter zu. Die **Informationsbedarfsermittlung** und **-analyse** besitzt zentrale Bedeutung im Informationsprozeß, weil sie die nachfolgenden Phasen inhaltlich stark determiniert. Der **Informationsbedarf** läßt sich definieren "... als Art, Menge und Qualität der Informationsgüter, die ein Informationssubjekt in einem gegebenen Informationskontext zur Erfüllung einer Aufgabe in einer bestimmten Zeit und innerhalb eines gegebenen Raumgebietes benötigt bzw. braucht" (Szyperski 1980, Sp. 904). Im Rahmen seiner Ermittlung sind spezifische Aussagen über Anforderungen zu machen, die bestimmte Informationen zu erfüllen haben, z.B.:

- Aktualität/Zeitbezug von Informationen,
- Neuigkeit/Neuartigkeit,
- unverzügliche, möglichst deutliche Kenntlichmachung von relevanten Veränderungen (Sensibilität/Eignung im Sinn eines Indikators),
- Vollständigkeit des gesamten Informationsprogramms im Hinblick auf die Problemlösung (insbesondere auch Aufzeigen von Wirkungszusammenhängen/Interdependenzen) und
- Vermeidung von Redundanz/zweckadäquate Verdichtung .

Die **Informationsbeschaffung** umfaßt zwei Phasen: zum einen die **Suche nach Informationsquellen**, soweit diese nicht schon bekannt sind, zum anderen die **Erschließung von Informationsquellen**, bei der die Inhalte der Informationsquellen abgefragt werden.

Es können interne und externe Informationsquellen unterschieden werden (vgl. Abbildung 4.11).

Aguilar (1967, S. 19ff.) unterscheidet vier parallel anzuwendende Stufen der Generierung von Früherkennungsinformationen:

- "**Ungerichtete Beobachtung**" (undirected viewing), die vor allem zur Aufdeckung neuartiger Phänomene und Diskontinuitäten nützlich ist, die künftig Relevanz für die betreffende Unternehmung aufweisen könnten;
- "**koordinierte Beobachtung**" (conditioned viewing), bei der die Vorgehensweise insofern immer noch passiv ist, als daß keine explizite Suche nach bestimmten Informationen stattfindet. Vielmehr sollte der Informationsbeschaffer für spezifische Entwicklungen besonders sensibilisiert sein für bestimmte schwache

Signale, die relevante Umweltentwicklungen andeuten. Auf diese Weise wird das Feld der ungerichteten Beobachtungen eingegrenzt;

- **nicht-formale Informationssuche** (informal search), bei der spezifische Informationen aktiv gesucht werden, zunächst noch relativ begrenzt und wenig strukturiert;
- **systematische Informationssuche** (formal search), bei der spezifische Informationen planmäßig beschafft werden und die kostenselektiv bei besonders kritischen Umwelteinflußgrößen eingesetzt werden sollte.

Interne Informationsquellen über das Insystem der Unternehmung - persönliche Erfahrungen, bestehendes Wissen, aktueller Informationsstand der Führungskräfte und Mitarbeiter - Berichte, Aktennotizen, Karteien - interne Statistiken (z.B. Personalstatistik, Auftragsstatistik) - Konferenzen, interne Meetings unterschiedlicher Gremien - eigene Forschungen und Untersuchungen - Management-Informationssysteme - Controlling, Rechnungswesen, interne Revision - Stäbe (z.B. Volkswirtschaftliche Abteilungen)
Externe Informationsquellen über das Umsystem der Unternehmung - persönliche Erfahrungen, aktueller Wissensstand der Unternehmungsmitglieder - Fachbücher, Handbücher, Presseveröffentlichungen, internationale Fachzeitschriften, laufende Medienüberwachung - Kunden, Lieferanten, Gläubiger, Banken etc. - Kundenreklamationen, Außendienstrapporte - Wirtschaftsforschungsinstitute, Markt- und Meinungsforschungsinstitute - nationale und supranationale Institutionen (insbesondere Veröffentlichungen der Bundesbank, des International Monetary Fund, EG, OECD, UNO - amtliche Statistiken (insbesondere Statistisches Bundesamt, EG, OECD) - Jahresberichte, Auslandsdienste von Banken, Mitteilungen der Exportförderungsinstitute, internationale Handelsstatistiken - Firmen- und Adreßbücher, Geschäftsberichte, Firmenbroschüren aller Art - Fachveröffentlichungen von Industrie- und Handelskammern, branchenspezifischen Verbänden - Datenbanken (z.B. der Welthandelsbank, des International Trade Centers, PIMS-Studien) - Unternehmensberatungen, Informationsdienste (z.B. Control Risk Information Services, London)

Abb. 4.11: Interne und externe Informationsquellen der Unternehmung

Bei der Erschließung der Informationsquellen wird methodisch in den Sozialwissenschaften grundsätzlich zwischen **Primäranalysen** und **Sekundäranalysen** unterschieden (vgl. z.B. Schäfer/Knoblich 1978, S. 276ff.). Erstere erfordern eine Erhebung neuer bzw. neuartiger Daten unmittelbar aus dem relevanten Untersuchungsfeld. Instrumente stellen insbesondere die Befragung und Beobachtung dar. Kostenaspekte auf der einen Seite und der Vorteil detaillierter Faktengenerierung auf der anderen Seite sind hinsichtlich des Einsatzes der Primärerhebung gegeneinander abzuwägen. Dagegen werden in der Sekundärerhebung Informationen aus bereits vorhandenem Datenmaterial gewonnen, das ursprünglich für andere Zwecke von internen (Rechnungswesen, Volkswirtschaftliche Abteilung) und externen Institutionen (Statistisches Bundesamt, OECD etc.) bereitgestellt wurde.

Eine **Bewertung** der Informationsquellen kann unter anderem anhand folgender Kriterien erfolgen:
- Zuverlässigkeit von Information und Informationsquelle,
- Zwecksetzung der Informationssammlung durch die Träger der Informationsquelle,
- Zugänglichkeit zur Informationsquelle,
- erschließbarer Informationsumfang,
- Beschaffungszeit und -kosten,
- Priorität und Reifegrad der Information und
- Methodik der Informationssammlung.

Die Informationsbeschaffung muß in engem Zusammenhang mit der **Informationsaufbereitung** gesehen werden. Um dem aktuellen, tatsächlichen Informationsbedarf für bestimmte Planungsaufgaben Genüge zu leisten, ist eine inhaltliche **Verdichtung**, **Verknüpfung** bzw. **Spezifikation** der vorhandenen Informationen notwendig und damit eine problemspezifische Umwandlung von originären in derivative Informationen.

4.4 Instrumente strategischer Früherkennung

4.4.1 Überblick

Die **Instrumente** (bzw. Methoden) der strategischen Früherkennung umfassen vorwiegend **qualitative Prognoseverfahren**, die durch quantitative Prognosen ergänzt und vertieft werden sollten, wenn dadurch die Prognosegüte verbessert werden kann.

Qualitative Prognosen liefern zum überwiegenden Teil verbale Umschreibungen möglichen zukünftigen Geschehens. Angesichts ungenügender quantitativer Bestimmungsmöglichkeiten bauen derartige Prognosen vorwiegend auf Urteilen, Erfahrungen, Expertenmeinungen, Fachkenntnissen usw. auf, um daraus relevante Tendenzen und Entwicklungen abzuleiten. Soweit generierbar, sollte aber auf die Hinzuziehung quantitativer, möglichst zuverlässiger, objektiver und valider Zukunftsdaten nicht verzichtet werden.

Die **Prognoseaufgabe** sollte folgende wichtige Bestandteile umfassen (vgl. Brockhoff 1977, S. 49):

- die Darstellung des Prognosegegenstandes (Objektbereich, Prognosehorizont),
- die Suche nach meßbaren und möglichst statistisch auswertbaren Daten,
- den Entwurf eines Prognosemodells und die Anwendung ausgewählter Prognoseverfahren,
- die Vorbereitung des Einsatzes der Prognoseergebnisse in der Planung (informationsbedarfsgerechte Aufbereitung und Übermittlung der Prognoseergebnisse an die zuständigen Entscheidungsträger),
- die kritische Prognosebeurteilung und die Kontrolle der Prognoseergebnisse.

In der Abbildung 4.12 wird eine Reihe von Kriterien zur Beurteilung von Prognosen genannt. Von der Prognosegüte hängt ganz entscheidend der Wert der Früherkennungsinformationen für die Planung ab.

Die **Prognosegüte** läßt sich im Hinblick auf den konkreten Schwierigkeitsgrad der Aufgabe einschätzen, zu deren Lösung die Prognose beitragen soll.

Besondere Schwierigkeiten bereitet die Erarbeitung langfristiger Prognosen, da stets vielfältige komplexe und oft diskontinuierliche Einflüsse auf das interdependente Unternehmungsgeschehen einwirken. Je langfristiger die strategische Planung ausgerichtet ist, desto mehr muß die Prognose auf Umweltfaktoren (z.B. gesamtwirtschaftlichen, technologischen, politischen Entwicklungen) beruhen, da langfristig diese Größen wesentlichen Einfluß auf die unternehmungsinterne Entwicklung ausüben.

Zum Prognoseergebnis
- Sind die Ergebnisse normativ oder explorativ zustandegekommen? - Beinhaltet die Prognose Entwicklungsmöglichkeiten? Sind es Extremmöglichkeiten oder wahrscheinliche Möglichkeiten? - Wie ist bei wahrscheinlichen Möglichkeiten die Eintreffenswahrscheinlichkeit zu beurteilen? (Bei großer Unsicherheit der Umweltentwicklung ist die Möglichkeit einer zu konservativen Prognose hoch.) - Sind die Prognoseergebnisse in sich konsistent? - Passen die Ergebnisse auch mit einer umfassenderen, mit einer enger begrenzten Systembetrachtung zusammen? - Handelt es sich um die erste Prognose dieser Art oder hat sie schon Vorläufer, so daß Lernprozesse möglich waren? - Ist für die Zukunft mit verbesserten Prognosen dieser Art zu rechnen? - In welchen Phasen des Planungsprozesses ist die Prognose einsetzbar? - Werden die Ergebnisse von mir und von weiteren Benutzern richtig interpretiert? - Welches ist das Risiko, falls eine Fehlprognose im Planungsprozeß verwendet wird?
Zum Prognoseprozeß
- Ist das Vorgehen bei der Prognoseerstellung systematisch und, soweit möglich, wissenschaftlich fundiert? - Wie sind die verwendeten Prognosemethoden zu beurteilen?
Zum Input
- Sind die verwendeten Daten auf dem neuesten Stand und den Prognosemethoden angemessen? - Welche Annahmen hat der Prognostiker den explorativen Prognosen zugrundegelegt? Können sie als plausibel anerkannt werden? - Welche und wessen Wertvorstellungen liegen einer normativen Prognose zugrunde? Sind sie hinreichend repräsentativ?
Zum Prognoseträger

- Wie ist die prognostizierende Institution zu beurteilen hinsichtlich
  - des Personals und seiner Fähigkeiten
  - der Erfahrung auf dem betreffenden Prognosegebiet
  - ihrer Kompetenz, Wertvorstellungen als Grundlage normativer Prognosen zu formulieren?

Abb. 4.12: Checkliste zur Beurteilung von Prognosen (Bircher 1976, S. 193f.)

Nachträglich kann die Prognosequalität anhand von Abweichungen der prognostizierten und tatsächlich eingetretenen Entwicklungen kontrolliert, analysiert und die allgemeinen Erkenntnisse für spätere Prognosen verwertet werden. Ein "Lerneffekt" unterliegt jedoch Einschränkungen, da die Ausgangslage künftig eine andere ist. Die Prognoseträger und -anwender müssen sich vergegenwärtigen, daß Prognosen mit grundsätzlichen erkenntnis- und wissenschaftstheoretischen Problemen behaftet sind (vgl. hierzu im einzelnen Berthel 1975, S. 269f.; Fulda/Härter/Lenk 1989). Es ist darauf Rücksicht zu nehmen, daß der Erklärungswert einer Prognose vom Grad der Richtigkeit der unterstellten Hypothesen (der naturgemäß erst expost feststeht) sowie von der Auswahl der Prognoseinstrumente abhängt. Wichtige qualitative Instrumente sind:

- die Delphi-Methode,
- die Szenario-Technik,
- die Cross-Impact-Analyse,
- das Feedback-Diagramm,
- das Produktlebenszyklus-Konzept.

Außerdem läßt sich untersuchen, welchen Beitrag Aktivitäten der (strategischen) Marktforschung für die Früherkennung strategischer Planungsprobleme leisten können.

4.4.2 Die Delphi-Methode

Die **Delphi-Methode** stellt eine spezielle Form der Gruppenprognose auf Basis von Expertenbefragungen dar. Sie soll dazu beitragen, veränderte Konstellationen und Diskontinuitäten in der Zukunft abzuschätzen (vgl. im einzelnen zu dieser Methode: Brockhoff 1977, S. 75ff.; Wechsler 1978, S. 23ff.). Der Delphi-Methode liegt die Hypothese zugrunde, daß eine Gruppe von Experten ein komplexeres Problem "besser" strukturieren, analysieren und lösen kann als ein Individuum und daß die besondere Struktur der Delphigruppe und ein systematisches Vorgehen zu aussagekräftigeren Ergebnissen führen als das mehr zufällige Einfließen von Expertenmeinungen aller Art (vgl. Welters 1989b).

Wesentliche **charakteristische Merkmale** der Methode sind:

- Die Durchführung der Delphi-Methode leitet eine sogenannte Monitorengruppe, die im wesentlichen die Fragen für die Expertengruppe vorgibt und die Antworten auswertet.

- Die Delphigruppe besteht aus Experten, die sich mit den unterschiedlichen Aspekten des Prognoseproblems beschäftigt haben. Dabei kommen auch externe Experten/Berater in Frage.
- Die Experten und deren Antworten bleiben untereinander möglichst anonym.
- Die Prognose vollzieht sich in mehreren Schritten. Durch Informationsrückkopplung besitzen die Experten die Möglichkeit, ihre ursprüngliche Meinung im Lichte zusätzlicher Informationen zu modifizieren.

Ziel der Delphi-Methode ist es, während mehrerer Befragungsrunden eine Konvergenz der Einzelprognosen zu erreichen, ohne daß sich die Experten in Gruppendiskussionen gegenseitig beeinflussen. Das Ablaufschema der Delphi-Methode zeigt Abbildung 4.13 im Überblick.

Gegenüber einer unsystematischen Befragung von Experten(-gruppen) weist die Delphi-Methode folgende **Vorteile** auf (vgl. Götze 1991, S. 249):
- durch die Anonymität und die isolierte Befragung der Experten lassen sich negative Einflüsse auf den Meinungsbildungsprozeß weitgehend vermeiden, die z.B. auf dem Status oder besonderen rhetorischen Fähigkeiten einer Person beruhen;
- es ist gesichert, daß die Meinungen aller Beteiligten mit gleicher Gewichtung berücksichtigt werden können;
- es besteht der Zwang zu verständlichen und knappen Formulierungen;
- mit Hilfe der statistischen Auswertungen läßt sich der Befragungsprozeß sehr gut analysieren und steuern;
- die Durchführung einer Delphi-Befragung kann ortsungebunden erfolgen (anders als bei einer Gruppendiskussion);
- es können sehr viele Experten sehr spezifiziert befragt werden.

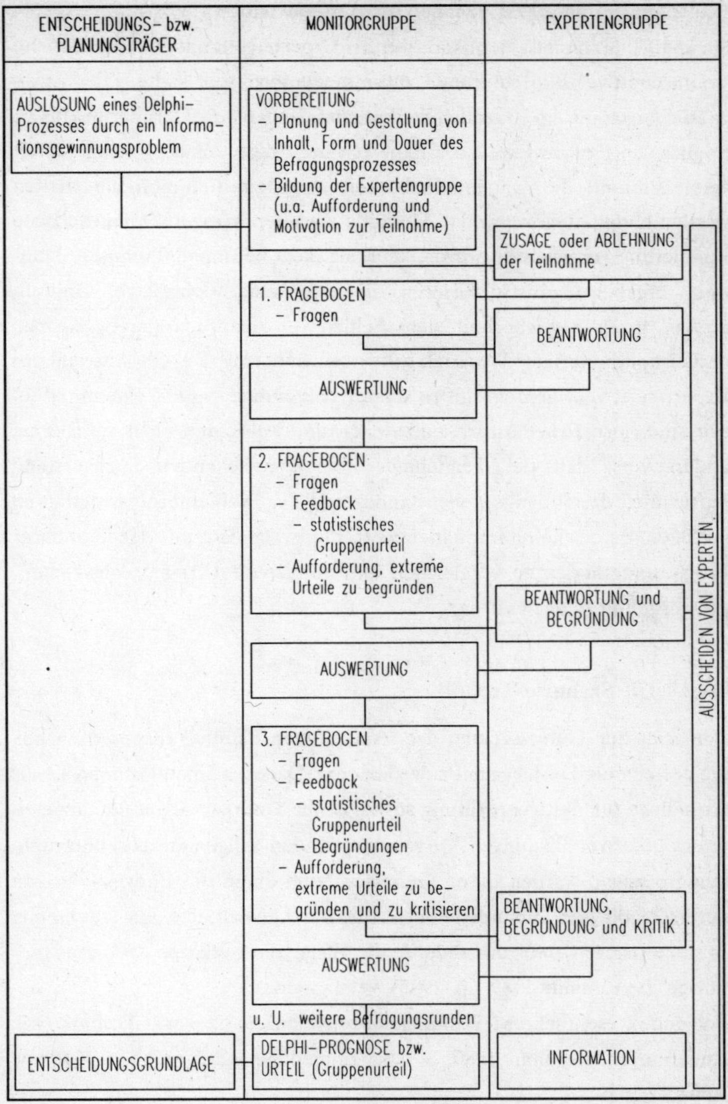

Abb. 4.13: Ablaufschema der Delphi-Methode (Wechsler 1978, S. 25)

Die Delphi-Methode ist dennoch **nicht unumstritten** (vgl. Welters 1989b, Sp. 264ff.). So bleibt z.B. unklar, wer als Experte gelten kann und wie eine "repräsentative" Expertenrunde zusammengesetzt sein sollte. Dies ist sicherlich auch nur im Einzelfall konkret zu beantworten. Darüber hinaus ist fraglich, ob und inwieweit die Experten die Fragestellung gleichgerichtet verstehen und die Unbeeinflußbarkeit in jedem Fall aufrechterhalten werden kann. Auch wenn der Methode zuweilen mangelnde theoretische Fundierung vorgeworfen wurde, kann sie dazu beitragen, komplexe künftige Aufgaben vorzustrukturieren, die durch eine Vielzahl von Einflußgrößen, große Unsicherheit, dem Fehlen von quantifizierbaren Größen und diskontinuierliche Dynamik gekennzeichnet sind. Bei der Auswahl der Experten ist vor allem darauf zu achten, daß einerseits die Teilnehmer bereit sind, ihre Erkenntnisse mitzuteilen und Ansichten zu modifizieren, andererseits, daß die Teilnehmer über ausreichenden Sachverstand hinsichtlich des Prognosegegenstandes und der Problemlösungsmethoden verfügen. Es erscheint empfehlenswert, die Ergebnisse mit denen anderer Prognosemethoden zu vergleichen und auftretende Prognoseabweichungen sorgfältig zu analysieren.

4.4.3 Die Szenario-Technik

Szenarios zur Unterstützung der strategischen Planung tragen dazu bei, die bestehende Unsicherheit zu reduzieren. Darüber hinaus können sie als Grundlage für die Überprüfung strategischer Stoßrichtungen und abgeleiteter operativer Planungen Verwendung finden. Allgemein und unternehmungsbezogen werden unter **Szenarien** "zum einen die Entwicklung von unterschiedlichen Zukunftsbildern, die die Umwelt der Unternehmung charakterisieren, und zum anderen die Wege, die zu diesen Szenarios hinführen" (v. Reibnitz 1989, Sp. 1985), verstanden.
Folgende wesentliche Merkmale kennzeichnen die Szenario-Technik (vgl. Angermeyer-Naumann 1985, S. 118; Linnemann/Klein 1985, S. 64ff.; v. Reibnitz 1989):

- Szenarios geben Auskunft darüber, wie sich die Zukunft möglicherweise entwickeln könnte.
- In Abgrenzung zu quantitativen Trendextrapolationen wird die Zukunft nicht mehr als eine einzige zu prognostizierende Zustandsgröße betrachtet, sondern es werden verschiedene plausibel erscheinende, konsistente **Zukunftsbilder** entworfen und entsprechende Entwicklungspfade aufgezeigt.
- Im Rahmen einer Analyse alternativer Rahmenbedingungen können bewußt eher verborgene, als weniger wahrscheinlich anzunehmende Zukunftsbilder entworfen oder Störereignisse in den Erstellungsprozeß (Diskontinuitäten) miteinbezogen werden und entsprechende Präventiv- und Reaktivstrategien konzipiert werden.
- Es kann versucht werden, die Zukunft mit Szenarios unter Verwendung quantitativer Prognosemethoden vorauszubestimmen. Oft überwiegen aber qualitative, interpretatorische Aussagen und Vorgehensweisen.
- Szenarios stellen beschreibende modellhafte **Heuristiken** zur Entdeckung und Bewertung verschiedener Annahmen hinsichtlich zukünftiger Veränderungen dar und verdeutlichen, welche Faktoren strategische Entscheidungen im einzelnen beeinflussen und welche Auswirkungen dynamische Veränderungen besitzen.

Den möglichen Ablauf einer Szenario-Analyse gibt Abbildung 4.14 im Überblick wieder. Durchgeführt werden Analysen für strategische Planungen zweckmäßigerweise von fachlich durchaus heterogenen Teams, die sich aus Führungskräften der oberen und mittleren Hierarchieebenen zusammensetzen.

Stufe	Ziel	Aktivitäten
Schritt 1	Analyse der gegenwärtigen Situation	- Zusammenstellung und Bewertung der Ziele und Strategien im Kontext des Unternehmungsleitbildes und übergeordneter Strategien und Ziele - Stärken-/Schwächenanalyse - Eruierung wichtiger Probleme und Lösungsnotwendigkeiten - Festlegung des Zeithorizontes für die Szenarien
Schritt 2	Festlegung der Einflußgrößen des In- und Umsystems, Ermittlung und Bewertung der Einflußfaktoren und Analyse der Vernetzung zwischen den Einflußbereichen	- Ermittlung der relevanten Einflußfaktoren in den einzelnen Beobachtungsbereichen - Erstellung einer Rangordnung der relevanten Einflußfaktoren (Bewertung) - Vernetzungsanalyse (Klärung der Frage, welche Einflußbereiche wie stark determinieren bzw. von diesen beeinflußt werden) - Überlegungen zu der Frage: Wie kann man die vernetzten Einflußgrößen des In- und Umsystems für die Managementaktivitäten aktiv nutzen? (insges. Synergieeffekte)
Schritt 3	Ermittlung von Kenngrößen (Deskriptoren) auf Basis der in Schritt 2 ermittelten Einflußgrößen	- möglichst wertneutrale Formulierung der Deskriptoren, die den jetzigen und zukünftigen Zustand der jeweiligen Kenngröße präzise beschreiben - Hinzuziehung von Prognosedaten und weiteren Daten unterschiedlicher Informationsquellen
Schritt 4	Übersprüfung der Konsistenz und Logik (Verträglichkeit der in Schritt 3 identifizierten alternativen Entwicklung und Auswahl zweier in sich konsistenter, aber alternativer Szenarien	- Konsistenzanalyse: 1. Haben die beiden in einem Feld zusammentreffenden alternativen Ausprägungen eines Deskriptors eine direkte Korrelation? 2. Wenn ja, ist diese Beziehung konsistent, widerspruchsfrei oder widerspricht sie sich? 3. Sollte die Beziehung konsistent und widerspruchsfrei sein, ist sie dies mit Verstärkung oder ohne Verstärkung? - Berechnung aller Szenario-Bündel, die möglich sind (EDV-gestützt, auf der Basis der Ergebnisse der Konsistenzanalyse) - Auswahl von solchen Szenarien, die eine größtmögliche Konsistenz und interne Stabilität besitzen - Auswahl von zwei Szenarien, die konsistent, stabil und außerdem sehr unterschiedlich sind
Schritt 5	Generierung, Ausgestaltung und Beurteilung der Zukunftsbilder	- Interpretation der ausgewählten Szenarien (Schritt 4) unter Hinzuziehung der Deskriptoren (Schritt 3) und der Ergebnisse der Vernetzungsanalyse - Überprüfung der Verläßlichkeit der angenommenen Entwicklungen durch Hinzuziehung von Gegenreaktionen und neuen Entwicklungen (dynamische statt statische Analyse)
Schritt 6	Schaffung von Grundlagen für Strategien	- Ableitung von Handlungsnotwendigkeiten unter Berücksichtigung der gegebenen Unternehmungsstrategien (1) - Ermittlung von Chancen und Risiken (2) - Bewertung von (1) und (2) und Erarbeitung von Konsequenzen (Maßnahmen/Aktivitäten)
Schritt 7	Entwicklungen von Präventiv- und Reaktivmaßnahmen für eventuelle Störungen	- Sammlung möglicher abrupt auftretender (interner/externer) Störungen - Bewertung bezüglich Relevanz/Signifikanz - Erarbeitung und Zuordnung entsprechender Präventiv-/Reaktivmaßnahmen
Schritt 8	Formulierung einer Leitstrategie (Konzipieren von Maßnahmen)	- Formulierung der Leitstrategie auf Basis von Schritt 6 - Formulierung einer Alternativstrategie auf Basis von Schritt 7 - Abstimmung der Leitstrategie mit der generellen Ausrichtung der Unternehmung und der einzelnen Funktionsbereiche - Kontrolle der Szenarioergebnisse mit tatsächlichen Entwicklungen und Feststellung von Anpassungsnotwendigkeiten bzgl. der Strategie

Abb. 4.14: Beispiel für den Ablauf einer Szenario-Analyse (in Anlehnung an v. Reibnitz 1989, Sp. 1985ff.)

Bei Szenario-Analysen empfiehlt sich in den Schritten 4 und 7 der Einsatz von Personalcomputern. Im vierten Schritt geht es um die Bildung und Auswahl alternativer konsistenter Annahmebündel. Da die verschiedenen Ausprägungen der kritischen Deskriptoren nicht alle miteinander verträglich (konsistent) sind, wird abgeschätzt, welche Ausprägungen sich gegenseitig verstärken, welche neutral zueinander sind und welche sich gegenseitig ausschließen. Die computergestützten Konsistenzeinschätzungen ermöglichen mit Hilfe eines Algorithmus die Bildung mehrerer konsistenter Annahmebündel. Daraus wählt man zwei bis drei Sätze nach den Kriterien "hohe Konsistenz", "hohe Unterschiedlichkeit" und "hohe Wahrscheinlichkeit" aus. Diese bilden das Gerüst für die im nächsten Schritt zu formulierenden Szenarien.

Daß die Anzahl der theoretisch kombinierbaren Szenarien sehr schnell mit der Anzahl von berücksichtigten Einflußfaktoren ansteigt, zeigt die folgende Überlegung (vgl. Müller 1986a): Wenn man unterstellt, man könne die Entwicklung des Untersuchungsfeldes mit nur zehn Faktoren abbilden, von denen jeder in der Zukunft zwei unterschiedliche Verläufe annehmen könnte, so ergeben sich hier allein 1024 (2^{10}) theoretisch vorstellbare Bilder, die jedes für sich eine mehr oder weniger sinnvolle Kombination der Einzelprognosen darstellen könnten. Die Erstellung von aussagekräftigen Zukunftsbildern erfordert jedoch aufgrund der Komplexität der Wirklichkeit sowohl die Berücksichtigung einer größeren Anzahl von Einflußfaktoren als auch eine stärkere Differenzierung der prognostizierten Einzelentwicklungen. Unterstellt man eine Anzahl von 20 Einflußfaktoren mit jeweils drei Ausprägungen, so ergibt sich eine theoretische Anzahl von insgesamt über 3,4 Milliarden (3^{20}) möglicher Szenarien.

Inwieweit diese einzelnen theoretischen Bilder jeweils auch eine sinnvolle Kombination von Einzelmaßnahmen darstellen, kann nur durch eine Überprüfung jedes einzelnen Bildes auf seine Sinnhaftigkeit geklärt werden; angesichts der oben dargelegten Fülle von möglichen unterschiedlichen Bildern erweist sich dies als ein nicht realisierbares Vorhaben. Andererseits zeigt jedoch die Erfahrung im Umgang mit Szenarien, daß eine - häufig auch unbewußt vorgenommene - Vorselektion in positive und negative Trendannahmen nicht zum Ziel führt, da sie Interdependenzen zwischen den einzelnen Faktoren unberücksichtigt läßt. Sie können durch eine Cross-Impact-Analyse ermittelt werden. Darüber hinaus ist der Einsatz eines Rechners von Vorteil. Im Rahmen des 7. Schrittes (Störfallanalyse) kann geprüft werden, wie robust die erzeugten Bilder hinsichtlich des Eintretens unerwarteter Störungen bzw. diskontinuierlicher Entwicklungen sind. Mit Hilfe des PC's bietet sich hier die relativ einfache Lösung, einerseits ein mögliches Störereignis, andererseits einen beliebigen weiteren Einflußfaktor zu berücksichtigen. Es müssen dann lediglich die noch offenen Paar-Verknüpfungen durchgeführt werden. Nach vollständiger Verknüpfung kann eine neue Berechnung der Ergebnisse erfolgen. Man hat zusätzlich die Möglichkeit einer Variation der Basisannahmen, um schnell neue Simulationen mit veränderten Ausgangsdaten durchzuführen, und es steht eine ansprechende Ergebnisdarstellung auf dem Bildschirm oder Papier - verbunden mit einer komfortablen Datensicherung und Dateiverwaltung - zur Verfügung.

Neben dem Speichern und Einlesen einmal eingegebener bzw. erzeugter Daten sollte ein Programm zur Unterstützung der Szenarioplanung folgende Möglichkeiten bieten:

- Einlesen der Einflußfaktoren zusammen mit ihren einzelnen Ausprägungen sowie deren Eintrittswahrscheinlichkeit,
- zur Verfügungstellen einer vom Benutzer zu füllenden (Cross-Impact-)Matrix, verbunden mit dem Anbieten von Defaultwerten zur Eingabeerleichterung,
- Erstellen von konsistenten Szenarien, basierend auf den Werten der gefüllten Matrix,
- Ausgabe der erzeugten Szenarien auf dem Bildschirm oder mit dem Drucker,
- nachträgliche Erweiterung bzw. Änderung der zu Beginn eingelesenen Einflußfaktoren, der a-priori-Eintrittswahrscheinlichkeiten oder auch der Werte innerhalb der Matrix.

4.4.4 Die Cross-Impact-Analyse

Der Einsatz prognostischer Planungsinstrumente sollte nicht nur darauf abzielen, Erfolgsfaktoren und Ereignisse zukünftiger Unternehmungsentwicklungen relativ zusammenhanglos aufzulisten. Vielmehr erscheinen die sich wahrscheinlich herausbildenden und entwickelnden **Interdependenzen** zwischen den einzelnen Prognosekriterien relevant. Mit Hilfe der Anwendung der **Cross-Impact-Analyse** (CIA) wird versucht, die Beziehungen zwischen den Kriterien in bezug auf folgende Faktoren zu berücksichtigen:

- Richtung des Zusammenhangs (Erhöhung oder Verminderung der Eintrittswahrscheinlichkeit),
- Stärke des Zusammenhangs und
- Diffusionszeit, d.h. Zeitspanne zwischen dem wahrscheinlichen Eintreten des Ereignisses und dem Wirksamwerden des von diesem ausgeübten Einflusses auf andere Ereignisse.

Für jedes (z.B. aufgrund von Expertenbefragungen) geschätzte und wahrscheinlich eintretende Ereignis wird demzufolge bestimmt, wie sich bei Eintritt dieses Ereignisses die Wahrscheinlichkeit für die übrigen Ereignisse ändert. Die Prämisse aller Betrachtungen besteht in der Aussage, daß das eintretende Ereignis keinen Einfluß auf zurückliegende Ereignisse ausübt.

Grundlage der CIA bildet eine **Beurteilungsmatrix**, die durch eine Diagonale geteilt wird. In den Feldern oberhalb der Diagonale werden die Interaktionen angezeigt, die sich ergeben, wenn das vorgelagerte Zeilenereignis eintritt. Die Felder unterhalb der Diagonale zeigen die Folgen an, die sich ergeben, wenn das früher liegende Spaltenereignis nicht eintritt (Schreyögg 1984, S. 105; Welters 1989a, Sp. 242f.). Die aus der Beurteilungsmatrix gewonnenen Vorhersagen können dann zu einem Szenarium verknüpft werden. Entsprechend dem jeweils angesetzten Planungszeitraum können Szenarien zu einer dynamisch-mehrperiodischen CIA zusammengefaßt und ausgebaut werden. Neben der dynamischen kausalen CIA werden die korrelierte und die statistisch-kausale CIA unterschieden (Götze 1991, S. 163ff.). Mit Hilfe dieser Ansätze wird vor allem angestrebt, divergierende Expertenaussagen "konsistent" zu machen.

Insgesamt kann ausgeführt werden, daß die CIA im Rahmen der strategischen Unternehmungsplanung als Instrument zur **Erschließung von Entwicklungsrichtungen und Problemen** der Unternehmung bzw. ausgewählter strategischer Geschäftseinheiten bei Beachtung von Interdependenzen und Interaktionen zwischen den (voraus-)geschätzten Ereignissen einsetzbar ist. "Aus den nur unvollständigen Anwendungsbeschreibungen ist jedoch nicht erkennbar, ob und welche Entscheidungsrelevanz die mit Hilfe der CIA ermittelten Szenarien erlangt haben" (Welters 1989a, Sp. 245).

4.4.5 Feedback-Diagramme

Simulative Ansätze orientieren sich unter anderem am Modellierungskonzept **dynamisch vernetzter Systeme** ("system dynamics"/"industrial dynamics" - vgl. zum Ursprung Forrester 1961) und lassen sich zunächst qualitativ in Form von **Feedback-Diagrammen** visualisieren (vgl. Gomez 1983, S. 27ff.). Um nur die wichtigsten dynamischen Komponenten eines

Systems zu berücksichtigen, müssen gerade bei komplexen Fragestellungen Systemgrenzen festgelegt werden. Dann gilt es, innerhalb des Systems sukzessive die Regelkreise und Teilnetzwerke zu installieren, die das **Gesamtsystemverhalten** determinieren. Diese Kreisläufe ergeben sich aus den vorher zu ermittelnden positiven und negativen Wirkungen der verschiedenen Größen aufeinander. Die Regelkreise können über die einzelnen Größen beliebig untereinander vernetzt sein, so daß die verschiedenen Wirkungen schließlich das Gesamtverhalten des komplexen Systems bestimmen, das durch Zustands- bzw. Bestandsgrößen und Flußgrößen miteinander verknüpft ist. Mit dieser Vorgehensweise wird das Denken in größeren interdependenten Zusammenhängen ("**Ganzheitliches Denken**") gefördert.

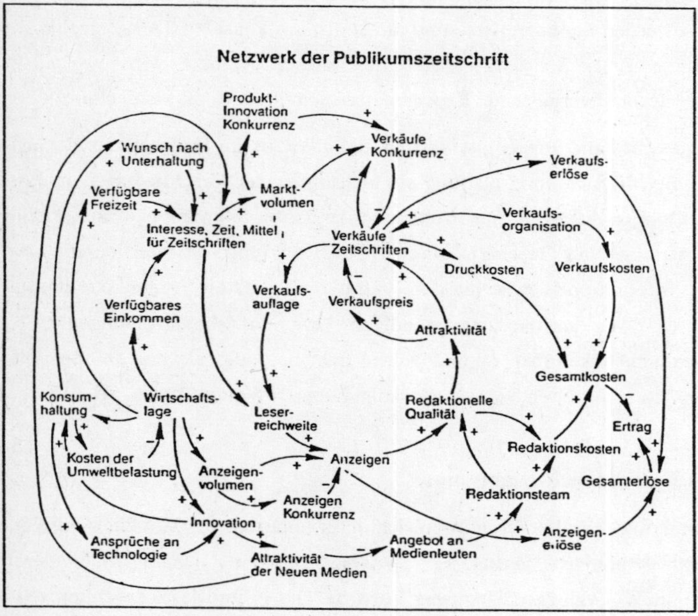

Abb. 4.15: Netzwerk einer Publikumszeitschrift (Gomez/Probst 1991, S. 30)

Abbildung 4.15 zeigt exemplarisch ein Feedback-Diagramm als **Netzwerk einer Publikumszeitschrift**, das sich als konzeptionelle Basis eines Früherkennungssystems in der Praxis verwenden läßt. Ausgehend von einer Zielgröße im Netzwerk läßt sich so lange zurückgehen, bis Größen gefunden werden, die ungünstige, aber beeinflußbare Entwicklungen aufzeigen. Wenn also beispielsweise die Leserreichweite als wichtige Zielgröße erkannt ist, so ist vielleicht das Angebot an Medienleuten die geeignete Früherkennungsgröße. Diese bestimmt nämlich die Güte des Redaktionsteams und damit auch die redaktionelle Qualität. Diese wiederum ist ausschlaggebend für die Verkäufe und damit die Leserreichweite. Es ist nun lediglich noch die Frage, wie lange es dauert, bis ein sich verknappendes Angebot an Medienleuten sich in einer sinkenden Leserreichweite niederschlägt. In solch einem Falle wäre dies der geeignete Indikator, der frühzeitig vor unerwünschten Entwicklungen warnt (vgl. Gomez/Probst 1991, S. 38).

Die Technik des Feedback-Diagramms ermöglicht die Erfassung zeitlicher Verzögerungen im Netzwerk der Regelkreise durch entsprechende graphische Kenntlichmachung mit unterschiedlichen Pfeilen. Die einzelnen Pfeile sagen aber nichts darüber aus, wie sich die einzelnen Größen in welchem Ausmaß gegenseitig beeinflussen. So bedeutet ein Plus lediglich "gleichgerichtete" und ein Minus "entgegengerichtete" Beziehungen. Hierzu muß auf Erfahrungswerte und Expertenwissen zurückgegriffen werden. Außerdem empfiehlt sich eine laufende Weiterentwicklung des Netzwerkes.

Ausgehend von Feedback-Diagrammen müssen **Früherkennungsindikatoren** bestimmt werden, die Risiken, aber auch Chancen im Netzwerk der Beziehungen signalisieren. Dazu kann das Netzwerk zwecks Simulation in mathematische, computergerechte Gleichungssysteme transformiert werden, womit eine stärker fundierte quantitative Analyse der Strukturen ermöglicht wird. Je komplexer die Systeme, desto wichtiger wird die Rechnerzuverlässigkeit. Modelle müssen sich an der Realität messen lassen und bedürfen einer laufenden Verfeinerung, soll ihre Aussagekraft gesteigert werden.

4.4.6 Das Produktlebenszyklus-Konzept

Trotz vielfältiger Kritik findet das Konzept der **Produktlebenszykluskurve** in der strategischen Planung bei der Prognose von Umsätzen und Dekkungsbeiträgen in der Literatur weite Verbreitung (vgl. z.B. Engelhardt 1989).

Das Produktlebenszykluskonzept geht von der Grundidee aus, daß ein Produkt vom Zeitpunkt seiner Markteinführung an unterschiedliche **Nachfragephasen** durchläuft. Schließlich ist die Nachfrage nur noch so gering, daß das Produkt vom Markt verschwindet bzw. vom Hersteller aus dem Markt genommen werden muß. Anhand einer Analyse des Stadiums, in dem sich ein Produkt befindet, können weitere Prognosen zur Marktentwicklung des Produktes erstellt werden. Das Grundmodell eines idealtypischen Produktlebenszyklus ist in Abbildung 4.16 wiedergegeben, bei dem ein S-förmer Verlauf der **Umsatzkurve** unterstellt wird. Außerdem lassen sich der Verlauf von Gewinn, Werbequote und Grenzumsatz graphisch abbilden.

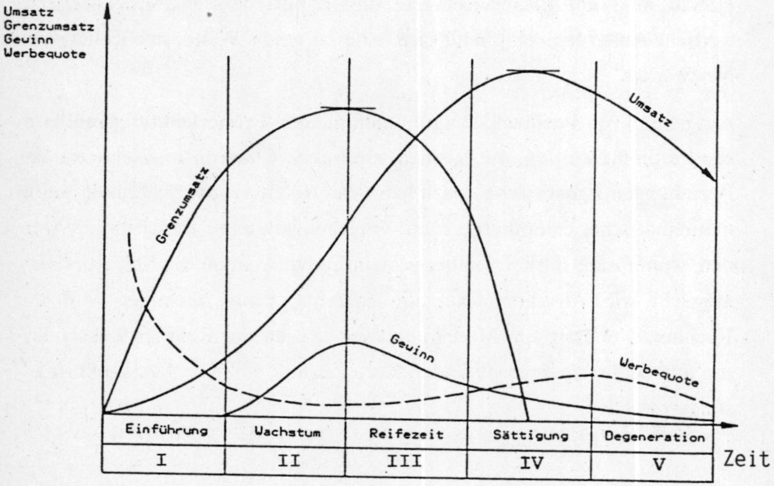

Abb. 4.16: Grundmodell des idealtypischen Produktlebenszyklus

Die einzelnen Phasen werden wie folgt charakterisiert:

(1) **Einführungsphase**
Hier ist zwischen der Einführung einer Weiterentwicklung und der einer Neuentwicklung zu unterscheiden. Im Gegensatz zur Einführung eines weiterentwickelten Produktes erweist sich die Einführung eines neuen Produktes meist als ein äußerst **risikoreiches Unterfangen**, weil der Markterfolg ungewiß ist. Nachdem bereits ein großer finanzieller Aufwand in der Forschung und Entwicklung des Produktes sowie in die erforderliche Marktforschung erbracht worden ist, muß nochmals für die Markteinführung beträchtlich investiert werden. An erster Stelle steht hier der **Werbeaufwand**.

(2) **Wachstumsphase**
Der Umsatz steigt stark an. Aufgrund erster positiver Erfahrungen der Verbraucher mit dem neuen Produkt sinkt der Marktwiderstand bei steigendem Marktvolumen. Umsatzzunahme und hohe Preise bringen dem Pionierunternehmen zunächst erhebliche Gewinne. Die sichtbare Verbesserung seiner Ertragslage ruft jedoch die Konkurrenz auf den Plan, und der Preiswettbewerb setzt ein. Die daraus resultierenden Gewinneinbußen versucht die Pionierunternehmung durch Rationalisierungsmaßnahmen in der Produktion auszugleichen.

(3) **Reifephase**
Das Marktvolumen nähert sich der Marktobergrenze. Die Wachstumsrate des Umsatzes sinkt und damit der Gewinn. Der Wettbewerb um Marktanteile äußert sich nun sowohl in Form eines verschärften Preiskampfes als auch in einer Angebotsverbreiterung durch Produktdifferenzierung.

(4) **Sättigungsphase**
Das Marktvolumen hat die Kapazitätsgrenze des Marktes erreicht. Um den drohenden Umsatzrückgang abzuwenden, wird durch Werbung und weitere Preisanreize versucht, die verbleibenden Nachfragereserven zu mobilisieren.

(5) **Degenerationsphase**
Nachfrage und Umsatz gehen zurück. Die Verbraucher wenden sich den neu aufkommenden **Substitutionsprodukten** zu.

Folgende Planungsaktivitäten und Entscheidungstatbestände können den einzelnen Phasen zugeordnet werden:

- **Einführungsphase**: Umsetzung der Marketingstrategie (inklusive Absatzkanäle und Preispolitik), Kapazitätsdispositionen im Fertigungsbereich, Produktpolitik (Verbesserungen), Konkurrenzanalyse;

- **Wachstumsphase**: Vergrößerung der Produktionsanlagen, modifizierte Marketingstrategie im Hinblick auf Konkurrenz, Preispolitik;
- **Reifephase**: Spezielle Werbemaßnahmen, Marktanteils- und Verdrängungsstrategien, Produktvariationen;
- **Sättigungsphase**: Konzentration auf sogenannte "Spätabnehmer", verstärkte Werbung, weitere Produktvariation, erste Desinvestitionen;
- **Degenerationsphase**: verstärkte Suche nach innovativen Lösungen für das Produkt, Kooperationsstrategien mit Konkurrenten, Verwendung der Kapazitäten für andere Produkte/Produktlinien, Desinvestition.

Das Grundmodell läßt sich erweitern, indem die Produktentwicklung vorgeschaltet wird, wobei in dieser (Vor-)Phase Entscheidungen über das Produktdesign, die produktspezifische Strategie, Marketing- und Personalerfordernisse, F&E-Aufwendungen usw. getroffen werden sollten.

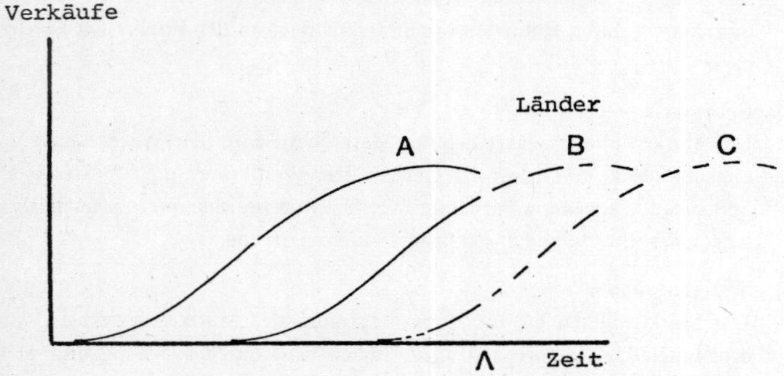

Abb. 4.17: Produktlebenszyklus - verschiedene Länder (durchgezogene Linie: tatsächlicher Verlauf; gestrichelte Linie: Projektion)

Abbildung 4.17 illustriert den Lebenszyklus für das gleiche Produkt in verschiedenen Stadien seiner Entwicklung in den Ländern, A, B und C (vgl. hierzu Leontiades 1985, S. 73f.). Hierin liegt eine Basis für **ländervergleichende Analysen**, da gewisse Ähnlichkeiten und Erfahrungen des Lebenszyklusses zeitlich versetzt in anderen Ländern maßgeblich sein können. Da die meisten Produkte nicht simultan weltweit eingeführt werden, können sich Anhaltspunkte aus Veränderungen in Land A für den weiteren Verlauf des Zyklus in Land B und C ergeben.

Die Lebenszyklen für einzelne Produkte oder Produktgruppen können sehr unterschiedlich verlaufen.

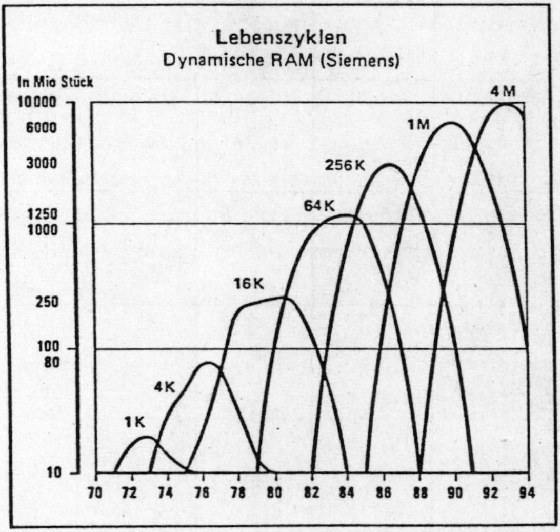

Abb. 4.18: Produktlebenszyklus verschiedener Generationen von Speicher-Chips (Random Access Memories) (Backhaus 1989, S. 472)

Abbildung 4.18 zeigt die Produktlebenszyklen verschiedener Generationen von Speicherchips (Random Access Memories - RAMs). Dabei wird deutlich, daß offenbar mit großer Regelmäßigkeit in relativ kurzen Abständen (ca. 3 Jahre) leistungsfähigere Chips mit entsprechenden Herausforderungen für eine rasche Amortisation der F&E-Aufwendungen entwickelt und vertrieben werden, was nur auf globalen Märkten in so kurzer Zeit erreichbar ist (vgl. Backhaus 1989, S. 473f.).

Wie erfahrungsgemäß die Altersstruktur eines ausgeglichenen Sortiments - gemessen am Umsatz - mit einer ausreichenden Anzahl wachstumsträchtiger Produktgruppen (Phase I & II) sowie umsatzbeitragsstarker Produkte aussehen sollte, zeigt Abbildung 4.19.

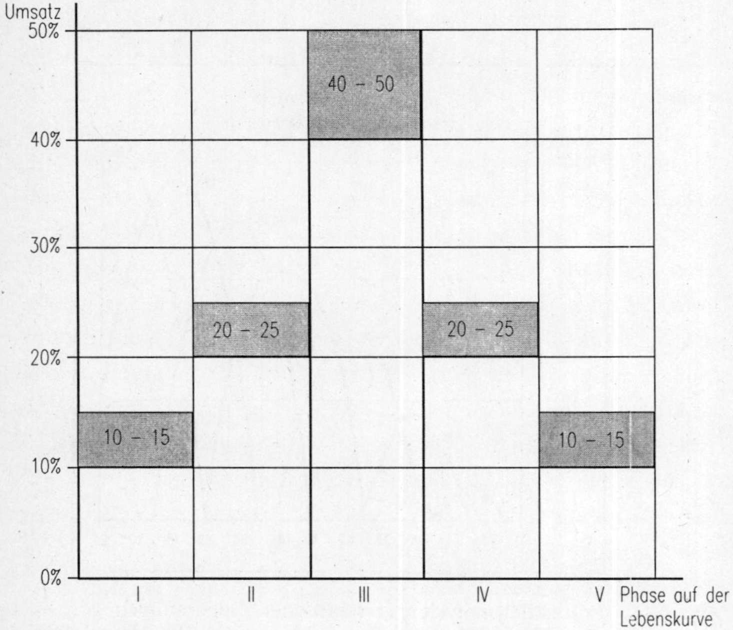

Abb. 4.19: Idealtypische Altersstruktur eines Sortiments (Aurich/ Schröder 1977, S. 130)

Das Produktlebenszyklus-Konzept hat vielfältige **Kritik** erfahren, unter anderem sei (vgl. Gardener 1987, S. 222f.):

- nicht klar, ob das Konzept für Produktlinien, Produktformen oder bestimmte Marken anzuwenden ist,
- die theoretische Fundierung und die Validität dieses kaum als Modell zu betrachtenden Ansatzes nicht ausreichend,
- der Ansatz für bestimmte Produktkategorien im Konsumgüter- und Investitionsgüterbereich nicht geeignet. Bei Schlüsselprodukten wie Stahl,

Schuhen, Brot etc. versagt die Anwendung gänzlich, weil ihr Absatz stark von wirtschaftlichen Entwicklungen abhängt.

Prinzipielle Kritik trifft das Produktlebenszyklus-Konzept insofern, als es in der Realität keine (natur-)gesetzmäßigen, sondern ganz unterschiedliche Zyklusverläufe geben kann. So ist es für eine Unternehmung sehr schwierig zu bestimmen, in welcher Phase ein Produkt sich gerade befindet und inwiefern der weitere Zyklusverlauf in zeitlicher, ertrags- und absatzmäßiger Hinsicht prognostiziert werden kann (Pfeiffer/Bischof 1981, S. 133ff.). In jedem Falle ist bei der Analyse stets zu prüfen, auf welche Größen sich die Aussagen beziehen sollen: Produktklassen (z.B. Elektrogeräte), Produktgruppen (z.B. Farbfernsehgeräte) oder Produkte bzw. Marken (z.B. Fernsehgeräte der Marke XY). Speziell für Umsatz- oder Gewinnprognosen besitzt die Lebenszyklus-Vorhersage sehr geringe Aussagemöglichkeiten. Sie kann allenfalls eine hypothetisch-idealisierte Konstruktion des Umsatzverlaufes darstellen, wobei auch zu unterstellen ist, daß konkrete Vorstellungen über das Produkt existieren. Unter Berücksichtigung der ständigen Veränderungen der Umweltbedingungen ist die Verläßlichkeit der Anwendung des typischen Verlaufes von Produktlebenszyklen bei der langfristigen Produktplanung relativ gering. Laufende Informationen über die Einflußfaktoren und Wirkungszusammenhänge von Marktzyklen sind unabdingbar.

Zuammenfassend läßt sich festhalten, daß das Konzept nicht isoliert in der Lage ist, die Grundlage für strategische (insbesondere absatzpolitische) Entscheidungen zu bilden. Gesetzmäßigkeiten sind empirisch nicht belegt. Allenfalls kann der Lebenszyklus-Ansatz als Anregung und Orientierungsschema ergänzend bei Expertenbefragungen u.ä. herangezogen werden, da er das Erfordernis unterschiedlicher Strategien aufgrund veränderter Wettbewerbspositionen im Zeitablauf verdeutlicht.

4.5 Die strategische Marktforschung im Dienste der Früherkennung

Die **Marktforschung** umfaßt die Gewinnung und Aufbereitung von (Absatz-)Marktinformationen. Der Terminus "Forschung" weist darauf hin, daß es sich um einen umfassenden, systematischen und wissenschaftlich fundierten Informationsprozeß handelt, der sich primär an Absatzmärkten und -entscheidungen orientiert. (Im einzelnen sei zu Begriff, Zielen und Inhalten der Marktforschung auf die umfangreiche Spezialliteratur verwiesen, z.B. Schäfer/Knoblich 1978; Tull/Hawkins 1984; Berekoven/Eckert/Ellenrieder 1986; Hammann/Erichson 1987, Berndt 1990.)

Der **Prozeß der Marktforschung** kann grob eingeteilt werden in:

(1) Definition des Marktforschungsproblems und Aufstellung eines Marktforschungsplanes,

(2) Auswahl von geeigneten Methoden für die Informationsgenerierung,

(3) Sammlung, Systematisierung, Aufbereitung und Interpretation der Basisinformationen,

(4) Übermittlung der bedarfsgerecht erarbeiteten Marktinformationen an die Informationsadressaten/Entscheidungsträger.

Marktforschung dient primär der Analyse und Prognose sozio-ökonomischer Rahmenbedingungen, der Analyse des Verhaltens der Marktpartner (vor allem Kunden, Konkurrenten) und der Analyse und Evaluation der Wirkungszusammenhänge von Marketing-Instrumenten (vgl. 5.4).

Einen Überblick über die Informationsbereiche der Marktforschung gibt die Abbildung 4.20. Marktforschung hat die Aufgabe, Entscheidungen über die Entwicklung von Marketingstrategien und Anpassungen von Unternehmungsleistungsangeboten an die Marktverhältnisse vorzubereiten und zu initiieren.

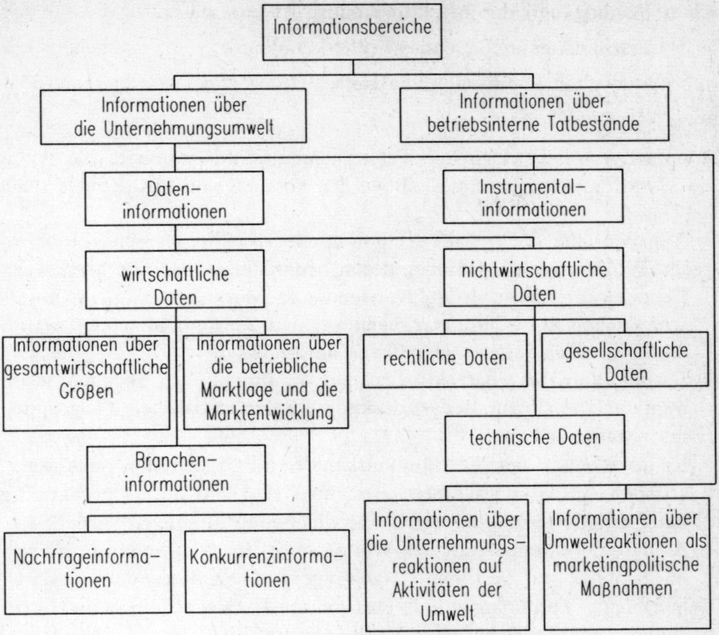

Abb. 4.20: Informationsbereiche der Marktforschung (Bidlingmaier 1983, S. 35)

Die **traditionelle Marktforschung** ist gekennzeichnet durch die Erhebung und Analyse des Status quo, die Prognose auf Basis vergangenheitsbezogener Gesetzmäßigkeiten und das einseitige Streben nach "harten Fakten". Insofern handelt es sich um eine primär gegenwarts- und vergangenheitsbezogene Vorgehensweise der Marktforschung, die nur für stabile, kontinuierliche Umweltbedingungen hinreichend ist (vgl. Muchna 1984, S. 197). Da hiervon immer weniger ausgegangen werden kann, wird eine **strategische Ausrichtung** der Marktforschung gefordert. Die Marktforschung soll in die Konzeption der strategischen Früherkennung einbezogen werden.

Die **strategische Früherkennung** ist nach Muchna (1984, S. 199) ein gutes Beispiel für die Möglichkeit einer Synthese von Methoden der strategischen Planung und der Marktforschung. Anders ausgedrückt kann die Marktforschung als umfassendes Früherkennungskonzept maßgeblich zur informatorischen Fundierung von Entscheidungen der strategischen Planung beitragen.

Hauptarten von strategischen Früherkennungsinformationen, die durch die Marktforschung bereitgestellt werden können, sind (vgl. Köhler 1986, S. 123):

- Angaben über die Anzahl der potentiellen Nachfrager einer bestimmten Problemlösung und über deren bedarfsbeeinflussende Merkmale; Gruppierung dieser Produktverwender in Marktsegmente mit unterschiedlichen Anforderungen gegenüber dem Leistungsangebot bzw. mit unterschiedlich ausgeprägter Bedarfsintensität;
- Bestandsaufnahme der aktuellen und der potentiellen Technologieanwendung wie sie zur Bedarfsdeckung bei den anvisierten Zielgruppen notwendig sein kann;
- Kennzeichnung der Distributionskanäle, mit denen die Nachfragergruppen am wirkungsvollsten erreichbar sind und die auch zukünftig unter geänderten Bedingungen eine wichtige Rolle spielen werden;
- Analyse der voraussichtlichen Wettbewerbskonstellationen wie sie sich im Hinblick auf bestimmte Nachfragergruppen, besondere Bedarfsmerkmale, Technologie und Distributionskanäle abzeichnen. Hierzu gehören Stärken-Schwächen-Vergleiche und die Untersuchung allgemeiner Einflüsse auf die Konkurrenzaktivitäten (z.B. Markteintrittsschranken);
- Einschätzung der generellen Rahmenbedingungen für die Wachstumsrichtung und das Wachstumspotential der betrachteten Märkte.

4.6 Grenzen der Früherkennung

An die Früherkennung dürfen **keine überhöhten Ansprüche** gestellt werden, zumal eine theoretische Fundierung einer "Frühaufklärungsforschung noch in den Kinderschuhen steckt" (Müller 1986b).

Der Auswahl von Beobachtungsbereichen, Indikatoren und Toleranzbereichen haftet immer eine gewisse **Willkürlichkeit** an. Es kann nicht von der Annahme ausgeangen werden, daß die Einzelindikatoren den Anforderungen der Eindeutigkeit, Frühzeitigkeit, rechtzeitigen Verfügbarkeit,

Wirtschaftlichkeit und Vollständigkeit gerecht werden. Die Auswirkungen von Entwicklungen, Trends und Ereignissen lassen sich nicht klar, d.h. im Zusammenhang vorhersagen. Die Komplexität der Zusammenhänge der Unternehmungsplanung in Verbindung mit der Umwelt ist äußerst schwierig zu erfassen. Chancen und Risiken resultieren häufig aus einer Kumulation der verschiedenen Einflußgrößen, deren Anzahl, Umfang, Gewicht und Interdependenzen sich häufig nur schwer überblicken lassen. Die "richtigen" Einzelindikatoren auszuwählen und adäquat zu kombinieren, ist nur unter hoher Unsicherheit möglich. Treten völlig neue Problemstellungen auf, kann nicht auf Erfahrungswissen zurückgegriffen werden.

Wegen der **Prognose- und Datenunsicherheit** sowie -unzulänglichkeit und wegen der außerordentlichen Komplexität der realen Welt kann die Früherkennung lediglich zu einer **Erhöhung der Transparenz** beitragen, wobei das rechtzeitige Erkennen von Ursachen und Veränderungen im Vordergrund steht (vgl. Coenenberg/Baum 1987, S. 168f.; Weber 1988, S. 164).

Besonderer Wert bei der Erstellung von Früherkennungskonzepten bzw. -systemen sollte auf die Berücksichtigung der Forderungen nach Situationsbezug, Flexibilität und Integration in den Planungsprozeß gelegt werden. **Implementierungsprobleme** können sich ergeben durch (vgl. Ginter/Duncan 1990, S. 92):

- die Unfähigkeit der Verantwortlichen, ein wirksames Früherkennungssystem aufzubauen,
- die Schwierigkeit, individuelle Vorstellungen künftiger Entwicklungen und tatsächlicher Trends in Übereinstimmung zu bringen,
- das Unvermögen, relevante und aktuelle Informationen zu generieren,
- Zeitverzögerungen zwischen dem Auftauchen bestimmter Ereignisse und Trends einerseits sowie der Wahrnehmung und Interpretation durch die Führungskräfte andererseits,
- eine allgemeine Unfähigkeit, schnell und flexibel zu reagieren, um Vorteile aus den aufgedeckten Risiko- und Chancenpotentialen zu ziehen,

- mangelnde Motivation im Management, die Problemstellungen zu erörtern und zu lösen.

4.7 Strategische Planung und Früherkennung als integrativer Ansatz

Die Ergebnisse der strategischen Früherkennung stellen die Basis für den strategischen Planungsprozeß dar. Deshalb ist eine **integrative Sichtweise** beider Aufgabenstellungen erforderlich (vgl. Hammer 1988, S. 264ff. und Abbildung 4.21).

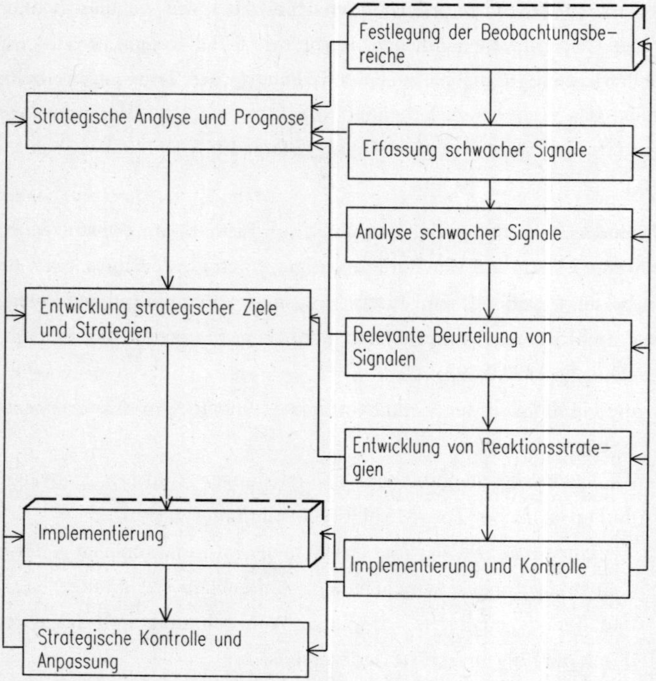

Abb. 4.21: Integration der Aufgaben der Früherkennung in den strategischen Planungsprozeß (Hammer 1988, S. 266)

Die Teilschritte des strategischen Planungsprozesses gilt es, mit den einzelnen Prozeßstufen der strategischen Früherkennung integrativ zu verbinden. Die **strategische Analyse und Prognose** determiniert grundsätzlich den Informationsbedarf und damit die **Festlegung von Beobachtungsbereichen** und die anschließende **Erfassung und Analyse relevanter schwacher Signale**.

Die Erfassung schwacher Signale läßt sich in zwei Teilaufgaben zerlegen: die Beobachtung und die Dokumentation. Die **Beobachtung** konzentriert sich auf die gerichtete und ungerichtete Überwachung schwacher Signale in den definierten frühaufklärungsrelevanten Umwelt- und Unternehmungsbereichen. Durch ihre kontinuierliche Überwachung erfolgt eine laufende Aktualisierung und Präzisierung. Die **Dokumentation** umfaßt anschließend die Kategorisierung und Speicherung der wahrgenommenen Signale.

Eine integrative Betrachtung erfordert auch Überlegungen hinsichtlich des Zeitpunktes der Datenerhebung für Analysen. Einer **kontinuierlichen Beobachtung** bedürfen vor allem jene Indikatoren, denen eine besondere strategische Relevanz zukommt, wie beispielsweise bestimmte Planungsprämissen, dominierende Erfolgsfaktoren und vor allem Früherkennungsindikatoren. **Ad-hoc-Analysen** sind durchzuführen, wenn im Zusammenhang mit der Signalisierung von Diskontinuitäten Gefahren oder Chancen impliziert werden, die Sofortentscheidungen notwendig machen.

Zur **Beurteilung der Relevanz von schwachen Signalen** und zur **Entwicklung und Evaluierung alternativer Anpassungs- bzw. Reaktionsstrategien** werden die beschriebenen Methoden der strategischen Unternehmungsplanung herangezogen. Unter Umständen erweist sich ein **abgestuftes Handeln** als notwendig, je nach aktueller Informationslage und damit verbundenen Unsicherheitsgraden.

Ein abgestuftes Handeln wird auch im Rahmen des in der Literatur weitverbreiteten Konzeptes der "**Strategic Issue Analysis**" von Ansoff (1976) propagiert. Die wesentliche Annahme dieses Konzeptes besteht darin, daß in dynamischen, diskontinuierlichen Umwelten Unternehmungen mit Aktionen und Reaktionen nicht abwarten können, bis präzise Informationen vorliegen, die eine Strategie bzw. ein Maßnahmenbündel erfordern. Vielmehr sind Aktivitäten schon bevor eine Entwicklung maßgeblichen spürbaren Einfluß auf die Unternehmung ausübt, zu initiieren, aber keinesfalls irreversibel für die Zukunft endgültig festzulegen. Dadurch soll die Aktions-/Reaktionszeit verkürzt und das Geplante schneller verwirklicht werden. **Abgestuftes Handeln** wird somit je nach aktueller Informationslage erforderlich. Die strategische Reaktion auf schwache Signale ist abhängig von ihrer Verstärkung im Zeitablauf. Die endgültige Konkretisierung eines Handlungsprogrammes erfolgt erst dann, wenn die Auswertungen externer und interner Veränderungen weitgehend bekannt und in ihren Auswirkungen auf die Unternehmungsziele sowie ihrer Dringlichkeit, entsprechend der verfügbaren Reaktionszeit, verläßlich einschätzbar sind. Die notwendige Voraussetzung einer größtmöglichen Flexibilität in bezug auf Handlungsspielraum und -schnelligkeit bei der Beantwortung schwacher Signale durch eine sukzessive bzw. iterative Festlegung von Strategien, Plänen, Zielen, Maßnahmen, organisatorischen Regelungen usw. kann nur durch eine kontinuierliche und rechtzeitige Früherkennung der interessierenden Veränderungen erreicht werden.

Auch der **Denkansatz** von Ansoff, der die Schaffung von Flexibilitätspotentialen in den Vordergrund stellt, kann Prognoseprobleme nicht lösen oder Über- und Mißinterpretationen von Signalen nicht verhindern. Was in der wissenschaftlichen Diskussion eine gewisse Faszination ausübt und als relativ einfache gedankliche Lösung komplexer Probleme erscheint, muß seine Praxisrelevanz erst noch verdeutlichen, da die erforderlichen Handlungsspielräume sowie die nötige Handlungsschnelligkeit und -bereitschaft oft nicht gegeben sind.

Die **Strategieimplementierung** läßt sich frühzeitig unterstützen, indem Lösungsansätze für sich anbahnende Implementationsschwierigkeiten aufgezeigt werden, denen auf diese Weise in einem Frühstadium begegnet werden kann.

Schließlich spielt die Früherkennung bei der **strategischen Kontrolle** insofern eine große Rolle, als sie zu einer kritischen Beurteilung der Planungsprämissen maßgeblich beitragen kann. Durch Prämissenänderungen, die es laufend und frühzeitig aufzuspüren gilt, werden die strategischen Ziele unter Umständen erheblich beeinflußt, so daß entsprechende Strategieanpassungen unabdingbar sind.

Literaturempfehlungen zum Themenkomplex "Strategische Früherkennung"

Aguilar, .J.: Scanning the Business Environment, New York 1967

Ansoff, H.I.: Managing Surprise and Discontinuity - Strategic Response to Weak Signals, in: ZfbF, 28. Jg. (1976), S. 129-152

Gomez, P.: Frühwarnung in der Unternehmung, Bern 1983

Götze, U.: Szenario-Technik in der strategischen Unternehmensplanung, Wiesbaden 1991

Hahn, D./Klausmann, W.: Frühwarnsysteme und strategische Unternehmensplanung, in: Hahn, D./Taylor, B. (Hrsg.): Strategische Unternehmungsplanung, 4. Aufl., Heidelberg/Wien 1986, S. 264-280

Hammer, R.M.: Strategische Planung und Frühaufklärung, München/ Wien 1988

Kolde, E.-J.: Environment of International Business, 2. Aufl., Boston, MA. 1985

Kreilkamp, E.: Strategisches Management und Marketing, Berlin/New York 1987

Meffert, H.: Interpretation und Aussagewert des Produktlebenszyklus-Konzeptes, in: Hammann, R./Kroeber-Riel, W./Meyer, C.W. (Hrsg.): Neuere Ansätze der Marketingtheorie, Berlin 1974, S. 85-135

Muchna, C.: Strategische Marketing-Früherkennung auf Investitionsgütermärkten, Wiesbaden 1988

Müller, G.: Strategische Frühaufklärung. Stand der Forschung und Typologie der Ansätze, in: Marketing ZFP, 8. Jg. (1986), S. 248-255

Reibnitz, U. von: Szenario-Optionen für die Zukunft, Hamburg/New York 1987

Rieser, I.: Frühwarnsysteme für die Unternehmenspraxis, München 1980

Römer, E.M.: Konkurrenzforschung. Informationsgrundlage der Wettbewerbsstrategie, in: ZfB, 58. Jg. (1988), S. 481-501

5. Betriebswirtschaftliche Planungsfelder

5.1 Forschungs- und Entwicklungsplanung

Durch Forschung und Entwicklung (F&E) soll die erreichte technologische Entwicklungsstufe von Produkten und Produktionsverfahren gesichert und verbessert werden. Ein großer Teil der erzeugten Produkte kann am Markt nur durch seinen hohen technologischen Entwicklungsstand bestehen. Auf hochtechnisierten Märkten ist der F&E-Bereich einer der wesentlichen Faktoren, von denen der Erfolg einer Unternehmung und die Wettbewerbsfähigkeit seiner Produkte abhängig ist. Die F&E-Mittel sind zu einem günstigen Kosten-Nutzen-Verhältnis einzusetzen und für Projekte zu verwenden, die den Anforderungen zukünftiger Märkte gerecht werden und in sachlicher und zeitlicher Hinsicht mit den Unternehmungszielen abgestimmt sind.

Die **strategische F&E-Planung** besitzt wichtige Bedeutung in der Unternehmung. Sie hat insbesondere von den wirtschaftlichen und technologischen Stärken und Schwächen der Unternehmung im Wettbewerb auszugehen und die Grundausrichtung der F&E-Aktivitäten vorzugeben. Konkretisiert in Einzelprojekten wird dies in der **taktischen F&E-Planung**, die die Projektauswahl, -planung und Kontrolle zum Gegenstand hat. Mittels Wertgrößen werden die F&E-Pläne in operationalisierter Form in **F&E-Budgets** festgehalten, die den Gesamtbetrag der F&E-Aufwendungen in einer Rechnungsperiode ausweisen (vgl. im einzelnen Brockhoff 1989, S. 90ff.).

Forschung und Entwicklung leisten einen Beitrag zu den Unternehmungszielen und sollen generell dazu beitragen, den zukünftigen Unternehmungsbestand im Wettbewerb zu sichern. Im einzelnen zielt

- die **Grundlagenforschung** auf die Vermehrung des Wissensstandes im Hinblick auf eine mögliche zukünftige Verwertung,

- die **angewandte Forschung** auf die gedankliche Gestaltung einer verwertbaren Produktidee und
- die **Entwicklung** auf die Konkretisierung der Produktidee durch Übertragung auf einen physischen Träger (Produkt); Ziel ist die zeitgerechte und aufwandsgünstige Bereitstellung produktions- und marktreifer neuer bzw. verbesserter Produkte und Produktionsverfahren.

Es erscheint plausibel, daß für die Unternehmung die Entwicklung den höchsten Stellenwert besitzt. Dies wird auch dadurch belegt, daß etwa zwei Drittel der Aufwendungen für F&E hierauf entfallen (vgl. Brockhoff 1990, S. 17). Bei vielen Produkten, die sich im Markt befinden, handelt es sich allerdings lediglich um **Weiterentwicklungen** herkömmlicher Produkte, d.h. um Verbesserungen bereits produzierter Güter bzw. Dienstleistungen. Dagegen stellen **Innovationen** echte Neuerungen dar. In der wissenschaftlichen Literatur verknüpft sich der Begriff Innovation mit Neuerungen für ein gegebenes System, wobei es zunächst irrelevant ist, ob diese Veränderungen an sich oder aus Sicht der betrachteten Unternehmung neu sind (vgl. Bleicher 1990, S. 3).

Das Ziel einer **defensiven F&E** besteht deshalb darin, die im Absatzsortiment der Unternehmung enthaltenen Produkte laufend auf jenen Entwicklungsstand zu bringen, der notwendig erscheint, um die bereits gewonnene Marktposition halten zu können. Die Marktstrategie der Unternehmung ist somit auf **Anpassung** an die vorwiegend kunden- bzw. konkurrenzseitig verursachten Änderungen der Marktverhältnisse ausgerichtet. Demgegenüber zielt die **offensive F&E** durch die Entwicklung und Lancierung vorwiegend neuer oder aber der Konkurrenz wesentlich überlegener Produkte, d.h. durch **aktive Einflußnahme** auf die Marktverhältnisse, auf die Steigerung des Marktanteils der jeweiligen Unternehmung.

Je nach Unternehmungscharakteristik, verfügbaren Ressourcen sowie den Handlungsspielraum determinierende Rahmenbedingungen tendieren Unternehmungen zu unterschiedlichen **Grundstrategien**. Zu den am häufigsten genannten **Ressourcen** und **Rahmenbedingungen** gehören (vgl. Wolfbauer 1981, S. 156; Stock 1990, S. 97; Trommsdorf 1990, S. 17f.):

- technologische Stärke, Mitarbeiterpotential,
- Innovationsfreudigkeit/Risikobereitschaft,
- Aufnahmefähigkeit/Wachstum/Entwicklung des Marktes,
- Marketing- und Managementressourcen,
- Informations-/Kommunikationsstruktur.

Die **Unternehmungscharakteristik** wird unter anderem determiniert durch bestimmte, hier nicht weiter behandelte Ausprägungen der Merkmale:

- Unternehmungsgröße,
- Führungsstil,
- Innovationsbereitschaft/-fähigkeit,
- Produktphilosophie,
- Risikobereitschaft,
- Unternehmungsphilosophie/-kultur,
- Mechanismen der Koordination und Konfliktlösung.

Alles in allem ist die F&E-Strategie abhängig von der übergeordneten Unternehmungsstrategie und insbesondere den **Marketingstrategien**, die auf Basis intensiver Marktforschungsaktivitäten entwickelt werden und frühzeitig auch F&E-relevante Erfordernisse aufzeigen. Dem F&E-Bereich muß deshalb beispielsweise schon frühzeitig bekannt sein, ob das zu entwickelnde bzw. zu verbessernde Produkt für ein spezielles, eng begrenztes Anwendungsgebiet oder für einen breiten, universellen Anwendungsbereich ausgelegt werden soll. Durch den Eintritt in neue Märkte steht ferner eine Unternehmung unter anderem vor der Entscheidung, welche Segmente von seiner Produktpalette abgedeckt und für welche Anforderungen die F&E-Produktlösungen entwickelt werden sollen.

Die Planung und Ausarbeitung einer **Produktkonzeption** bedeutet eine zielbezogene Präzisierung von F&E-Vorhaben. Das Ziel dieser Konkretisierungsphase ist erreicht, sobald die Produktidee die konkrete Gestalt einer markt- und produktionsreifen Innovation angenommen hat, welche nicht nur den konstruktions- und produktionstechnischen, sondern auch den wirtschaftlichen Anforderungen Rechnung trägt.

Differenzieren lassen sich im einzelnen folgende **Stufen der Konkretisierungsphase**:

(1) **Produkt- und Projektdefinition**:
- Festlegung formaler, technischer und wirtschaftlicher Anforderungen;

(2) **konstruktionstechnische Entwicklung**:
- konstruktive Vorbereitungen,
- Erstellen von Konstruktionszeichnungen;

(3) **Prototypenbau und -test**:
- Fertigstellung eines Prototyps,
- Konstruktionstests (um funktionale und formale Mängel, Probleme mit den verwendeten Werkstoffen oder voraussehbare fertigungstechnische Schwierigkeiten sichtbar zu machen),
- eventueller Markttest;

(4) **Fabrikationsvorbereitung mit Pilotserie**:

Die **Fabrikationsvorbereitung** widmet sich der Aufgabe, die bestehenden Arbeitsunterlagen über das neue Produkt aus der Terminologie und Sprache der Konstrukteure in jene der Produktion zu transformieren. Ausgehend von Zeichnungen, Stücklisten und den Ergebnissen von Modell- und Prototyptests müssen der Produktionsablauf mit dem wirtschaftlichsten Fertigungsverfahren sowie der Bedarf an Material, Betriebsmitteln und Arbeitskräften bestimmt werden.
Häufig wird vor der definitiven Produktionsaufnahme im Fertigungsbereich eine **Vorserie** (Pilotserie, Nullserie) gefahren, um in der Produktion oder am Produkt auftretende Probleme bzw. Mängel aufzudecken. Die in der Pilotserie gefertigten Produkte dienen auch dazu, in einem im Vergleich zu den Prototyptests erweiterten Kreis nochmals zu prüfen, ob das Produkt tatsächlich den Verwender- bzw. Verbraucherwünschen entspricht. Im Sinne eines zeitsparenden "Simultaneous Engineering" geht es heute darum, daß die Ingenieure aus den Bereichen F&E und der Produktion eng zusammenarbeiten (vgl. Bullinger/Wasserloos 1990).

Gegenstand systematischer **Innovationsplanungen** sind aber nicht nur die Produkte selbst, sondern auch die Produktionsverfahren zu ihrer Herstellung. Eine kombinierte Innovationsstrategie zielt auf neue Produkte mit höherem Kundennutzen und setzt gleichzeitig kostensparende Prozesse zu deren Fertigung ein (Albach 1989).

5.2 Beschaffungsplanung

Als **Beschaffung** bezeichnet man die betriebliche Funktion der Versorgung einer Unternehmung mit Einsatzgütern oder Produktionsfaktoren. Beschaffung umfaßt die Erlangung und Bereitstellung der für die Erstellung und Verwertung der Produkte eines Betriebes erforderlichen Güter (Küpper 1989, S. 195). Zu den Gegenständen der **Beschaffung im weiteren Sinne** gehören auf der einen Seite materielle oder Sachgüter, wie Rohstoffe, Hilfsstoffe, Betriebsstoffe, Halbfertigfabrikate, sogenannte Handelswaren, Anlagen und/oder Gebäude, auf der anderen Seite aber auch menschliche Arbeit, Dienstleistungen, Informationen, Rechte und finanzielle Mittel. Durch die Beschaffung von Anlagen bzw. Gebäuden werden finanzielle Mittel längerfristig gebunden; deshalb wird dieser Gegenstandsbereich der Investitionstheorie zugeordnet. Weiterhin ist die Beschaffung von Kapital Objekt der betrieblichen Funktion Finanzierung und die Beschaffung menschlicher Arbeit (Personalbeschaffung) Gegenstandsbereich der betrieblichen Personalwirtschaft.

Die Gegenstände der **Beschaffung im engeren Sinne** werden in der Regel wie folgt unterteilt:

(a) **Rohstoffe:** Stoffe, die unmittelbar als wesentlicher Bestandteil in das Fertigprodukt eingehen.

(b) **Hilfsstoffe:** Stoffe, die zwar ebenfalls in das Fertigprodukt eingehen, die deren Funktion jedoch lediglich verstärken (z.B. Farben, Lacke)

(c) **Betriebsstoffe:** Stoffe, die nicht unmittelbar in das Fertigprodukt eingehen, sondern im Fertigungsprozeß verbraucht werden bzw. diesen ermöglichen (z.B. Energie, Schmiermittel, Reinigungsmittel, Büromaterial)

(d) **Halbfertigfabrikate:** Fremdbezogene Teile, die durch Montage in das Fertigprodukt eingehen (z.B. Schrauben, Motoren, Reifen)

(e) **Handelswaren:** Güter, die der Ergänzung des Fertigungsprogramms dienen und unbearbeitet weiterverkauft werden (z.B. Zubehör).

Die **Beschaffungsplanung** leistet einen Beitrag zur Sicherstellung der Produktion und der Lieferbereitschaft. Daher sind Beschaffungsmengen und -arten sowie Termine wichtige Planobjekte der Bedarfs-, Einkaufs- und Lagerbestandsplanung. Hinzu tritt bei der Einkaufsplanung die Planung der Lieferanten und Preise und bei der Lagerplanung die Planung der Lagerkapazität. Hauptaufgabe ist es, die benötigten Einsatzgüter in der richtigen Art, Qualität und Menge zur richtigen Zeit am richtigen Ort bereitzustellen.

Die Beschaffungsplanung beinhaltet im wesentlichen den eigentlichen Beschaffungsplan (Art, Menge, Preise, Termine, Anlieferungsorte), die Preisermittlung, die Ermittlung der Bestelltermine, die Organisation, die Abwicklung sowohl der Bestellung als auch der Lagerung, die Auswahl der Lieferanten, die Logistik und die Kostenstatistik. Sie steht in engem Zusammenhang mit dem **Beschaffungsbudget**, das der Steuerung und Kontrolle der mit der Planung verbundenen Zahlungsströme dient.

Im einzelnen können folgende **Beschaffungsziele** unterschieden werden (vgl. Küpper 1989, S. 202):

- **Qualitätsziele** (die Qualität der Endprodukte ist nicht zuletzt abhängig von den beschafften Einsatzgütern),
- **Kostenziele** (Minimierung unter anderem von Bezugskosten für materielle Güter, Kosten für Lagerung und Transport von Gütern sowie Kosten für Planung, Durchführung und Kontrolle von Beschaffungsentscheidungen) sowie
- **Liquiditäts- und Sicherheitsziele** (Optimum zwischen kapazitätsbindender Lagerbestandsminimierung einerseits und Vorratshaltung aufgrund von Risikovorsorge gegen Lieferausfall andererseits).

Kommt es zu **Zielkonflikten** - was nicht selten der Fall ist - müssen die Entscheidungsträger der Beschaffung eine Zielgewichtung vornehmen, um handlungsfähig zu bleiben.

Die **strategische Beschaffungsplanung** bzw. **-politik** (vgl. Arnold 1982) zielt darauf ab, eigenständig-zielbezogen in Übereinstimmung mit der stratgegischen Unternehmungsplanung beschaffungsbezogene Marktchancen und -risiken frühzeitig herauszuarbeiten und zu dokumentieren, um antizipativ angemessene Strategien zu entwerfen, zu formulieren und erfolgreich implementieren zu können.

In der Literatur wird die Notwendigkeit einer aktiven Einflußnahme auf die Beschaffungsmarktsituation übereinstimmend bejaht. Konzepte des **Beschaffungsmarketings** (vgl. z.B. Berg 1981) sollen der effizienten Lösung betrieblicher Beschaffungsaufgaben dienen, und zwar unter Zuhilfenahme von Methoden und Instrumenten des Absatzmarketing - jedoch unter umgekehrten Vorzeichen. Lieferantenorientierte Ansätze und Instrumente müssen sich sowohl auf die Marktvorbereitung als auch die Marktgestaltung konzentrieren. Gestaltungsparameter sind dabei neben der Quantität, der Qualität und dem Preis auch Bezugs- und Kommunikationsstrategien und -konzepte, die in umfassenden Beschaffungsmarketingstrategien thematisiert werden. Die Bedeutung des Beschaffungsmarketings nimmt nicht zuletzt deshalb zu, weil die Eigenfertigungstiefe vieler Unternehmungen sinkt. Durch verstärkte Arbeitsteilung wird das Gewicht von Zulieferung und Lieferanten aufgewertet und damit auch das des gesamten Beschaffungssystems.

Strategische Planungen in der Beschaffung besitzen vielfältige Ansatzpunkte. Im wesentlichen geht es um die langfristige Planung des Materialbedarfes hinsichtlich des Sortiments und der Mengen, um die Planung der Materialbeschaffung hinsichtlich der Lieferantenmärkte und die Planung der Materialbevorratung hinsichtlich besonderer (kritischer) Güter sowie deren Finanzierung.

In Verbindung mit der strategischen Produktionsplanung gilt heutzutage die Frage des "**Make or Buy**" als zentrales strategisches Entscheidungsfeld. Prinzipiell sollte jede Unternehmung nur das selbst herstellen, was nicht kostengünstiger bei einem Anbieter auf dem Beschaffungsmarkt in angemessener Zeitspanne besorgt werden kann.

Für die **Eigenfertigung** spielen über Wirtschaftlichkeitsgründe hinaus unter anderem folgende Kriterien eine wichtige Rolle:

- der Schutz bestimmter Erfindungen und Produktionsverfahren,
- Geheimhaltungsmotive und die strikte Einhaltung besonderer Qualitätsanforderungen bei kritischen Gütern,
- die Verbesserung des technischen Know-hows,
- die Auslastung von ohnehin für andere Produkte benötigten Produktionsanlagen und
- die Gewährleistung einer kontinuierlichen Beschäftigung des Mitarbeiterstammes.

Fremdbezug dagegen empfiehlt sich, wenn:

- Spezialprodukte benötigt werden, die von spezialisierten Zulieferern kostengünstiger hergestellt werden können,
- (noch) kein ausreichendes technisches Wissen in der eigenen Unternehmung vorhanden ist,
- die eigenen Kapazitäten voll ausgelastet sind,
- die wegen der Eigenherstellung erforderliche Kapazitätsausweitung liquide Mittel zu stark beansprucht,
- Gegengeschäfte ermöglicht werden zu beiderseitigem Vorteil,
- Kostenvorteile bei Zulieferern in sogenannten Billiglohnländern locken (primär im "Low-Tech"-Bereich) und
- Flexibilität im Hinblick auf eine wechselnde Nachfrage nach dem Endprodukt bestehen muß.

Aufgrund eingehender Analysen des Make-or-Buy-Istzustandes in der Unternehmung gilt es, besonders an kostenintensiven Standorten die Notwendigkeit der bestehenden Fertigungstiefe neu zu überdenken und gegebenenfalls revidierte Make-or-Buy-Entscheidungen zu fällen ("Outsourcing"-Strategien).

Die Boston-Consulting-Group unterscheidet bei der Problemlösung drei Strategien mit folgenden grundsätzlichen Ausrichtungen (vgl. Koch 1991):

(1) **Vollständiges "Outsourcing"**
Bestimmte Teilgruppen bzw. Fertigungsstufen werden künftig ganz an geeignete Zulieferer ausgelagert. Begonnen wird mit besonders einfachen Bearbeitungsstufen.

(2) **Duales Sourcing**
Die Vorbearbeitung für diese Teile bzw. Teilgruppen wird weitgehend an ausgewählte, zuverlässige Zulieferer vergeben. Die Endbearbeitung und die etwaige Anpassung an Kundenwünsche wird selbst vorgenommen. Die Möglichkeit einer kompletten Eigenfertigung kann erwogen werden. Die notwendigen Bearbeitungsstufen bleiben dafür mit einer einzigen Linie erhalten oder werden in hochflexible Bearbeitungszentren verlegt.

(3) **Strategisches "Inhousing" kritischer Teile**
Kritische Teile mit hoher Variantenvielfalt und hohen Qualitätsanforderungen oder Geheimhaltungserfordernissen werden weiterhin eigengefertigt, auch

dann, wenn sie prinzipiell von spezialisierten Zulieferern geliefert werden könnten.

Eine **langfristige Absicherung bestehender Beschaffungsquellen** ist vor allem bei den kritischen Gütern (Engpaßprodukten) erforderlich, weil sich ihr Ausfall unter Umständen bestandsgefährdend auswirken kann. Eine Vermeidung von Versorgungsrisiken löst allerdings Risiken anderer Art aus: die Unternehmung verzichtet auf Flexibilität bei ihrer Lieferantenauswahl und damit möglicherweise auf die Chance, kostengünstigere internationale Beschaffungsquellen zu nutzen ("Global Sourcing").

5.3 Produktionsplanung

Die Produktion ist eng eingebunden zwischen der vorgeschalteten Beschaffung und dem sich anschließenden Absatz der im Leistungserstellungsprozeß erzeugten Produkte. Um die zahllosen in der Realität vorkommenden Erscheinungsformen der Produktion zu beschreiben, werden in der produktionswirtschaftlichen Literatur anhand vielfältiger Merkmale differenzierte Produktionssysteme herausgearbeitet (vgl. z.B. Küpper 1979).

Allgemein aber kann jede **Produktion** als ein Kombinationsprozeß von Inputs (Produktionsfaktoren) zum Zwecke der Erstellung von Outputs (Endprodukten, Zwischenprodukten) charakterisiert werden (vgl. Kloock 1989, S. 255). Im Sinne von **Fertigung** wird nur die Herstellung von materiellen Gütern (Sachgütern) hinzugerechnet und die Produktion von (immateriellen) Dienstleistungen ausgeklammert. In der Praxis ist die Produktion von Sachgütern einerseits und Dienstleistungen andererseits vielfach so eng verwoben, daß eine scharfe Trennung erhebliche Schwierigkeiten bereitet. Dies wird schon dadurch deutlich, daß kaum ein Sachgut erzeugt wird, in dessen Produktionsprozeß und Weg zum Abnehmer nicht eine Fülle von Dienstleistungen eingeht (z.B. Transport, Verkauf, EDV-Unterstützung, Verwaltungsdienstleistungen) (vgl. Maleri 1991, S. 37).

Basisinformationen für die Produktionsplanung liefert die Produktions- und Kostentheorie. Die **Produktionstheorie** behandelt quantitative und qualitative Aspekte des Verzehrs von Produktionsfaktormengen und der diesen Verzehr verursachenden Größen (vgl. etwa Heinen 1983, S. 185; Busse von Colbe/Lassmann 1991, S. 72). Ihre Aufgabe besteht darin, Aussagen über Gesetzmäßigkeiten hinsichtlich der Beziehungen zwischen den im Produktionsprozeß eingesetzten und den erzeugten Gütern zu konkretisieren. Als wichtiges Mittel zur Darstellung von Hypothesen über Input-Output-Relationen lassen sich **Produktionsfunktionen** heranziehen. Sie drükken in mathematischen Formeln diese mengenmäßigen Beziehungen des Produktionsprozesses aus.

Die **Kostentheorie** untersucht demgegenüber das Wertgerüst und die Wertbewegungen des Faktorkombinationsprozesses. Sie soll eine Erklärung der Kostenentstehung und der Kostenhöhe sowie eine Bewertung des Faktorverzehrs hinsichtlich der unternehmerischen Zielsetzung liefern (vgl. Heinen 1983, S. 134ff.; Busse von Colbe/Lassmann 1991, S. 201). **Kostenfunktionen** bilden eine Grundlage für die Planung, Lenkung und Kontrolle der Produktion und ihrer Wirtschaftlichkeit. Durch die Hinzuziehung von Wirtschaftlichkeitsanalysen im Produktionsbereich wird der betriebswirtschaftliche Aspekt der Produktion (**Produktionswirtschaft**), die ansonsten in besonders starkem Maße technische Problemstellungen zu bewältigen hat, betont.

Das vielfältige Spektrum der Produktionsziele umfaßt unter anderem (vgl. Zäpfel 1982, S. 30f.):

(1) **Wirtschaftliche Produktion**:
- hohe Deckungsbeiträge,
- geringe Kosten,
- maximale Kapazitätsauslastung und
- geringe Kapitalbindung in den Zwischenlagern.

(2) **Quantität und Qualität der Leistungen**:
- hohe Versorgungsleistung für die Bevölkerung,
- hoher Qualitätsstandard,
- geringe Ausschußmengen und
- wenig Reklamationen.

(3) **Menschengerechte Produktion**:
- menschengerechte Arbeitsinhalte,
- ergonomisch gestaltete Arbeitsplätze und
- sichere Arbeitsplätze.

(4) **Umweltfreundliche Produktion**:
- geringe Schadstoffbelastung der Umwelt und
- schonender Umgang mit den natürlichen Ressourcen.

(5) **Flexibilität der Produktion**:
- Anpassungsfähigkeit auf Umweltveränderungen (z.B. Bedarfsverschiebungen),
- qualifizierte Arbeitskräfte und
- elastische Produktionseinheiten.

(6) **Zeitziele**:
- kurze Liefertermine und
- geringe Durchlaufzeiten.

Je nach Tragweite lassen sich verschiedene Ebenen der Produktionsplanung differenzieren (vgl. Zäpfel, 1989, S. 2f.):

- Die Aufgaben der **strategischen Produktionsplanung** bestehen in der Ziel- und Strategiefindung für das Leistungserstellungssystem. Das Hauptaugenmerk liegt auf dem Schaffen, dem Erhalten und der Verbesserung einer international wettbwerbsfähigen Produktion.
- Die Aufgaben der **taktischen Produktionsplanung** beinhalten die Konkretisierung der Strategien, wobei vor allem Entscheidungen über die Leistungsfelder (Output), die anzuschaffenden Produktionspotentiale (Input) sowie über die Produktionsorganisation zu fällen sind.
- Die Aufgaben der **operativen Produktionsplanung** umfassen - unter Zugrundelegung der Entscheidungen der strategischen und taktischen Produktionsplanung - den möglichst optimalen Einsatz des vorhandenen Produktionsapparates und den wirtschaftlichen Vollzug der Aufgabenerfüllung.

Differenziert man ferner die Produktionswirtschaft in die Aufgabenbereiche Produkt- und Programmgestaltung, Potentialgestaltung sowie Prozeßgestaltung und -steuerung, so läßt sich die in Abbildung 5.1 matrixartig dargestellte Systematisierung zur Kennzeichnung der Produktionsplanung aufstellen. Zwar ist die Gestaltung der industriellen Produktion vornehmlich eine absatzwirtschaftliche Aufgabe; die **Produkt- und Programmgestaltung** determiniert aber maßgeblich die Ausprägung der zu ihrer Herstellung notwendigen Potentiale und Prozesse und ist deshalb gleichermaßen produktionswirtschaftlich von Bedeutung (vgl. Kern 1990, S. 96).

Tragweite der Entscheidung / Elemente	Strategisches Produktionsmanagement	Taktisches Produktionsmanagement	Operatives Produktionsmanagement
Produkt- und Programmgestaltung	Festlegung der Produktfelder	- Konkretisierung der Produktfelder nach Art und Qualität - Festlegung der Breite und Tiefe des Produktionsprogramms - Planung neuer Produkte - Verbesserung vorhandener Produkte	Festlegung des Produktionsprogramms hinsichtlich Art und Menge
Potentialgestaltung	- Kapazitätsdimensionierung - Festlegung der Kapazitätsarten - Langfristige Rohstoffversorgung	- Personal- und Maschinenausstattung - Technologieeinsatz Festlegung der Bestellpolitik - Bestimmung optimaler Losgrößen	Bereitstellung der Produktionsfaktoren für ein gegebenes Produktionsprogramm - Beschaffung von Repetierfaktoren - Reservierung vorhandener Anlagen - Einsatz der Mitarbeiter
Prozeßgestaltung und -steuerung	Festlegung des generellen Prozeßablaufes in der Produktion	- Festlegung des technologischen Verfahrens - Festlegung der innerbetrieblichen Standorte	Sicherstellung des optimalen Ablaufes des Produktionsprozesses bei gegebenem Produktionsprogramm (Maschinenbelegung, Reihenfolgeplanung)

Abb. 5.1: Aufgabenbereiche des Produktionsmanagements (Corsten 1990, S. 28; vgl. auch Kern 1990, S. 96ff.)

Die **Potentialgestaltung** beinhaltet allgemein die Bereitstellung der zur Produktion von Gütern notwendigen Produktionsfaktoren in der erforderlichen Quantität und Qualität zum richtigen Zeitpunkt am richtigen Ort. Die **Prozeßgestaltung und -steuerung** umfaßt generell den Entwurf von Ordnungen, nach denen sich die einzelnen Produktionsprozesse zeitlich und räumlich vollziehen lassen. Hierbei sind flexible Lösungen erforderlich. Mit der **Flexibilität** eines Produktionssystems wird die Anpassungs- und Umstellungsfähigkeit innerhalb eines bestimmten Zeitraumes erfaßt.

Flexibilität drückt mit anderen Worten aus, ob, in welchem Umfang und wie schnell die Leistung eines Produktionssystems an veränderte Produktionsaufgaben angepaßt werden kann (Corsten 1990, S. 18). Flexibilität ist kein Selbstzweck; erforderliche Anpassungsmaßnahmen werden bestimmt durch das Ausmaß der Umsystemveränderungen und durch das Zielsystem der Unternehmung.

5.4 Marketingplanung

Die **Marketingplanung** beinhaltet die Planung aller auf die aktuellen und potentiellen (Absatz-)Märkte ausgerichteten Unternehmungsaktivitäten im Sinne einer dauerhaften Befriedigung der Kundenbedürfnisse einerseits und der Realisierung der Unternehmungsziele andererseits. Die **strategische Marketingplanung** wird häufig als Kern der strategischen Planung bezeichnet bzw. als integrativer Teil eines strategischen Managements (Kreikebaum 1985, S. 284; Köhler 1991, S. 7). Sie läßt sich determinieren als ein Prozeß aus (vgl. Muchna 1988, S. 16f.):

- strategischer Analyse und Prognose der Unternehmungsumwelt,
- der "Teilnahme" am Zielbildungsprozeß und der Formulierung von Unternehmungs- und Geschäftsbereichsstrategien und in einem Zusammenhang damit
- **Produkt-/Markt-Entscheidungen**, d.h. Entscheidungen über Leistungskategorien und Nachfragerkategorien beziehungsweise Abnehmersegmente,
- Formulierung von **Marketinggrundsätzen**, d.h. Bestimmung der Art des Eingehens auf Kundenbedürfnisse (Positionierungs- und Profilierungskonzept) und Bestimmung der Grundsätze beim Einsatz der absatzpolitischen Instrumente und somit auch von Grundsätzen des Verhaltens gegenüber Marktpartnern,
- Formulierung und Implementierung von **Marketing-Mix-Strategien** zur Sicherstellung eines aufeinander abgestimmten Vorgehens,
- **Ressourcenallokation** innerhalb des Marketing-Mix und

- Kontrolle beziehungsweise **Audit** als Grundlage der Steuerung und Regelung.

Oberstes **Ziel** der strategischen Marketingplanung ist die Schaffung, Nutzung und Erhaltung von Marktpotentialen (vgl. Köhler/Krautter 1989). Die **Marketing-Strategie** legt fest, welche Produkte auf welchen Märkten mit welchen Marketing-Aktivitäten vertrieben werden sollen (vgl. Meffert 1986, S. 54). Die Strategie bestimmt Art, Richtung, Intensität und Gewichte der Marketing-Instrumente. Die Bestimmung der künftigen Produkt-Markt-Kombination ("Defining the Business") gilt als der zentrale **Gegenstandsbereich** (vgl. Wiedmann/Kreutzer 1985, S. 68).

Vor einer Auswahl und Präzisierung einzelner Teilmärkte müssen potentielle Nachfragergruppen und mögliche Lösungen zur Befriedigung der Nachfrage identifiziert werden. Auf dieser Grundlage kann eine Aufteilung des Marktes nach Kundengruppen und Bedürfnissen vorgenommen werden (**Marktsegmentierung** - vgl. Nieschlag/Dichtl/Hörschgen 1988, S. 835ff.).

Im Anschluß an den Entwurf, die Bewertung und die Auswahl geeigneter Marktbearbeitungsalternativen (langfristiger **Marketing-Mix**) erfolgt gemäß der Systematisierung von Meffert (1986) die Festlegung

(1) des **Produktmixes**:
Er umfaßt Entscheidungstatbestände, die sich auf die Gestaltung der Absatzleistungen (Güter und Dienste) beziehen. Unterschieden wird zwischen Produkt- und Sortimentspolitik.
Die **Produktpolitik** beinhaltet Entscheidungen über Neuentwicklungen, Differenzierungen, Änderung sowie Eliminierung von Produkten. Von zentraler Bedeutung ist die Produktgestaltung in bezug auf Produktkern (Materialart), Funktion (Verwendungszwecke), Form (Design) und Farbe. Als wichtige Instrumente der Produktpolitik gelten Produktqualität, Verpackungsgestaltung (Schutz- und Informationsfunktion), Namensgebung (Markierung, Markenzeichen) sowie (technischer und kaufmännischer) Kundendienst.

Die **Sortimentspolitik** betrifft die art- und mengenmäßige Zusammensetzung des Absatzprogramms. Entscheidungstatbestände sind Fragen der Programmänderung, -erweiterung und -einengung sowie gegebenenfalls der Zukauf von Handelswaren;

(2) des **Distributionsmixes**:
Es werden Festlegungen getroffen, die im Zusammenhang mit dem Weg eines Produktes zum Endkäufer stehen. Hierunter fallen:

(a) **Absatzkanäle**:
Absatzkanäle sind Ketten aus Verkaufsorganen des Herstellers (direkter Vertrieb, Werksniederlassungen, Filialen, Reisende) sowie rechtlich und wirtschaftlich selbständigen Organen, den Absatzmittlern, die im Distributionsprozeß absatzpolitische Instrumente einsetzen (indirekter Vertrieb über Einzel-, Großhandel, Handelsvertreter).
Es müssen Entscheidungen getroffen werden über:
- die Art, Zahl und räumliche Verteilung der Absatzmittler, die auf verschiedenen Absatzstufen in den Distributionsprozeß eingeschaltet werden,
- die Gewinnung und Auswahl von Absatzmittlern und
- die Art der vertraglichen Bindung (z.B. Vertragshändlersystem).

(b) **Marketing-Logistik** (physische Distribution):
Es gilt, Entscheidungen über Transportwege, Transportmittel und Transportträger, Lagerhaltung (Bestellmengen und -zeitpunkte, Sicherheitsbestände) und regionale Verteilung der Umschlags- und Auslieferungsläger zu fällen. Kriterien sind Lieferbereitschaft und Lieferzeit;

(3) des **Kontrahierungsmixes**:
Das Kontrahierungsmix hat die gesamten vertraglichen Vereinbarungen über das Leistungsangebot, d.h. die Transaktionsbedingungen zum Gegenstand. Im einzelnen geht es um:
- Preispolitik;

- Rabattpolitik: Rabattsystem (Funktions-, Mengen-, Zeit- und Treuerabatt), Rabatthöhe und -staffelung;
- Lieferungsbedingungen: Lieferzeit, Warenzustellung, Umtausch- und Rückgabemöglichkeiten, Berechnung der Verpackungs-, Fracht- und Versicherungskosten;
- Zahlungsbedingungen: Zahlungsweise (Voraus-, Barzahlung, Zahlung nach Erhalt der Ware, Gesamt- oder Teilzahlung), Zahlungssicherung, Zahlungsabwicklung (offene Rechnung, Akkreditiv), Zahlungsfristen und Skonti;
- Kreditpolitik: kurz-, mittel- oder langfristige Kreditierung;

(4) des **Kommunikationsmixes**:

Hierbei steht die bewußte Gestaltung der auf den Absatzmarkt gerichteten Informationen einer Unternehmung zum Zwecke einer Verhaltenssteuerung aktueller und potentieller Käufer im Mittelpunkt, vor allem:

- persönlicher Verkauf, d.h. direkte Kommunikation der Verkaufsorgane des Herstellers (Reisende, Vertreter) mit Kunden (Entscheidungen über Besuchszeit, -dauer und -häufigkeit);
- Werbung, d.h. Kundenbeeinflussung mit Hilfe spezieller Kommunikationsmittel;
- Verkaufsförderung ("Sales Promotion"), d.h. primär Durchführung kommunikativer Maßnahmen, die der Unterstützung und Erhöhung der Schlagkraft der eigenen Absatzorgane, der Marketingtätigkeit der Absatzmittler und der Unterstützung der Verwender bei der Beschaffung und Benutzung der Produkte dienen (Händlerschulung, Warenpräsentation und Werbung am Verkaufsort);
- Öffentlichkeitsarbeit ("Public Relations"), d.h. Beziehungen zwischen der Unternehmung und der nach Gruppen gegliederten Öffentlichkeit (z.B. Kunden, Geldgeber, Staat) mit dem Ziel, öffentliches Vertrauen und Verständnis zu gewinnen.

Entsprechende taktische und operative Planungen müssen von der Maxime geleitet werden, eine zieladäquate Kombination der absatzpolitischen Instrumente ("optimaler Marketing-Mix") zu realisieren.

5.5 Finanzierungsplanung

Der Begriff "**Finanzierung**" wird in der Literatur nicht einheitlich verwandt. Sehr allgemein kann er nach Grochla gekennzeichnet werden als "die Summe der Tätigkeiten, die darauf gerichtet sind, den Betrieb in dem entsprechenden Umfang mit Geld und anderen Vermögensteilen auszustatten, der zur Realisation der betrieblichen Ziele erforderlich ist" (Grochla 1976, Sp. 414).

In einem engeren Sinne umfaßt die Finanzierung die Deckung eines gegebenen **Kapitalbedarfs** (vgl. Hahn 1983, S. 35f.). Hierdurch wird sie beschränkt auf Vorgänge der **Kapitalbeschaffung**, d.h. auf die Bereitstellung von finanziellen Mitteln zur Durchführung des betrieblichen Leistungsprozesses einerseits, andererseits auf Mittel zur Vornahme außerordentlicher finanztechnischer Vorgänge wie Gründung, Kapitalerhöhung, Fusion, Umwandlung, Liquidation u. ä. (vgl. Wöhe/Bilstein 1988, S. 2). Neben der Kapitalbeschaffung kann auch der **Kapitalabfluß**, d.h. der Abfluß finanzieller Mittel in allen Formen (z.B. durch Rückzahlung von Eigenkapitaleinlagen und Krediten, Auflösung von Rücklagen, Entnahme von Gewinnen) Gegenstand von Finanzierungsüberlegungen sein.

In einer erweiterten Begriffsfassung wird der Kapitalbeschaffung die Kapitalverwendung gegenübergestellt. Hierbei interessiert insbesondere die Verwendung finanzieller Mittel in Form von **Investitionen**, d.h. Beschaffung von Sachvermögen, immateriellen Vermögen oder Finanzvermögen (unter anderem Maschinen, Vorräte, Grundstücke, Patente, Lizenzen, Beteiligungen). Bei jeder Investitionsplanung muß neben der **Wirtschaftlichkeit** des Objektes bzw. Projektes auch die Möglichkeit der **Investitionsfinanzierung** analysiert werden. Während die Bereitstellung von Kapital für Investitionszwecke stets eine **Neufinanzierung** darstellt, liegt bei finanzierungseigenen Zwecken regelmäßig eine **Umfinanzierung** vor. **Umfinanzierungen** treten auf als **Prolongation** (= Verlängerung der Kreditdauer), als **Substitution** von Kapital, als Ausgleichsmaßnahme im Falle von Kapitalentzug und als reine Transformation von einer Kapitalart in eine andere (= Kapitalumwandlung, z.B. Umwandlung eines Kredits in eine Beteiligung). Finanzierung und Investition erfolgen oft als einheitlicher Vorgang.

Die Finanzierungsfunktion kann grundlegend differenziert werden nach:
- der **Häufigkeit** des Vorkommens in laufende und besondere Finanzierung,
- der **Fristigkeit** in kurz-, mittel- und langfristige Finanzierung,
- der **Rechtsstellung des Geldgebers** in Eigen- und Fremdfinanzierung und
- der **Herkunft der Geldmittel** in Außen- und Innenfinanzierung.

Folgende übergeordnete **Ziele der Finanzierungsplanung** lassen sich unterscheiden (vgl. grundlegend Hahn 1971, S. 126ff. sowie Schoop 1983, S. 87ff.; Rudolph 1989, Sp. 651f.):
- die Erzielung von Gewinnen bzw. das Erreichen einer bestimmten **Rentabilität**,
- die Erhaltung der **Liquidität**,
- die Gewährleistung eines bestimmten **Sicherheitsniveaus** und
- die Bewahrung der **Unabhängigkeit**.

Das Erreichen einer bestimmten **Rentabilität** bedeutet für die Finanzierungsplanung, unter Ausnutzung der Möglichkeiten internationaler Kapitalmärkte die erforderlichen Mittel zu minimalen Kapitalkosten (Zinsen, Dividenden, Steuern, Kurssicherungs-, Transfer- und Emissionskosten) zu beschaffen und die unternehmerischen Finanzströme so zu steuern, daß ein bestmöglicher Erfolg für die Gesamtunternehmung realisiert wird.

Die **Liquidität** muß unter Berücksichtigung der Risiken (z.B. kaum abwägbare Veränderungen der Wechselkurse) und Vorschriften (z.B. hinsichtlich der Beschaffung und Verwendung von Devisen) der einzelnen Länder durch Abstimmung der Ein- und Auszahlung sowohl für die Gesamtunternehmung als auch für die einzelnen Teileinheiten gesichert sein.

Die Gewährleistung eines bestimmten **Sicherheitsniveaus** zielt zum einen darauf ab, unter Berücksichtigung der Risiken und entsprechender Maßnahmen zur Risikobekämpfung die Existenz der Unternehmung zu garantieren, andererseits durch geographische Streuung eine entsprechende Streuung der Risiken zu erreichen. So sind beispielsweise für eine Tochtergesellschaft in einem Land mit hohen Inflationsraten bei knappem Geldmarkt von der Muttergesellschaft finanzielle Mittel bereitzuhalten, um die Unternehmungsexistenz zu sichern.

Die Bewahrung der **Unabhängigkeit** zielt sowohl auf die äußere Unabhängigkeit von externen Kapitalgebern durch eine internationale Streuung der Eigen- und Fremdkapitalgeber als auch auf die interne Unabhängigkeit von Einflüssen in einzelnen Tochtergesellschaften. Allerdings geben die Unternehmungspolitik sowie die abgeleitete Finanzpolitik bzw. die strategische Finanzierungsplanung den Rahmen vor (vgl. hierzu auch Eilenberger 1991, S. 37ff.), wodurch der finanzwirtschaftliche Handlungsspielraum mehr oder minder stark eingeschränkt werden kann.

Die Beziehungen der einzelnen Ziele untereinander sind teilweise **konfliktär**. So kann unter anderem die Rentabilität durch ein starkes Liquiditätsstreben negativ beeinflußt werden (z.B. durch zu hohe Kassenbestände). Umgekehrt kann auch das Liquiditätsziel durch eine zu starke Konzentration auf die Rentabilität gefährdet sein, wenn beispielsweise durch umfangreiche Einräumung von Lieferantenkrediten zwar positive Effekte auf die Rentabilität ermöglicht werden, aber die Liquidität darunter leidet. Diese und andere Zielkonflikte müssen durch klare **Zielgewichtungen** entschärft werden.

Die **Finanzierungsplanung** dient im wesentlichen der Entscheidungsvorbereitung im Sinne einer gedanklichen Vorwegnahme finanzwirtschaftlicher Maßnahmen und Gestaltung der Finanzierungssphäre der Unternehmung durch finanzwirtschaftliche Instrumente. Sie ist zunehmend auf internationale Finanzmärkte ausgerichtet, wo sich Marktteilnehmer aus sehr unterschiedlichen Ländern begegnen und wo - wie auf den zunehmend wichtigeren **Euromärkten** - neben in Inlands- auch in Fremdwährungen gehandelt wird (vgl. hierzu z.B. Eilenberger 1987, S. 228ff.). Rahmenbedingungen der Finanzplanung resultieren ganz besonders aus **ökonomischen** und **politisch-rechtlichen Restriktionen** (vgl. Abbildung 5.2).

ökonomische Restriktionen	politisch-rechtliche Restriktionen
- Kapitalmarktverhältnisse - Ergiebigkeit/Leistungsfähigkeit - Zinsniveau - Transferkosten - Inflation - Währungskursschwankungen	- Grad der rechtlichen Reglementierung - Buchführungsvorschriften - Publizitätsvorschriften - Beschränkungen der Unternehmensform - Zwangsbeteiligungsvorschriften - Steuergesetzgebung - Transferbestimmungen - Verstaatlichungs- und Enteignungsmaßnahmen - Handels- und Zollschranken

Abb. 5.2: Überblick über die durch die internationale Umwelt verursachten finanzwirtschaftlichen Problemstellungen (Schoop 1983, S. 49)

Besonders Sicherheitsbestrebungen und Flexibilitätserfordernisse der Unternehmungen sowie die Liberalisierung und Deregulierung der Kapitalmärkte werden dafür verantwortlich gemacht, daß ein kaum mehr zu überblickendes Spektrum von sogenannten **Finanzinnovationen** in Form von neuen bzw. modifizierten Finanzierungs-, Hedging- und Mobilisierungsinstrumenten entwickelt wurde. Die Finanzierungsplanung muß aber Lösungen in Form einer zweckmäßigen Kombination verschiedener Finanzierungsformen und -instrumente finden, die sich in einem streng zielbezogenen Gesamtkonzept niederschlagen. Statt (eher passiver) reiner Mittelbereitstellung orientiert sich so das internationale Finanzmanagement an den Prinzipien der aktiven Gestaltung des **"Financial Engineering"** und der zweckbezogenen Flexibilität.

Die **strategische Finanzierungsplanung** konzentriert sich auf den Prozeß der Entwicklung, Auswahl und Implementierung von Finanzierungsstrategien. Ziel der strategischen Finanzierungsplanung ist die Schaffung, Erhaltung und Nutzung von Finanzierungspotentialen zur Deckung des Kapitalbedarfs für die zukünftige Unternehmungsentwicklung. Dabei gilt es, langfristig Wettbewerbsvorteile zu erschließen, d.h. vor allem, Investitionschancen rechtzeitig und rascher als die Konkurrenz zu nutzen (vgl. Wieland 1991, S. 16). Verbunden damit ist die grundlegende Determinierung der Eigenkapital-Fremdkapital-Relation und der Fremdkapitalstruktur (vgl. Swoboda/Hartlieb 1989). Die strategische Finanzierungsplanung besteht im Kern aus derivativer Planung. Sie zeigt gleichzeitig die Expansionsmöglichkeiten und die Grenzen der strategischen Unternehmungsplanung auf. Im Unterschied zur mittelfristigen **taktischen** Ausrichtung wird aber kein konkretes Finanzierungsprogramm aufgestellt, was unter anderem bedeuten würde, daß die genaue zeitliche Planung und die Zusammenstellung der während eines bestimmten Planungsabschnittes aufzunehmenden und zu tilgenden Beträge der verschiedenen Finanzierungsarten festzulegen ist. Welche **Finanzierungsstrategien** im einzelnen mit welcher Intensität verfolgt werden, ist unternehmungsziel- und kontextabhängig. Die **operative Finanzierungsplanung** umfaßt die kurzfristige finanzwirtschaftliche Ausführungsplanung. Im Mittelpunkt stehen Liquiditätsdispositionen.

Einen Überblick über die wichtigsten **Instrumente der Finanzierungsplanung** vermittelt - ohne Anspruch auf Vollständigkeit - Abbildung 5.3. Die Instrumente der **Kapitalbeschaffung** lassen sich entweder der Innenfinanzierung oder aber der Außenfinanzierung zuordnen. Die **Innenfinanzierung** umfaßt sämtliche Maßnahmen der Kapitalbeschaffung der Unternehmung aus eigenen Quellen, d.h., im Gegensatz zur **Außenfinanzierung** stammen diese finanziellen Mittel aus dem **betrieblichen Umsatzprozeß** bzw. aus **Vermögensumschichtungen**. Während durch Umsätze eine Innenfinanzierung durch zusätzliche Kapitalbildung erreicht wird, basieren Umschichtungen aus der Umwandlung von Vermögen(-steilen) in Zahlungsmittel.

Dem **Cash-Management** - wichtiger Aufgabenkomplex internationaler Finanzierungsaktivitäten im multinationalen Konzern - kommt die Verantwortung für die Planung, Realisation und Kontrolle der Geldflüsse einer Unternehmung zu, wobei die Erzielung einer möglichst hohen Eigenkapitalrendite angestrebt wird.

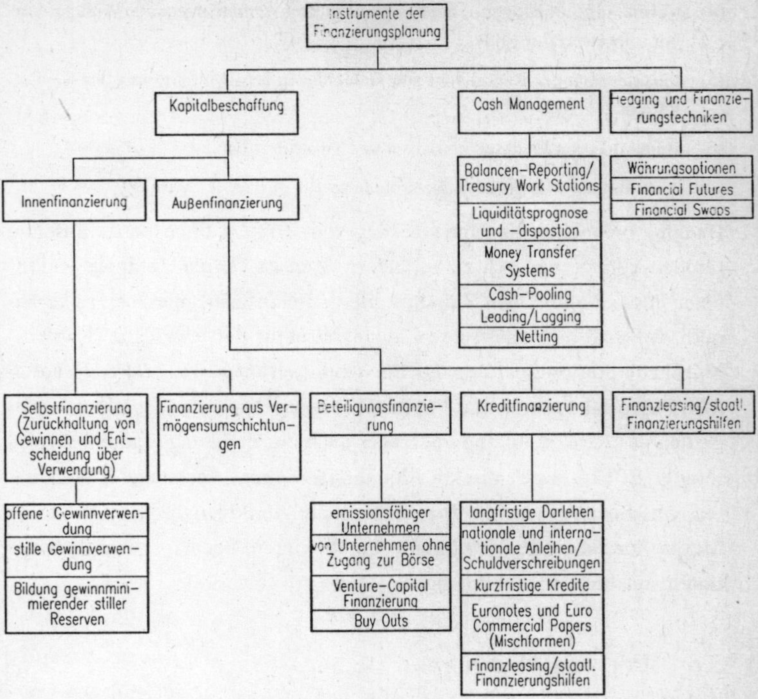

Abb. 5.3: Überblick über wichtige Instrumente der (internationalen) Finanzplanung

Die **Aufgaben** des Cash-Managements erweisen sich als äußerst vielfältig (vgl. Swinne 1983, S. 141; Westphal 1984, S. 93; Pausenberger/Völker 1985, S. 58; Schuster 1988, S. 353; Bischoff 1989, S. 51; Steiner 1989, Sp. 221f.; Frotzler 1991, S. 13ff.):

(1) **Informationen über aktuelle Konto- und Kassenbestände,**

(2) **kurzfristige Liquiditätsplanung und -kontrolle mit dem Ziel stetiger und kostenminimaler Zahlungsbereitschaft,**

(3) **kostenminimale Gestaltung, Abwicklung und Beschleunigung der Zahlungsströme,**

(4) Vermeidung unnötiger Kassenbestände durch renditebringende Anlage temporär freigesetzter Mittel,

(5) Maximierung der Rentabilität von Geldanlagen bzw. Minimierung der Kapitalkosten,

(6) Reduktion von Wechselkursrisiken und Tauschkosten und

(7) Auswahl und Pflege von Bankverbindungen.

Hedging beinhaltet die Umverteilung von Risiken, ohne deren absolute Größenordnung dadurch zu verändern. Ziel ist es, die Zahlungsstruktur einer Position durch den Zukauf weiterer Finanzinstrumente so zu verändern, daß sich die angestrebte Zahlungsstruktur der jeweiligen (Kapital-) Marktsituation optimal anpaßt. **Finanzinnovationen** wie **Währungsoptionen**, **Financial Futures** und **Financial Swaps** erlauben neben einer Verlagerung des Risikos auf andere Träger auch die Erzielung liquiditätserweiternder Effekte durch direkte Liquiditätserhöhung bestehender Aktivitäten einschließlich der Verbesserung ihrer Marktgängigkeit. Damit die Märkte für derartige Instrumente funktionieren, bedarf es der **Spekulation** in ausreichendem Umfang.

5.6 Personalplanung

In der personalwirtschaftlichen Literatur wird der Begriff **Personalplanung** unterschiedlich interpretiert, so daß eine allgemein anerkannte Definition nicht vorliegt (Gaugler 1974, S. 6; 1989, Sp. 1350; Röthig 1986., S. 204). Einigkeit herrscht lediglich darüber, daß die Personalplanung eine Teilaufgabe der Unternehmungsplanung darstellt (vgl. z.B. Gaugler 1974, S. 24f.; Drumm/Scholz 1983, S. 47ff.). Die Unternehmungsplanung determiniert den Rahmen für die Personalplanung und stimmt sie mit anderen Teilbereichen der Unternehmung ab. Allgemein beinhaltet die Personalplanung die systematische gedankliche Festlegung zukünftiger Zustände und Aktivitäten im Personalbereich und deren gestalterische Umsetzung unter Berücksichtigung unternehmungsinterner und -externer Bedingungen. Das Ergebnis von Personalplanungsprozessen sind Pläne, die möglichst präzise die Handlungsziele und die Handlungsalternative(n) aufzeigen, von der (denen) erwartet wird, daß mit dieser (diesen) die postulierten Ziele bestmöglich erreicht werden.

Röthig (1986, S. 204ff.) unterscheidet im Hinblick auf die **Gestaltungskompetenz** der Personalplanung folgende in der Literatur vorfindbaren Ansätze:

(1) **Personalplanung als derivative Bedarfsplanung:**
Hierbei wird die Personalplanung als reine Folgeplanung angesehen. Personalplanung entspricht der personalwirtschaftlichen Funktion Personalbedarfsermittlung. Die Unternehmungsplanung und ihre Teilplanungen (Absatz-, Investitions-, Produktionsplanung usw.) bestimmen diese restriktive Form der Personalplanung, die als reine Vorschaurechnung einzig den zukünftigen Bedarf an Arbeitskräften zu ermitteln hat. Ziele und Maßnahmen sind nicht Planungsgegenstand.

(2) **Personalplanung als derivative Bedarfsdeckungsplanung:**
Die hierunter subsumierten Ansätze stellen eine Erweiterung der reinen Vorschauplanung dar. Differenzierte Maßnahmenpläne werden in den Planungsgegenstand involviert. Somit wird der Planungsgegenstand respektive der Gestaltungsbereich entscheidend erweitert; der derivative Charakter durch externe Vorgaben (Personalbedarfsplan) bleibt aber weiterhin erhalten: "Die Personalplanung definiert und setzt sich die Ziele nicht selbst" (Mag 1986, S. 13).

(3) **Personalplanung als originäre Ziel- und Maßnahmenplanung:**
Die bisher vernachlässigte eigenständige Zieldimension der Personalplanung wird zum Planungsgegenstand, was eine erhebliche Aufwertung der Personalfunktion in der Unternehmung mit sich bringt. "Damit koppelt sich die Personalplanung über die Personalpolitik an die Unternehmungspolitik an; sie wird letztlich Bestandteil der strategischen Führung" (Röthig 1986, S. 207).

In der Literatur wird oft von einer originären **Ziel- und Maßnahmenplanung** in der Personalwirtschaft ausgegangen. Dies äußert sich durch den in der angelsächsischen Literatur verwendeten Terminus "Human Resource Management". Durch diesen selten präzise definierten Begriff kommt implizit das erweiterte, dynamische Entwicklungen der Einflußgrößen und vielfältige Interdependenzen berücksichtigende Aufgabengeflecht der personalwirtschaftlichen Funktion zum Ausdruck. Das Human Resource Management hat als umfassende Funktion nicht nur die

Rolle einer Servicefunktion im Organisationsgeschehen einzunehmen, sondern prospektiv zukünftige Entwicklungen in Organisationen mitzugestalten. Dabei gewinnt zunehmend die Einbindung in das strategische Management an Bedeutung (Ross 1981, Dyer 1984, Fombrun/Tichy/Devanna 1984). Für Staehle (1988) besteht das spezifisch Neue im gegenwärtigen Diskussionsstand des Human Resource Managements in der systematischen Zusammenfassung bislang getrennt gehandhabter Personalbeschaffungs- und -entwicklungsmaßnahmen und deren Einbindung in Strategie- und Strukturentscheidungen der Unternehmung. Neu ist auch die Sicht der Human Ressourcen aus einer "General Management Perspective" und nicht aus einer Funktionsbereichsperspektive "Personal" sowie die Einbindung des Linienmanagements in die Verantwortung für das Human-Ressourcen-Potential.

Über die Inhalte personalwirtschaftlicher **Ziele** können kaum allgemeine Aussagen gemacht werden, da die Inhalte von den konkreten Unternehmungszielen und dem Ergebnis des Zielbildungsprozesses abhängen (vgl. Drumm 1989, S. 12), auf den neben den Kerngruppen (Füh-rungskräfte, Betriebsrat usw.) auch externe Bezugsgruppen einwirken. Als besonders bedeutsame externe Bezugsgruppen für den Personalbereich sind **staatliche Organisationen** sowie **Arbeitgeberverbände** und **Gewerkschaften** zu nennen, die mit ihren Entscheidungen (z.B. Arbeitsgesetze und Tarifpolitik) den Rahmen für betriebliche personalwirtschaftliche Entscheidungen setzen.

Grob umrissen hat die Personalplanung nach Marr (1986, S. 17) dafür Sorge zu tragen, daß "die für die zukünftige Leistungserstellung benötigten Mitarbeiter quantitativ und qualitativ unter Berücksichtigung der zeitlichen und örtlichen Erfordernisse sowie der dadurch entstehenden Kosten zur Verfügung stehen und ihre Leistungsbereitschaft durch Berücksichtigung ihrer Interessen, Neigungen, Wünsche erhalten bzw. gesteigert wird". Wirtschaftliche **und** soziale Gesichtspunkte kommen also hierbei zum Tragen ("**duale Zielsetzung**" der Personalplanung).

Die **strategische Personalplanung** hat den antizipativen Aufbau, die Nutzung, den Erhalt und den Abbau von Personalpotentialen zum Gegenstand. Der Begriff **Personalpotential** umfaßt dabei eine Menge von Personen mit bestimmten, quantitativ und qualitativ spezifizierten Verhaltensweisen sowie Kenntnissen und Fähigkeiten (vgl. Drumm 1989, S. 364).

Personalstrategien besitzen eine herausgehobene Bedeutung, weil nicht selten der "Engpaßfaktor Personal" eine wichtige Ursache für das Scheitern anspruchsvoller Unternehmungsstrategien darstellt (Staehle 1991, S. 8). Für die in der Praxis oft beklagte mangelhafte Umsetzung wird die unzureichende Strategieimplementation, nicht die Strategieentwicklung und -formulierung, verantwortlich gemacht. Einerseits wissen die verantwortlichen Führungskräfte entweder zu wenig von strategischer Planung und deren personaler Unterstützungsnotwendigkeit, andererseits zeigen sich oft weder Fähigkeit noch Bereitschaft (oft auch wegen fehlender Anreize), beschlossene Strategien adäquat zu realisieren.

Diese Defizite müssen mit personellen Maßnahmen (Rekrutierung, Personalentwicklung, Anreizsystemgestaltung usw.) verbessert werden. So empfiehlt sich nach Staehle (1991, S. 9), "erste strategische Vorüberlegungen unmittelbar mit den vorhandenen (personellen) Ressourcen zu konfrontieren bzw. auf ihre personellen Konsequenzen hin zu untersuchen. Dies gilt vor allem für strategische Investitionsanalysen mit dem Ziel einer Synchronisation von Investitionsplanung und Personalplanung. Jede Investition wird schon in einem möglichst frühen Planungsstadium auf ihre Auswirkungen auf Arbeitssysteme, Arbeitsplätze und deren Anforderungen hin analysiert, damit jetzt schon entsprechende personalpolitische Maßnahmen (qualitative, quantitative und strukturelle) ergriffen werden können." Das gleiche gilt mit umgekehrten Vorzeichen für Desinvestitionsstrategien, die ebenfalls quantitative, qualitative und strukturelle Implikatoinen für die strategische Personalplanung aufweisen.

Personalplanungen werden in folgenden Funktionsbereichen vorgenommen (vgl. im einzelnen Hentze 1991 I/II):

- **Personalbedarfsermittlung**: Bestimmungen der personalen Kapazität nach Anzahl, Art bzw. Qualifikation, Zeitpunkt und Dauer sowie Ort zur Sicherung der Realisation der betrieblichen Zielsysteme. Instrumente sind z.B. Schätzungen, arbeitswissenschaftliche Methoden, Kennzahlen- und Arbeitsplatzmethode, qualitative Prognoseverfahren und Stellenbeschreibungen.

- **Personalbeschaffung**: Bereitstellung von Personal (interne und externe Rekrutierung) zur Beseitigung einer festgestellten personalen Unterdeckung (quantitativ, qualitativ, zeitlich, örtlich). Instrumente sind z.B. Personalauswahlmethoden, Personalleasing, Assessment-Center, Interviews externer und interner Bewerber und Personalmarketing-Konzepte.
- **Personalentwicklung**: Vermittlung von Qualifikation an die Mitarbeiter zur Bewältigung aktueller und zukünftiger Anforderungen. Instrumente sind z.B. Personal- und Potentialbeurteilung, Qualitätszirkel, Training-on-the-Job, Traning-off-the-Job und Karriereplanung.
- **Personaleinsatz**: optimale Gestaltung von Arbeitsplatz, Arbeitszeit sowie Arbeitsablauf und Zuordnung von vorhandenen Mitarbeitern auf gegebene Stellen. Instrumente sind z.B. Personaleinarbeitung, Arbeitsorganisation, Arbeitszeitmanagement und Auslandseinsatz.
- **Personalfreistellung**: Beseitigung einer festgestellten personalen Überdeckung (quantiativ, qualitativ, zeitlich/örtlich). Instrumente sind z.B.: Kündigung, Versetzung, Vorruhestandsregelungen, Kurzarbeit und sog. Outplacementverfahren (für Führungskräfte).
- **Personalerhaltung und Leistungsstimulation**: Bindung des vorhandenen Personals an die Unternehmung und Steigerung der Mitarbeiterleistung durch Anreizsysteme und Personalführungsinstrumente (individuelle Verhaltenssteuerung). Instrumente sind z.B. Prämienlohn, Erfolgs- und Kapitalbeteiligungen, betriebliche Altersversorgung, Management-by-Techniken, Führungsgrundsätze und Personalbetreuung.

Personalinformationswirtschaft, **Personalkostenplanung** und **Personalverwaltung** können als Servicefunktionen für die Personalplanung angesehen werden (vgl. Berthel 1991) und übernehmen damit Teilaufgaben eines integrierten **Personalcontrolling**. Die Personalbedarfsermittlung besitzt vorwiegend zielsetzenden Charakter, während den anderen funktionalen Bereichen zielerreichende Bedeutung beigemessen wird.

5.7 Interdependenzen und Integrationsnotwendigkeiten

Die beschriebenen Planungsfelder zu differenzieren nach den **betrieblichen Funktionen** F&E, Beschaffung, Produktion, Marketing, Finanzierung und Personal, stellt eine Möglichkeit dar, Gegenstandsbereiche der Planung zu beschreiben. Andere Gliederungen, z.B. nach Unternehmungsanlässen (Gründung, Fusion, Sanierung, Liquidation) oder nach **ökonomischen Zielgrößen** (Erlöse, Kosten, Gewinne, Liquidität) sind denkbar. Sogenannte **Querschnittsfunktionen** (z.B. Logistik, Informationswirtschaft) können mehreren Planungsfeldern zugeordnet werden.

Wichtig erscheint der Hinweis, daß zwischen einzelnen **Teilplanungen** der Unternehmungsplanung - wie auch immer untergliedert - **Interdependenzen** bestehen, wodurch **Integrationsnotwendigkeiten** und **Abstimmungserfordernissen** eine nicht zu unterschätzende Bedeutung zukommt.

Bedingt durch die mit der raschen Entwicklung der Fertigungs-, Informations- und Kommunikationstechnik verbundenen integrativen Unternehmungsprozesse (z.B. JIT, TQM, Simultaneous Engineering, Lean Production, CIM-Entwicklungen), gehören traditionelle Formen der Arbeitsteilung bzw. Spezialisierung und damit der isolierten Betrachtung betrieblicher Teilbereiche der Vergangenheit an. Eine effiziente Integration und Abstimmung betrifft nicht nur die prozessuale Gestaltung der innerbetrieblichen Beziehungen, sondern auch die zu Zulieferern und Abnehmern.

Die Idee, die Unternehmung als Ganzes und sämtliche isolierte Teilplanungen der verschiedenen Unternehmungsbereiche ("Planungen in der Unternehmung") ingesamt und unter gegenseitiger Abstimmung im Rahmen einer integrierten Unternehmungsplanung durchzuführen, ist keineswegs neu (vgl. Koch 1982). Die Probleme solcher synoptischer Planungsansätze besonders in der betrieblichen Praxis dürfen allerdings nicht übersehen werden; dennoch wird mit der raschen technologischen Entwicklung die Implementierung in Zukunft leichter zu bewältigen sein.

Literaturempfehlungen

a) Die betrieblichen Funktionen im Überblick

Bitz, M. u.a. (Hrsg.): Vahlens Kompendium der Betriebswirtschaftslehre, 2. Aufl., München 1989

Heinen, E.: Industriebetriebslehre, 9. Aufl., Wiesbaden 1991

Schweitzer, M.: Industriebetriebslehre, München 1990

b) F&E-Planung

Booz, Allen & Hamilton (Hrsg.): Integriertes Technologie- und Innovationsmanagement, Berlin 1991

Brockhoff, K.: Forschung und Entwicklung - Planung und Kontrolle, 2. Aufl., München/Wien 1989

Tyll, A.: Forschung und Entwicklung im strategischen Management industrieller Unternehmen, Berlin 1989

c) Beschaffungsplanung

Arnold, U.: Strategische Beschaffungspolitik, Frankfurt/Bern 1982

Grochla, E./Schönbohm, P.: Beschaffung in der Unternehmung, Stuttgart 1980

Wildemann, H.: Produktionssynchrone Beschaffung, Zürich 1988

d) Produktionsplanung

Corsten, H.: Produktionswirtschaft, München/Wien 1990

Kern, W.: Industrielle Produktionswirtschaft, 4. Aufl., Stuttgart 1990

Zäpfel, G.: Strategisches Produktions-Management, Berlin/New York 1989

e) Marketingplanung

Becker, J.: Marketing-Konzeption. Grundlagen des strategischen Marketing-Managements, 2. Aufl., München 1988

Meffert, H.: Marketing, Grundlagen der Absatzpolitik, 7. Aufl., Wiesbaden 1986

Nieschlag, R./Dichtl, E./Hörschgen, H.: Marketing, 16. Aufl., Berlin 1991

f) Finanzierungsplanung

Drukarczyk, J.: Finanzierung, 5. Aufl., Stuttgart 1991

Eilenberger, G.: Betriebliche Finanzwirtschaft, 4. Aufl., München/Wien 1991

Wöhe, G./Bilstein, J.: Grundzüge der Unternehmensfinanzierung, 5. Aufl., München 1988

g) Personalplanung

Drumm, H.J.: Personalwirtschaftslehre, Berlin u.a. 1989

Hentze, J.: Personalwirtschaftslehre, 2 Bde., 5. Aufl., Bern/Stuttgart 1991

Gaugler, E./Weber, W. (Hrsg.): Handwörterbuch des Personalwesens, 2. Aufl., Stuttgart 1992

6. Von der strategische Planung zum strategischen Management

6.1 Entwicklungsstufen und Begriff

Strategische Planung ist überwiegend auf globale, weitreichende Inhalte, Bestandteile, Handlungsmöglichkeiten und/oder Aktivitätsspielräume bezogen. In ihrem Mittelpunkt steht die Entwicklung, Konzeptionalisierung und Verwendung von leistungsfähigen Instrumenten, Methoden, Techniken und Verfahrensweisen, mit deren Hilfe im Rahmen des Planungssystems sowohl Analysen als auch Entscheidungen durchgeführt werden können.

Im Zuge der sich wandelnden (bzw. gewandelten) Problembereiche der Unternehmungsführung hat auch im Bereich der (strategischen) Unternehmungsplanung eine intensive Auseinandersetzung um Inhalte und Entwicklungstendenzen eingesetzt (Meffert/Werle 1982, S. 40). Einerseits wurde der Weiterentwicklung und/oder (Neu-)konzeption der herkömmlichen 'Langfristplanung' (Agthe 1972, S. 13ff.; Hadaschik 1979, S. 27ff. insbes. S. 29) im Rahmen der Unternehmungspolitik zu einer umfassenden, **integrativen 'Global'-Steuerung** der Unternehmung große Bedeutung zugemessen. Andererseits wurde den Planungsträgern und -betroffenen und ihren **Einstellungen und Interaktionen** während des Prozesses der (strategischen) Unternehmungsplanung besondere Beachtung geschenkt. Erstere Bemühungen haben zu einer Diskussion von Inhalten, Bestandteilen und Tätigkeitsfeldern der strategischen Planung (bzw. Führung) geführt, wobei die bestehenden Planungssysteme der Unternehmung fortlaufende **Erweiterungen** und die hierarchischen Planungsstufen zunehmende **Implementierungen** erfahren haben. Letztere Bemühungen stellen neben den organisatorischen Aspekten, die eine Verknüpfung von Aufbau- und Ablauforganisationen hinsichtlich der Planungsebenen bzw. Teilplanungskomplexe anstreben, insbesondere die Probleme der **Durchsetzung** und

Realisierung von festgelegten **Strategien** in den Unternehmungen selbst in den Vordergrund (Welge/Al-Laham 1992). Dabei herrscht die Absicht vor, die Unternehmungsorganisation so zu gestalten bzw. zu verändern, daß sie den sich wandelnden **Anforderungen der Umwelt** gerecht werden kann und **Problemlösungsbewußtsein** und **Entscheidungsverhalten** der Unternehmungsmitglieder so zu entwickeln, daß eine Erhöhung des Ausmaßes der Kongruenz zwischen organisatorischen Praktiken und persönlichen Zielen der Mitglieder der Unternehmung (Bartölke 1980, Sp. 1468ff.) erreicht wird. Dies scheint lediglich über eine '**konzeptionelle Gesamtsicht**' (Trux/Kirsch 1979, S. 222; Kirsch/Esser/Gabele 1979; Kirsch/Trux 1981, S. 322ff.) möglich zu sein, die sowohl die langfristige Unternehmungsentwicklung als auch - in möglichst umfassender Weise - die unternehmungsinternen Bedingungen, Gegebenheiten und Interessenlagen sowie die unternehmungsexternen Rahmenbedingungen des Umsystems (technologische, ökonomische, ökologische, rechtlich-politische und sozio-kulturelle Veränderungen) beachtet. Diese 'integrierte' Sichtweise kommt in der Bezeichnung **Strategisches Management (strategische Unternehmungsführung)** zum Ausdruck. Die Entwicklungsstufen von den ersten Planungsansätzen bis zum strategischen Management zeigt die Abbildung 6.1.

So wurde zunächst auf der Stufe 1 in Form der einjährigen Budgetierung die **Finanzplanung** gestaltet. Aus dieser wurde vor allem durch den Einsatz von Trendanalysen und Regressionsmodellen die **Langfristplanung** (Stufe 2) entwickelt, bei der der Planungshorizont über die jährliche Betrachtung hinauswuchs. Mit der Orientierung der Planung sowohl auf das Insystem als auch auf das Umsystem der Unternehmung vollzieht sich in der dritten Stufe ein qualitativer Sprung innerhalb der Entwicklung des Planungssystems zur **strategischen Planung**.

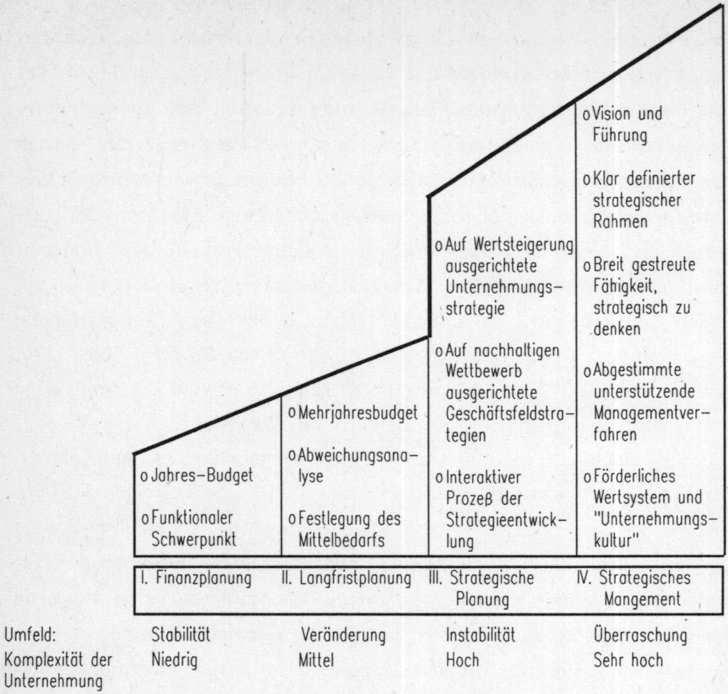

Abb. 6.1: Entwicklungsstufen zum strategischen Management (vgl. Henzler 1988, S. 1298)

Unter den Bedingungen der Internationalisierung der Märkte, der Ausgestaltung der internationalen Arbeitsteilung, der Beschleunigung von Informationszyklen und Technologieschüben, der Ausprägung von Unternehmungskulturen, der Ökologisierung von Handlungsweisen und der Humanisierung des Arbeitslebens etc. muß sich die Stellung der Planung abermals grundlegend verändern, um gegenwärtig und künftig weiterhin handlungsanleitend wirken zu können. Die kontinuierliche Entwicklung der Unternehmungsplanung, insbesondere der strategischen Planung, läßt sich an der systematischen Einbeziehung solcher strategischen Planungsschwerpunkte erkennen, wie der **geschäftsfeldorientierten Organisationsplanung**, der **Planung des Führungskräfte-Anreizsystems** oder der

Gestaltung des Informationssystems. Darüber hinaus werden zahlreiche Ansätze und Methoden diskutiert, die sich mit einer adäquaten Gestaltung von **Unternehmungsphilosophien/-kulturen** und **Unternehmungszielsystemen** befassen (vgl. Hahn 1989b). Es verwundert in diesem Zusammenhang nicht, daß in (Planungs-)Theorie und Praxis auch eine stärkere Beachtung von Erkenntnissen der **Zukunftsforschung** gefordert wird (vgl. Sinn/Weber 1991, S. 16ff.). Die Einbeziehung der vielfältigen Faktoren vollzieht sich im **Strategischen Management** (Stufe 4).

Das Strategische Management strebt die Planung, Steuerung, Koordination und zukünftige Gestaltung der **Unternehmungsentwicklung** an, indem die Änderungen der Umwelt nicht nur reaktiv verarbeitet werden, sondern eine proaktive, bewußte **problemvorgreifende Denkhaltung** angestrebt wird. Im Zentrum des Strategischen Managements sollten deshalb vornehmlich "Vorsteuergrößen" wie Stärken, Schwächen, Gefahren, Bedrohungen, Gelegenheiten etc. stehen, die sich aus der Analyse des Umsystems ableiten lassen. Da insbesondere die Kontextfaktoren des Umsystems durch ein hohes Maß an Unsicherheit, Dynamik und Komplexität gekennzeichnet sind, wird es durch den Vollzug von Führungstätigkeiten immer nur begrenzt gelingen, die sich evolvierenden Systeme zu beherrschen. Mit dem Strategischen Management sollte sich deshalb ein evolutionäres und auch intuitiv geprägtes Denken verbinden, das nicht der Illusion unterliegt, alle Vorstellungen wären mittel- oder langfristig in die Unternehmungspraxis umsetzbar (vgl. Kirsch/Knyphausen/Ringlstetter 1989, S. 6ff.). Dennoch ist es notwendig, gerade mit Instrumenten und Methoden der Unternehmungsplanung mögliche unternehmungsrelevante Entwicklungstendenzen zu erkennen und aufzuzeigen.

Alles in allem ist Strategisches Management als ein neuer Versuch zu werten, das strategische Denken und Handeln in Unternehmungen unter Berücksichtigung der Erkenntnis durchzusetzen, daß die strategische Planung zu eng gefaßt ist und als solche nicht den aktuellen Problemstellungen gerecht werden kann.

6.2 Aufgabenkomplexe zur Unterstützung von Strategieentwicklung und -implementierung

Aufgabe einer aktiven Gestaltung der **Strategieimplementierung** muß es sein, die Chancen der Strategieakzeptanz und -realisierung zu erhöhen und späteren sozialen Konflikten vorzubeugen. Das bedeutet, daß alle strategiebetroffenen und -ausführenden Unternehmungsmitglieder frühzeitig am Managementprozeß durch intensive Interaktionen zu beteiligen sind (Mag 1992, S. 62). Nach Welge/Al-Laham (1992, Sp. 2360) vollzieht sich die Strategieimplementierung auf verschiedenen Ebenen. Zunächst ist die Strategie in operativen Handlungsprogrammen in Form der Budgeterstellung zu konkretisieren. Die zweite Ebene umfaßt die strategiegerechte Gestaltung der Organisation der Unternehmung (z.B. strategische Geschäftseinheiten und Koordinationsmechanismen bzw. -gremien) (vgl. Bühner 1989). Außer der **Aufbaustruktur** werden hier in Abstimmung mit den Anforderungen der Strategie **Informations**- und **Anreizsysteme** entwickelt.

Informationssysteme dienen zur Abbildung der Leistungsprozesse und Austauschbeziehungen in der Unternehmung und zwischen der Unternehmung und ihrer Umwelt (Hansen 1986, S. 63). Der strategische Managementprozeß benötigt in seiner Komplexität und Informationsvielfalt ein **rechnergestütztes Informationssystem**, das sich durch folgende Besonderheiten auszeichnen sollte:

"- in der systematischen, strukturierten und organisierten Speicherung großer Datenmengen in relationalen Datenbanken,
- in der schnellen, weder quantitativ noch qualitativ eingeschränkten Auswertung von Algorithmen,
- in der beliebig variierbaren Darstellung der Rechenergebnisse in Form von Tabellen und (oder) Graphiken sowie in deren Kombination mit kommentierten Texten,
- in der Schnelligkeit, mit welcher Daten bzw. Informationen ausgetauscht und verschickt werden können" (Sohn 1990, S. 144).

Bei der Gestaltung von (strategischen) **Anreizsystemen** geht es um die zielgerichtete Beeinflussung des strategischen Leistungsverhaltens der Führungskräfte. Dabei werden monetäre und nicht-monetäre Anreize sowie Anreize des organisatorischen Umfeldes eingesetzt (Becker 1990).

Die Kontrolle im strategischen Managementprozeß beinhaltet die Überprüfung der realisierten Strategie, die zunächst die Durchführungs- und Ergebniskontrolle umfaßt. Es schließt sich gegebenenfalls eine Abweichungsanalyse an, in der die Ursache für die Nichterreichung von Zielen analysiert wird. Über eine Rückkopplung sind die Ziele zu überprüfen und gegebenenfalls zu modifizieren.

Aus den Überlegungen des begrenzten Steuerungspotentials der Feedback-Kontrolle ist die **strategische Kontrolle** entwickelt worden (Schreyögg/Steinmann 1985). Sie zielt darauf ab, sicherzustellen, daß durch sie folgende Kontrollen erfolgen:

(1) eine **Prämissenkontrolle** bezogen auf die Gültigkeit der den strategischen Plänen zugrunde liegenden Bedingungen (Überprüfung von Strategieprämissen) und eventuell entsprechender Anpassungsvorschläge hinsichtlich Zielausmaß, Zielinhalt und Fristen der Strategien,

(2) eine **Durchführungskontrolle** in bezug auf die Erreichung strategischer Ziele (inhaltliche und terminliche Kontrolle der Zwischenergebnisse begleitend zur Strategieimplementierung) und

(3) eine **strategische Überwachung** im Sinne einer ungerichteten Beobachtungsaktivität.

Letztere setzt anders als die Prämissen- und Durchführungskontrollen nicht bei den Kontrollstandards, sondern bei "schwachen Signalen" aus der Umwelt an. Die strategische Überwachung ist eng mit der (strategischen) Früherkennung verwandt, die aber primär die Chancen für eine Neuplanung auszuloten und weniger die Absicherung bisheriger Strategien zum Gegenstand hat. Die Durchführung von Zwischenergebniskontrollen, um möglichst früh eventuelle Planabweichungen zu erkennen, erweist sich als nicht unproblematisch. Einerseits wird vorausgesetzt, daß eine sachlogisch-formale Abfolge der nacheinander angestrebten Zustandsphasen, die schließlich zum angestrebten Ziel führen sollen, vorausbestimmbar ist. Andererseits verlangen korrigierende Eingriffe Schätzangaben über eine etwaige "Ergebnislücke", die sich im Zeitablauf $t_1 \ldots t_n$ ergeben würde, falls Maßnahmen zum Zeitpunkt t_1 unterbleiben. Hier ist ein spezifisches Prognoseproblem bei strategischen Kontrollen zu lösen.

Nicht verwechselt werden darf das **strategische Controlling** mit der Kontrolle der Strategieplanung und -implementierung. Controlling stellt in funktionaler Sicht als sogenannter **Managementserviceansatz** (vgl. Harbert 1982, S. 282ff; Ziener 1985, S. 40ff.) sogenannte "**Führungshilfe**" (vgl. Küpper/Weber/Zünd 1990, S. 282f.) eine umfassende, systematische und integrale Konzeption zur proaktiven Gestaltung, Koordination und Weiterentwicklung (vorwiegend unternehmerischer) Planungs-, Kontroll- und Informationsversorgungssysteme dar sowie zur Bereitstellung bedarfsgerecht aufbereiteter Informationen zwecks Sicherstellung der Realisierung des Unternehmungszielsystems. Die in horizontaler und vertikaler Hinsicht funktionsübergreifende **Informationskoordination** steht im Mittelpunkt der Betrachtung (vgl. Horvath 1991), und zwar sowohl systembildend als auch systemkoppelnd.

Die wissenschaftliche Diskussion im Hinblick auf Begriff und Notwendigkeit eines eigenständigen **strategischen Controlling** ist insgesamt allerdings geprägt durch **Uneinheitlichkeit**. So verstehen Pfohl/Zettelmeyer (1987, S. 149ff.) unter strategischem Controlling die "Zusammenfassung der Funktionen strategische Planung, strategische Kontrolle und strategische Koordination." Bei Mann besteht strategisches Controlling aus den drei Komponenten "Leitbild", "den daraus abzuleitenden Strategien" und "deren Umsetzung in Projekte und Maßnahmen" und ist gleichzusetzen mit systematischem Erkennen und Beobachten zukünftiger Chancen und Risiken (Mann 1981, S. 31). Eine weitgehende Identität mit strategischer Planung bzw. strategischem Management ist dann unvermeidbar und der Vorwurf, daß es sich um "des Kaisers neue Kleider" handelt, liegt nahe. Da strategisches Controlling nichts anderes bedeutet als die Wahrnehmung der Controllingaufgaben (wie auch immer sie im einzelnen konkretisiert werden) im Hinblick auf das Strategische Management, tut Horvath (1985, S. 105) die Bezeichnung "strategisches Controlling" als Pleonasmus ab.

6.3 Strategisches Management und Unternehmungsmitglieder

Das strategische Management versucht, eine enge Verbindung von Methoden- (bzw. Verfahrens-)Ebenen und Handlungs- (bzw. sozialer) Ebene herzustellen. Wesentliche und gesteigerte Beachtung muß deshalb der Mensch im Rahmen der strategischen Unternehmungsführung erfahren.

In den USA ist zur systematischen Integration der in der Personalwirtschaftslehre getrennt behandelten personalwirtschaftlichen Aspekte des strategischen Managements das Konzept des Human Resource Management (HRM) entwickelt worden, in dem Strategie- und Strukturentscheidungen berücksichtigt werden (Staehle 1989 und 1991).

Neben generellen Betrachtungen zur (formalen) Organisationsstruktur, zur Verfassung der Unternehmung und zu verhaltensorientierten Erörterungen über die Unternehmungsmitglieder müssen im Rahmen des strategischen Managements auch speziellere, die Entwicklung der Unternehmungsmitglieder bzw. die **personale Gestaltung** (Remer 1982, S. 309ff.) oder die (organisationale) **Sozialisation** (Kirsch 1971, S. 174ff.; Rosenstiel/Molt/Rüttinger 1975, S. 67ff.) betreffende Maßnahmen ergriffen werden. Damit sind überwiegend solche Prozesse gemeint, die nicht das eigentliche Verhalten, sondern die persönlichkeitsspezifischen Determinanten, wie Einstellungen, Verhaltensweisen etc. betreffen. Strategisches Management muß deshalb auch dort beeinflussende Aktivitäten entwickeln, wo für die Unternehmung wichtige, weitgehend stabile Eigenschaften in Form von Werten, Normen, Verhaltensmustern, Philosophien, Grundsätzen etc. existieren und diese auf vorhandene und neue Mitglieder

der Unternehmung Anwendung finden (Bartölke 1980, S. 237ff.; Porter/Lawler/Hackman 1975, S. 162ff.).

Der Zweckbezug der **Sozialisation** bzw. der **Personalgestaltung** im Rahmen des strategischen Managements liegt überwiegend auf der Ebene des **Individualverhaltens**. Über die Integration der individuellen Werte und die eigengeleitete Evolution der Verhaltensweisen der Mitarbeiter soll den Bedürfnissen der **Selbstverwirklichung** und **Partizipation** besser entsprochen werden. Eine Entwicklung und Selektion des personalen Potentials kann der individuellen Partizipationseinstellung und einem bestimmten unternehmungspolitisch intendierten, dem strategischen Management gerecht werdenden Partizipationsverhalten entsprechen. Diesen Zusammenhang gibt die Abbildung 6.2 wieder.

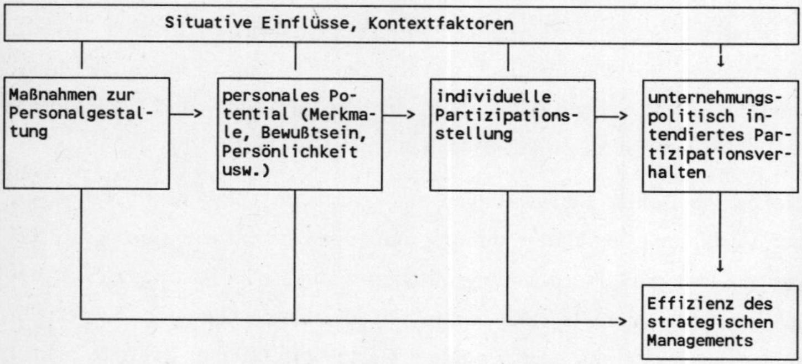

Abb. 6.2: Personalgestaltung, Partizipation und Effizienz des strategischen Managements (in Erweiterung von Remer 1982, S. 326 und Kieser/Kubicek 1978, S. 112)

Durch die unmittelbare, gezielte Entwicklung der Unternehmungsmitglieder werden einerseits Reibungs- oder Sicherheitsverluste weitgehend vermieden, andererseits werden Gestaltungsräume für das Strategische Management geöffnet, die eine ständige Entwicklungs- und Wandlungsfähigkeit der Unternehmung ermöglichen. Zudem werden durch die bewußte Personalgestaltung und -entwicklung auch das individuelle Entscheidungsverhalten und die mitarbeiterspezifische Orientierung im

Sinne der strategischen Unternehmungsführung gefördert, wenngleich auch dies nicht bedeuten kann, daß sämtliche Mitglieder der Unternehmung in den sich ständig wandelnden Situationen autonom und völlig eigenverantwortlich in der Lage sind, selbständige Entscheidungen zu treffen bzw. Aktivitäten zu vollziehen, die in ihrer Gesamtheit als sach- und/oder soziorational bezeichnet werden können (Remer 1982, S. 397).

Die strategische (Unternehmungs-)Führung, die sich im wesentlichen mit der **Unternehmungsentwicklung** befaßt, wird zum Problem der **Entwicklungsfähigkeit** der Unternehmung und in besonderem Maße zum Problem der **Entwicklungsfähigkeit der Unternehmungsmitglieder**. Das menschliche Verhalten darf nicht als Anpassungsverhalten behandelt werden, sondern muß statt als Objekt als Subjekt (Bartölke 1980, S. 339) der betriebswirtschaftlichen Forschung gehandelt werden. Erst wenn auch die (betroffenen) Unternehmungsmitglieder sich der strategischen Orientierung der Unternehmung bewußt werden und von sich aus den Willen und die Bereitschaft zur Entwicklung und/oder Änderung der Unternehmung entwickeln, kann ein strategisches Management seine volle Wirkung entfalten. Strategische Führung muß von allen, für alle und durch alle Mitglieder der Unternehmung praktiziert werden. In diesem Sinne kann und darf strategisches Management derzeit nur als **partizipatives strategisches Management** interpretiert werden, das sich der gesellschaftlichen Verantwortung bewußt ist und dieser Rechnung trägt. Es muß ein **den internalisierten Werten seiner Mitglieder verpflichtetes Management** sein.

Veränderungen, die sich innerhalb der Unternehmungen vollziehen bzw. ereignen werden und somit Herausforderungen für die Unternehmungen darstellen, faßt Savage (1990) in der Auswertung US-amerikanischer Forschungsergebnisse, wie in der Abbildung 6.3 dargestellt, zusammen.

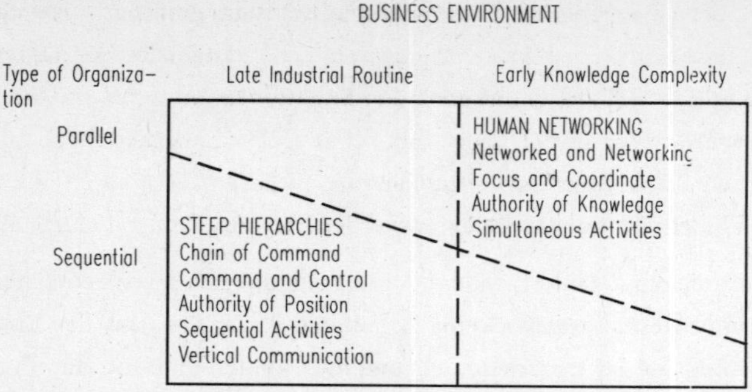

Abb. 6.3: Transition from steep hierarchies to human networking (Savage 1990, S. 192)

Demnach wird ein Übergang von tief gegliederten Unternehmungshierarchien zu einem "**Human Networking**" stattfinden. Die von diesem Übergang gekennzeichnete Strategie des "Downsizing" oder "Flattening" zielt auf Kostenreduzierungen, schnellere Entscheidungsfindungen und Reaktionen auf Herausforderungen der Wettbewerber, eine schnellere Diffusion neuer Ideen, eine stärkere Orientierung an Kundenwünsche etc. ab.

Die Unternehmungsmitglieder bleiben nach wie vor erste Planungsressource und somit Träger des strategischen Managements, so daß sich auch feststellen läßt: "**Strategy Follows People**" (vgl. Henzler 1988, S. 1302). Um strategische Managementerfordernisse realisieren zu können, müssen in die Planung von Vorgehensweisen nicht nur die Führungskräfte oberer Hierarchieebenen und Planungsexperten integriert werden, sondern auch die für die Umsetzung verantwortlichen Unternehmungsmitglieder.

Nur durch eine Synthese von **Strategie-**, **Struktur-** und **Personalentwicklung** kann die Weiterentwicklung des Konzepts des strategischen Managements erfolgen (vgl. Staehle 1989b, S. 394). Innerhalb der strategischen Planung - als einem Bestandteil des strategischen Mangements - wäre es wünschenswert, verstärkt Methoden und Instrumente der Organisationsentwicklung einzusetzen, die auf eine weitere Gestaltung einer leistungsorientierten Teamarbeit und einer damit verbundenen Ausprägung von Verhaltensbestandteilen (wie Kreativität, Spontaneität, Zielstrebigkeit, Selbstorganisation, Risikobereitschaft) von Planungsträgern ausgerichtet sind.

Literaturempfehlungen zum strategischen Management

Bleicher, K.: Das Konzept Integriertes Management. St. Gallener Management-Konzept, Bd. 1, Frankfurt a.M./New York 1991

Bühner, R.: Strategie und Organisation - Neuere Entwicklungen, in: ZFO, 58. Jg. (1989), S. 223-232

Hahn, D.: Strategische Unternehmungsführung - Stand und Entwicklungstendenzen, in: ZFO, 58. Jg. (1989), S. 159-166, 326-332

Henzler, H.A. (Hrsg.): Handbuch Strategische Führung, Wiesbaden 1988

Schreyögg, G./Steinmann, H.: Strategische Kontrolle, in: ZfbF, 37. Jg. (1985), S. 391-410

Staehle, W.H.: Human Resource Management und Unternehmungsstrategie, in: Mitteilungen aus der Arbeitsmarkt- und Berufsforschung, 22. Jg. (1989), S. 388-396

Literaturverzeichnis

Adam, D.: Kurzlehrbuch Planung, 2. Aufl., Wiesbaden 1983

Adolff, P.: Risk Management, in: Macharzina, K./Welge, M.K. (Hrsg.): HWInt, Stuttgart 1989, Sp. 1854-1865

Adrian, W.: Strategische Unternehmensführung und Informationssystemgestaltung auf der Grundlage kritischer Erfolgsfaktoren, Bergisch Gladbach 1989

Agor, W.H.: Intuitives Management, Berlin 1989

Agthe, K.: Strategie und Wachstum der Unternehmung, Baden-Baden/Bad Homburg v.d.H. 1972

Aguilar, F.J.: Scanning the Business Environment, London 1967

Albach, H.: Innovationsstrategien zur Verbesserung der Wettbewerbsfähigkeit, in: ZfB, 59. Jg. (1989), S. 1338-1352

Albers, S./Eggert, K.: Kundennähe: Strategie oder Schlagwort?, in: Marketing ZFP, 10. Jg. (1988) H. 1, S. 5-16

Anderson, C.R./Paine, F.T.: PIMS: A Reexamination, in: AMR, Vol. 12 (1978), S. 602-612

Andrews, K.R.: The Concept of Corporate Strategy, Homewood, IL. 1988

Angermeyer-Naumann, R.: Szenarien und Unternehmenspolitik - Globalszenarien für die Evolution des unternehmenspolitischen Rahmens, München 1985

Ansoff, H.I.: Corporate Strategy, New York u.a. 1965

Ansoff, H.I.: Managing Surprise and Discontinuity - Strategic Response to Weak Signals. Die Bewältigung von Überraschungen - Strategische Reaktionen auf schwache Signale, in: ZfbF, 28. Jg. (1976), S. 129-152

Ansoff, H.I.: Zum Entwicklungsstand betriebswirtschaftlicher Planungssysteme, in: Steinmann, H. (Hrsg.): Planung und Kontrolle, München 1981, S. 59-83

Ansoff, H.I.: Implanting Strategic Management, Englewood Cliffs, NJ. 1984

Arbeitskreis "Langfristige Unternehmensplanung" der Schmalenbach-Gesellschaft: Strategische Planung, in: ZfbF, 29. Jg. (1977), S. 1-20

Arnold, U.: Strategische Beschaffungspolitik, Frankfurt a.M. 1982

Assfalg, H.: Einführung der Strategischen Planung in einer Unternehmung der Automobilzulieferindustrie, in: Strategische Planung, 1. Jg. (1985), S. 1-10

Atteslander, P.: Methoden der empirischen Sozialforschung, 5. Aufl., Berlin/New York 1984

Aurich, W./Schröder, H.-U.: Unternehmensplanung im Konjunkturverlauf, 2. Aufl., München 1977

Ax, A./Börsig, C.: Praxis der integrierten Unternehmensplanung, in: ZfbF, 31. Jg. (1979), S. 894-926

Backhaus, K.: Strategien auf sich verändernden Weltmärkten - Chancen und Risiken, in: DBW, 49. Jg. (1989), S. 465-481

Baetge, J./Fischer, Th.: Simulationstechniken, in: Szyperski, N./Winand, U. (Hrsg.): HWPlan, Stuttgart 1989, Sp. 1782-1795

Baetge, J.: Kontrollmanagement, in: Hofmann, M./Rosenstiel, L. v. (Hrsg.): Funktionale Managementlehre, Berlin u.a. 1988, S. 383-432

Bartölke, K.: Organisationsentwicklung, in: Grochla, E. (Hrsg.): HWO, Hrsg. E. Grochla, 2. Aufl., Stuttgart 1980, Sp. 1468-1481

Bauer, H.H.: Das Erfahrungskurvenkonzept. Möglichkeiten und Problematik der Ableitung strategischer Handlungsalternativen, in: WiSt, 15. Jg. (1986), S. 1-10

Beckenstein, A.R.: Forecasting and the Environment: The Challenges of Rapid Change, in: Makridakis, S./Wheelright, S.C. (Hrsg.): The Handbook of Forecasting, New York u.a. 1982, S. 259-272

Becker, F.G.: Anreizsysteme für Führungskräfte, Stuttgart 1990

Becker, J.: Marketing-Konzeption. Grundlagen des strategischen Marketing-Managements, 2. Aufl., München 1988

Becker, Th.: Das frühzeitige Erkennen von Technologietrends: Patentanalyse, Bibliometrie, Technometrie, in: technologie & management, 37. Jg. (1988), H. 4, S. 20-26

Berekoven, C./Eckert, W./Ellenrieder, P.: Marktforschung, 2. Aufl., Wiesbaden 1986

Bergner, D.J.: International Political Affairs, in: Macharzina, K./Welge, M.K. (Hrsg.): HWInt, Stuttgart 1989, Sp. 884-891

Berndt, R.: Marketing I: Käuferverhalten, Marktforschung und Marketing Prognosen, Berlin u.a. 1990

Berthel, J.: Betriebliche Informationssysteme, Stuttgart 1975

Berthel, J.: Zielorientierte Unternehmungssteuerung, Stuttgart 1973

Berthel, J.: Personalmanagement, 3. Aufl., Stuttgart 1991

Bidlingmaier, J.: Unternehmerziele und Unternehmerstrategien, Wiesbaden 1973

Bidlingmaier, J.: Marketing I und II, 10. Aufl., Opladen 1983

Biegel, U.R.: Kooperation zwischen Anwender und Hersteller im Forschungs- und Entwicklungsbereich, Frankfurt a.M. 1987

Bircher, B.: Langfristige Unternehmungsplanung, Bern/Stuttgart 1976

Bischoff, E.: Determinanten des Cash Managements im internationalen Industrieunternehmen unter Berücksichtigung der Einsatzmöglichkeiten von kurzfristigen Finanzplanungsmodellen (Diss.), Göttingen 1989

Bitz, M. u.a. (Hrsg.): Vahlens Kompendium der Betriebswirtschaftslehre, 2. Aufl., München 1989

Bleicher, K.: Zur Zentralisation und Dezentralisation von Entscheidungsaufgaben, in: DU, 23. Jg. (1969), S. 123-139

Bleicher, K.: Perspektiven für Organisation und Führung von Unternehmungen, Baden-Baden/Bad Homburg 1971

Bleicher, K.: Kollegien, in: Grochla, E./Wittmann, W. (Hrsg.): HWB, Bd. 2, 4. Aufl., Stuttgart 1975, Sp. 2125-2169

Bleicher, K.: Das Konzept Integriertes Management - St. Gallener Management-Konzept, Bd. 1, Frankfurt a.M./New York 1991

Bleicher, K./Meyer, E.: Führung in der Unternehmung. Formen und Modelle, Reinbek bei Hamburg 1976

Blohm, H./Lüder, K.: Investition, 7. Aufl., München 1991

Böhler, H.: Portfolio-Analysetechniken, in: Szyperski, N./Winand, U. (Hrsg.): HWPlan, Stuttgart 1989, Sp. 1548-1559

Bohley, P.: Statistik - Einführendes Lehrbuch für Wirtschafts- und Sozialwissenschaften, 4. Aufl., München/Wien 1991

Böhnisch, W.: Personale Widerstände bei der Durchsetzung von Innovationen, Stuttgart 1979

Booz, Allen & Hamilton (Hrsg.): Integriertes Technologie- und Innovationsmanagement, Berlin 1991

Bower, J.L./Hout, Th.M.: So sind Sie schneller als die Konkurrenz, in: HM, 11. Jg. (1989) Nr. 3, S. 68-77

Braun, G.E.: Methodologie der Planung, Meisenheim am Glan 1977

Brockhoff, K.: Bewertung und Kontrolle von Forschung und Entwicklung, in: H. Moll u.a. (Hrsg.): RKW-Handbuch Forschung, Entwicklung und Konstruktion, Berlin 1977, 3. Ergänzungslieferung 7/1977, Kap. 4700, S. 1-36

Brockhoff, K.: Forschung und Entwicklung - Planung und Kontrolle, 2. Aufl., München/Wien 1989

Brockhoff, K.: Stärken und Schwächen industrieller Forschung und Entwicklung, Stuttgart 1990

Brockmann, M.: Qualitätsmanagement: "Bei uns ist jede Abteilung kritisch wie ein Kunde", in: Impulse (1990), H. 12, S. 88-94

Brose, P./Corsten, H.: Partizipation in der Unternehmung, München 1983

Brose, P.: Planung, Bewertung und Kontrolle technologischer Innovationen, Berlin 1982

Bühner, R.: Strategie und Organisation - Neuere Entwicklungen, in: ZFO, 58. Jg. (1989), S. 223-232

Bühner, R.: Strategie und Organisation, Wiesbaden 1985

Bullinger, H.-J./Wasserloos, G.: Reduzierung der Produktentwicklungszeiten durch Simultaneous Engineering, in: CIM-Management (1990), Nr. 6, S. 4-11

Busse von Colbe, W./Hammann, P./Lassmann, G.: Betriebswirtschaftstheorie, Bd. 2: Absatztheorie, 2. Aufl., Berlin u.a. 1985

Busse von Colbe, W./Lassmann, G.: Betriebswirtschaftstheorie, Bd. 1, 5. Aufl., Berlin u.a. 1991

Buzzel, R.D./Gale, B.T./Sultan, R.G.M.: Market Share - A Key to Profitability, in: HBR, 13. Jg. (1975), No. 1, S. 97-106

Buzzel, R.D./Gale, B.T.: Das PIMS-Programm, Strategien und Unternehmenserfolg, Wiesbaden 1989

Capon, N./Faley, J.K./Hilbert, J.M.: Corporate Strategic Planning, New York 1987

Chandler, A.D. Jr.: Strategy and Structure, Chapters in the History of the Industrial Enterprise, Cambridge, Mass./London 1962

Cichon, W.: Globalisierung als Strategisches Problem, München 1988

Coenenberg, A.G./Baum, H.-G.: Strategisches Controlling, Stuttgart 1987

Conrads, M./Goetzke, W./Sieben, G.: Human Resource Accounting: Entscheidungsrechnung über das betriebliche Humanvermögen, in: Schmidt, H. (Hrsg.): Humanvermögensrechnung, Berlin/New York 1982, S. 493-506

Corsten, H.: Ansatzschwerpunkte zur Bildung von Kontrollschwerpunkten, in: WISU, 17. Jg. (1988), S. 597-602

Corsten, H.: Produktionswirtschaft, München/Wien 1990

Deal, T.E./Kennedy, A.A.: Corporate Cultures, Reading, MA. 1982

Dean, J.: Capital Budgeting, New York 1951

Demmer, Ch.: Neue Studie über F&E-Management: Bremser in den eigenen Reihen, in: Industriemagazin, (1990), H. 5, S. 168-172

Dichtl, E.: Lohnkostenvorteile der Entwicklungsländer durch Nachteile anderer Art aufgewogen, in: WiSt, 19. Jg. (1990), S. 525

Dicke, H.-R./Backhaus, Ch.: Was Sie beachten müssen: Ratschläge für den Einsatz von Unternehmungsberatern, in: Manager Magazin, (1990), H. 11, S. 205

Dill, P.: Unternehmenskultur, Bonn 1986

Diller, H.: Produkt-Management und Marketing-Informationssysteme, Berlin 1975

Dinkelbach, W.: Flexible Planung, in: Szyperski, N./Winand, U. (Hrsg.): HWPlan, Stuttgart 1989, Sp. 507-512

Dlugos, G.: Unternehmenspolitik als Führungsaufgabe, in: Kieser, A./Reber, G./Wunderer, R. (Hrsg.): HWFü, Stuttgart 1987, Sp. 1985-1994

Dorow, W.: Unternehmungspolitik, Stuttgart u.a. 1982

Drucker, P.E.: Innovations-Management für Wirtschaft und Politik, Düsseldorf 1985

Drukarczyk, J.: Finanzierung, 5. Aufl., Stuttgart 1991

Drumm, H.-J.: Personalwirtschaftslehre, Berlin u.a. 1989

Drumm, H.-J./Scholz, Ch.: Personalplanung. Planungsmethoden und Methodenakzeptanz, Bern/Stuttgart 1983

Dunst, K.H.: Portfolio-Management, Berlin/New York 1979

Dyer, L.: Linking Human Resources and Business Strategies, in: Human Resource Planning, 7. Jg. (1984), S. 79-92

Eilenberger, G.: Finanzierungsentscheidungen multinationaler Unternehmungen, 2. Aufl., Heidelberg 1987

Eilenberger, G.: Betriebliche Finanzwirtschaft, 4. Aufl., München/Wien 1991

Eisenführ, F.: Betriebswirtschaftliche Planung und Entscheidung, 4. Aufl., Aachen 1991

Engelhardt, W.H.: Produktions- Lebenszyklus- und Substitutionsanalyse, in: Szyperski, N./Winand, U. (Hrsg.): HWPlan, Stuttgart 1989, Sp. 1591-1602

Engelhardt, W.H./Schütz, P.: Total Quality Management, in: WiSt, 20. Jg. (1991), S. 394-399

Fandel, G.: Begriff, Ausgestaltung und Instrumentatium der Unternehmensplanung, in: ZfB, 53. Jg. (1983), S. 479-508

Fandel, G./Francois, P.: Just-in-Time-Produktion und -Beschaffung. Funktionsweise, Einsatzvoraussetzungen und Grenzen, in: ZfB, 59. Jg. (1989), S. 531-544

Farmer, R.N./Richman, B.M.: Comparative Management and Economic Progress, Homewood, IL. 1965

Faßbender, S.: Führungskräfte, in: Gaugler, E. (Hrsg.): Handwörterbuch der Planung, Stuttgart 1975, Sp. 876-889

Fischer-Winkelmann, W.F./Hohl, E.K.: Konzepte und Probleme der Humanvermögensrechnung, in: Der Betrieb, 35. Jg. (1982), S. 2636-2644

Fitzpatrick, M.: The Definition and Assessment of Political Risk in International Business: A Review of the Literature, in: AMR, 8. Jg. (1983), Nr. 2, S. 249-254

Flamholtz, E.G.: Human Resource Accounting, 2. Aufl., San Francisco/London 1985

Fombrunn, Ch./Tichy, N.M./Devanna, M.A.: Strategic Human Resource Management, New York 1984

Freiling, J.: Human Resource Accounting - eine kritische Analyse (Diss.), Kassel 1978

Frese, E./Franken, R.: Kontrolle und Planung, in: Szyperski, N./Winand, U. (Hrsg.): HWPlan, Stuttgart 1989, Sp. 888-898

Frese, E.: Grundlagen der Organisation, 3. Aufl., Wiesbaden 1987

Frese, E.: Grundlagen der Organisation, 4. Aufl., Wiesbaden 1988

Frese, E.: Koordination, in: Grochla, E./Wittmann, W. (Hrsg.): HWB, Bd. 2, 4. Aufl., Stuttgart 1975, Sp. 2263-2273

Frese, E.: Unternehmensführung, Landsberg am Lech 1986

Frese, E. (Hrsg.): Handwörterbuch der Organisation (HWO), 3. Aufl., Stuttgart 1992

Fritz, W.: Marketing - ein Schlüsselfaktor des Unternehmenserfolges? Eine kritische Analyse vor dem Hintergrund der empirischen Erfolgsfaktorenforschung, in: Marketing ZFP, 12. Jg. (1990), S. 91-110

Frotzler, F.X.: Cash Management, Wien 1991

Fulda, E./Härter, M./Lenk, H.: Prognoseprobleme, in: Szyperski, N./Winand, U. (Hrsg.): HWPlan, Stuttgart 1989, Sp. 1637-1645

Fürtjes, H.-T.: Planungsorgane, in: Szyperski, N./Winand, U. (Hrsg.): HWPlan, Stuttgart 1989, Sp. 1464-1468

Gabele, E.: Die Rolle der Werthaltungen von Führungskräften mittelständischer Unternehmen bei der Erringung strategischer Wettbewerbsvorteile, in: DBW, 49. Jg. (1989), S. 623-637

Gäfgen, G.: Theorie der wirtschaftlichen Entscheidung, 3. Aufl., Tübingen 1974

Gal, T./Gehring, H.: Betriebswirtschaftliche Planungs- und Entscheidungstechniken, Berlin/ New York 1981

Gallupe, R.B./McKeen, J.D.: Enhancing Computer-Mediated Communication, in: Information & Management, (1990), Nr. 18, S. 1-13

Gälweiler, A.: Unternehmensplanung, Frankfurt a.M./New York 1974

Gälweiler, A.: Organisation der Planung, in: Grochla, E. (Hrsg.): HWO, 2. Aufl., Stuttgart 1980, Sp. 1884-1895

Gälweiler, A.: Strategische Unternehmensführung, Frankfurt a.M. u.a. 1987

Gardener, D.: The Product Life Cycle. It's Role in Marketing Strategy, in: DU, 41. Jg. (1987), S. 219-231

Gaugler, E.: Betriebliche Personalplanung - Eine Literaturanalyse, Göttingen 1974

Gaugler, E./Weber, W. (Hrsg.): Handwörterbuch des Personalwesens, 2. Aufl., Stuttgart 1992

Geiß, W.: Betriebswirtschaftliche Kennzahlen, Frankfurt a.M. u.a. 1986

Gilmore, F.F.: Formulating Strategy in Smaller Companies, in: McCarthy, D.J./Minichiello, R.J./Curran, J.R. (Hrsg.): Business Policy and Strategy: Concepts and Readings, Homewood, IL. 1975

Ginter, P.M./Duncan, W.J.: Macroenvironmental Analysis for Strategic Management, in: LRP, 23. Jg. (1990), Nr. 6, S. 91-100

Goeudevert, D.: Die Zukunft ruft. Manager, Märkte, Motoren, Herford 1990

Gomez, P.: Frühwarnung in der Unternehmung, Bern 1983

Gomez, P./Probst, G.: Ganzheitliches Denken für die strategische Führung: Fehler beim Umgang mit der Komplexität, in: Gablers Magazin, 3. Jg. (1989), S. 10-15

Gomez, P./Probst, G.J.B.: Vernetztes Denken für die Strategische Führung eines Zeitschriftenverlags, in: Probst, G.J.B./Gomez, P. (Hrsg.): Vernetztes Denken, 2. Aufl., Wiesbaden 1991, S. 23-39

Goshal, S.: Global Strategy: An Organizing Framework, in: SMJ, 8. Jg. (1986), Sept./Okt., S. 425-440

Götze, U.: Szenario-Technik in der strategischen Unternehmensplanung, Wiesbaden 1991

Gräßle, A.: Qualitätsportfolio, in: HM (1984), H. 3, S. 109-113

Grochla, E.: Finanzierung, Begriffe der, in: Büschgen, H.E. (Hrsg.): HWF, Stuttgart 1976, Sp. 413-431

Grochla, E.: Einführung in die Organisationstheorie, Stuttgart 1978

Grochla, E.: Grundlagen der organisatorischen Gestaltung, Stuttgart 1982

Grochla, E./Schönbohm, P.: Beschaffung in der Unternehmung, Stuttgart 1980

Groth, U./Kammel, A.: Total Quality Management, in: ZWF/CIM, 87. Jg. (1992), H. 2, S. 119-122

Gussmann, B./Breit, C.: Ansatzpunkte für eine Theorie der Unternehmenskultur, in: Heinen, E. (Hrsg.): Unternehmenskultur, München u.a. 1987, S. 107-139

Haan, H. de: Die Risikopolitik der internationalen Unternehmung, Giessen 1984

Haas, M.W.: Planungskonzeptionen schweizerischer Unternehmungen, Bern/Stuttgart 1976

Hadaschik, M.: Die Einsatzbedingungen organisierter langfristiger Unternehmensplanung, Diss. FU Berlin 1979

Hafner, R.: Unternehmensbewertung bei mehrfacher Zielsetzung, in: BFuP, 40. Jg. (1988), S. 485-521

Hahn, D.: Kompetenz, in: HWP, Gaugler, E. (Hrsg.), Stuttgart 1975, Sp. 1112-1118

Hahn, D.: Planungs- und Kontrollrechnung -PuK, Wiesbaden 1974

Hahn, D.: Frühwarnsysteme, Krisenmanagement und Unternehmungsplanung, in: ZfB-Ergänzungsheft 2/79 (Hrsg. von H. Albach/D. Hahn/P. Mertens): Frühwarnsysteme, Wiesbaden 1979, S. 25-46

Hahn, D.: Strategische Planung und Mitbestimmung, in: Führungsprobleme industrieller Unternehmungen, Festschrift für Friedrich Thomée zum 60. Geburtstag, Hrsg. D. Hahn, Berlin/New York 1980, S. 47-74

Hahn, D.: Planungs- und Kontrollrechnung - PuK, 3. Aufl., Wiesbaden 1985

Hahn, D.: Unternehmungsanalyse, in: Szyperski, N./Winand, U. (Hrsg.): HWPlan, Stuttgart 1989a, Sp. 2074-2088

Hahn, D.: Strategische Unternehmungsführung. Stand und Entwicklungstendenzen, in: ZFO, 58. Jg. (1989b), S. 159-166 und 326-332

Hahn, D.: Strategic Management - Tasks and Challenges in the 1990s, in: LRP, 24. Jg. (1991), Nr. 1, S. 26-39

Hahn, D./Klausmann, W.: Frühwarnsysteme und strategische Unternehmungsplanung, in: Hahn, D./Taylor, B. (Hrsg.): Strategische Unternehmungsplanung, 4. Aufl., Heidelberg/Wien 1986, S. 264-280

Hahn, D./Taylor, B. (Hrsg.): Strategische Unternehmungsplanung/Strategische Unternehmungsführung - Stand und Entwicklungstendenzen, Heidelberg 1990

Hahn, O.: Handbuch der Unternehmensfinanzierung, München 1971

Hahn, O.: Finanzwirtschaft, 2. Aufl., Landsberg (Lech) 1983

Hake, B.: Wer Auslandsmärkte sorgfältig prüft, hat größere Chancen, in: Io Management-Zeitschrift, 57. Jg. (1988), S. 503-505

Hall, E.T.: Beyond Culture, Garden City. N.Y. 1977

Hamel, W.: Zieländerungen im Entscheidungsprozeß, Tübingen 1974

Hamel, W.: Zielplanung, in: Szyperski, N./Winand, U. (Hrsg.): HWPlan, Stuttgart 1989, Sp. 2302-2316

Hammann, P./Erichson, B.: Marktforschung, 2. Aufl., Stuttgart/New York 1987

Hammer, R.M.: Strategische Planung und Frühaufklärung, München/Wien 1988

Hammer, R.M.: Unternehmungsplanung, 4. Aufl., München/Wien 1991

Hampden-Turner, Ch.: Synergy as the Optimization of Differentiation and Integration, in: Lorsch, J.W./Lawrence, D.C.S. (Hrsg.): Studies in Organization Design, Homewood, IL./Georgetown 1970, S. 187-196

Hansen, H.R.: Wirtschaftsinformatik I, 5. Aufl., Stuttgart 1986

Hanssmann, F.: Grundbegriffe der Unternehmensplanung, Versuch einer Abgrenzung und systemaren Verknüpfung, in: DBW, 42. Jg. (1982), S. 397-402

Harbert, L.: Controlling-Begriffe und Controlling-Konzeptionen, Bochum 1982

Hauschildt, J.: Zur Artikulation von Unternehmenszielen, in: ZfbF, 22. Jg. (1970), S. 545-559

Hauschildt, J.: Zielsysteme, in: Grochla, E.: (Hrsg.): Handwörterbuch der Organisation, Stuttgart 1980, Sp. 2419-2430

Hauschildt, J.: "Ziel-Klarheit" oder kontrollierte "Ziel-Unklarheit" in Entscheidungen? In: Witte, E. (Hrsg.): Der praktische Nutzen empirischer Forschung, Tübingen 1981, S. 305-322

Hauser, Th.: Intuition und Innovation, Wiesbaden 1991

Hedley, B.: Strategy and the "Business Portfolio", in: LRP, 10. Jg. (1977), Nr. 1, S. 9-15

Hedley, B.: A Fundamental Approach to Strategy Development, in: Hahn, D./Taylor, B. (Hrsg.): Strategische Unternehmungsplanung/Strategische Unternehmungsführung. Stand und Entwicklungstendenzen, 5. Aufl., Heidelberg/Wien 1990, S. 176-190

Heinen, E.: Die Zielfunktion der Unternehmung, in: Koch, H. (Hrsg.): Zur Theorie der Unternehmung, Festschrift zum 65. Geburtstag von E. Gutenberg, Wiesbaden 1962, S. 9-71

Heinen, E.: Das Zielsystem der Unternehmung, Wiesbaden 1966

Heinen, E.: Grundlagen betriebswirtschaftlicher Entscheidungen. Das Zielsystem der Unternehmung, 3. Aufl., Wiesbaden 1976

Heinen, H.: Ziele multinationaler Unternehmen, Wiesbaden 1982

Heinen, E.: Betriebswirtschaftliche Kostenlehre, 6. Aufl., Wiesbaden 1983

Heinen, E.: Unternehmenskultur. Perspektiven für Wirtschaft und Praxis, München/Wien 1987

Heinen, E.: Industriebetriebslehre, 9. Aufl., Wiesbaden 1991

Heinen, E./Dill, P.: Unternehmenskultur - Überlegungen aus betriebswirtschaftlicher Sicht, in: DBW, 56. Jg. (1986), S. 202-218

Henderson, B.D.: Die Erfahrungskurve in der Unternehmensstrategie, Frankfurt a.M./New York 1974

Hentze, J.: Akzeptanzprobleme bei der Implementierung von Planungssystemen, in: WISU, 16. Jg. (1987), S. 23-28

Hentze, J./Brose, P.: Personalführungslehre, 2. Aufl., Bern/Stuttgart 1990

Hentze, J.: Personalwirtschaftslehre, Bd. I, 5. Aufl., Bern/Stuttgart 1991

Hentze, J./Brose, P.: Organisation, Landsberg (Lech) 1985

Henzler, H./Rall, W.: Aufbruch in den Weltmarkt, in: Manager Magazin (1985), H. 9, S. 176-190; H. 10, S. 254-262

Henzler, H.: Von der strategischen Planung zur strategischen Führung: Versuch einer Positionsbestimmung, in: ZfB, 58. Jg. (1988), S. 1286-1307

Henzler, H.A. (Hrsg.): Handbuch Strategische Führung, Wiesbaden 1988

Henzler, H.: Der große Frust. Interview mit H. Henzler, in: Manager Magazin (1991), H. 8, S. 158-163

Hertz, D.B.: Risk Analysis in Capital Investment, in: HBR (1964), H. 1, S. 95-106

Hill, W.: Unternehmungsplanung, Stuttgart 1966

Hill, W.: Planungsmanagement, in: Szyperski, N./Winand, U. (Hrsg.): HWPlan, Stuttgart 1989, Sp. 1457-1463

Hill, W./Fehlbaum, R./Ulrich, P.: Organisationslehre 1, 3. Aufl., Bern/Stuttgart 1981

Hillmer, H.-J.: Planung der Unternehmensflexibilität, Frankfurt a.M. u.a. 1987

Hinterhuber, H.H.: Innovationsdynamik und Unternehmensführung, Wien/ New York 1975

Hinterhuber, H.H.: Strategische Unternehmensführung, 4. Aufl., Bd. 1: Strategisches Denken, Berlin/New York 1989

Hoffmann, F.: Führungsorganisation. Stand der Forschung und Konzeption, Bd. 1, Tübingen 1980

Hoffmann, F.: Kritische Erfolgsfaktoren - Erfahrungen in großen und mittelständischen Unternehmen, in: ZfbF, 38. Jg. (1986), S. 831-843

Hoffmann, J.: Integration strategischer und operativer Planung, in: Szyperski, N./Winand, U. (Hrsg.): HWPlan, Stuttgart 1989, Sp. 763-770

Hofmann, M.: Informationsverhalten von Planern und Planempfängern, in: Szyperski, N./Winand, U. (Hrsg.): HWPlan, Stuttgart 1989, Sp. 707-725

Hofstede, G.: Culture's Consequences. International Differences in Work-Related Values, Beverly Hills, CA. 1980

Hofstede, G.: Cultures and Organizations. Software of the Mind, London u.a. 1991

Homburg, Ch.: Modellgestützte Unternehmensplanung, Wiesbaden 1991

Horvath, P.: Strategisches Controlling: Fallbeispiele aus der Praxis, in: Strategische Planung, 1. Jg. (1985), S. 99-120

Horvath, P.: Controlling, 4. Aufl., München 1991

Hüchtermann, M./Leuske, W.: Unternehmens-Kultur als Wettbewerbsfaktor, Köln 1990

Hügler, G.L.: Controlling in Projektorganisationen, München 1988

Hussey, D.E.: Corporate Planning. Theory and Practice, 2. Aufl., Oxford u.a. 1982

Irle, M.: Macht und Entscheidungen in Organisationen, Frankfurt a.M. 1971

Ishikawa, K.: What is Total Quality Control? The Japanese Way, London/Sydney/Toronto 1985

Jakobs, H.-J.: Unternehmensberater: Beraten und verkauft, in: Management Wissen (1989), H. 11, S. 54-70

Kahl, K.-D.: Ziele und Zielplanung im Unternehmen, in: Strategische Planung, 4. Jg. (1989), S. 197-217

Kahle, E.: Unternehmenskultur und ihre Bedeutung für die Unternehmensführung, in: ZP, 2. Jg. (1991), S. 17-34

Kappler, E./Rehkugler, H.: Kapitalwirtschaft, in: Heinen, E. (Hrsg.): Industriebetriebslehre, 8. Aufl., Wiesbaden 1985, S. 771-887

Karten, W.: Aspekte des Risk Managements, in: BFuP, 30. Jg. (1978), S. 308-323

Kashani, K.: Fußangeln beim globalen Management, in: HM, 12. Jg. (1990), H. 3, S. 34-42

Kebschull, G.: Internationalisierungsmotive, in: Macharzina, K./Welge, M.K. (Hrsg.): HWInt, Stuttgart 1989, Sp. 973-982

Kepner, Ch.H./Tregoe, B.B.: The New Rational Manager, Princeton 1980

Keppler, W.: Institutionelle Aspekte einer politischen Planung in Organisationen, (Diss.), Mannheim 1975

Kern, W.: Kennzahlensysteme, in: Szyperski, N./Winand, U. (Hrsg.): HWPlan, Stuttgart, 1989, Sp. 809-819

Kern, W.: Industrielle Produktionswirtschaft, 4. Aufl., Stuttgart 1990

Kienbaum, G.: Umfeldanalyse, in: Szyperski, N./Winand, U. (Hrsg.): HWPlan, Stuttgart 1989, Sp. 2033-2044

Kieser, A.: Die innovative Unternehmung als Voraussetzung der internationalen Wettbewerbsfähigkeit, in: WiSt, 14. Jg. (1985), S. 354-358

Kieser, A./Kubicek, H.: Organisationstheorien II: Kritische Analysen neuer sozialwissenschaftlicher Ansätze, Stuttgart u.a. 1978

Kieser, A./Kubicek, H.: Organisation, 2. Aufl., Berlin/New York, 1983

Kirsch, W.: Entscheidungsproszesse, Bd. 3: Entscheidungen in Organisationen, Wiesbaden 1971

Kirsch, W.: Betriebswirtschaftspolitik und geplanter Wandel betriebswirtschaftlicher Systeme, in: Kirsch, W. (Hrsg.): Unternehmensführung und Organisation, Wiesbaden 1973, S. 15-40

Kirsch, W.: Planung - Kapitel einer Einführung, München 1975

Kirsch, W./Esser, W.-M./Gabele, E.: Das Management des geplanten Wandels von Organisationen, Stuttgart u.a. 1979

Kirsch, W./Knyphausen, D. zu/Ringlstetter, M.: Grundideen und Entwicklungstendenzen im Strategischen Management, in: Riekhof, H.Ch. (Hrsg.): Strategieentwicklung: Konzepte und Erfahrungen, Stuttgart 1989, S. 5-21

Kirsch, W.:/Trux, W.: Perspektiven eines Strategischen Managements, in: Von der Zielforschung zum Strategischen Management, Hrsg. W. Kirsch, München 1981, S. 290-396

Kirsch, W./Trux, W.: Strategische Frühaufklärung, in: Kirsch, W./ Rovanta, P. (Hrsg.): Bausteine eines Strategischen Managements, Berlin/New York 1983, S. 225-236

Klaussmann, W.: Entwicklung der Unternehmungsplanung, Gießen 1983

Kloock, J.: Produktion, in: Vahlens Kompendium der Betriebswirtschaftslehre, Bd. 1, 2. Aufl., München 1989, S. 253-310

Kobrin, S.J.: Political Risk: A Review and Reconsideration, in: Dymsza, W.A./Vambery, R.G. (Hrsg.): International Business Knowledge. Managing International Functions in the 1990's, New York u.a. 1987, S. 72-85

Koch, H.: Planung, betriebswirtschaftliche, in: HWB, Bd. 2, Hrsg. E. Grochla und W. Wittmann, 4. Aufl., Stuttgart 1975, Sp. 3004-3016

Koch, H.: Integrierte Unternehmensplanung, Wiesbaden 1982

Koch, H.: Rein oder Raus, in: Manager Magazin, (1991), H. 8, S. 118-124

Köglmayr, H.-G.: Das Risiko eines Risiko-Index, in: Gablers Magazin (1987), H. 1, S. 20-21

Köhler, R.: Entwicklungsperspektiven der Marktforschung aus der Sicht des strategischen Managements, in: Gaugler, E./Meissner, H.G./ Thom, N. (Hrsg.): Zukunftsaspekte der anwendungsorientierten Betriebswirtschaftslehre, Stuttgart 1986, S. 111-138

Köhler, R.: Anforderungen an das strategische Marketing angesichts veränderter Umfeldbedingungen, in: Schwarz, Ch. u.a. (Hrsg.): Marketing 2000 - Perspektiven zwischen Theorie und Praxis, 2. Aufl., Wiesbaden 1989, S. 151-168

Köhler, R.: Beiträge zum Marketing-Management, 2. Aufl., Stuttgart 1991

Köhler, R./Krautter, J.: Marketingplanung, in: Szyperki, N./Winand, U. (Hrsg.): HWPlan, Stuttgart 1989, Sp. 1006-1020

Kolde, E.-J.: Environment of International Business, 2. Aufl., Boston u.a. 1985

Kono, T.: Corporate Culture and Long Range Planning, in: LRP, 23. Jg. (1990), Nr. 4, S. 9-19

Koontz, H./Weihrich, H.: Management, 9. Aufl., New York 1988

Koreimann, D.S.: Architektur und Planung betrieblicher Informationssysteme, in: Hansen, H.R./Wahl, M.P. (Hrsg.): Probleme beim Aufbau betrieblicher Informationssysteme, München 1973, S. 49-82

Korte, R.J.: Verfahren der Wertanalyse, Berlin 1977

Kosiol, E.: Organisation der Unternehmung, Wiesbaden 1962

Kosiol, E.: Zur Problematik der Planung in der Unternehmung, in: Rationale Wirtschaftspolitik und Planung von heute, Hrsg. E. Schneider, Berlin 1967, S. 303-331; ebenso in: ZfB, 37 Jg. (1967), S. 77-96

Kosiol, E.: Die Unternehmung als wirtschaftliches Aktionszentrum, Reinbek bei Hamburg 1972

Kosiol, E.: Organisation der Unternehmung, 2. Aufl., Wiesbaden 1976

Kotler, P./Bliemel, F.W.: Marketing-Management, 7. Aufl., Stuttgart 1992

Kotter, J.P.: Leadership läßt sich lernen, in: HM, 13. Jg. (1991), H. 1, S. 35-43

Kreikebaum, H.: Ansätze der strategischen Marketingplanung und Probleme ihrer organisatorischen Umsetzung, in: Raffée, H./Wiedmann, K.-P. (Hrsg.): Strategisches Marketing, Stuttgart 1985, S. 283-298

Kreikebaum, H./Grimm, U.: Die Analyse strategischer Faktoren und ihre Bedeutung für die strategische Planung, in: WiSt, 12 Jg. (1983), S. 6-12

Kreikebaum, H.: Strategische Unternehmensplanung, 4. Aufl., Stuttgart u.a. 1991

Kreilkamp, E.: Strategisches Management und Marketing, Berlin/New York 1987

Kromrey, H.: Empirische Sozialforschung, 3. Aufl., Opladen 1986

Krüger, W.: Die Erklärung des Unternehmungserfolges. Theoretischer Ansatz und empirische Ergebnisse, in: DBW, 48. Jg. (1988), S. 27-43

Krulis-Randa, J.S.: Globalisierung, in: DU, 44. Jg. (1990), S. 74-78

Krystek, U./Zur, E.: Verträglichkeit von Kultur und Strategie, in: Gablers Magazin, 4. Jg. (1990), S. 17-21

Kuhn, A.: Unternehmungsführung, 2. Aufl., München 1990

Küpper, H.-U.: Produktionstypen, in: Kern, W. (Hrsg.): HWPlan, Stuttgart 1979, Sp. 1636-1647

Küpper, H.-U.: Beschaffung, in: Vahlens Kompendium der Betriebswirtschaftslehre, Bd. 1, 2. Aufl., München 1989, S. 193-251

Küpper, H.-U./Weber, J./Zünd, A.: Zum Verständnis und Selbstverständnis des Controlling. Thesen zur Konsensbildung, in: ZfB, 60. Jg. (1990), S. 281-293

Kupsch, P.: Unternehmungsziele, Stuttgart/New York 1979

Kutzschenbach, C. v./Hirzel, M.: Die Herausforderung: Synergiemanagement, in: Betriebswirtschaftsmagazin, 55. Jg. (1987), H. 4, S. 10-24

Lachnit, L.: Zur Weiterentwicklung betriebswirtschaftlicher Kennzahlensysteme, in: ZfbF, 28. Jg. (1976), S. 216-230

Lange, B.: Portfolio-Methoden in der strategischen Unternehmensplanung, (Diss.), Hannover 1981

Lange, B.: Bestimmung strategischer Erfolgsfaktoren und Grenzen ihrer empirischen Fundierung, in: DU, 36. Jg. (1982), S. 27-41

Lau, C.: Theorien gesellschaftlicher Planung, Stuttgart 1975

Lee, J.A.: Cultural Analysis in Overseas Operations, in: HBR, 44. Jg. (1966), H. 1, S. 106-114

Lehmann, H.: Integration, in: Grochla, E. (Hrsg.): HWO, Stuttgart 1969, Sp. 768-774

Leidecker, J.K./Bruno, A.V.: Identifying and Using Critical Success Factors, in: LRP, 17. Jg. (1984), H. 1, S. 23-32

Leist, G.: Nutzwertanalyse, in: Szyperski, N./Winand, U. (Hrsg.): HWPlan, Stuttgart 1989, Sp. 1259-1266

Leontiades, J.C.: Multinational Corporate Strategy, Lexington, MA./ Toronto 1985

Lessing, R./Groeger, H.: Führen mit Strategischen Geschäftseinheiten, Düsseldorf/ Frankfurt a.M. 1982

Levitt, Th.: The Globalization of Markets, in: HBR, 61. Jg. (1983), Nr. 3, S. 92-102

Lindblom, C.E.: The Science of "Muddling Through", in: Ansoff, H.I. (Hrsg.): Business Strategy, Harmondsworth 1969, S. 41-60

Linnemann, R.E./Klein, H.E.: Using Scenarios in Strategic Decision Making, in: Business Horizons, 28. Jg. (1985), H. 1, S. 64-74

Macharzina, K.: Bedeutung und Notwendigkeit des Diskontinuitätenmanagements bei internationaler Unternehmenstätigkeit, in: Macharzina, K. (Hrsg.): Bewältigung von Strukturbrüchen bei internationaler Unternehmenstätigkeit, Berlin 1984, S. 1-18

Mag, W.: Einführung in die betriebliche Personalplanung, Darmstadt 1986

Mag, W.: Entscheidungstechniken, in: Szyperski, N./Winand, U. (Hrsg.): HWPlan, Stuttgart 1989, Sp. 389-396

Mag, W.: Planung, in: Vahlens Kompendium der Betriebswirtschaftslehre, Bd. 2, 2. Aufl., München 1990, S. 1-56

Mag, W.: Funktionserweiterung der Unternehmensführung, in: WiSt, 21. Jg. (1992), S. 60-64

Maleri, R.: Grundlagen der Dienstleistungsproduktion, 2. Aufl., Berlin u.a. 1991

Malik, F.: Strategie des Managements komplexer Systeme, 3. Aufl., Bern/Stuttgart 1989

Mann, R.: Praxis Strategisches Controlling, München 1981

Marettek, A.: Arbeitsschritte zur Durchführung der Risikoanalyse, in: Angewandte Planung, Bd. 2 (1978), S. 141-151

Marr, R.: Innovation, in: Grochla, E. (Hrsg.): HWO, Stuttgart 1980, Sp. 947-959

Marr, R.: Strategisches Personalmanagement - des Kaisers neue Kleider? Kritische Anmerkungen zum derzeitigen Diskussionsstand, in: Management Forum, 6. Jg. (1986), H. 1/2, S. 13-23

Maucher, H.: Ethik zwischen Gewinn und Wettbewerb, in: Steinmann, H./Löhr, A. (Hrsg.): Unternehmensethik, Stuttgart 1989, S. 373-381

Maune, R.: Planungskontrolle. Die Kontrolle des Planungssystems der Unternehmung, Thun/Frankfurt a.M. 1980

Mayntz, R./Holm, K./Hübner, P.: Einführung in die Methoden der empirischen Soziologie, 4. Aufl., Opladen 1974

McGuire, J.B.: Management and Reasearch Methodology, in: Journal of Management, 12. Jg. (1986), H. 1, S. 5-17

Meffert, H.: Größere Flexibilität als Unternehmungskonzept, in: ZfbF, 37. Jg. (1985), S. 121-137

Meffert, H.: Marketing, 7. Aufl., Wiesbaden 1986

Meffert, H.: Strategische Unternehmungsführung und Marketing, Wiesbaden 1988

Meffert, H.: Globalisierungsstrategien und ihre Umsetzung im internationalen Wettbewerb, in: DBW, 49. Jg. (1989a), S. 445-496

Meffert, H.: Marktanalyse, in: Szyperski, N./Winand, U. (Hrsg.): HWPlan, Stuttgart 1989b, Sp. 1020-1030

Meffert, H./Althans, J.: Internationales Marketing, Stuttgart u.a. 1982

Meffert, H./Hafner, K.: Unternehmenskultur und Unternehmensführung - Ergebnisse einer empirischen Untersuchung, Münster 1988

Meffert, H./Werle, F.: Strategische Unternehmensplanung, Arbeitspapier der Wiss. Gesellschaft für Marketing und Unternehmensführung, München 1982

Meissner, H.G.: Die Bedeutung der Marktforschung für die Strategieentscheidungen der internationalen Unternehmung, in: Wacker, W.H./ Haussmann, H./Kumar, B. (Hrsg.): Internationale Unternehmungsführung, Berlin 1981, S. 267-276

Meissner, H.G.: Strategisches Internationales Management, Berlin u.a. 1987

Meyer, M.: Die Beurteilung von Länderrisiken der internationalen Unternehmung, Berlin 1987

Mössner, G.U.: Planung flexibler Unternehmensstrategien, München 1982

Muchna, C.: Stand und Entwicklungstendenzen der Investitionsgütermarktforschung, in: Marketing ZFP, 6. Jg. (1984), S. 195-202

Muchna, C.: Strategische Marketing-Frühaufklärung auf Investitionsgütermärkten, Wiesbaden 1988

Müller, G.: Strategische Frühaufklärung. Stand der Forschung und Typologie der Ansätze, in: Marketing ZFP, 8. Jg. (1986b), S. 248-255

Müller, T.: Szenarioplanung mit Personalcomputern, in: ZFO, 55. Jg. (1986a), S. 195-198

Narchal, R.M./Kittappa, K./Bhattacharya, P.: An Environmental Scanning System for Business Planning, in: LRP, 20. Jg. (1987), Nr. 6, S. 96-105

Nath, R.: Comparative Management. A Regional View, Cambridge, MA. 1988

Naumann, C.: Strategische Steuerung und integrierte Unternehmensplanung, München 1982

Neghandi, A.R.:/Prasad, S.B.: Comparative Management, New York 1971

Neubauer, D.: Menschlicher Faktor, in: Wirtschaftswoche (1991), H. 43, S. 62-63

Neubauer, F.F.: PIMS (Profit Impact of Market Strategies), in: Szyperski, N./Winand, U. (Hrsg.): HWPlan, Stuttgart 1989, Sp. 1363-1370

Neuert, J.O.: Planungsgrade. Eine experimentelle Untersuchung zwischen Planungsverhalten und Planungserfolg, Spardorf 1987

Nieschlag, R./Dichtl, E./Hörschgen, H.: Marketing, 15. Aufl., Berlin 1988

Nowaks, S.: Correlational, Definitional, and Inferental Indicators, in: Polish Sociological Bulletin, 8. Jg. (1963), H. 2., S. 31-46 (zitiert nach Kromrey 1986)

Odenwälder, K.F.: Wie erfährt man was über die Konkurrenz?, in: Verkauf und Marketing, 15. Jg. (1987), H. 6, S. 19-21

Ohmae, K.: Die Macht der Triade, Wiesbaden 1985

Pascale, R.T./Athos, A.G.: The Art of Japanese Management, Harmondsworth 1981

Pausenberger, E./Völker, H.: Praxis des internationalen Finanzmanagements, Wiesbaden 1985

Peters, Th.J./Waterman, R.H. Jr.: In Search of Excellence, New York etc. 1982

Pfeiffer, W./Bischof, P.: Produktlebenszyklen - Instrument jeder strategischen Produktplanung, in: Steinmann, H. (Hrsg.): Planung und Kontrolle, München 1981, S. 133-166

Pfeiffer, W./Metze, G.: Technologische Analyse, in: Szyperski, N./Winand, U. (Hrsg.): HWPlan, Stuttgart 1989, Sp. 2002-2015

Pfohl, H.-C.: Problemorientierte Entscheidungsfindung in Organisationen, Berlin/New York 1977

Pfohl, H.-Ch.: Planung und Kontrolle, Stuttgart u.a. 1981

Pfohl, H.-Ch.: Problemstruktutierungstechniken, in: Szyperski, N./Winand, U. (Hrsg.): HWPlan, Stuttgart 1989, Sp. 1578-1591

Pfohl, H.-Ch./Zettelmeyer, B.: Strategisches Controlling?, in: ZfB, 57. Jg. (1987), S. 145-175

Philipp, F.: Risiko und Risikopolitik, in: Grochla, E./Wittmann, W. (Hrsg.): HWB, 4. Aufl., Bd. I/3, Stuttgart 1976, Sp. 3453-3460

Picot, A./Lange, B.: Synoptische versus inkrementale Gestaltung des strategischen Planungsprozesses - Theoretische Grundlagen und Ergebnisse einer Laborstudie, in: ZfbF, 31. Jg. (1979), S. 569-596

Porter, L.W./Lawler III, E.E./Hackman, J.R.: Behavior in Organizations, New York u.a. 1975

Porter, M.E.: Wettbewerbsvorteile (Competive Advantage), Frankfurt a.M. 1986

Porter, M.E.: Wettbewerbsstrategie (Competive Strategy), 6. Aufl., Frankfurt a.M. 1990

Porter, M.E.: Nationale Wettbewerbsvorteile. Erfolgreich konkurrieren auf dem Weltmarkt, München 1991

Poth, L.G.: Welchen Erfolgsfaktoren vertrauen Marktführer?, in: ASW, 31. Jg. (1988), Sondernummer Oktober, S. 38-51

Preiser, S.: Kreativitätsforschung, Darmstadt 1976

Pümpin, C.: Strategische Führung in der Unternehmungspraxis. Die Orientierung Nr. 76, Bern 1980

Pümpin, C.: Management strategischer Erfolgspositionen, Bern/Stuttgart 1982

Pümpin, C.: Strategische Verhaltensweisen, in: Szyperski, N./Winand, U. (Hrsg.): HWPlan, Stuttgart 1989, Sp. 1916-1923

Raffée, H.: Grundprobleme der Betriebswirtschaftslehre, Göttingen 1974

Rahl, K.: Strukturierung strategischer Planungsprozesse, Wiesbaden 1990

Rall, W.: Organisation für den Weltmarkt, in: ZfB, 59. Jg. (1989), S. 1074-1089

Redel, W.: Kollegienmanagement. Effiziensaussagen über Einsatz und interne Gestaltung betrieblicher Kollegien, Bern/Stuttgart 1982

Rehkugler, H.: Erfolgsfaktoren in mittelständischen Unternehmen, in: WISU, 18. Jg. (1989), S. 626-632

Reibnitz, U. v.: Szenario-Planung, in: Szyperski, N./Winand, U. (Hrsg.): HWPlan, Suttgart 1989, Sp. 1980-1996

Reichert, R.: Entwurf und Bewertung von Strategien, München 1984

Reichmann, Th.: Controlling mit Kennzahlen, 2. Aufl., München 1990

Reiß, M.: Bausteine betrieblicher Kontrolle, in: WISU, 13. Jg. (1984), S. 499-504

Reiß, M.: Prognose und Planung, in: Szyperski, N./Winand, U. (Hrsg.): HWPlan, Stuttgart 1989, Sp. 1628-1637

Remer, A.: Instrumente unternehmenspolitischer Steuerung, Unternehmensverfassung, formale Organisation und personale Gestaltung, Berlin/New York 1982

Reuter, J.F.: Integrierte langfristige Unternehmensplanung, in: Planung in der Praxis, Hrsg. H. Albach, ZfB-Ergänzungsheft 1/79, Wiesbaden 1979, S. 61-98

Rieser, I.: Frühwarnsysteme, in: Die Unternehmung, 32. Jg. (1978), S. 51-68

Rieser, I.: Frühwarnsysteme für die Unternehmungspraxis, München 1980

Rockart, J.F.: Chief Executives Define Their Own Data Needs, in: HBR, 57. Jg. (1979), Nr. 2, S. 81-93

Roever, M.: Gemeinkosten - Wertanalyse - Erfolgreiche Antwort auf die Gemeinkostenproblematik, in: ZfB, 50. Jg. (1980), S. 686-690

Roever, M.: Gemeinkosten-Wertanalyse, in: FB/IE, 31. Jg. (1982), S. 416-419

Rogers, E.M.: Diffusion of Innovations, 3. Aufl., New York/London 1983

Römer, E.M.: Konkurrenzforschung. Informationsgrundlage der Wettbewerbsstrategie, in: ZfB, 58. Jg. (1988), S. 481-501

Romer, K.-H.: Strategische Unternehmensplanung in gesättigten Märkten, München 1988

Rosenstiel, L.v./Einsiedler, H.E./Streich, R.K.: Wertewandel als Herausforderung für die Unternehmenspolitik, Stuttgart 1987

Rosenstiel, L.v./Molt, W./Rüttinger, B.: Organisationspsychologie, 2. Aufl., Stuttgart u.a. 1975

Ross, J.D.: A Definition of Human Resources Management, in: Personnel Journal, 60. Jg. (1981), S. 781-783

Röthig, P.: Zum Entwicklungsstand der betriebswirtschaftlichen Personalplanung, in: DBW, 46. Jg. (1986), S. 203-223

Roventa, P.: Portfolio-Analyse und Strategisches Management, München 1979

Rudolph, B.: Finanzmanagement, internationales, in: Macharzina, K./Welge, M.K. (Hrsg.): HWInt, Stuttgart 1989, Sp. 651-664

Rühli, E.: Unternehmensführung und Unternehmungspolitik, Bde. 1+2, 2. Aufl., Bern/Stuttgart 1988

Rühli, E.: Zielsystem der internationalen Unternehmung, in: Macharzina, K./Welge, M.K. (Hrsg.): HWInt., Stuttgart 1989, Sp. 2315-2331

Rühli, E.: Visionen, in: DU, 44. Jg. (1990), S. 112-119

Rüth, D.: Planungssysteme der Industrie. Einflußgrößen und Gestaltungsparameter, Wiesbaden 1989

Sammon, W.L./Kurland, M.A./Spitalnic, R.: Business Competitor Intelligence, New York 1984

Sauernheimer, K.: Protektionismus, in: Macharzina, K./Welge, M.K. (Hrsg.): HWInt., Stuttgart 1989, Sp. 1760-1770

Savage, Ch.M.: Fifth Generation Management. Integrating Enterprises through Human Networking. - Digital Equipment Cooperation 1990

Schäfer, E./Knoblich, H.: Grundlagen der Marktforschung, 5. Aufl., Stuttgart 1978

Schanz, G.: Wertwandel als personalwirtschaftliches und organisatorisches Problem, Teil 2: Praktische Konsequenzen, in: WiSt, 14. Jg. (1985), S. 609-614

Scheel, F.: Neuere Konzepte des strategischen Portfolio-Managements im diversifizierten Unternehmen (Diss.), TU Berlin 1981

Scheibler, A.: Zielsysteme und Zielstrategien der Unternehmensführung, Wiesbaden 1974

Schein, E.H.: Organizational Culture and Leadership, San Francisco 1985

Schlicksupp, H.: Neue Wege einschlagen: Kreativitätsförderung im Unternehmen, in: Management Wissen (1982), H. 12, S. 42-44

Schmidt, A.: Das Controlling als Instrument zur Koordination der Unternehmungsführung, Frankfurt a.M./Bern/New York 1986

Schmidt-Sudhoff, U.: Unternehmensziele und unternehmerisches Zielssystem, Wiesbaden 1967

Schneider, D.J.G.: Ziele und Mittel der Betriebswirtschaftslehre, Wiesbaden 1978

Schoeffler, S./Buzzell, R.D./Heany, D.F.: Impact of Strategic Planning on Profit Performance, in: HBR, Vol. 52 (1974), Nr. 2, S. 137-145

Schöllhammer, H.: Current Research in International and Comperative Management Issues, in: MIR, 15. Jg. (1975), Nr. 2-3, S. 29-45

Schönfeld, H.-M.: Die Rechnungslegung über das betriebliche "Human-Vermögen". Eine kritische Betrachtung des Entwicklungsstandes, in: Betriebswirtschaftliche Forschung und Praxis, 26. Jg. (1974), S. 1-33

Scholl, R.: Internationalisierungsstrategien, in: Macharzina, K./Welge, M.K. (Hrsg.): HWInt., Stuttgart 1989, Sp. 983-1001

Scholz, Ch.: Strategisches Management - Ein integrativer Ansatz, Berlin/New York 1987

Scholz, Ch.: Personalmanagement, 2. Aufl., München 1991

Schonberger, R.: Japanese Manufacturing Techniques, New York 1982

Schoop, R.: Finanzwirtschaftliche Probleme und Kontrollinstrumente im multinationalen Konzern, Zürich 1983

Schreyögg, G.: Unternehmensstrategie. Grundlagen einer Theorie strategischer Unternehmensführung, Berlin/New York 1984

Schreyögg, G./Steinmann, H.: Strategische Kontrolle, in: ZfBF, 37. Jg. (1985), S. 391-410

Schreyögg, G.: Die internationale Unternehmung im Spannungsfeld von Landeskultur und Unternehmenskultur, in: Marr, R. (Hrsg.): Eurostrategisches Personalmanagement, Bd. 1, München/Mering 1991, S. 17-42

Schröder, E.F.: Modernes Unternehmens-Controlling, 4. Aufl., Ludwigshafen 1989

Schüler, W.: Partial- vs. Totalplanung, in: Szyperski, N./Winand, U. (Hrsg.): HWPlan, Suttgart 1989, Sp. 1337-1341

Schuster, L.: In-House Banking als Instrument des Finanzmanagements von Unternehmungen, in: DU, 42. Jg. (1988), S. 346-362

Schwarze, J.: Netzplantechnik, 6. Aufl., Herne/Berlin 1990

Schweitzer, M.: Industriebetriebslehre, München 1990

Seidel, H.: Erschließung von Auslandsmärkten, Berlin 1977

Siegwart, H./Menzl, J.: Kontrolle als Führungsaufgabe, Bern/Stuttgart 1978

Simon, H.: Zur Vorteilhaftigkeit von Auslandsinvestitionen, in: ZfB, 50. Jg. (1980), S. 1104-1127

Simon, H.: Die Zeit als strategischer Erfolgsfaktor, in: ZfB, 59. Jg. (1989), S. 70-93

Sinn, J./Weber, D.: Revolution im Management., in: Management Wissen (1991), H. 11, S. 16-27

Sohn, K.-H.: DV-gestützte Planung internationaler Unternehmungen. Ein Beitrag zum globalen Informationsmanagement, in: Welge, M.K. (Hrsg.): Globales Management - Erfolgreiche Strategien für den Weltmarkt, Stuttgart 1990, S. 135-156

Staehle, W.H.: Human Resource Management (HRM), in: ZfB, 58. Jg. (1988), S. 576-587

Staehle, W.H.: Funktionen des Managements, 2. Aufl., Bern/Stuttgart 1989a

Staehle, W.H.: Human Resource Management und Unternehmungsstrategie, in: MittAB, 22. Jg. (1989b), S. 388-396

Staehle, W.H.: Management, 5. Aufl., München 1990

Staehle, W.H.: Simultane Strategie- und Personalentwicklung, in: ZfP, 5. Jg. (1991), H. 1, S. 5-12

Stahr, G.: Auslandsmarketing, 1. Teilband, Stuttgart u.a. 1979

Steiner, G.A.: Top Management Planning, New York 1969

Steiner, G.A.: Top Management Planung, München 1971

Steiner, M.: Cash Management, internationales, in: Macharzina, J./Welge, M.K. (Hrsg.): HWInt. Stuttgart 1989, Sp. 221-231

Steinmann, H./Schreyögg, G.: Management. Grundlagen der Unternehmensführung, 2. Aufl., Wiesbaden 1991

Steinmann, H. (Hrsg.): Planung und Kontrolle, München 1981

Stock, U.: Das Management von Forschung und Entwicklung, München 1990

Stoff, W.-D.: Entscheidet Gewinndenken den Wettbewerb? Strategien im Spannungsdreieck USA, Japan, Europa, in: ASW, (1987), H. 6, S. 72-79

Stoffels, J.D.: Environmental Scanning for Future Success, in: Managerial Planning, 31. Jg. (1982), Nr. 3, S. 4-12

Stützel, W.: Wert und Preis, in: Grochla, E./Wittmann, W. (Hrsg.): HWB, Bd. I/3, 4. Aufl., Stuttgart 1976, Sp. 4404-4425

Suffel, W.: Widerstand von Gelschäftsbereichsleitern im Entwicklungsprozeß der strategischen Planung, Frankfurt a.M. 1981

Swinne, A.: Die finanzielle Führung und Kontrolle von Auslandsgesellschaften, Frankfurt a.M. 1983

Swoboda, P./Hartlieb, J.: Finanzierungsplanung, in: Szyperski, N./Winand, U. (Hrsg.): HWPlan, Stuttgart 1989, Sp. 497-506

Szyperski, N.: Das Setzen von Zielen - Primäre Aufgabe der Unternehmensleitung, in: ZfB, 20. Jg. (1971), S. 639-670

Szyperski, N.: Forschungs- und Entwicklungsprobleme der Unternehmungsplanung, in: Grochla, E./Szyperski, N. (Hrsg.): Modell- und Computer-gestützte Unternehmungsplanung, Wiesbaden 1973, S. 21-40

Szyperski, N.: Informationsbedarf, in: Grochla, E. (Hrsg.): HWO, Stuttgart 1980, Sp. 904-914

Szyperski, N./Müller-Böling, D.: Das Planungsbewußtsein von Planungspraktikern und Planungsstudenten. Eine empirische Analyse, in: ZFO, 48. Jg. (1979), S. 441-450

Szyperski, N./Müller-Böling, D.: Aufgabenspezialisierung in Planungssystemen. Eine konzeptionelle und empirische Analyse, in: ZfbF, 36. Jg. (1984), S. 124-147

Szyperski, N./Winand, U.: Grundbegriffe der Unternehmungsplanung, Wiesbaden 1980

Szyperski, N./Winand, U.: Handwörterbuch der Planung (HWPlan), Stuttgart 1989

Taylor, B.: Strategic Planning for Social and Political Change, in: LRP, Vol. 7 (1974), S. 33-49

Taylor, B.: Strategic Planning - Which Style Do You Need? In: LRP, 17. Jg. (1984), Nr. 3, S. 51-62

Thieme, H.R.: Verhaltensbeeinflussung durch Kontrolle, Berlin 1982

Thom, N.: Grundlagen des betrieblichen Innovationsmanagements, 2. Aufl., Königstein, Ts. 1980

Thom, N.: Interessenvertretungen und Verbände der Führungskräfte, in: Kieser, A./Reber, G./Wunderer, R. (Hrsg.): HWFü, Stuttgart 1987, Sp. 1149-1162

Titze, W.: Grünes Gold, in: Manager Magazin Spezial Umweltmanagement, H. 2, (1991), September, S. 8-13

Tomasko, R.M.: Downsizing. Reshaping the Corporation for the Future, New York 1990

Töpfer, A.: Planungs- und Kontrollsysteme industrieller Unternehmungen. Eine theoretische, technische und empirische Analyse, Berlin 1976

Töpfer, A.: Planungssystemkonzeptionen, in: Szyperski, N./Winand, U. (Hrsg.): HWPlan, Stuttgart 1989, Sp. 1515-1528

Töpfer, A.: Planungsträger, in: Szyperski, N./Winand, U. (Hrsg.): HWPlan, Stuttgart 1989, Sp. 1542-1548

Treuz, W.: Betriebliche Kontroll-Systeme, Berlin 1974

Trommsdorff, V.: Innovationsmanagement in kleinen und mittleren Unternehmen, München 1990

Trux, W./Kirsch, W.: Strategisches Management oder die Möglichkeit einer "wissenschaftlichen" Unternehmensführung, in: DBW, 39. Jg. (1979), S. 215-235

Tull, D.S./Hawkins, D.I.: Marketing Research, 3. Aufl., New York 1984

Tyll, A.: Forschung und Entwicklung im strategischen Management industrieller Unternehmen, Berlin 1989

Ulrich, H.: Die Unternehmung als produktives soziales System, 2. Aufl., Bern u.a. 1970

Ulrich, H.: Controlling als Managementaufgabe, in: Probst, G.J.B./ Schmitz-Dräger, R. (Hrsg.): Controlling und Unternehmungsführung, Bern/Stuttgart 1985, S. 15-27

Ulrich, H.: Unternehmungspolitik, 3. Aufl., Bern/Stuttgart 1990

Ulrich, H./Probst, G.J.B.: Anleitung zum ganzheitlichen Denken und Handeln, Bern/Stuttgart 1988

Ulrich, P./Fluri, E.: Management, 5. Aufl., Bern/Stuttgart 1988

Venohr, B.: "Marktgesetze" und strategische Unternehmensführung. Eine kritische Analyse des PIMS-Programms, Wiesbaden 1988

Vester, F.: "Vernetztes Denken" - Herausforderung und Wirklichkeit, in: Controller Magazin, 15. Jg. (1990), S. 167-173

Vieweg, H.-G.: Koordination. Die Entwicklung eines Modells und seine Anwendung in einer empirischen Untersuchung, München 1987

Vogel, D./Nunamaker, J.: Group Decision Support System Impact: Multi-Methodological Exploration, in: Information and Management, (1990), Nr. 18, S. 15-28

Vollmer, Th.: Kritische Analyse und Weiterentwicklung ausgewählter Portfolio-Konzepte im Rahmen der Strategischen Planung, Frankfurt a.M./Bern/New York 1983

Vrakking, W.J.: The Innovative Organization, in: LRP, 23. Jg. (1990), H. 2., S. 94-102

Weber, J.: Einführung in das Controlling, Stuttgart 1988

Weber, M.: Die protestantische Ethik und der Geist des Kapitalismus, in: Weber, M.: Gesammelte Aufsätze zur Religionssoziologie, Bd. 1, Tübingen 1920, S. 1-206 (erstmals erschienen 1904)

Wechsler, W.: Delphi-Methode, München 1978

Welge, M.K.: Synergie, in: Grochla, E./Wittmann, W. (Hrsg.): HWB, Bd. I/3, 4. Aufl., Stuttgart 1976, Sp. 3800-3810

Welge, M.K.: Unternehmensführung, Bd. 1: Planung, Stuttgart 1985

Welge, M.K.: Unternehmensführung, Bd. 3: Controlling, Stuttgart 1988

Welge, M.K.: Globales Management, in: Welge, M.K. (Hrsg.): Globales Management, Erfolgreiche Strategien für den Weltmarkt, Stuttgart 1990, S. 1-16

Welge, M.K./Al-Laham, A.: Strategisches Management, Organisation, in: Frese, E. (Hrsg.): HWO, 3. Aufl., Stuttgart 1992, Sp. 2355-2374

Welge, M.K./Böttcher, R.: Globale Strategie und Probleme der Implementierung, in: DBW, 51. Jg. (1991), S. 435-454

Welters, K.: Cross Impact Analyse als Instrument der Unternehmensplanung, in: BFuP, 29. Jg. (1977), S. 557-568

Welters, K.: Cross Impact Analyse, in: Szyperski, N./Winand, U. (Hrsg.): HWPlan, Stuttgart 1989a, Sp. 241-248

Welters, K.: Delphi-Techniken, in: Szyperski, N./Winand, U. (Hrsg.): HWPlan, Stuttgart 1989b, Sp. 262-269

Westphal, J.W.: Cash Management in Unternehmungen, in: Schuster, L. (Hrsg.): Revolution des Zahlungsverkehrs durch Automation, Stuttgart 1984, S. 93-112

Wicher, H.: Qualitätsmanagement, in: WISU, 17. Jg. (1988), S. 35-40

Wiedmann, K.-P.: Konzeptionelle und methodische Grundlagen der Früherkennung, in: Raffée, H./Wiedmann, K.-P. (Hrsg.): Strategisches Marketing, Stuttgart 1985, S. 301-348

Wiedmann, K.-P./Kreutzer, R.: Strategische Marketingplanung. Ein Überblick, in: Raffée, H./Wiedmann, K.-P. (Hrsg.): Strategisches Marketing, Stuttgart 1985, S. 61-141

Wieland, S.E.: Bausteine einer strategischen Finanzplanung, Frankfurt a.M. u.a. 1991

Wild, J.: Zur Problematik der Nutzenbewertung von Informationen, in: ZfB, 41. Jg. (1971), S. 315-334

Wild, J.: Grundlagen der Unternehmensplanung, 3. Aufl., Opladen 1981

Wildemann, H.: Das JIT-Konzept als Wettbewerbsfaktor, in: FB/IE, 36. Jg. (1987), Nr. 2, S. 52-58

Wildemann, H.: Produktionssynchrone Beschaffung, Zürich 1988

Wittmann, W.: Unternehmung und unvollkommene Information, Köln/Opladen 1959

Wöhe, G.: Bilanzierung und Bilanzpolitik, 7. Aufl., München 1987

Wöhe, G./Bilstein, J.: Grundzüge der Unternehmensfinanzierung, 5. Aufl., München 1988

Wohlgemuth, A.C.: Die klippenreiche Suche nach den Erfolgsfaktoren, in: DU, 43. Jg. (1989), S. 89-111

Wolf, J.: Kennzahlensysteme als betriebliche Führungsinstrumente, München 1977

Wolfbauer, J.: Management in Forschung und Entwicklung, Wien 1981

Womack, J.P./Jones, D.T./Roos, D.: Die zweite Revolution in der Autoindustrie, Frankfurt/New York 1991

Wunderer, R./Grunwald, W.: Führungslehre, Bd. II: Kooperative Führung, Berlin/New York 1980

Zahn, E.: Strategische Planung zur Steuerung der langfristigen Unternehmensentwicklung, Berlin 1979

Zahn, E.: Entwicklungstendenzen und Problemfelder der strategischen Planung, in: Bergner, H. (Hrsg.): Planung und Rechnungswesen in der Betriebswirtschaftslehre, Festschrift zum 60. Geburtstag von G. v. Kortzfleisch, Berlin 1981, S. 145-190

Zahn, E.: Strategische Planung, in: Szyperski, N./Winand, U. (Hrsg.): HWPlan, Stuttgart 1989, Sp. 1903-1916

Zahn, E./Rüttler, M.: Informationsmanagement. Eine strategische Antwort auf kritische Herausforderungen der Unternehmensumwelt, in: Controlling, 1. Jg. (1989) H. 1, S. 34-43

Zangemeister, Ch.: Nutzwertanalyse in der Systemtechnik, 4. Aufl., München 1976

Zäpfel, G.: Produktionswirtschaft: Operatives Produktions-Management, Berlin/New York 1982

Zäpfel, G.: Strategisches Produktions-Management, Berlin/New York 1989

Ziener, M.: Controlling im multinationalen Unternehmen, Landsberg (Lech) 1985

Zimmermann, W.: Operations Research. Quantitative Methoden zur Entscheidungsvorbereitung, 5. Aufl., München/Wien 1990

Stichwortverzeichnis